Vitorino Nemésio and the Azores

Portuguese Literary & Cultural Studies 11
Fall 2003

Vitorino Nemésio and the Azores

Center for Portuguese Studies and Culture
University of Massachusetts Dartmouth

Center for Portuguese Studies and Culture
University of Massachusetts Dartmouth

Portuguese Literary & Cultural Studies
Director: Frank F. Sousa, University of Massachusetts Dartmouth
Editor: Victor K. Mendes, University of Massachusetts Dartmouth
Guest Editor: Francisco Cota Fagundes, University of Massachusetts Amherst
Editorial Manager: Gina M. Reis, University of Massachusetts Dartmouth
Assistant to the Editors: Sandra I. Sousa, University of Massachusetts Dartmouth
Manuscript Editor: Mark Streeter, University of Wisconsin Madison
Copy Editors: Regina F. Borges, University of Massachusetts Dartmouth
Richard Larschan, University of Massachusetts Dartmouth
José Molina, University of Massachusetts Dartmouth
Graphic Designer: Spencer Ladd, University of Massachusetts Dartmouth
Typesetter: Inês Sena, Lisbon

Portuguese Literary & Cultural Studies is a multilingual interdisciplinary peer-reviewed journal published semi-annually by the Center for Portuguese Studies and Culture at the University of Massachusetts Dartmouth. The journal addresses the literatures and cultures of the diverse communities of the Portuguese-speaking world in terms of critical and theoretical approaches.

Manuscript Policy

Portuguese Literary & Cultural Studies (PLCS) welcomes submission of original and unpublished manuscripts in English, Portuguese, or Spanish appropriate to the goals of the journal. Manuscripts should be in accordance with the *MLA Style Manual and Guide to Scholarly Publishing* (latest version) with parenthetical documentation and a list of Works Cited. The author is responsible for the accuracy of all quotations, titles, names, and dates. Font and sizes as close as possible to the style of the previous issue of PLCS should be used throughout the text. All of the information must be in the same language (e.g., abstract, body of the article, bio-blurb). Updated specific guidelines for submission of manuscripts to PLCS (articles, short articles, review-essays, and reviews) are available at www.plcs.umassd.edu (please consult Guidelines). PLCS encourages submission of manuscripts in the form of an attached single MS Word file.

Subscription Information

The annual subscription (2 issues) for institutions is $80.00 and $40.00 for individuals. Single issues may also be purchased for $25.00. From outside the United States add $12.00 for shipping and handling.

Inquiries should be sent to *Portuguese Literary & Cultural Studies*, Center for Portuguese Studies and Culture, University of Massachusetts Dartmouth, Dartmouth, MA 02747 USA, or by email to: adamastororders@umassd.edu.

In Portugal, issues may be purchased at Livraria Buchholz. Please contact the bookstore to place your order. Livraria Buchholz, Rua Duque de Palmela, 4, 1250-098 Lisbon; Tel. 351-21-317-0580, E-mail: buchholz@mail.telepac.pt.

Cover

Design: Spencer Ladd.

ISSN 1521-804X
ISBN: 1-933227-11-7

This publication was made possible in part by a generous grant from the Luso-American Foundation.

We gratefully acknowledge the National Library in Lisbon for permission to publish photographs of Vitorino Nemésio from its collection.

Printed by Command Print Solutions, New Bedford, MA

Table of Contents

José Manuel Oliveira Mendes. *Do Ressentimento ao Reconhecimento: vozes, identidades e processos políticos nos Açores (1974-1996).* Porto: Edições Afrontamento, 2003.

Carlos Teixeira

Introduction
Vitorino Nemésio: "Azoreanity," Universality, Iridescence, Confluence, and Eroticism

Francisco Cota Fagundes

The title "Vitorino Nemésio: "Azoreanity," Universality, Iridescence, Confluence, and Eroticism," draws inspiration from the content of the essays herein included and will not surprise anyone familiar with Nemésio's non-posthumous works, with the possible exception of the very last of the lexemes, "eroticism." Nemésio's oeuvre, starting with the collections of short stories *Paço do Milhafre* (1924) and *Mistério do Paço do Milhafre* (1949), and extending to the poetical collections *La Voyelle Promise* (1935) and *Festa Redonda* (1950), to the novel *Mau Tempo no Canal* (1944) and the travelogue *Corsário das Ilhas* (1956), encompasses a range of subjects profoundly rooted in the Azorean archipelago. At the same time—and here, besides *Mau Tempo no Canal*, we must emphasize the poems of *Nem Toda a Noite a Vida* (1952) and *O Verbo e a Morte* (1959)—the thematic and formal scope of Nemésio's oeuvre does in no way distance itself from the totality (and, to the extent that the word is valid, *centrality*) of Portuguese culture and, as well, from the western Great Tradition of which it is an inextricable part.

The first two essays included in this issue are contributions from former presidents of the University of the Azores. José Enes was a friend of the author and a scholar of his works; António M. B. Machado Pires, who succeeded Enes in the presidency of the university and is a former student and teaching associate of the illustrious professor, has been one of Nemésio's most committed scholars. Machado Pires is also the founder of the

Portuguese Literary & Cultural Studies 11 (2007): xiii-xx.

Seminário Internacional de Estudos Nemesianos. The papers by these two contributors, each in its own way, are noteworthy for their insights into Nemésio's fiction and poetry but also for their broad incursions into revealing moments of the author's life, which both critics had the good fortune of sharing.

The subject of the next four articles is *Mau Tempo no Canal*, here presented in a thematically logical (as opposed to academically hierarchical) order. My paper deals with *writing and universality* (as opposed to *orality and regionalism*, all of these being interrelated modalities in which the novel is particularly rich and which will be the subject of an ongoing extensive monograph). The second essay on *Mau Tempo no Canal*, by Maria Helena Nery Garcez, coincidentally develops an aspect only briefly touched upon by my essay, namely, the novel's four main epigraphs. The essay shows the relationships among the epigraphs and other constitutive elements of the text, confirming once again the intra- and intertextual density of the undisputed masterpiece of Nemesian fiction and the far-reaching scope, in its overall economy, of elements that at first sight may strike the reader as being of limited significance or aesthetic value. Maria Alzira Seixo is the author of "*Mau Tempo no Canal*, the Iridescent Metaphor," a paper that—itself an iridescent piece of work—calls attention to a number of symbolically far-reaching moments in the novel, beginning with the phonetic import of its title. Some of these key moments, although not entirely unvisited before, are made to appear once again as relatively virgin territory. Irene Maria F. Blayer's paper is, to my mind, the first in-depth attempt on the part of a linguist (as opposed to studies by amateurish philologists) to deal with the representation of orality in *Mau Tempo no Canal*, particularly the author's attempt to render in writing variants of Azorean speech.

"Aspects of the Origin and Critical Fortunes of *Mau Tempo no Canal*" comprises an anthology of well-known "interpretations" of Nemésio's novel, here translated into English for the first time by Kelly Washbourne. These critical comments were excerpted and published by David Mourão-Ferreira in the sixth edition of *Mau Tempo no Canal*. Mourão-Ferreira's introduction to that edition of the novel is also translated here. A brief excerpt by João Gaspar Simões—originally published the same year as *Mau Tempo no Canal* (1944) and constituting the first public acknowledgment by a major literary critic of the outstanding merit of the work—is followed, respectively, by critical syntheses by Albano Nogueira, David Mourão-Ferreira, Maria Lúcia

Lepecki, Óscar Lopes, and António M. B. Machado Pires.

"Nemésio: Words Cast Forth," by poet and critic Vasco Graça Moura, provides a broad and illuminating perspective on Nemésio as a poet. Graça Moura views Nemésio through a lens similar to the one Nemésio himself used to read poets as diverse as Guillén and Roberto de Mesquita: an approach that I term enlightened impressionism. Nemésio's affinities with, among other poets, Blake, Rilke, Pessanha, as pointed out by Graça Moura, are not entirely surprising. Nor is the term "confluence," used to describe the traditions—from symbolist to modernist to *presencista* and beyond—that come together in Nemésio to produce a unique poetic amalgam. More surprising, and yet quite convincing after this penetrating and aesthetically most satisfying tour into Nemésio's poetic world, is Graça Moura's placing of Nemésio in the forefront of Portuguese poets of the twentieth century, not excluding Pessoa himself. Another essay herein included is on the impact of Nemésio's poetry on another major contemporary Portuguese poet. Fernando J. B. Martinho focuses on the importance that a public recital of one of Nemésio's poems ("Pus-me a contar os alciões chegados") by the famous *diseuse* Manuela Porto was to have on the poetry of Eugénio de Andrade.

The three papers on Vitorino Nemésio's travel literature are, respectively, by Onésimo T. Almeida, Carlos Reis, and Maria de Fátima Ribeiro. The first of the essays focuses on *Corsário das Ilhas* from the perspective of an inside traveler, that is to say, of the traveler *in* and *of* his homeland. For purposes of contextualizing the *Weltanschauung* of this traveler, Almeida elaborates both on the controversial debate about the meaning and significance of travel literature for the understanding of human societies as well as on Max Weber's concept of *Verstehen.* Carlos Reis takes his readers on a discursive tour of some of the privileged moments of Nemésio's *Corsário das Ilhas*: for example, the meanders of its bibliographical code; the intimate relationship between traveling and writing; the semantic dissemination of the title (literally *Island Corsair*); the concept "Azoreanity"; the presence of Raul Brandão; and the migration, from other works of Nemésio to *Corsário,* of Nemesian narrators (the critic José Martins Garcia called them "interposed narrators") such as Mateus Queimado. The third paper on Nemésio's travel literature, by Maria de Fátima Maia Ribeiro, dwells on *O segredo de Ouro Preto e outros caminhos* (1954) and *Caatinga e terra caída* (1968), works based on two trips that Nemésio undertook, respectively, in Minas Gerais and in the Brazilian Northeast—one of them under the auspices of the Portuguese government, the other following an invitation from the University of Bahia. Ribeiro calls attention to the importance in these works, for contemporary and future readers, of the ambiguous ideological perspective embodied in the complex relationship between the two countries profoundly linked by historical, cultural, and linguistic bonds.

The lexeme "eroticism" will probably surprise readers of the Nemesian oeuvre. Eroticism in the non-posthumous works, although not totally absent from his poetry and fiction (for example, *Mau Tempo no Canal*), had previously never attained the degree of audaciousness that informs the almost three hundred pages comprising *Caderno de Caligraphia e outros poemas a Marga*, published in 2003 as Volume III of Vitorino Nemésio's *Obras Completas*, and to which Mônica Figueiredo dedicates a courageous essay (the ninth in the series of essays included here).

By calling critical attention to this surprising work by the author of *O Pão e a Culpa*—one whose publication had been announced in an essay by Luiz Fagundes Duarte before the volume's actual publication, edited by Duarte with a detailed prologue followed by an exemplary philological apparatus—it is hoped that this posthumous work by Nemésio will awaken more and more critical attention. As far as I know, a comparative study remains to be done (and in no way do I mean to imply by these suggestions any failure on the part of Mônica Figueiredo's paper) between the stance on love that emerges from *Cadernos de Caligraphia* and, to mention but one important example, certain moments in the itinerary of Margarida Clark Dulmo's and João Garcia's relationship in *Mau Tempo no Canal*, particularly with respect to the *sublimated love* (for example, the episode structured in part by intertextualities with Dante in chapter VII, entitled "Schermo") and the *carnal love* that informs many of the poems to Margarida/Marga/Cadela/Macaca de Fogo. In a certain sense, these poems of *Caderno de Caligraphia* comprise an inversion/humanization of those spiritualized moments of love in *Mau Tempo no Canal*. Some of the relationships between the novel and certain poems of *Caderno de Caligraphia* are more or less obvious: the coincidence in the names of the characters, including the insistence on the epithet *pérola* (cf. "pérola do Faial" in the novel); certain images that draw the two characters together—"bonequinha de sangue de *Mau Tempo no Canal*," a designation that Nemésio used in a letter written to the woman who inspired the character Margarida Clark Dulmo; "Oh pedras de sangue / Oh chagas de sal" [O stones of blood / O wounds of salt] are images evoked in *Caderno* by the remembrance of Marga. Other elements common to the poems and the novel, even though in distinct contexts, are the *Cucumaria of the Abysses*; the relationship between the principal female entities in the two works and the archetypes of Earth-woman and Island-woman; and the references to historical figures and happenings common to *Mau Tempo no Canal*, such as the Prince of Monaco and the voyages of the *Hirondelle* in Azorean waters.

We are also proud to present a generous bilingual anthology of poetry by Nemésio in this issue of *Portuguese Literary & Cultural Studies*. As is well known, until today very little of Nemésio's poetry has appeared in English translation, the exception being the poem "O Bicho Harmonioso," translated by John Brooksmith and originally published in an issue of *Modern Poetry in Translation* and afterward included in the volume *Críticas sobre Vitorino Nemésio*. The translations featured in this issue amount to more than a dozen poems, including texts as famous and as challenging to a translator as "O Canário de Ouro," "O Sonho Vivo," and "Ode ao Mar," all from the volume *O Bicho Harmonioso*. The translations are preceded by an introduction by the translator, Kelly Washbourne, who discusses, among other issues, the reasons behind his choices of Nemesian poetical texts.

The choice of the three short stories in English translation—in this case the responsibilities for the selection belonging to the translator Kelly Washbourne and the guest editor—is based on our perception of their aesthetic quality and accessibility to translation, but also on an attempt to establish a thematic link between the chosen stories and Azorean e/immigrant experience in the US. The stories portray the latter in its *preliminary phase* ("Fishhead"); they reveal Nemésio's re-creation of some highly imaginary aspects of Azorean immigrant experience in the US ("I'm very well, thank you"); and they evoke key moments in American history, like the Gold Rush, with which Azorean migrations are intimately connected ("Gold! Gold!"). The English-language reader will probably experience a sensation of thematic *déjà vu* when reading "Gold! Gold!" On the other hand, the reader of *Stormy Isles: An Azorean Tale* (the title of my own translation of *Mau Tempo no Canal*) will not fail to recognize, in that short story inspired by the Gold Rush, notable similarities with the novel. Suffice it to mention the physical wanderings and oral storytelling meanderings of the novel's character Damião Serpa from Boston to the California Gold Country, followed by a return and the temporary but apparently successful sojourn in the Azorean homeland, culminating, finally and not surprisingly, in a return to Chicago—where he is going to pursue his career dream in an organization dedicated to the study of (most surprisingly) metapsychics.

The two contributions by George Monteiro and the essay by João de Melo complement this issue of *Portuguese Literary & Cultural Studies* devoted to Vitorino Nemésio. The compilation of translations of sonnets by Antero de Quental and the corresponding comments, from Edgar Prestage at the end of the nineteenth century to Ana Maria Almeida Martins in the twenty-first century, cannot fail to bring to the reader's mind the strong presence of Antero de Quental in many of the works of Vitorino Nemésio, not only as a paradigmatic symbol of Azorean culture, a subject discussed in the opening essay by José Enes and touched upon by João de Melo in his own essay, but as one of the main Portuguese intellectuals and literary artists of the nineteenth century. The name and works of Antero de Quental are ubiquitous in Vitorino Nemésio's oeuvre, from his criticism to his poetry to his fiction. The most telling example is precisely *Mau Tempo no Canal*, a novel in which the *presence* of Antero is particularly notable.

The publication in this volume of Thomas Wentworth Higginson's "The Ascent of Pico," edited and with an introduction by George Monteiro, hardly needs justification. Higginson, whose name is forever intimately connected with that of the great poet Emily Dickinson, also traveled to the Azores and there undertook the ascent referred to in his title. Needless to say, the parallel with *Mau Tempo no Canal* is quite obvious. We need but recall the ascent of Pico by main character Margarida Clark Dulmo and the emphasis placed by Nemésio in the same novel (and also in his poetry) on the tutelary presence of Pico's peak.

With his essay "O 'Complexo de Ítaca' nas Literaturas Insulares," the novelist João de Melo weighs in on what has been, in both history and the literary arts, a thematic constant in the two Atlantic archipelagos of the Azores and Madeira, and on the Lusophone African island-nation of Cabo Verde. Reflecting on the myriad works inspired by the emigrant experience in the three island groups, although to widely different degrees, João de Melo wonders when the moment might arise for a writer to take up the momentous depiction of the reverse movement: the building of the literary island home, or what might be termed a literary homecoming. I might add that João de Melo's *Gente Feliz com Lágrimas*, although it too aligns primarily with the tradition of insularity/departure, already foreshadows a potential homecoming and home-rebuilding in the temporary return of the protagonist Nuno, one with which this novel of Azorean wanderers and wanderings ends. I need not remind the reader that Nemésio's life and works are crisscrossed by a series of comings and goings having the Azorean archipelago as focal point.

The reviews of critical works on Vitorino Nemésio include, in some cases, relatively recent volumes, such as *Nemésio—Um saber plural* (2003), but also studies that, even though they appeared several years ago and, in one case (that of José Martins Garcia's *Vitorino Nemésio—à luz do Verbo*), a couple of decades ago, deserve, nevertheless, to be revisited/re-reviewed. Other works reviewed—some not even belonging to the field of literature—are herein included due to their thematic pertinence—that of the Portuguese diaspora, a subject to which Vitorino Nemésio also gave considerable creative attention.

Works Cited

Duarte, Luiz Fagundes, ed. *Caderno de Caligraphia e outros poemas a Marga. Obras Completas de Vitorino Nemésio.* Vol. 3. Lisbon: Imprensa Nacional-Casa da Moeda, 2003.

———. "Poemas para Marga, do seu criado Victorino." *Vitorino Nemésio: Vinte Anos Depois.* Org. António Manuel Machado Pires, *et al.* Lisbon-Ponta Delgada: Edições Cosmos: Seminário de Estudos Nemesianos, 1998.

Lucas, António C., coord. *Críticas sobre Vitorino Nemésio: com biografia, bibliografia e antologia de poesias originais em espanhol e francês e versões de textos seus em italiano, francês, inglês e alemão.* Lisbon: Livraria Bertrand, 1974.

Mourão-Ferreira, David. "Novos elementos sobre a génese de *Mau Tempo no Canal.*" *Colóquio/Letras* 102 (1998): 6-17.

Nemésio, Vitorino. "Açorianidade." 1932. *A questão da literatura açoriana.* Ed. Onésimo Teotónio Almeida. Angra do Heroísmo: Secretaria Regional de Educação e Cultura, 1983. 32-34.

———. "O Açoriano e os Açores." 1928. *Sob os signos de agora. Obras Completas de Vitorino Nemésio.* Vol. 13. Lisbon: Imprensa Nacional-Casa da Moeda, 1995. 88-101.

———. *Mau Tempo no Canal. Obras Completas de Vitorino Nemésio.* Vol. 8. Intro. José Martins Garcia. Lisbon: Imprensa Nacional-Casa da Moeda, 1994.

———. *Stormy Isles: An Azorean Tale.* Ed., trans., annotated, intro. Francisco Cota Fagundes. Providence: Gávea-Brown, 1998.

Peters, Charles. *Um português na corrida ao ouro: a autobiografia de Charles Peters. Em 1915, o Mais Velho Pioneiro da Califórnia Que Foi Mineiro "Naqueles Bons Tempos, Naqueles Tempos Dourados, Tempos de 1949."* Ed., trans., intro. Francisco Cota Fagundes. Lisbon: Edições Salamandra, 1997.

Pires, António Machado. "Nemésio e os Açores." *Colóquio/Letras* 48 (1979): 5-14.

Ribeiro, Luís da Silva. "Subsídios para um ensaio sobre açorianidade." [1964]. *Obras completas.* Vol. 2. Angra do Heroísmo: Instituto Histórico da Ilha Terceira/Secretaria Regional da Educação e Cultura, 1983. 515-556.

Francisco Cota Fagundes is Professor of Portuguese at the University of Massachusetts Amherst, where he has taught Portuguese and Spanish since 1976. In addition to his research on contemporary Portuguese literature, he has translated several works and produced an autobiography. His most recent publications include *Metamorfoses do Amor: Estudos sobre a ficção breve de Jorge de Sena* (1999), *Desta e da Outra Margem do Atlântico: Estudos de literatura Açoriana e da diáspora* (2004), and *Um Passo Mais no Português Moderno: Gramática Avançada, Leituras, Composição e Conversação* (2004). Among his translations is *Stormy Isles: An Azorean Tale* (1998), a translation of Vitorino Nemésio's *Mau Tempo no Canal.* In 2001 Francisco Cota Fagundes was awarded the rank of Grande-Oficial da Ordem do Infante Dom Henrique by the president of Portugal, Jorge Sampaio. Email: fagundes@spanport.umass.edu.

Articles

Exemplaridade conjuntural da obra de Vitorino Nemésio[1]

José Enes

Resumo. Este trabalho evoca momentos da vida de Vitorino Nemésio partilhados com o signatário do ensaio quando este iniciava a sua carreira de Reitor da Universidade dos Açores. Seguem-se-lhe recordações da morte do autor de *Mau Tempo no Canal* e a divulgação da notícia na imprensa açoriana. Estas evocações, entremeadas de incursões na obra nemesiana, servem de preâmbulo ao ensaio "Exemplaridade Conjuntural da Obra de Vitorino Nemésio," o qual foi apresentado como conferência na Câmara Municipal de Angra do Heroísmo, aquando da comemoração do décimo aniversário da morte de Vitorino Nemésio ocorrida em 1978. A conferência/ensaio, editada aqui pela primeira vez, constitui uma reflexão crítico-analítica sobre a obra de Vitorino Nemésio, com especial incidência sobre duas das suas obras-primas: o romance *Mau Tempo no Canal* e o livro de poemas *Limite de Idade*.

Logo nos primeiros dias da actividade lectiva da Universidade dos Açores, ocorreu-me a feliz oportunidade de solicitar a Vitorino Nemésio uma lição sobre a própria Universidade, os objectivos a atingir, a respectiva estruturação a dar-lhe, os padrões académicos a cultivar, em ordem a criar-lhe a personalidade institucional de uma universidade nos Açores, para os Açorianos e para todos quantos, portugueses e de todas as nacionalidades, se sentirem por ela atraídos. Andávamos pelo mês de Fevereiro ou Março de 1976 e a 9 de Janeiro havia sido criado por decreto o Instituto Universitário dos Açores. Por

Portuguese Literary & Cultural Studies 11 (2007): 23-56.

esse tempo Vitorino Nemésio ressentia-se da saúde já periclitante e de quando em quando procurava nos Açores o amparo da amizade e do conforto. Nesses começos improvisados, sob a pressão da conjuntura favorável, para garantir o imediato começo da vida universitária, tanto a reitoria como a leccionação foram instaladas no solar do Visconde de Porto Formoso, o qual com todo o seu reduto fora cedido pela Junta Regional dos Açores para estabelecimento da Reitoria e dos cursos, laboratórios e serviços que constituiriam o Pólo Universitário de Ponta Delgada. A casa apalaçada, que tinha digno espaço de habitação e nobreza de frontispício, foi suficiente para uma decorosa e funcional instalação da Reitoria, mas para as actividades lectivas era exígua e em condições impróprias. Para funções de aula magna recorria-se à cave com piso térreo e pouco iluminada por janelas subjacentes ao primeiro andar. E foi aí que Vitorino Nemésio, sentado numa cadeira de vimes empalhada, com o jeito e o estilo das célebres palestras televisivas com que extasiara as numerosíssimas audiências de todas as classes sociais, nos deu uma lição de como pensava a recém-nascida Universidade dos Açores. Havíamos recorrido ao Centro de Apoio Tecnológico à Educação (CATE), para fazer a filmagem da lição, com o propósito de transmissões posteriores e de a conservar para sempre. Infelizmente as deficiências técnicas da filmagem goraram os nossos desejos. Foram palavras de aprovação, encorajamento e esperança que aos meus ouvidos soaram como a bênção do seu génio profético. À medida que o estado doentio se agravava, acorriam mais admiradores e estudiosos a confortá-lo e a desejar-lhe melhoras; alguns pretendiam a sua autorização e apoio para estudos e ensaios sobre a sua obra e biografia, como foi o caso de José Martins Garcia que, após uma longa convivência de relativa intimidade de aluno universitário e de açoriano, lhe solicitou autorização para escrever o livro que intitulou *Vitorino Nemésio—a obra e o homem*, um dos mais úteis para o conhecimento aprofundado do que o título propõe. Na introdução que denominou "Uma visão pessoal," narra como fez tal pedido, nos seguintes termos:

> Em Dezembro de 1977, eu—que não fui tão assíduo como devia nas minhas visitas a Nemésio, *mea culpa*!—telefonei-lhe pedindo autorização para escrever o presente livro. Do outro lado do fio, a sua voz denotou certa excitação: —Essas obras às vezes entram em bisbilhotices … —Mas quem vai escrever o livro sou eu—respondi. Não haverá bisbilhotices. Tem a minha palavra. Sendo assim, está bem … Marcámos encontro. Não houve tempo. Vitorino Nemésio foi internado

> no hospital da C.U.F. Vai morrer, pensei quando me deram a notícia. E senti-me angustiado. Não porque a morte me aflija muito. Nem sequer pelo facto de estar em véspera de morrer um grande Homem. Fiquei angustiado apenas por ter pensado numa coincidência: este livro começava no momento em que Vitorino Nemésio se preparava para a morte. A cada qual a sua culpa! (22)

José Martins Garcia, na sua condição de açoriano e no seu estatuto de universitário, com alguma frequência foi companheiro de Vitorino Nemésio nas viagens marítimas que ambos faziam entre Lisboa e os Açores, ele nos primeiros anos como estudante na Faculdade de Letras de Lisboa e mais tarde também como docente, Leitor de Português na Faculdade de Letras da Universidade Católica de Paris (1969-1971), tendo ingressado como Assistente na Faculdade de Letras de Lisboa pouco antes da jubilação de Nemésio, e assim, como escreveu, "no dia 9 de Dezembro de 1971 pude assistir à sua 'Última Lição'" (21). A intimidade desta convivência amiga levou Martins Garcia a preocupar-se por conhecer com objectividade realista e com angustiada ansiedade o doloroso trajecto final que da jubilação e da última lição a 9 de Dezembro de 1971 levaria Vitorino Nemésio à morte que adveio no Hospital da C.U.F. a 20 de Fevereiro de 1978. E, já na parte biográfica do seu livro sobre Nemésio e a sua obra, Martins Garcia dá relevo ao notório abalo psicológico provocado pela jubilação que paralisava todas as actividades de docência e as que dela derivavam. "Mas Nemésio reage, quer 'regressar' a uma actividade que o apaixonou, apesar das agruras, na juventude: o jornalismo" (44). Todavia, a 20 de Junho de 1974 Vitorino Nemésio, escrevendo o prefácio do livro *Jornal do Observador*, explica:

> Mais um punhado de crónicas—notas de viagem, artigos, pequenos ensaios—que reúno, já agora sob o expresso título de Jornal. *Jornal do Observador*. Do "Observador," porque por tal e por mais se não tem o autor delas. E ainda porque estas crónicas foram integralmente insertas no magazine que com esse título se publicou semanalmente em Lisboa, desde 19 de Fevereiro 1971 a 22 de Fevereiro de 1974.... Em advertências prévias a vários livros meus da mesma índole expliquei que, compostos de artigos de colaboração dispersos em periódicos e na Rádio, muitos deles extraídos dos meus cadernos de viagem e do meu "diário" intermitente, considerava as respectivas recolhas como membros de um vasto Jornal, no duplo, ambíguo sentido de periódico e de canhenho de bolso. O volume de *Corsário das Ilhas*—que também poderia passar por os cadernos do

> romancista de *Mau Tempo no Canal*—tem mesmo, na folha do rosto, em vez da simples menção do autor, a de Jornal de V. N., que conviria à maior parte da minha produção livresca. (Nemésio, *Jornal* 7)

Neste auto-juízo, Nemésio informa que o género jornalístico não foi somente uma opção da sua juventude mas sobreviveu em toda a sua obra escrita servindo-a e inspirando-a através da observação sagaz e compreensiva, e registo escrito não só do acontecer diário da sociedade humana mas também da sua própria participação nele. Martins Garcia quis realçar as razões e as causas que levaram Vitorino Nemésio, na sua velhice adoentada, a envolver-se nas lides e trabalhos do jornalismo. No mesmo prefácio Vitorino revela uma das motivações que o levaram a tal envolvimento:

> Quem tenha, como o autor, o sentimento de viver o fim ou o declínio de uma cultura escrita que assentava no pressuposto "criador" da personalidade e, portanto, no apreço e respeito dela, só com melancolia pode assistir à largada destas folhas de papel a caminho da deterioração, e finalmente da entropia ... É certo que vejo também como que um alvor no horizonte, propício a corais e coreias, tempo de massa e impacto, cultura "aberta," audiovisual, que em escrita talvez não ultrapasse muito os esgrafitos de slogans nas cantarias dos palácios e nos plintos dos monumentos aos ídolos tolerados ou a arriar. Alguma experiência de algo parecido me tem dado a TV—e, nela, que formidável revelação endopática do "outro" como projecção de nós mesmos! (Nemésio, *Jornal* 8)

Nemésio sentia que ele mesmo com a sua obra escrita estava a viver o fim ou pelo menos o declínio da cultura escrita inventada, desenvolvida e mantida pela criatividade da personalidade humana, a qual, uma vez alcançada a revolução electrónica, dedicou empenhadamente à invenção e ao uso da rádio, do radar, do computador, da televisão e de outros instrumentos electrónicos para a elaboração dos sistemas de investigação, de descoberta, de registo, de comunicação e de informação, substituindo com vantagem a escrita manual em papel, mas não deixando por isso mesmo de ser também uma escrita enquanto instrumento e expressão do pensamento humano. E é isto que ele também via como que "um alvor no horizonte, propício a corais e coreias, tempo de massa e impacto, cultura 'aberta', audiovisual." E logo se lembra da experiência que a TV lhe tinha dado: "a formidável revelação endopática do outro como projecção de nós mesmos!" Na verdade é uma exclamação em que ressoa o timbre electrónico da nova era da informação.

Vitorino Nemésio assinou o prefácio do *Jornal do Observador* a 20 de Junho de 1974; ora, foi neste ano, alguns meses antes, que ocorreram alguns acontecimentos que motivaram a citada afirmação de Martins Garcia a respeito do regresso de Nemésio à prática do jornalismo. O primeiro a ser mencionado por Martins Garcia foi que "Nemésio esteve à beira de assumir a direcção de *O Século*... mas o caso complicou-se e o nome de Nemésio não chegou a figurar no cabeçalho desse jornal" (44). No contexto da narrativa de Martins Garcia, esta complicação impeditiva de Nemésio assumir a direcção de um jornal parece estar ligada aos acontecimentos políticos que naquele ano emergiram em Portugal, pois que de seguida aduz:

> E chega o dia 24 de Abril de 1974. Nemésio, reformado, ainda palestrava na televisão. Mas a "liberdade" de Abril sumiu-se em 1975. A Nemésio já não consentem que palestre na televisão. É no meio da barafunda político-ideológica que o escritor assume a direcção de *O Dia* em 11 de Dezembro de 1975. Não chegou a permanecer um ano nesse posto. Com efeito, demite-se em 25 de Outubro de 1976, devido a pressões de ordem política que continuam por esclarecer. Reinicia então uma fase de intensa colaboração em jornais de Lisboa e Porto. Todos os seus amigos íntimos reconhecem um facto: Nemésio vive com dificuldades económicas. Precisa de escrever para continuar o fadário de sempre: ganhar a vida. Como se o círculo se fechasse! Como se o jovem repórter de *A Pátria,* o tal que viveu a pão e água, tivesse de agarrar na pena, aos setenta e cinco anos, para receber os magros tostões de um artiguelho!... Há nesta última faceta qualquer coisa de trágico. Dir-se-ia que o biógrafo de Bocage e de Gomes Leal (e da miséria dos exilados do Liberalismo) estava condenado a sentir, nos seus derradeiros dias, a afronta dessa Lisboa que nada respeita e a ninguém reconhece ... —Coriolano pôde ao menos dizer: "Ingrata pátria, não terás meus ossos!" Nemésio, nem isso! A pátria, a madrasta, ficou-lhe com os ossos, com os ossos dum Homem que sempre buscou a sua "ilha perdida"...

Martins Garcia, como que a confirmar as suas amargas narrativas e veementes censuras, recorre ao testemunho de António Valdemar, também açoriano, amigo e companheiro de Vitorino Nemésio nas suas lides jornalísticas e também hábil e documentado intérprete da sua obra literária. No *Diário de Notícias* de 30 de Março de 1978, no 2º Caderno—Cultura, todo ele dedicado à homenagem a Vitorino Nemésio que falecera havia um mês e uma semana,

António Valdemar publica um impressionante artigo com os seguintes título e subtítulo:

> O homem cercado—Vitorino Nemésio: um escritor com 60 anos de literatura e muito poucos inéditos (porque escrevia para viver) mas com inúmeros textos dispersos donde emergem fantasmas íntimos e expressões de cultura que reflectem uma ilha e o que dela se transporta para a vida e para o mundo.

António Valdemar exordia o artigo respondendo aos curiosos e apressurados literatos que indagavam por um baú repleto de inéditos tal como acontecera com Fernando Pessoa:

> Nada disso. A maior parte da sua obra é o que temos nas estantes, ou o que está disperso em jornais e revistas, pois, desde sempre, quase tudo o que escrevia destinava-se a publicação imediata. Talvez se lhe pudesse aplicar a célebre frase de Castilho, a respeito dum operoso e controverso plumitivo do século XIX, Manuel Pinheiro Chagas, o famigerado brigadeiro Chagas satirizado por Eça de Queirós: "Frita à noite os miolos para os comer, logo no outro dia, com a família…"

E logo a seguir redige o testemunho que interessou a Martins Garcia:

> Se bem me lembro, no decurso de um dos seus trajectos, aos domingos, através do Bairro Alto e do Chiado, em que lhe fazia companhia, quando entregava, em várias redacções, artigos escritos nas últimas horas, Vitorino Nemésio dizia-me, com mal disfarçada amargura: "Sou uma costureira que anda a distribuir roupa feita ao domicílio."

Entretanto há que referir um acontecimento de grandíssima importância não só para Vitorino Nemésio, senão também para as letras portuguesas, o qual ocorreu no mesmo ano e um pouco antes das situações incómodas e casos acintosos e ofensivos, censurados veementemente por Martins Garcia. Tal acontecimento foi a cerimónia da entrega do Prémio Montaigne a Vitorino Nemésio, celebrada no Auditorium II da Fundação Gulbenkian, em Lisboa, a 13 de Março de 1974, sob a presidência do Presidente desta Fundação, Dr. José de Azeredo Perdigão, na presença do júri da Fundação F. V. S., presidido pelo Doutor Alfred Toepfer, bem assim de S. Ex.ª o Embaixador da República Federal da Alemanha, Ehrenfried von Holleben, e de S. Ex. ª o Burgomestre da Cidade Livre e Estado de Hamburgo, Doutor Hans Rau, que fez a *Laudatio* do laureado. Nemésio já havia sido laureado com o Prémio Ricardo Malheiros da Academia das Ciências de Lisboa pelo romance *Mau Tempo no Canal* em 1965, e recebido outras numerosas e enobrecedoras distinções. O Prémio Montaigne, criado em 1968 pela Fundação F. V. S., que o confiou à Universidade de Tübingen e esta, mediante um júri internacional constituído por representantes das universidades de Tübingen, Colónia, Génova e Roma, o atribuía cada ano a uma personalidade notável da vida cultural europeia nos países de línguas românicas, para a distinguir pelos seus méritos excepcionais nos domínios das artes, do urbanismo paisagista, do folclore ou das letras. A primeira personalidade notável a ser distinguida, em 1968, foi Raymond Aron. Seis anos depois, a sétima personalidade notável distinguida com o Prémio Montaigne foi Vitorino Nemésio. Era, na verdade, a consagração europeia de Vitorino Nemésio. Nas suas palavras de agradecimento, como António Valdemar registou, Nemésio auto-retratou-se ao proferir: "Eu sou ao mesmo tempo e acima de tudo português açoriano, europeu, americano e brasileiro e, por tudo isto, românico, hispânico e ocidental e gostava de ser homem de todo o mundo." Um momento de glória, de reconhecimento institucional, europeu, do valor literário e da importância cultural e histórica da sua obra, o qual certamente o terá confortado numa situação da sua vida em que o seu espírito se atormentava com dificuldades pessoais e familiares surgidas após a sua jubilação por limite de idade que o privou não só das plúrimas e absorventes actividades, quer constitutivas quer resultantes das suas funções de professor universitário, mas também dos respectivos vencimentos e ganhos, indispensáveis para manter a normalidade da vida familiar e da sua própria saúde. Os actos de homenagem a Vitorino Nemésio já vinham a ser multiplicados e intensificados pelos críticos literários e por algumas das mais destacadas figuras da literatura portuguesa, mas a magnitude e o esplendor da projecção europeia do Prémio Montaigne estimularam e multiplicaram aqueles actos e os engrandeceram. Na crista desta maré de admiração e de salvaguarda documental, surgiu, editada pela Livraria Bertrand em 1974, a publicação do livro *Críticas sobre Vitorino Nemésio*—com biografia, bibliografia e antologia de poesias originais em espanhol e francês e versões de textos seus em italiano, francês, inglês e alemão e numerosos estudos e comentários sobre a sua obra literária e histórica, subscritos pelos mais notáveis e competentes críticos, historiadores e mestres da literatura portuguesa. Luiz Forjaz Trigueiros tomou a iniciativa e a organização do livro, e no prefácio justificou-o nestes termos:

> Pela posição que ocupa nesta Editora, Vitorino Nemésio tinha direito a que nos juntássemos a tantas e tão diversas vozes que desde há muito têm estudado a sua obra e extraído dela as lições implícitas em cada página sua: nem uma palavra do que escreve é indiferente. E não é também indiferentemente que se escreve aqui "palavra," pois raros como ele, em qualquer tempo, em qualquer país, assim a têm servido e vivificado, "homo loquens," senhor de todos os segredos dessa alquimia da linguagem que é a única forma de consciencialização do pensamento. (*Críticas* 8)

Simultaneamente, porém, o prefaciador anota duas outras motivações ocasionais:

> Não poderíamos cumprir melhor o referido desígnio de colaborar nas manifestações em louvor de Vitorino Nemésio, e muito especialmente por ocasião da entrega do *Prémio Montaigne,* do que procurando fixar, na perenidade de um volume único, um pouco do que de essencial se tem publicado, em livro ou na imprensa, especializada ou não, sobre a sua obra. Da unanimidade acima citada, a propósito da cerimónia da sua lição universitária de despedida, dá largo testemunho o volume *Miscelânea de Estudos em Honra do Prof. Vitorino Nemésio,* publicado pela Faculdade de Letras da Universidade de Lisboa em 1971, a que pertencem alguns dos textos aqui seleccionados e muitos outros, de certo, faltarão nesta resenha. O poeta, o ficcionista, o ensaísta, o sociólogo, o historiador, o cronista, o conferencista mereceu aos mais exigentes críticos literários, cientistas da literatura, mestres e estudiosos, uma atenção que (bem se vê pelas páginas deste volume) raros escritores alguma vez tão ampla e diversificadamente suscitaram. (*Críticas* 10)

Luiz Forjaz Trigueiros quis rematar a referência temática dos escritos sobre Vitorino Nemésio publicados na obra que organizou, transcrevendo a sua síntese perfeita, como ele a designa, que David Mourão-Ferreira exarou na sua obra, *Tópicos de Crítica e História Literária,* publicada em 1969:

> Vitorino Nemésio nasceu com um talento multiforme que daria à vontade para mais dez autores e todos eles de primeira água: dois ou três poetas, a apontarem novas direcções e novos modos de ser moderno na poesia portuguesa; outros tantos ficcionistas, a redimirem de muito erro a nossa ficção, fazendo ascender—através de contos, novelas e romances—certos caracteres nacionais, e até regionais, ao plano europeu e universal que raramente eles têm atingido; dois críticos, pelo

> menos, e ambos bem necessários—um da melhor cepa impressionista, outro apetrechado com toda a aparelhagem da mais completa erudição—ambos destinados, ainda por cima, a trabalharem em comum e a oferecerem em conjunto renovadas imagens, inéditas interpretações de toda a nossa história literária; e ainda um extraordinário filósofo da cultura; e ainda um biógrafo e um historiador; e ainda um multifacetado cronista, que por completo renovou as leis do género. (*Críticas* 10)

É na verdade um genial esboço da genialidade de Vitorino Nemésio e da sua obra literária e histórica. Voltemos ao último momento biográfico. Ora, o percurso final da vida de Vitorino Nemésio durou só mais quatro anos. António Valdemar, no artigo do *Diário de Notícias* já citado, legou-nos mais um testemunho amigo de alguns angustiados momentos desses últimos dias.

> "Estou cercado! Estou cercado! Sou um homem cercado…" Estas palavras que ouvi de Vitorino Nemésio numa manhã fria e fosca de Dezembro, pouco antes de entrar no hospital onde veio a falecer, repetiu-as deitado na cama, sem poder levantar-se, a contorcer-se com dores, os olhos quase parados e uma voz com soluços entre a agonia e o delírio. Sentia que a morte se aproximava. Veio a falecer às 11h30 do dia 20 de Fevereiro de 1978 no Hospital da C. U. F., onde estava internado desde o dia 26 de Dezembro de 1977. Nascera a 19 de Dezembro de 1901 na Praia da Vitória, Ilha Terceira, como ele anotou numa Nota Autobiográfica.

Eu tive conhecimento da morte de Vitorino Nemésio na tarde do próprio dia em que ele faleceu. Estava no gabinete da Reitoria da Universidade dos Açores ocupado na ultimação dos assuntos do dia e foi-me passado um telefonema do Emissor Regional dos Açores. Deram-me, com audível emoção, a notícia da morte de Vitorino Nemésio, e solicitaram-me instantemente que naquele mesmo instante, em face da notícia, gravasse um breve depoimento perante o triste, se bem que esperado, acontecimento. Foi para mim também um momento de forte emoção e não pude recusar o convite de participar na homenagem a Nemésio, mas a emoção de pena e de admiração perturbou a elocução do meu sentir e do meu pensar. No dia seguinte, o diário micaelense *Açores* dedicava toda a primeira página ao comovente acontecimento, encabeçando a primeira página cobrindo três colunas com o seguinte título, "Morreu Vitorino Nemésio a quem se deve a pátria insulana reencontrada em canto." Um belo e expressivo título que o redactor do jornal desenvolveu biográfica e literariamente. À esquerda, numa tabela rectangular que ocupava três quartos das duas primeiras colunas, destacava-se, em cabeçalho negrito, uma frase do meu improviso: "Perdemos o maior escritor e poeta de todos os tempos—Disse o Doutor José Enes." E a seguir imprimia-se o que eu respondi quando, ao telefone, o entrevistador me perguntou como me sentia ao ouvir a notícia da morte de Vitorino Nemésio:

> Dos depoimentos recolhidos ontem pelo Emissor Regional dos Açores sobre Vitorino Nemésio, transcrevemos o seguinte excerto do Doutor José Enes, Reitor da Universidade dos Açores: "Sinto-me de luto como açoriano, porque perdemos assim o maior escritor e poeta de todos os tempos. Vitorino Nemésio realizou uma obra que é a interpretação literária do Povo Açoriano; e, por isso, é uma pessoa que está com todos nós como em nossa própria casa. Nós sentimo-nos, ao ler a obra de Vitorino Nemésio, como em nossa própria casa. Ele é a nossa voz, ele é a nossa consciência colectiva, ele é realmente o artista que soube dar uma forma artística, literária à nossa maneira de ser, ele é, por isso, na sua obra, a expressão de nós todos. É por isso que, quando esta voz se apaga, sentimos que a nossa casa ficou, por assim dizer, às escuras. Era a consciência que sobre ela velava, dando-nos a nós todos a sensação de que estamos vivos e alertando-nos dos rumos da História. É natural que neste momento, em que somos informados de que morreu Vitorino Nemésio, é natural que me sinta, como açoriano, também com os mesmos sentimentos de quem está de luto. E também, como português, porque realmente Vitorino Nemésio ultrapassou as nossas fronteiras açorianas e, pela sua obra e como professor universitário, formador de várias gerações, ele é um dos grandes valores da História de Portugal, é um dos maiores escritores, dos maiores literatos da literatura portuguesa. Portanto, também como português, eu me sinto em luto."

Como se vê, é um texto imperfeito, oralmente improvisado, cuja grafia e pontuação não são de minha autoria, mas estão correctas e não alteraram o sentido do meu depoimento. Passadas pouco mais de duas semanas, a 8 de Março do mesmo ano, o *Açores* voltava a dar notícias honrosas a respeito de Vitorino Nemésio, e publicava na página 3 um longo artigo, assinado em Vila do Porto no mês de Fevereiro por José Raposo Marques, com o título "A Morte de Vitorino Nemésio" e o subtítulo "A Propósito de um Comentário do Dr. José Enes." É uma exacerbada, erudita e longa catalinária contra a minha afirmação de "com a morte de Vitorino Nemésio termos perdido 'o maior escritor e poeta de todos os tempos.'" Foi na verdade uma formulação incorrecta que o penúltimo período do meu depoimento telefónico tentou corrigir. Lembro este episódio porque está ligado à minha homenagem como reitor da Universidade dos Açores a Vitorino Nemésio por ocasião da sua morte, e colho a ocasião, talvez última, de exarar por escrito o meu grato reconhecimento ao director do *Açores*. Das duas notícias respeitantes a Vitorino Nemésio, uma refere-se à publicação, anterior ao falecimento de Nemésio, de dois dos seus últimos poemas com o título "Poemas Ilhéus," na revista *Colóquio/Letras*. A outra tem o título seguinte, "A Legião de Honra para Vitorino Nemésio" e a respectiva narração:

> Lisboa, 6 de Março (ANOP)—O embaixador de França em Portugal ao entregar, hoje de manhã, à filha mais velha de Vitorino Nemésio, a Legião de Honra com que o governo do seu país agraciou o escritor ainda em vida, manifestou o desejo de que a condecoração fosse testemunho da "profunda admiração pelo homem que foi Vitorino Nemésio, pela obra que deixa e pelo amigo da França. Todos os que o conheceram souberam apreciar a sua bondade que não excluía a generosa ironia," disse o embaixador francês sobre Vitorino Nemésio, sublinhando, também, referindo-se à sua obra como "professor e jornalista, que Nemésio exerceu profunda influência" em toda uma geração de intelectuais que lhe devem "parte da sua personalidade."

O filho de Vitorino Nemésio, comandante Manuel Nemésio, ao agradecer em breves e emocionadas palavras, e traçando o perfil de seu pai nas múltiplas facetas, salientou ter sido "um homem digno da comunidade" e que a Legião de Honra era também "digna de Vitorino Nemésio."

Estiveram presentes na cerimónia, além da família do escritor, personalidades ligadas à cultura portuguesa tais como David Mourão-Ferreira, Natália Correia, João José Cochofel, Jacinto do Prado Coelho e o Reitor da Universidade Clássica de Lisboa, Ilídio do Amaral.

A condecoração de Vitorino Nemésio, após a sua morte, pelo Governo da França com a Ordem da Legião de Honra foi o segundo forte estímulo para a multiplicação e intensificação das comemorações nemesianas. As mais frequentes foram os aniversários.

Ora, foi o convite da Câmara Municipal de Angra do Heroísmo a participar na celebração de mais um aniversário, o décimo, que me levou a procurar o entendimento da maré crescente das comemorações nemesianas. Na pesquisa literária, biográfica, hermenêutica e crítica, que então fiz para a elaboração do meu contributo, julguei haver alcançado aquele entendimento, quando descobri a origem elocutória, inspiradora e falante do discurso nemesiano em prosa e em poesia. A denominação, que lhe dei, serviu de título à conferência com que participei na comemoração do décimo aniversário da morte de Vitorino Nemésio, correspondendo ao convite da Câmara Municipal de Angra do Heroísmo.

Até a este momento procurei dar-lhe um enquadramento biográfico e literário mais amplo e elucidativo, com a intenção de a tornar mais fundamentada e sugestiva. Foi por causa deste intuito que a toda esta introdução antepus o título da conferência que não chegou a ser publicada. Passo agora a transcrevê-la na íntegra, com algumas correcções e acrescentamentos, mantendo a divisão em parágrafos.

Exemplaridade conjuntural da obra de Vitorino Nemésio

Rito da Comemoração Nemesiana

Decorre hoje mais um aniversário da morte de Vitorino Nemésio. E a Câmara de Angra do Heroísmo, a quem ele, na sua inteireza de terceirense, açoriano, português e homem, chamou a *minha cidade*, quis, mais uma vez, celebrá-lo. É um rito que os terceirenses vão instituindo, acolitados por açorianos das outras ilhas e por continentais; rito, como todos, composto de gestos, de palavras e de ritmo; mas a sua alma é o *sentido* que ele tem. E este nasce com ele animando e guiando o movimento e a configuração dos gestos, o significado e a sonoridade das vozes, a frequência e a harmonia do ritmo que dispõe no tempo os gestos e as vozes. Neste conjunto, são as vozes que *dizem*: dizem o que têm a dizer; dizem o que os gestos simbolizam, dizem o que o ritmo temporaliza.

O que eu constato nos acontecimentos que se vêm sucedendo em vinculação directa à morte de Vitorino Nemésio, nas reedições, nas edições póstumas, nas antologias, na proliferação de hermenêuticas, de ensaios teorizantes, de estudos literários, de um certo comentarismo apostilhoso e parasitário, e de algumas interpretações criativas, fecundadas pela congenitidade matricial com o pensar nemesiano, é a emergência do valor simbólico da obra do autor de *Mau Tempo no Canal* e de *Limite de Idade*. E ponho em epígrafe, à totalidade da numerosa e diversificada obra nemesiana, aquele romance e este livro de poemas, pela tensão de extremos que cada uma destas obras ocupa naquela totalidade.

O romance, a obra-prima que fez abrolhar, nos olhos do patriarca da crítica presencista, João Gaspar Simões, as "lágrimas que se não vertem senão quando se lêem obras-primas" (*Crítica* 74). A tensão que nele se trava é a da perfeição. Os elementos e os processos, usados nas outras obras do mesmo género, aqui atingem o virtuosismo do artista consumado, exímio manejador da sua arte. Para uma teorização expressionista, de fundo e forma, da

> transfiguração da realidade concreta em matéria verbal, susceptível de, na imaginação do leitor, se precipitar numa realidade equivalente àquela que transfigurou, *Mau Tempo no Canal* constitui, realmente, um milagre de equilíbrio entre a fantasia metafórica de Vitorino Nemésio e a acção psicológica requerida para que uma imaginação literária em movimento atinja o ponto de fusão em que o estilo se torna vida e a literatura expressão das paixões dos sentidos humanos. (Simões 73)

Numa perspectiva formalista da arte literária, pura, como a de Martins Garcia, "*Mau Tempo no Canal* é pois o grandioso epílogo da arte narrativa de Vitorino Nemésio. Essa arte associa-se àquilo que designámos como 'um universo de presságios.' Das micro-estruturas às macro-estruturas, a linguagem deste romance constitui um Mundo de interpenetrações" (125). E o fino bisturi analítico de Martins Garcia revela, aos nossos olhos encantados, a complexa e delicada anatomia deste Mundo em cuja contemplação a experiência estética é tocada pela catarse do contangimento destinal. Pois aqui, no espaço da historicidade possível, se trava outra *tensão*: na tessitura existencial das personagens, que o artista cria, divisamos os vectores da destinação das nossas vidas, reconduzidas como que por encantamento, às matrizes da nossa naturalidade, aonde nós próprios nos aparecemos reivindicados pelas tensões dos nossos destinos, dos nossos projectos, dos nossos júbilos e das nossas tristezas, dos nossos sonhos e das nossas desilusões. Aí, nessas matrizes de historicidade existencial, nos revemos como num espelho, como se fôssemos cristais a crescer na sua própria *aqua mater*. A esta perspectiva mais filosófica, que é a minha, *Mau Tempo no Canal* ergue-se como a incarnação romanesca do universo humano suscitado pela obra nemesiana, ao qual o leitor, tocado pela suscitação do discurso, sente pertencer.

No outro extremo, está o livro de poemas, *Limite de Idade*, e nele se travam três fortíssimas tensões. A primeira é inerente ao próprio limite da idade profissional, início da aproximação da morte; a segunda tensão trava-se no interior da nossa era que pela ciência e pela tecnologia alcançou a atómica potência da sua própria destruição; a terceira é a tensão entre a mundividência tradicional e a mundividência configurada pelas descobertas da física nuclear e da microbiologia, a qual se trava entre a matematicidade figurativa do discurso euclidiano e a poeticidade da representação simbólica da estrutura nuclear da matéria.

O título, que Nemésio pôs ao derradeiro livro de poemas leva uma intencionalidade censora a que o primeiro poema, titulado "Epígrafe," fará menção. A ele, porém, Nemésio antepôs uma longa dedicatória, e um poema francês, coevo dos outros, "Cuisine Chinoise," ambos, dedicatória e poema, também intencionais.

A dedicatória é uma emocionada homenagem ao biólogo e geneticista português Aurélio Quintanilha, a quem saúda como *patrício e amigo fraterno,* e esquissa o currículo académico e científico apoiando-se no que Flávio Resende publicou na *Revista de Biologia*, vol. Quintanilha, 1964, e no livro *Viagem de Estudo*, que o próprio A. Quintanilha publicou em Lourenço Marques, 1959. Do currículo transcrevo apenas o que respeita às inovadoras descobertas científicas do homenageado e aos poemas que Nemésio lhe dedica. Depois de mencionar os mestres estrangeiros e portugueses de que A. Quintanilha foi discípulo, regista as descobertas científicas que lhe deram notabilidade, prémios, pronunciamentos em congressos, distinções:

> Precursor dos prodígios do Código Genético (ADN) ao achar coisas tão novas que pareciam absurdas (1938: nas confrontações incompatíveis, dois núcleos do dicárion do micélio secundário de Basidiomicetos formam um núcleo novo que diploidiza o núcleo primário. Só doze anos depois, Papazian, assistente do Prof. J. Raper de Massachusetts Institute of Technology (Harvard),[2] confirmando os resultados do investigador português, impôs a descoberta. E a tetrapolaridade irregular por conversão ou mutação dirigida nos Himenomicetos (1935), explicação confirmada pelos trabalhos da equipa do Dr. Giles nos Laboratórios de Gibbs e Osborn (Yale, 1958). E a clarificação do conceito de espécie nos Fungos superiores. (A. Fernandes, *Bol. da Soc. Broteriana*, vol. XXXVI, 2ª s., 1962.) "Prémio Hansen de Microbiologia" (Copenhage, 1937); "estrénuo defensor da genética clássica, mendeliana, contra as pretensões pseudo michurinistas da ciência oficial soviética" (X Congresso Internacional de Genética, Montréal, 1958-

1962); "membro único eleito representante da Península Ibérica no Comité Permanente Internacional de Genética 1958-1962"; "notoriedade mundial entre os cultores dos mais diferentes ramos da Genética" (Flávio Resende, *Op. cit.*); tão do "eterno retorno," que, dobrado o cabo dos setenta, e desviado pelo seu país para a simples e utilitária pesquisa de fibras têxteis, reciclou os seus conhecimentos fundamentais a ponto de tornar-se um dos melhores expositores da genética de Bactérias e Vírus:—dedica estes delírios microfísicos e biopoéticos quem ele chamava—com um grão de sal, paternalmente— "o pinsador" ... nos felizes anos de Coimbra de 20 e nalguns (que ainda o foram) de 30.

Os termos e os conhecimentos por eles revelados nos domínios da microbiologia, então ainda em surpreendente descoberta experimental e teorizante, manifestam a íntima familiaridade com que Vitorino Nemésio convivia com os cientistas e com as suas descobertas. Neste mesmo sentido confluem as duas citações, que a seguir transcreve, de dois grandes cientistas entre os maiores, ambas de grande importância para penetrar na hermenêutica da elocução literária nemesiana. A primeira é a da conferência *Significação e Limites da Ciência,* proferida por Max Plank, Prémio Nobel de Física 1919, em Berlim-Dahlem, Nov. de 1941, segundo a tradução francesa de André George, Paris 1960. Transcrevo-a na íntegra pela importância que Nemésio lhe atribui:

> Os elementos reais deste quadro do mundo em formação já não são os átomos da química, mas os electrões e os protões cujas interacções mútuas são governadas pela constante da velocidade da luz e pelo "quantum" elementar da acção. De sorte que, do ponto de vista actual (1941), podemos considerar ingénuo o realismo da pintura clássica do mundo. Mas ninguém pode dizer se, nalgum dia futuro, as mesmas palavras não deverão servir para designar, por sua vez, a nossa imagem moderna do mundo.

A outra citação é do artigo de André Lwoff, médico e biólogo francês de origem judaica (Prémio Nobel de Medicina 1965), publicado, com o título "Protistes, Microbes et Virus—Remarques sur l'évolution des mots," na *Revista de Biologia,* vol. IV, 1962-1964, em homenagem ao Prof. Aurélio Quintanilha por ocasião do seu 70º aniversário. Nemésio transcreveu-a na língua original a conclusão a que ele chegou, "partindo do facto de sábios e filósofos, como Francis Bacon, Condillac, Lavoisier e muitos outros, terem reconhecido o papel e a importância da terminologia na evolução das ideias e sobretudo no desenvolvimento da ciência, e terem compreendido o valor heurístico das definições." Eis a conclusão:

> L'histoire ici esquissée des mots microbe et microbiologie, virus et virologie, montre que le langage médical et même scientifique ne se développe pas toujours selon la logique. La langue suit une marche ondulante et incertaine. Les mots, souvent, précèdent les concepts et les définitions. L'usage et le sens s`infléchissent et se modifient au gré des choses, des modes ou des enseignements. Guérir une terminologie atteinte d'une maladie congénitale est certes une tache difficile. Le mot virus est peut-être tiré d'affaire. Quant au mot microbe, il connaîtra encore de temps difficiles. Il convient donc de l'entourer de beaucoup de soins et de sollicitude.

Por fim, vem o poema em francês assinado e datado:

"CUISINE CHINOISE"
Les savvants se rencontre dans les mots.
Les pauvres se partagent des os.
Les matelots se sauvent sur les eaux.
Les hommes se cachent leurs grelots
À fin qu'on ne les prenne pour des sots.
Les poètes se grisent de mots,
De peur qu'on ne les écorchent:
Sauvons la peau,
Porche
De l'ADN,
Car notre aubaine
Est le poteau,
Dernier cri des robots. (V. N. 12 Maio 1972)

Um poema em que a hábil elocução francesa ironicamente exprime a tragicidade do progresso científico e técnico, tanto para os sábios que se reencontram nas palavras, como para os pobres que se partilham os ossos e para os marinheiros que se salvam sobre as águas, tanto para os homens que escondem os guizos a fim de não serem tomados por tolos, como para os poetas "que se embebedam com palavras com medo de que os esfolem: salvemos a pele, pórtico da ADN, pois a nossa salvação é o poste do telégrafo, último grito dos robôs." Era com tais termos neológicos que Nemésio renovava o discurso poético actualizando a perspectiva da mundividência conjuntural e ao mesmo tempo salvaguardando a autenticidade do seu universo literário. Os tópicos, a partir dos quais elocucionou os poemas do seu último livro de poesia, *Limite de Idade*, estão enunciados no primeiro que titulou "Epígrafe." A interpretação deste poema pode proporcionar a perspectiva hermenêutica da perístase do livro todo. Aliás, esta possibilidade parece estar sugerida pela acepção mais corrente do título posto por Nemésio.

Vitorino Nemésio data o poema, "Epígrafe," de 28 de Dezembro de 1971, e a 19 do mesmo mês fizera 70 anos. Esta data do septuagésimo aniversário era a vinculação legal ao estatuto de Professor Catedrático Jubilado. Foi o seu *Limite de Idade.* Entretanto, o efeito do seu vigor anulante, pelas praxes legais académicas, antecipava dez dias o seu eco emocional, porquanto a 9 do mesmo mês proferia a sua Última Lição. E dado que este primeiro eco emocional do Professor se vai reflectir no segundo, o livro de poesia *Limite de Idade,* convém transcrever o exórdio do primeiro:

> Dou a minha última lição de professor na efectividade e em exercício, segundo a lei. Claro que a lei só tira o exercício ao funcionário: o homem exerce enquanto vive. Como sou filólogo—linguista à antiga—penso por dentro das palavras e aqui recorro a Virgílio: "Exerceo diem"[3]:—hoje ganho a última jorna cumprindo a tarefa estipulada. Isto me leva a perguntar se sempre a cumpri bem, e a resposta é naturalmente negativa. Assim uma lição se torna exame de consciência, que é acto do foro íntimo mas que bem posso publicar, como dádiva aos meus alunos. O ensino não é mera informação do saber mas norma de humanidade, testemunho do autêntico. Uma sociedade que só instituísse informações teóricas aplicáveis ao êxito rentável teria a civilização moribunda. É o grande risco da nossa. (*Críticas* 21)

As ideias e os sentimentos formulados neste exórdio reflectem-se já nos textos da dedicatória dos poemas do livro *Limite de Idade* ao grande microbiólogo e geneticista Aurélio Quintanilha; mas é no primeiro poema "Epígrafe" que tais ideias e sentimentos se assumem em verso:

> Abro no choupo incisivo o meu semblante
> (Sou gravador em pedra).
> Sossego é todo o Outono terno e imóvel:
> Tramas de folha, estâncias altas, cinzas.
> Já, de vagar, dos Fiéis avança o dia

Com carroças no Céu, disposições de Outubro.
Minha morte civil, folha de vencimentos,
Cairá também como choupo amarelo,
Aposentados nós nos escudos do exílio:
Filhos que tenho, um a cada ombro,
Filhas, cada uma a sua asa,
Do pássaro poeta ampararão o extremo
Com a ajuda de três que me adoptaram
E netas, netos cantando no caminho:
"Ó Senhor Ladrão, ande ligeirinho..."
Fogueteiro maneta, pela mão da Velhinha,
Que de pedras me encheu o bolso contra apupos.
Recolho já da tarde o rasto ultravioleta,
Aproveito o poente enquanto há sangue lampo
E, ambos surdos à borda da lareira,
Atiço positrões improváveis no campo.
Abro no choupo o que fecho no osso:
Meu nome passageiro
Convocado do chão.
Adeus, árvores, árvores novas!
Até logo, ó pessoas efectivas,
Meus amigos formados para o adeus!
As mãos me tremem no vulto,
Minha maneira de folhas,
Que o choupo inciso sou eu:
Espalho as relvas em torno,
Espelho-me na tarde idosa:
Só peço que me levem como ao tronco
Num carro de que os bois tenham fugido
Com as unhas de fogo e os cornos de alma,
Metendo-se no mar, de puro espanto,
Comigo em ficta lágrima num pêlo
Que grávida gaivota levas às Ilhas.

Mas escondam, por tudo, peço,
Minhas penas às filhas,
Se o mereço. (28 Dezembro 1971)

Este poema, com ágil loquacidade, mostra à evidência os engenhosos e brilhantes processos elocutórios do discurso poético de Vitorino Nemésio. Martins Garcia caracteriza-os sucinta mas sugestivamente:

> É em linguagem densa, acumuladora, polissémica, carregada desse legado milenar que, no Ocidente, mergulha na tristeza grega perante a velhice e a morte, e alastra pelo tom elegíaco dos líricos latinos, e prolifera no Renascimento ("Isto é sem cura"—lamentava-se Sá de Miranda), e reaparece onde ressuscitar, por mais ténue, o paganismo ("Há noite antes e após o pouco que duramos"—Ricardo Reis)—é dentro desse legado milenar, dizíamos, que Vitorino inicia o primeiro poema de *Limite de Idade*. (*À luz do Verbo* 279)

O próprio título determina a experiência vivencial que inspira e ordena todo o poema. Começa por dar a entender que primeiro dá a cara como se a esculpisse em um choupo, ele que tinha sido gravador em pedra. Depois, dá um suspiro de paz ao sentir a sua velhice como o Outono terno e imóvel, e também, como ele, com tramas de folha, estâncias altas, cinzas. A alusão alegórica ao vagaroso avanço do dia dos Fiéis (defuntos?) com carroças no Céu, prepara a referência à "minha morte civil, folha de vencimentos, cairá também como ao choupo amarelo." Aí alude à situação em que fica a família com dois filhos e duas filhas—"Aposentados nós nos escudos do exílio," e à convicção de que elas, com a ajuda de três que o adoptaram por pai, juntamente com a graciosa alegria de netas e netos, seriam o amparo dos seus últimos dias de poeta, já que os de professor universitário haviam já acabado. E logo ergue a sua voz num adeus dorido:

> Adeus, árvores novas! Até logo, ó pessoas efectivas, Meus amigos formados para o adeus! E logo se perturba com angustiosa dor da partida: As mãos me tremem no vulto, Minha maneira de folhas, Que o choupo inciso sou eu: Espalho as relvas em torno, Espelho-me nas águas vivas, Cortam-me na tarde idosa: Só peço que me levem como ao tronco Num carro de que os bois tenham fugido Com as unhas de fogo e os cornos de alma, Metendo-se no mar, de puro espanto, Comigo em ficta lágrima num pêlo que grávida gaivota leve às Ilhas.

Decifrando o enigma alegórico ao escrever que o choupo inciso era ele mesmo o autor do poema, a significação imaginosa e irreal da alegoria poética adquire a clara revelação de ditos e factos reais, envolvidos numa surpreendente e estranha sentimentalidade também real, cujo momento supremo é alcançado pelo arrojo do transporte do poeta num carro de bois que se metem no mar de puro espanto e o escondem em uma lágrima fingida num pelo que grávida gaivota leve às Ilhas. Esta elocução poética alegórica compõe todos os poemas de *Limite de Idade* e é um permanente convite à leitura de toda a obra literária de Vitorino Nemésio, pois só assim se pode alcançar o entendimento da plenitude significativa da penúltima estrofe do poema "Epígrafe."

Fecho esta referência ao *Limite de Idade* com o seu último poema "Requiescat" que Nemésio datou de 15 de Junho de 1971 e Martins Garcia denominou o próprio epitáfio do autor que no livro lhe deu o último lugar. Nele soa distintamente o último eco do primeiro poema "Epígrafe."

Ao descer a noite sobre o seu dia que finda, o espírito criativo de Nemésio, com a lucidez cansada, sem ódio e sem expectação de mudança e novidade, com a tristeza do desconhecimento *de lá* e a frustração de quanto lhe foi dado a conhecer *cá*, tem o vislumbre do novo dia da História que se vai seguir àquela que na sua obra sobrevive, e ensaia os acordes do novo canto.

> Direi, pela noite, não ódio que tivesse
> Nem detestar vida corpórea e ninhos de manha
> Mas meu alto cansaço, a tristeza de lá
> Onde se sente o aqui traído, a falsa entranha.[4]
> Direi—não "fora!" ao mundo que me cinge
> (onde o sei e como chegaria?),
> Mas dos anos de ver, pensar durando
> Retiro uma moeda de nada,
> Fruto do meu suor, e pago o pão que se me deve
> Compro o silêncio que se me deve
> Por ter cumprido a palavra,
> Trabalhado nas palavras,
> E por elas merecido a terra leve. (15 Junho1971)

Ao entrar na noite do dia que está findando não rejeita a luz que o iluminou nem a troca pela luz do dia novo que o apaga. Não rejeita o mundo que naquele dia viu e viveu e lhe deu voz e entendimento, porque tem a lucidez serena de ele ficar ao alcance de quantos lerem a sua obra.

Culminada nestes dois extremos, a obra nemesiana tem o vigor genésico de compreensão e de posse do sentido da história vivida e, por isso mesmo, dos vectores de futurição que lhe garantem continuidade.

Deixar-nos contagiar por este sentido para, à sua luz nos entendermos e descobrirmos o caminho da sobrevivência, é o apelo a que o rito da comemoração nemesiana responde.

2. Exemplaridade nemesiana

Ora este sinal poderoso, que alumia e acena, não foi por acaso ou incônscia ontogénese que carismou a plúrima, e ao mesmo tempo *una*, obra de Nemésio. Brotando é certo das raízes mais profundas da sua personalidade, desde muitas heranças de parentesco e de cultura até à singular e incomunicável circunstancialidade da sua humana condição, aquele carisma foi uma configuração programada e conscienciosamente procurada e conseguida. O momento da formulação metódica e de projectação prospectiva de tal programa foi a conferência *O Açoriano e os Açores.* O seu autor tinha, quando a proferia, 27 anos de idade. A poesia do *Canto Matinal* e da *Nave Etérea* ia ganhando envergadura para os futuros voos. Mas a narrativa alcançara já a vigorosa musculatura das personagens caracterizadamente esculpidas e dos ambientes imaginosamente caligrafados, nos contos de *Paço de Milhafre* e do romance *Varanda de Pilatos.* A colaboração jornalística atarefava-se por vários periódicos travando as primeiras relações com figuras grandes da vizinha Espanha, e publicando estudos literários e artísticos.

As alocuções de intervenção cultural já o haviam guindado a tribunas de alto coturno, os *Jogos Florais* em Angra no *Salão Nobre* da Câmara Municipal com o arrojado e fatal académico madrigal à futura heroína de *Mau tempo no Canal* (1924); conferência sobre Camilo na Universidade Livre, no Salão Nobre dos Paços do Conselho de Coimbra, com a presidência de Eugénio de Castro (1925).

Vitorino Nemésio, com os seus 27 anos voluntariosos, e criativos e já creditados ao apreço do reconhecimento da academia coimbrã e dos círculos literários portugueses, espanhóis e franceses, tem nesta altura o perfil da sua personalidade de escritor traçado. É nesse ano que vem a lume no *Instituto*[5] o estudo também programático e inovador da *Arte de Escrever.*

A iniciativa, em que a conferência sobre o *Açoriano e os Açores* se insere, oferece-lhe ocasião para o definir e legitimar. Era um "plano de reabilitações regionais cuja iniciativa pertenceu à Associação Académica Coimbrã e que visava acordar na alma dos estudantes um inteligente amor às suas terras de origem" (*Sob os Signos* 88-101). Da série de conferências programadas, a de Nemésio foi a primeira. E só mais uma lhe seguiu.[6]

Nemésio aparece à cabeça e esta primazia é justificada na legitimação. Nemésio formula-a com a proficiência e o tom de quem lidera a iniciativa. Era um projecto de pensamento histórico e filosófico de consciencialização nacional, ao arrepio do chauvinismo dos pequenos nacionalismos,—o carbonário e o integrista, engalfinhados na radicalização intolerante de *crê ou morres*, distraídos, por essas guerras dos santuários do poder na capital do Estado, da elaboração do mundo e dos vínculos civilizacionais que ligavam Portugal aos espaços da sua conaturalidade histórica.

Abrindo o alicerce para os fundamentos do seu projecto exordia, citando Anatole France no discurso de homenagem a Teófilo Braga: "As pátrias devem entrar, não mortas, mas vivas na Federação Universal." E Vitorino comenta: "Quis dizer Anatole que as pátrias não são o grau supremo e concluso da ordem social do mundo. Integram-se nas grandes comunidades históricas, nos equivalentes contemporâneos da *Republica Christiana* e outros blocos gregários" (Nemésio 88).

Nemésio denunciava, assim, a marginalização histórica a que Portugal estava condenado pelos radicalismos tanto do laicismo carbonário e pseudo-progressista, que proclamavam expurgar, em duas gerações, a vergonha do catolicismo retrógrada, como do integrismo passadista da ressuscitação, em pleno século XX, da ideologia fundamentalista da Fé e do Império. Mas, em lógica integração neste quadro, Nemésio apontava o fosso aberto, por esta ruptura com o mundo, entre a realidade humana, cultural e histórica do povo português e os grupos da classe política envolvidos na luta pela posse do aparelho estatal, ocultando as suas origens regionais na estandardização burocrática e na obtusa opacidade do snobismo da capital. Assim como as pátrias se integram nas grandes comunidades históricas, do "mesmo modo, as regiões e as províncias são como que sub-consciências da plenitude nacional."

Nemésio formula a sua intenção:

> Ora eu quisera dar, numa hora de torpe obnubilação dessa consciência plenária, uma ideia quanto possível completa dos Açores e do açoriano; mas não só a exiguidade de uma conferência mo não permite, como teria que me embrenhar em questões que só conheço pela rama. Hinos à terra, no estilo de caravelas e das cruzes de Cristo, dos cinzeiros, não sei nem quero fazê-los. Soa-me a oco. São dispneia mental ou incontinência da língua.

> Deixarei pois o género aos estilistas castiços de um Portugal Maior, e enveredarei pelo caminho mais simples, e a meu ver mais directo, que vos pode mostrar alguns aspectos das minhas ilhas e dos seus homens. Os senhores não sairão daqui com uma noção precisa sobre aquelas ilhas remotas; mas creio bem que adivinharão através das minhas palavras a existência de uma realidade açoriana que não só geograficamente se manifesta, mas que sobretudo é viva numa ética própria, numa vida—em suma—em muitos pontos especializada e diferenciada. E, se assim for, não teremos perdido absolutamente o nosso tempo. (*Sob os Signos* 88)

Estava declarado o objectivo: contribuir para a plenitude da consciência nacional e para a consciencialização da sua integração nas grandes comunidades históricas da sua conaturalidade civilizacional, através da *arte de escrever* detectora e reveladóra dos traços típicos da realidade humana, social e geográfica, cultural e ambiental das comunidades regionais enquanto formam e enchem de vida e de sentido a comunidade nacional.

E estava também sugerido o segredo estilístico daquela "arte de escrever: fazer adivinhar, através das palavras dele, a ética própria da vida da comunidade e aqueles traços típicos" que a especializam e a diferenciam. É uma heurística diagnóstica que vem mais no génio e no tino do que se aprende dos mestres e das metodologias. E é um estilo que faz da linguagem a prestidigitação mágica da materialização configurativa, em pessoas e em comunidades inteiras, do que é apenas um traço, um olhar, um gesto, uma voz.

Na parte final da conferência, tirando a conclusão almejada, Nemésio completa a exposição do seu projecto:

> Esta conferência integra-se num plano de reabilitações regionais, cuja iniciativa pertence à Associação Académica de Coimbra e que visa acordar na alma dos estudantes um inteligente amor às suas terras de origem. Há pois nesta empresa um fim de alcance prático, qual o de fazer incidir sobre as actividades locais a atenção daqueles, que por sua condição de dirigentes, podem de longe ou de perto influir nelas, dando-lhes rasgo e eficácia … Mas há também nestas conferências uma função de exemplaridade, que se dirige, não às capacidades de intervenção regional de cada um, à sua preparação de procurador ou de munícipe, mas a elementos mais profundos, mais largamente humanos. E, nesse caso o que há a fazer é mostrar como um homem, nado e criado num ponto que se furta aos grandes

> meios de comunicação e de labuta, ao poder sugestivo de uma civilização enérgica, imediata e concentrada, enriquece o temperamento que se lhe talhou na terra a ponto de chegar aos mais altos resultados de pensamento e de conduta. (*Sob os Signos* 100)

O objectivo final e, ao mesmo tempo o processo mais criativo, do discurso hermenêutico e caracterizante da essencialidade das comunidades regionais, era, portanto, identificar os casos concretos que possam assumir a função de exemplo e de como o homem, a partir da matriz humana da sua congenitidade pertencente a uma comunidade regional, se pode elevar aos mais altos níveis de realização da personalidade nos parâmetros nacionais e até mundiais. Em cada um destes casos é a densa concentração singular da humanidade do indivíduo e da comunidade, que se potencializa, desabrocha e esplandece na amplitude do horizonte dos valores universais.

Ao atingir esta revelação a exemplaridade é o espelho em que cada um e a comunidade se podem contemplar a si mesmos e podem ser vistos por todos na dimensão da universalidade.

Vitorino Nemésio e Antero de Quental

Vitorino Nemésio quis exemplificar esta exemplaridade: "Para os Açores este homem foi Antero. Ele nos dá o alto exemplo de uma vida que, partindo das mais estreitas limitações do espaço e do tempo, pouco a pouco se despoja deles até encontrar o fundo irredutível da sua própria humanidade" (*Sob os Signos* 88). Vitorino Nemésio tinha já nessa altura não apenas o projecto existencial de vir ele próprio a tornar-se um remarcável exemplo para os Açores, mas a translucidez da certeza de já o ser; somente, se esquiva na decadência do discurso à imprudência de se apresentar como tal. A diferença, porém, entre as duas exemplaridades é tão acentuada para a própria intencionalidade do discurso revelador da potencialização do património regional originário na personalidade de Antero, que Nemésio mal disfarça a dificuldade de urdir com harmonia lógica a argumentação comprovativa da exemplaridade anteriana.

Nemésio aponta um movimento de desligação progressiva da personalidade de Antero em relação à sua herança e pertença açoriana:

> Antero enriquecendo a sua alma e entregando-a aos altos problemas do seu tempo, reduzia as suas efemérides de baixa efemeridade. Não porque fossem indignas de um destino seguro e honrado, de uma vida que, como a humana, tem na

> humildade e no silêncio uma das maiores garantias de se não perder de todo. Mas porque o essencial, neste mundo, é ganhar as asas que nos libertam da temporalidade e da matéria. (*Sob os Signos* 88)

Esta é uma universalização obtida por meio da abstracção lógica, da ruptura entre as essências e a sua conversão real. O universal resultante deste processo abstractivo, perde a sua realidade concreta e fica reduzido ao conteúdo objectual de uma ideia ou de um conceito. A identificação teórica entre esta estrutura conceptual e a realidade é a decisão platónica, que se há-de repetir no começo da época moderna com uma alteração de sentido que lhe retirou, nessa conjuntura, a vitalidade que deu ao platonismo a capacidade de vir inspirar a ética agostiniana da visão cristã do homem e da história.

Para Platão o *eidos*, a estrutura inteligível vista e contemplada pela inteligência, pelo *nous*, era a realidade por excelência, a única realidade; enquanto que a circunstancialidade material da existência humana e do seu mundo sensível era o seu reflexo, configurado pelo Demiurgo divino sobre a matéria amorfa, o substracto incriado, o *ápeiron*. Na concepção cartesiana e nas que lhe seguiram, o modernismo de Leibniz, de Wolf, de Kant e o idealismo alemão em geral, a identificação foi feita ao contrário, a realidade é que foi identificada com a ideia, o real com o possível. O pensamento de Antero ficou uma presa do universo lógico-matemático da filosofia racionalista e idealista. Daí o trauma provocado pelo irracionalismo da natureza e da história, e a fuga para o mito platónico, a contemplação despersonalizante segundo a interpretação idealista, e para a evasão aniquilante das religiões dravídicas orientais.

Vitorino Nemésio observa que, seguindo a via da renúncia à tranquilidade plebeia da baixa efeméride, Antero se libertou da temporalidade e da matéria e assim deu aos Açores a possibilidade de, por intermédio dele, "partilharem das mais graves e nobres inquietações da Europa contemporânea." E reconhece que se, por um lado,

> Antero sempre pôs em primeiro plano os problemas da Península, do Ocidente e até do mundo, por outro lado, nem por isso foi patrioticamente um transviado. Foi um açoriano e um português, mas acima de tudo foi um homem. O seu regionalismo e o seu nacionalismo são pois um digno exemplo que todos devemos tomar. (*Sob os Signos* 88)

E abro aqui um parêntese chamando a atenção do leitor para esta linguagem e para os conceitos que a estruturam no procedimento elocutório de Vitorino Nemésio em 1928. Já por essa altura Vitorino Nemésio pensava segundo as categorias que nós, eu e os homens das Semanas de Estudo e dos Cursos de Cristandade nos Açores, na década de 1960, julgámos ter consciencializado e teorizado os problemas conjunturais do Arquipélago dos Açores. Vitorino Nemésio tem a plena consciência da distância histórica e da divergência categorial que o separa, em mais de um século, de Antero de Quental. Na verdade, no arranjo final do que fica dito, Nemésio não deixa de pôr entre parênteses, a quem esteja em condições de entender, que Antero de Quental, saído dos Açores na adolescência, só "por excepção voltou à sua terra natal." E acrescenta compreensivamente: "Nem a universalidade do seu espírito se compadecia com este apego à terra que o destino reserva às almas terrenas. Foi, pois, em certa medida um desenraizado." E, todavia, não obstante este alheamento curricular, Vitorino Nemésio reconhece que

> rara será a obra de português que mais do que a de Antero, traga no seio a marca da sua origem provincial. Embora inutilmente lhe procuremos cor, forma, externidade, que revelem o pequeno mundo açoriano com o seu físico e os seus hábitos, a verdade é que toda a poesia anteriana está impregnada de açorianismo. Descontadas as argalhas de uma vida que se circunscreve a nove ilhas, nove minúsculos e pouco seguros apoios da frágil planta humana, a alma do ilhéu exprime-se pelo mar. O mar é não só o seu conduto terreal como o seu conduto anímico. As ilhas são o efémero e o contingente. Um mar que, nas suas vagas revôltas, é como o espírito humano, em dúvida e torvelinho, mas que acaba por ser espírito na fôlha serena e luminosa, apenas encrespada pela aragem das ideias, que, para as necessidades de Antero foram a grande questão. (*Sob os Signos* 100)

A exemplaridade nemesiana desenvolve-se também, a estes níveis da tonalidade ambiental e da dialéctica ideológica da história, mas não fixa neles as fronteiras dos seus domínios de enunciação. Estende-se a outros mais superficiais e, ao mesmo tempo, mais humanamente incarnados e, até por isso, dialeticamente superior.

A parte mais volumosa da obra de Nemésio,—a narrativa, a poética, a crónica—tematiza os Açores ou utiliza, em linguagem, os materiais humanos da origem e das vivências açorianas do autor. E fá-lo com a já apontada intenção discursiva da armação do seu próprio universo de sentido, ou seja, da inteligibilidade da sua mundividência. Através da obra de Nemésio, os Açores não participam somente de forma indirecta, mediante a participação pessoal do autor, na história europeia, como lhes aconteceu com Antero; senão que aquela mesma obra lhes dá uma projecção europeia e mundial: os *universaliza*. Universalização esta conseguida não através da *abstracção*, mas sim pela força da plenitude da encarnação dos valores humanos universais, elaborada pela configuração discursiva da arte e do pensamento na obra de Nemésio, como antes já referi. O que pode ser esclarecido por duas fórmulas felizes.

Uma de Machado Pires que dá relevo à projecção universalizante, como potencialização do humano, a partir da narrativa: "Diríamos mesmo que a principal característica da insularidade em Nemésio é a profunda humanidade das personagens que criou e a autenticidade do mundo que representou: quanto mais regional mais universal" (490).

A outra é de Martins Garcia que sublinha o adensamento interiorizante dos valores universais do discurso poético:

> Há, na poesia nemesiana, globalmente considerada, os dois filões já referidos—a experiência poética da tradição popular e a experiência poética pessoal, culta. Mas o ensino complicado é que esses dois grandes filões se cruzaram e interpenetraram com rara fecundidade. Dentro da Europa, a Ilha. Dentro do metafísico, a memória e o onírico, plasmados em mar e lume (principalmente). Dentro do popular, a reflexão erudita, quase sempre expressa em termos de aparente simplicidade. Dentro do açoriano, um universo... (190)

3. Existencialidade Hermenêutica

A exemplaridade, porém, da obra de Nemésio origina-se e configura-se a um outro nível mais profundo. Em termos de opção pessoal, de projecto de vida e de decisão existencial, Vitorino Nemésio *foi escritor*. Não, apenas no sentido vulgarizado de realização profissional: *realizou-se como escritor*, como se pode também dizer que se realizou como *professor universitário*, mas num outro sentido mais radical. Para Vitorino Nemésio, a decisão de ser escritor consistiu em construir a sua personalidade através da realização da obra escrita. Alude a ela quando no texto *Evocação*, com que introduz os poemas *Expresso Bruges-Coimbra*, publicados na revista *Panorama*, se refere ao problema do "homem situado na linguagem, sua essência, e não exterior a ela ou utente dela."[7] Mas expressa-se no poema epitáfio—"Requiescat," que antes citei.

Fórmula comparável à de Fernando Pessoa—*a minha pátria é a língua portuguesa*; mais radical, porém, na vinculação da tessitura existencial da personalidade humana do escritor à própria linguagem que ele tece na sua obra. É uma decisão comum aos grandes escritores e outros lhe deram também formulação explícita, como observou Onésimo T. Almeida, com a sua notável erudição e perspicácia.[8]

Todavia, há algo, que penso ser singular e só próprio de Vitorino Nemésio, no cumprimento de tal decisão. É que aquele fazer-se da personalidade através da linguagem ora é tematizado, sobretudo na poesia e na crítica, ora está presente como noeticidade aperceptiva e dialecticamente condutora dos outros discursos.

Não conheço nenhum outro escritor português em cuja obra esta noeticidade auto-construtiva esteja tão programaticamente consciencializada. E é nele que detecto aquele nível não só de sintonia, mas ainda de crítica e diferenciadora assumpção, com a obra filosófica de Heidegger. É a fonte originária e a face mais original da exemplaridade nemesiana, a qual pode ser denominada por *existencialidade hermenêutica*. Ela está presente na poesia, já na *Voyelle promise*. A tematização programática inaugura-se com o *Eu, Comovido a Oeste*:

> Eu me construo e ergo, peça a peça,
> De saudade, vagar e reflexão.
> Com quase quarenta anos, mal começa,
> Ovo de tanta coisa, o coração. (13)

A saudade é o veículo da memória que traz das origens da pessoa com a ternura do que se deu à sua feitura e o sofrimento de só ficar na lembrança e ceder a vez ao que lhe sucede naquela ternura do auto-fazimento. O tempo é este durar do crescimento da pessoa que se fecunda e amadurece no vagar e na reflexão. Aos quarenta anos, como em ovo cheio, no coração lateja ao calor estimulante da conjuntura, a potencialidade existencial de tanta coisa a ser e a fazer.

No célebre e tão comentado texto *Poesia e Metafísica*, que prefaciou o tomo 1º do "Círculo de Poesia" em que a Livraria Morais Editora reuniu a poesia nemesiana de 1935 a 1940, Nemésio dá a seguinte interpretação ao pequeno grande livro de poemas *Eu, Comovido a Oeste*:

> ... desenha o que se possa chamar o meu pensamento poético, com os temas coerentes e reiterados da busca do sentido da existência pela representação do passado: o mundo da infância no microcosmo da Ilha: o isolamento no seio de uma comunidade patriarcal: a revelação de Deus e do próximo na vizinhança e na família, do destino no amor e na promessa da morte. (*Críticas* 27)

A simplicidade coloquial desta revelação dos elementos, que compõe a armação poética de um dos livros nemesianos mais pletóricos da hermenêutica existencial, sugeriu-me o expediente adequado para tornar claro o processo de elaboração poética, designada por *existencialidade hermenêutica*. O objectivo é mostrar como é que a intencionalidade discursiva de tal processo imprimiu na obra nemesiana a *funcionalidade de exemplo*, apto a induzir no leitor o entendimento conjuntural de si mesmo e da sua comunidade.

Tomemos como ponto de partida o poema ADN do *Limite de Idade*:

> Afinal sou assim, infeliz e volúvel
> Porque minha alma guarda uma ordem diversa
> De pulsões celulares ao longo do seu eixo
> Decifre-me quem saiba,—que, dispersa,
> Com nome de ADN aqui na cruz a deixo. (*Críticas* 27)

Entre a nova imagética, portadora do cunho científico, o ADN ganhou uma impressiva e angustiante sugestividade na poesia do *Limite da Idade*. O *ácido desoxirribonucleio*, mediante a informação magnética, ao nível da unidade microcelular é depositário do código genético dos organismos vivos. No homem, como nos outros, aí, nessa unidade micro-biótica, indivisível na sua integridade estrutural, tem a cifra da sua individualidade vivente e do seu ciclo vital, do seu tempo de vida e do seu jeito de viver. A ciência ao revelar esta origem hereditária da configuração individual e do seu destino vital e ao produzir a tecnologia que a altera, abriu duas feridas de angústia no cérebro humano, cada vez mais sábio e mais poderoso, e, nessa mesma medida, cada vez mais inseguro e mais frágil.

> Nervo a pavor, fontes renal de rijo,
> Cordos meus olhos, estatura, gesto,
> Quanto me importo, ó Deus, quanto me aflijo,
> Tudo ADN inscreve no meu rosto.

O poeta, supurando, por aquelas feridas, o fel da ironia do seu natural abandono e do terror da loucura do seu poder, chocalha e o juízo do *Clown de Deus* (aproveitando o epíteto com que Eduardo Lourenço apodou o autor do *Limite de Idade*)[9] e galhofa com a forma helicoidal e a composição molecular das duas cadeias do ADN:

> Hoje o homem é o bicho sem sentido,
> A formal secreção da morte,
> A escada da vida a quatro lanços:
> Adenina, Timina
> Quanina, Citorina:
> Se uma falta, lá se vai a base à muda no Imutável:
> O símio toma o assento ao cordo humano,
> O Diabo leva a Deus a palma no fingido,
> O poeta bateu o recorde da mentira
> No laço anacoluto:
> Timina, Adenina,
> Citorina, Quanina
> Quatro mulheres infiéis me deixaram de luto. (*Limite de idade* 26)

Ora a verdade é que o homem quer na sua identificação individual quer na pertença e participação comunitária, não está menos pré-determinado pelos códigos genéticos da *cultura* aqui entendida, no sentido de antropologia cultural, como a dimensão humana contraposta à natureza. Estes ADNs culturais não são menos complexos do que os orgânicos e, para o homem, são tão arquetípicos e arcaicos como eles.

Na autogénese da pessoa humana os ADNs culturais implantam-se nos orgânicos, quase como por enxerto, e crescem a partir deles para a condução do processo genésico global. A cultura transforma-se numa segunda natureza enquanto assume, pela ciência, e domina, pela tecnologia, a primeira.

Os elementos de que se formam os ADNs culturais mediante uma infinita variedade de estruturas e de uma infindável polimerização, é a *linguagem.* A infinitude de formas, que estruturam e modalizam o espírito do homem e a sociedade, são produzidas e transmitidas em linguagem: estruturas vocabulares, estruturas lexicais, estruturas sintácticas, sintagmas verbais, sistemas linguísticos, com os seus subsistemas semióticos e semânticos. As vozes humanas com as miríades de matrizes da cristalização da fala e do seu dizer.

Cada indivíduo, desde o acto da sua geração é sujeito à acção compositiva e codificadora dos ADN culturais plena síntese com os ADN orgânicos. E logo que nasce se intensifica a acção dos culturais e se enceta a decifração primeiro dos orgânicos e, gradativamente, dos culturais: "são os olhos da mãe, é o andar do pai, tem o falar do avô. A identificação da pessoa é o processo de autentificação das heranças."

Nos ADNs culturais entra um novo elemento, só próprio do homem, uma novidade absoluta que introduz uma variável incontrolável nas decisões: *a liberdade*. A essência desta novidade é constitutiva do núcleo característico e dinamizador da vida humana na especificidade que a distingue de todos os modos de vida que há na terra. Esse núcleo é a *decisão hermenêutica*. Quer dizer a decisão *que se toma com fundamento numa interpretação.*

Nesse acto começa o homem a ter *existência*: a construir a sua vida com a *interpretação e a escola*. Fá-lo-á até morrer usando ou recusando as possibilidades que lhe oferecem ou lhe impõem o meio familiar, a vizinhança, a igreja, a escola, e os outros círculos sociais cada vez mais amplos, a região, a nação, o estado, os países românicos, a Europa, o Mundo.

De todos esses meios ele já recebia antes de nascer e continuará a receber influxos de codificação comportamental de que nem sempre se aperceberá, nem sempre poderá corrigir ou anular. Mas por seu lado, na medida da sua interpretação e da sua escolha, o indivíduo age sobre os vários meios da sua condição existencial, e poderá extender a eficácia da sua acção até à maior amplitude: a todo o mundo.

O mesmo acontece com os vários círculos comunitários. Todos eles recebem dos mais amplos os códigos e todos eles contra-actuam, cooperando com maior ou menor co-responsabilidade na construção de uma história comum.

A característica mais fundamental e mais distintiva da obra de Vitorino Nemésio está em que a sua linguagem é um discurso hermenêutico que *tenta expectativamente* a decifração dos vectores de auto-identificação exaradas no seu código genético-existencial, considerado em toda a amplitude da proveniência dos seus componentes e da sua pertença e participação comunitária.

Com fina penetração anotou Rosa Goulart que não é apenas um "processo de auto-revelação e autognose"; mas com isso e para além, o discurso poético nemesiano questiona-se a si próprio com a intenção heurística de tapar ou ver de si brotar aquela voz inconfundível que verifica a pessoalidade originária e, precisamente, porque o fez e enquanto o faz, alcança a pureza do poético. O verbo que o disser abrir-se-á na vocalidade do verbo primordial (Goulart 559).

A obra de Nemésio é a realização deste percurso hermenêutico, memorativo, verificante e realizador do seu auto-fazimento em todos os meios em que desde a infância a sua existência decorreu. Mas em todos estes estádios da sua obra literária regressa, levado pela circularidade hermenêutica do seu discurso, às origens arquetípicas da sua família e da sua ilha.

4. Exemplaridade conjuntural

Através da sua obra foi assim configurando espelhos a vários níveis de perspectiva que solicitam ao leitor a reflexão auto-perceptiva de si mesmo, situado aos níveis correspondentes da sua própria existencialidade. Nesse reflexo especular, um açoriano será tocado pela tensão de sugestividade auto-perceptiva da circunstancialidade insular, das vicissitudes existenciais, da sua condição de português, da intimidade religiosa, etc.

Vejamos como ele próprio exemplifica esta exemplaridade.

Na programática conferência *O Açoriano e os Açores* menciona, comprazivelmente, a opinião de um dos membros do júri do Prémio Montaigne, atribuído a Vitorino Nemésio em 1974, relativa à interpretação de um romance que suponho seria *A Varanda de Pilatos*, publicado em 1926, dois anos antes da conferência:

> Um ilustre hispanista, o Prof. Marcel Bataillon, lendo um romance de acção açoriana pareceu-lhe que os Açores constituíam uma espécie de Portugal porque receberam dele a forma e o pensamento quando Portugal na verdade era uma força em marcha. Do séc. XVI para cá, é do nateiro insular que têm partido em contribuições de algum preço, quer em metal sonante a título industrial, predial e suntuário, quer em carne e ôsso, acção e pensamento. (Goulart 137)

Desde 1928 até 1978, Portugal passou por muitas vicissitudes históricas. O seu território ficou reduzido ao Continente e às Ilhas do périplo existencial do autor de *Mau Tempo no Canal*. Os sistemas político e económico sofreram sísmicas convulsões.

Vitorino Nemésio elaborou a sua obra como um espelho em que os Açores e Portugal inteiro se podem rever, reconhecer, avaliar e descobrir os vectores do seu próprio histórico fazer-se.

É uma urgência histórica, para o Portugal de hoje, ser visto e ser pensado à luz dos parâmetros civilizacionais da mundividência da obra de Nemésio.

Nenhum outro escritor português alcançou o nível de vigência de historicidade conjuntural que hoje os estudos nemesianos, assinados pelos maiores nomes da hermenêutica literária em Portugal, vêm testificando. Já haviam dado idêntico testemunho, no âmbito internacional europeu, os nomes célebres que lhe atribuíram em 1974 o *Prémio Montaigne.*

A perfeição literária, a amplitude histórica, a profundidade filosófica, a dimensão teológica, a perspectiva antropológica e a imensa riqueza humana, exigem a ordenação sistemática e o desenvolvimento metodológico que só nas universidades encontram os meios aptos e as condições favoráveis à realização do estudo que se impõe para a fruição oportuna nemesiana.

Aliás, os melhores estudos sobre a obra de Vitorino Nemésio vêm sendo feitos em universidades portuguesas e em algumas estrangeiras. E entre todas elas cabe a primazia à Universidade dos Açores. E por esta primazia presto homenagem sincera de muita admiração e apreço ao seu segundo Reitor, o Senhor Prof. Doutor Machado Pires, ele próprio discípulo dilecto de Vitorino Nemésio e um dos mais eruditos conhecedores da obra do seu mestre, bem como um dos fundadores e Presidente do SIEN (Seminário Internacional de Estudos Nemesianos).

Notas

[1] X° Aniversário da morte de Vitorino Nemésio—conferência proferida no Salão Nobre da Câmara Municipal de Angra do Heroísmo.

[2] "(Harvard)" é o que está no texto.

[3] *Aeneada* X: 808.

[4] José Martins Garcia, *Vitorino Nemésio— à luz do Verbo* (Lisboa: Vega) 126.

[5] Vol. V (Coimbra: Imprensa da Universidade, 1928).

[6] Ibidem, nota (1).

[7] *Panorama* 16/IV (1966). Transcrito em *Críticas sobre Vitorino Nemésio* (Lisboa: Bertrand, 1974) 62.

[8] "Nemésio, o humanista—ponte entre as "duas culturas": uma revisitação de Era do Átomo, Crise do Homem," *Actas do Colóquio Internacional: Ponta Delgada, 18-21 de Fevereiro de 1998* (Lisboa-Ponta Delgada: Edições Cosmos, Seminário Internacional de Estudos Nemesianos, 1998) 539.

[9] Eduardo Lourenço, "Nemésio Clown de Deus," *Colóquio/Letras* 48 (1979). Transcrito em M. Gouveia. *Vitorino Nemésio, estudos e antologia.* Ed. Cit: 501-507.

Obras Citadas

Almeida, Onésimo T. "Nemésio, o humanista–ponte entre as 'duas culturas': uma revisitação de *Era do Átomo, Crise do Homem.*" *Vitorino Nemésio: Vinte Anos Depois.* Lisboa-Ponta Delgada: Edições Cosmos, Seminário Internacional de Estudos Nemesianos, 1998. 535-41.

"Crítica." Ed. Delfos, 1944. *Críticas sobre Vitorino Nemésio.* Vol. 3. Lisboa: Livraria Bertrand, 1974.

Críticas sobre Vitorino Nemésio. Lisboa: Livraria Bertrand, 1974.

Garcia, Martins. *Vitorino Nemésio: a obra e o homem.* Lisboa: Arcádia, 1978.

Goulart, Rosa Maria B. "Vitorino Nemésio: na senda do verbo primordial." *Arquipélago* 4. Transcrito em M. Gouveia. *Vitorino Nemésio: Estudo em Antologia.* 559.

Gouveia, Maria Margarida Maia. *Vitorino Nemésio: estudos e antologia.* Lisboa: Instituto de Cultura e Língua Portuguesa, Ministério de Educação e Cultura, 1986.

Lourenço, Eduardo. "Nemésio Clown de Deus." *Colóquio/Letras* 48 (1979). Transcrito em M. Gouveia. *Vitorino Nemésio: estudos e antologia.* 501-507.

Nemésio, Vitorino. *Eu, Comovido a Oeste, Poemas.* Lisboa: Ed. Revista de Portugal, 1940.

______. *Jornal do Observado.* Lisboa: Verbo, 1974.

______. *Limite de idade : poemas.* Lisboa: Editorial Estúdios Cor, 1972.

______. *Sob os Signos de Agora.* Lisboa: Imprensa Nacional-Casa da Moeda, 1977.

Pires, António M. B. Machado. "Nemésio e os Açores." *Colóquio/Letras* 48 (1979): 490.

Simões, João Gaspar. "Mau Tempo no Canal." *Críticas sobre Vitorino Nemésio.* Lisboa: Livraria Bertrand, 1974.

José Enes nasceu na Silveira, Pico (1929). É doutorado em Filosofia pela Universidade Gregoriana de Roma, summa cum laude e Medalha de Ouro. Foi Director da Faculdade de Filosofia da Universidade Católica Portuguesa, de Lisboa, e o primeiro Reitor da Universidade dos Açores. Também desempenhou as funções de Vice-Reitor da Universidade Aberta, de Lisboa. Como estudioso, tem-se dedicado aos estudos literários, sobretudo de literatura açoriana. Depois do seu livro *Autonomia da Arte* (1965), as suas publicações têm incidido quase exclusivamente sobre temas filosóficos, duma perspectiva fenomenológica. A sua obra máxima é *À Porta do Ser* (2ª ed. 1990). *Noeticidade e Ontologia* (1999) é a sua colectânea de ensaios mais recente. Também editou um volume de versos da sua autoria, *Água do Céu e do Mar* (1960). José Enes foi o líder das Semanas de Estudos Açorianos, um movimento de conscientização dos anos 60. Email: Jose.Enes@sapo.pt

Vitorino Nemésio (o homem e a ilha)

António M. B. Machado Pires

Resumo. Este artigo é uma visão de conjunto, com base nas vivências do homem ilhéu que atravessa o século XX numa experiência de vida muito rica, verdadeiro documento da cultura do seu tempo. Uma espécie do "essencial" do Homem-ilha-mundo-literatura.

Vitorino Nemésio é um dos maiores escritores portugueses do século XX, cuja escrita inclui o romance, a novela, o conto, a crónica, o ensaio, a investigação histórica e uma vasta produção poética (cerca de 60 anos de poesia!). Da sua ilha natal (Terceira, Açores) guardou imagens e recordações que alimentaram a criação literária como um húmus e como uma "idade de oiro" (infância e adolescência). Com essa experiência acabou por definir o que chamou a *açorianidade* (1932), que liga também ao poeta simbolista Roberto de Mesquita (que estudou). Ambos são os pilares de uma literatura de significação açoriana.

Professor universitário (Faculdade de Letras de Lisboa, décadas de 40, 50 e ainda princípio de 70) Nemésio viveu bem o seu tempo: o das duas guerras, o da Rádio e da Televisão (teve um programa chamado *Se bem me lembro*, muito inovador para a época—1969-74).

Se o canal das Ilhas (Pico, Faial, S. Jorge) se imortalizou nesse romance de conflitos sociais e amores desencontrados (com alguma raiz autobiográfica) que é *Mau Tempo no Canal*, *Tempo*, *Deus* e a *Ilha* são as grandes linhas da poesia nemesiana.

Portuguese Literary & Cultural Studies 11 (2007): 57-74.

Multilingue (escreveu poesia também em francês, em castelhano, em português do Brasil), Nemésio cultivou a poesia popular (*Festa Redonda*), na qual se considera, mesmo sob a ironia da linguagem popular, muito retratado autobiograficamente.

Corsário das Ilhas (1956), parte de uma série de crónicas a que chamou "Jornal de Vitorino Nemésio," é um livro de viagens, crónicas diversas em modo de diário, que se torna indispensável para conhecer as terras insulares (em especial a sua ilha, a Terceira) e o homem Nemésio, poeta da infância, do mar, do tempo, de Deus procurado num caminho de quedas e arrependimentos, poeta que também escreveu crónicas e romances—talvez, como ele preferia, *poeta acima de tudo.*

Este grande escritor de língua portuguesa nascido nos Açores pode e deve ser considerado uma das maiores e mais representativas figuras da Cultura e da Literatura Portuguesas do Século XX, pois foi poeta, contista, romancista, cronista (a sua crónica de viagem é muito relevante), ensaísta, colaborador assíduo de jornais, comunicador na Rádio e na Televisão, professor universitário (Universidade de Lisboa). Escreveu também em francês, em castelhano, na norma do português do Brasil (poesia) e frequentemente usou na sua escrita (na prosa e no verso) variantes linguísticas do português do Arquipélago dos Açores (especialmente da Ilha Terceira, ilha natal).

Nemésio nasceu na Praia da Vitória (Ilha Terceira, Açores) em 19 de Dezembro de 1901, ano em que o Rei D. Carlos e a Rainha D. Amélia visitaram os Açores (era rara uma visita régia); era uma criança de sete anos quando mataram o rei, e o regicídio (Fevereiro de 1808), seguido da República em 1910, provocaram algumas reacções diversas na família (a Vila da Praia da Vitória estava, aliás, muito dividida entre monárquicos e republicanos). Fez a escola na Praia, o liceu em Angra e no Faial (por causa de algumas irregularidades escolares em Angra...). Mas a sua vida seria bastante cosmopolita e diversificada. Foi jornalista em Lisboa, estudante de Direito (e depois de Letras) em Coimbra e Lisboa, professor no estrangeiro, em Bruxelas e em Montpellier, no Brasil (de destacar o ensino na Universidade da Bahia), país que voltou a visitar em viagem ao Nordeste e ao Amazonas; fez uma curta visita ao Canadá (já no fim da vida), fez várias viagens de saudade às suas ilhas (1946 e 1955), depois outras à Terceira e a S. Miguel entre 1974 e 1977, tendo falecido vítima de cancro em 20 de Fevereiro de 1978 em Lisboa.

A sua vida é plenamente o percurso do séc. XX, exceptuando o último quartel. Assistiu às duas grandes guerras mundiais, ao triunfo generalizado da Rádio e da Televisão (em ambas colaboraria com crónicas e um conhecido programa televisivo, a que chamou *Se Bem me lembro ...*"); assistiu também ao triunfo da física nuclear, à divulgação do automóvel e do avião comercial (sem esquecer a Base americana das Lajes, na Terceira, que modernizou uma vasta planície agrícola e empregou muitos habitantes da ilha), deslumbrou-se com as modernas descobertas da Biologia e com os "mistérios" do DNA e do "código genético," que canta nos seus "biopoemas" (no invulgar livro *Limite de Idade*, 1972), demonstrando uma grande curiosidade científica assumida liricamente, à qual não é alheio o tema fundamental da origem da vida sobre a terra. Como professor, filólogo e romanista, interessou-se por quase todas as épocas e autores. Vibrou com a Idade Média (Santa Isabel, D. Duarte), interessou-se pelo Liberalismo e pela Revolução Liberal (1820 e anos seguintes, nomeadamente o papel dos Açores), centrando a sua monumental tese de doutoramento sobre *A Mocidade de Herculano até à volta do Exílio*, 2 vols., (1834). Mas como professor e homem de letras, o seu interesse é muito abrangente: Gil Vicente, Garrett, Herculano (antes e depois do exílio), Bocage, Gomes Leal, Cesário Verde, Antero, Eugénio de Castro, Júlio Dantas, sem esquecer grandes impulsionadores da cultura nos Açores, como o Dr. José Bruno Carreiro (em S. Miguel) e o Dr. Luis Ribeiro (na Terceira, a quem dedica o seu livro de crónicas e saudade das ilhas, *Corsário das Ilhas*, 1956). Brasileiros como Lins do Rego, Guimarães Rosa e Cecília Meireles são importantes para ele, tendo com esta última, também de origem açoriana, mantido um relacionamento próximo.

Ler Nemésio é, de alguma forma, atravessar toda a Cultura Portuguesa, devido à abrangência da sua escrita. Quando se jubilou (1971) era professor titular de História da Cultura Portuguesa e de Literatura Brasileira na Universidade de Lisboa. A sua "Última Lição" é um documento notável, quer pelo carácter de auto-testemunho, quer pela feição memorialista documental de uma época que abrange dos anos 20 aos anos 70 do século XX. O homem Nemésio e muitos rumos intelectuais da época estão ali retratados. Determinantes foram para a sua formação alguns professores de Coimbra, como Paulo Merêa, Carolina Michaelis, Joaquim de Carvalho, bem como o relacionamento com Miguel de Unamuno e também com o magistério intelectual de Ortega y Gassett, o mesmo que diria que Nemésio era *um homem que transportava uma Ilha...*

De facto, em todo o seu percurso existencial e literário, e até académico, Nemésio nunca esqueceu a presença afectiva da sua Ilha natal, pedra de toque e "medida de todas as coisas," fonte de constantes alusões, analogias, comparações, correspondências históricas, estéticas e civilizacionais quando passava por terras diferentes.

A infância e a adolescência de Nemésio decorreram no meio de uma natureza que, na sua mais profunda peculiaridade, só os ilhéus açorianos, ou aqueles que conhecem bem as ilhas açorianas, podem compreender, talvez por força daquilo a que poderei chamar *impregnação*. Antes de sermos escritores, artistas—ou o que quer que seja—somos seres biológicos, que abrem os olhos ao mundo de acordo com as regras da vida. E uma delas, das mais importantes, é o olhar da *terra mater*, esse cordão umbilical do espírito que depois se torna um eixo do cosmos. Depois do *jus sanguinis*, vem o *jus solis*, constituindo uma fundamentação e como que as coordenadas cívicas do indivíduo. Mas afinal não são só cívicas: o homem carrega-as toda a vida, não como fardo mas como condição e destino interior. Nemésio chamou-lhe *açorianidade*. Considerou-se "um açoriano de treze gerações," carga biológica e histórica, mas amarrou-se afectivamente a "uns montes de lava," à "pedra torrada, transtorno do mundo," que lhe serviram de referência longe ou perto da porta. Essa impregnação vinha-lhe de uma ilha com vários matizes de verde, com nuvens de nácar, com caminhos de hortênsias, nevoeiros, "primaveras embuçadas," alvoradas no pasto, pêlo de gado lavrado enquadrando as ordenhas frequentes; mas também vinha de pequenas incursões na ampla baía, em pequenos barcos de pesca que cortavam as águas e já lhe provocam um fascínio que se havia de definir melhor no mar alto, no mar encapelado (conforme confessará). A Praia, a casa das Tias, o Porto Martins, a Angra do liceu e aquele fecundo ano na Horta deram-lhe substantivamente matéria para, mesmo estando longe no espaço e no tempo, estar perto pelo coração e pela arte da combinatória verbal em que era mestre, como romanista e filólogo de formação.

A publicação em 1916, nos seus quinze anos de idade, do *Canto Matinal*, vem apontar ao jovem aluno do liceu de Angra do Heroísmo um caminho de poeta que jamais abandonará: "Poeta! Poeta!"—exclamará nos seus versos, na última lição (1971) e no seu programa televisivo "Se bem me lembro."

Canto Matinal tem ressonâncias de Antero de Quental e de Guerra Junqueiro: do Antero romântico mais do que do Antero filósofo e do Junqueiro cuja prosódia impressionava o ouvido de Nemésio. Mas a atmosfera por vezes dolente do *Canto Matinal* (matinal só pela idade do autor e um conselho do seu professor Ferreira Deusdado) lembra a poesia de Roberto de Mesquita, carregada de "dolências" insulares do "acordar bilioso das perspectivas."

Nemésio haveria de descobri-lo e estudá-lo mais tarde, em 1939, em artigo que revela simultaneamente Nemésio e Mesquita.[1] Ambos—pensamos nós—pilares de uma literatura de significação açoriana, por vivência autêntica da insularidade e não por reivindicação de temática regionalista. Sendo a "impregnação vivencial" o factor principal da visão da *açorianidade*, Nemésio podia mesmo reivindicar para os seus livros a fala, os comportamentos e os traços tipológicos de uma idiossincrasia açoriana—fazendo personagens falar com sotaque e o léxico adequados, quase ao "ponto de saturação," nos termos do que Martins Garcia chama a "tentação foneticista," que o leitor não prevenido tem muita dificuldade em entender. (Vitorino Nemésio, *À Luz do Verbo*, 1988)

Mas o mundo insular de Nemésio é uma *totalidade,* uma compensação constante, um paralelo sensorial e intelectual, uma "medida de todas as coisas" transportada na bagagem erudita. Uma medida capaz de aferir o que vê no Brasil ou na Europa, capaz também de compreender melhor Herculano à luz da humanidade da família e da ilha, capaz ainda de intuir, para além do sentimento de saudade, a "história de Portugal do seu cantinho" (dedicatória da tese *A Mocidade de Herculano*, 1934). É um homem que transporta uma ilha—isto é, a ilha medida de todas as coisas. Mas também uma ilha que é *pars pro toto*, sinédoque do *todo* da vida insular ou da *condição* insular.

Assim, essa impregnação, essa experiência, essa condição atravessam e estruturam toda a sua obra, a poesia, a prosa de ficção, as crónicas (género que revolucionou pelo diverso e multímodo cruzamento de registos) e o ensaio histórico que, não raro, se debruça sobre matéria insular, mormente as questões de tipologia, de literatura e do Liberalismo nas ilhas.

É à poesia que cabe um papel fundamental na configuração do "homem e a sua ilha," isto é, da relação apelativa sentimental mas cerebralizada numa linguagem trabalhada engenhosamente pelo filólogo, que soube que a poesia pós-pessoana é "fingimento," mas é também um *ludus* cruzado de palavras, efeitos fono-semânticos, restituições de sentido etimológico, alusões, impulsos de emotivo saudoso que porém a linguagem "fecha" em versos crípticos.

Curiosamente, em França conceberá um livro que, posterior à 1ª versão de poemas como "O Paço de Milhafre" (1924), assinala a sua saudade da ilha em versos em língua francesa. Trata-se de *La Voyelle Promise* (1935), marcado pelo universo insular. Dedicado a três açorianos—Luís Ribeiro, Cortes Rodrigues e Maduro Dias—o poema "La

Nuit dans le port" evoca uma vigília no porto de partida e lembra a luz inolvidável das suas ilhas,

> . . . lumière açoréene,
> Toujours doublée d'ombre, et pénombre, et d'outre compositions
> à plusieurs dosages,
> lumière qui est encore dans mes prunelles vagabondes...

Este poema, "La nuit dans le port," confronta, de resto, com a iniciática experiência de partida da ilha, a vigília que envolve a partida do navio *San Miguel* no final de *Mau Tempo no Canal,* quando o estudante João Pragana mostra a Margarida os seus versos, versão portuguesa da *nuit dans le port* ("Também eu! também eu velo a noite no porto / Tão azul, apesar da escuridão perfeita..."). Isto quer dizer que Nemésio pôs na pena do estudante terceirense, e agora em língua portuguesa, o sentimento de saudade e de recordação da luz e cores da sua terra que ele próprio experimentara quando isolado em França, e a que dera expressão em língua francesa em *La Voyelle Promise.*

Mas outro poema com título francês, "La Cathédrale Engloutie" (1936), dos tempos da colaboração na revista *Presença,* aproveita a sugestão da peça impressionista de Debussy para imaginar lírico-miticamente a descida aos fundos de mar ilhéus.

> . . . Entre navios e os corais do fundo
> A ilha esconde aos homens outro mundo
> Onde há lágrimas, grutas, universos...

O soneto termina com uma bela sinestesia: "A verde voz dos sinos lá submersos." Referências insulares tão frequentes, mas também frequente a figura da alusão, o peso das sugestões culturais que nunca o abandonam. Neste caso, os sons "submersos" do piano do poema musical do Debussy, sugerindo as badaladas ressoando dos fundos marítimos.

Mas "as algas, corais e estranhas maravilhas" dos mares vêm também marcar o soneto "O Paço do Milhafre" (1ª versão, 1924, inserido n' *O Bicho Harmonioso,* 1938), soneto belíssimo onde a insularidade se exprime em descrições feéricas e quase tropicais, para acabar numa charadística alusão às lágrimas do poeta longe da sua ilha...

...Os vagalhões da noite me salvaram,
E, com partes iguais de sal e mágoa,
Minhas altas janelas se lavavam.[2]

Este paço—etimologicamente, este *palácio* imaginário do milhafre, animal simbólico e emblemático açoriano, atravessa poesia e prosa nemesianas, com uma carga enraizada na infância da sua Praia, uma espécie de fonte genética da temática do autor.

Mas desses elementos marinhos sobressai um que lhe pode dar a sugestão para um belo soneto, "A concha" (*O Bicho Harmonioso*). *A sua casa é concha*, isto é, nela se fecha mas a ela pertence, como o caracol que habita a casa que transporta; porém esta é uma concha, cuja ressonância é marítima e íntima, *a sua história,* despojado de tudo menos da memória:

. . . A minha casa... Mas é outra a história:
Sou eu ao vento e à chuva, aqui descalço,
Sentado numa pedra de memória.

É esta memória que atravessa todos os livros de poesia de Nemésio, conferindo valor especial ao tempo, cujo peso lhe traz uma consciência cristã da vida como viagem e como provação. É no poema "O canário de Oiro," que considera axial na sua poesia, que nos surge a preocupação com tudo o que o tempo já lhe levou. Ainda que não muito distanciado, pela idade, da sua infância e adolescência, Nemésio já experimenta saudades do "tempo perdido," agravadas com a sua ausência da ilha, os parentes já falecidos, o pai, em especial, que tão forte influência teve sobre ele. E, de facto, o tempo marca-lhe a vida significativamente, conforme estes versos de "O Canário de Oiro":

Tempo que levas meu Pai morto . . .
O tempo gasta a minha voz como se fosse o seu pão.
É ele, é ele o que tem tudo escondido!
. . .
Ele o que fez de mim o menino perdido
E me deu a navalha com que me fiz violento.
. . .

Tempo, ladrão, dá-me conta do fardo:
As saudades práli! As promessas práli!
. . .
Tempo, molde de todos os lugares,
Pègada de quem desaparece,
Esquema de bocejos e de esgares,
Frio de tudo o que arrefece.

Tempo, Deus e a Ilha—eis três grandes linhas da poesia nemesiana, abrangendo o universo insular. O tempo é caminho que devora, mas que conduz, como no pensamento de Santo Agostinho, às portas de Deus, Aquele cuja mão "desenha a verdade no escuro"; a Ilha é a "Ilha ao longe," farol e porto de idas e vindas ideais, poéticas, verbais, lúdicas. No caminho dessa "Ilha Perdida" (como lhe chama Martins Garcia), nos vagalhões ou nas vagas verdes, estão o regresso ideado ou as viagens reais entretanto realizadas, os "corsos," está ainda "o ovo bicado e quente," deixado a boiar no meio do mar, esse elemento genético, símbolo de fertilidade e concentração de vivências, que visita a poesia e também se esconde na Rocha da Serreta, na presença imaginária e sob o olhar atento de M. Queimado (em "Le Mythe de M. Queimado," 1940). Por esses anos tanto Mateus Queimado como o tal ovo, concentrado de vida e de recordações, andam-no pungindo e ditando versos e histórias passadas no seu universo insular. A tal ponto é importante, o tal ovo, "ovo de tanta coisa o coração," diz o poeta, que o invoca no fim da vida, nos anos do *Limite de Idade,* "que é dele, o ovo?" Sim, onde está essa força que ainda assim crepuscularmente o habita nos anos 70, com o radioso oiro de uma remoçada criação poética? Mas, voltando ainda ao *mezzo del camin,* o Nemésio da maturidade soube fazer esse belíssimo poema "Versos a uma cabrinha que eu tive," mais um bicho harmonioso lembrado da Infância (talvez da mítica "Terra do Perrexil," os vizinhos Ilhéus das Cabras…): e nesse poema magistralmente fechar com "a ave e o ovo"—"grande segredo equilibrado…"

Do "segredo" e do "ovo bicado e quente," fermentos de génese poética, partem caminhos de exploração verbal e imagética. As algas, os corais, a *cucumaria abyssorum* (esta do fundo do mar de *Mau Tempo no Canal*) são elementos meio reais, meio sonhados, numa transfiguração do real que ao poeta permite voltar ao seu universo insular. *Transfigurar* em Nemésio, poeta surrealista sem surrealismo (como tem sido dito), é baralhar as referências objectivas da realidade, de modo a que elas se misturem com o sonho, a dor, o sentimento de desterro, ganhando porém uma atmosfera de maravilhoso, de mitologia pessoal, de feérico quase.

> Ah! Ovo que deixei, bicado e quente,
> Vazio de mim, no mar,
> E que ainda hoje deve boiar—ardente
> Ilha!
> E que ainda hoje deve lá estar![3]

Ilha: isoladamente, constituindo um verso, com ponto de exclamação. Decerto esta disposição gráfica é muito intencional, "isolando" a sua ilha, que deve lá estar como fermento poético *in absentia.* É a "ilha ao longe," a "pedra torrada, transtorno do mundo," que visiona anos mais tarde e insere n' *O Verbo e a Morte* (1959). Essa ilha surge indefinida no horizonte e manifesta-se fenomenologicamente pelo "fôlego, o pão, a vaca, a fonte." O fôlego—o *animus* colectivo da Ilha, que o poeta captaria para sempre? A "ilha ao longe" que voltará ainda a propósito da "manhã fosforilada" da origem da vida?[4] O Arquipélago—conjunto de ilhas em mar alto—ficava-lhe para trás, no tempo e no espaço, a Ocidente. Caso para ter dito que "ench[eu] de Oeste a [sua] vida," em busca das aves das praias, dos juncais, onde, num punhado de pó, jaz também um ovo…[5]

Alguns livros têm títulos enigmáticos: *Eu, Comovido a Oeste*—o Oeste é obviamente o Oeste do mar atlântico, a oeste dele, no Continente…; *Nem toda a noite a Vida*—vida e noite têm aqui uma alternância de sentido penitencial introspectivo. Notar como se refere aos livros desta fase:

> três volumes de versos que estão cheios de mim, e portanto do mar e dos Açores: *La Voyelle Promise, O Bicho Harmonioso* e *Eu, comovido a Oeste.* Este título, aparentemente esquisito, não quer dizer outra coisa: que a minha posição natural é como a de uma agulha que tivesse trocado o Norte pelo dos pilotos da Insulana: 'Segue para as Ilhas de Oeste, em lastro, o hiate Santo Amaro'—Dizia o jornal da minha terra… Eu, também, até à data de hoje, nunca deixei de seguir. (Espólio, E 11, cx. 58)

Mas é em *Festa Redonda, Décimas e Cantigas de Terreiro, Oferecidas ao Povo da Ilha Terceira por Vitorino Nemésio, natural da dita Ilha* (Lisboa: Bertrand,

1950), que Nemésio, com 49 anos de idade, evoca um mundo de referências de linguagens, de cultos, de costumes, de recordações familiares de infância e de adolescência. *Festa Redonda*—confessa mesmo em dactiloescrito contido no espólio (E 11, cx. 58)—"é o meu livro mais fundamente autobiográfico. Lá meti infância e adolescência—e é para mim como ouvir o mar num búzio." Parecendo um livro menor de um poeta sério, é, no entanto, um exemplo de pujança e de variedade de metros e temas, mostrando como captou o ritmo e o ouvido dos poetas populares de improviso e como sabe extrair da poesia popular o seu peso sentencioso, aforístico, evocativo, por vezes quase lapidar.

A transformação da planície do Ramo Grande na Base das Lajes, fonte de espanto e de empregos para a gente rural, fica assinalada numa quadra magistral, em que a ironia subjacente se combina com a capacidade de notar os fenómenos sociológicos:

A moda de gasolina
Seco o trigo do chão;
Fez das Lajes um terreiro,
Oh que dôr de coração!

As cantigas são à cidade de Angra, à Praia, aos montes, às Lajes, ao tio padre Luis Gomes, mas também à comovente história familiar da criada Genuína Baganha que "se miteu no carro de fogo" e foi de Bastão [Boston] para a Califórnia, onde tantos ilhéus têm familiares emigrados. Nesse retiro forçado em casa do primo Higino de Menezes (onde Nemésio recuperava de um problema de saúde, conforme me contou), a imaginação, alimentada pela memória do mundo da infância e adolescência, permitiu-lhe uma notável reconstituição do universo insular.

Festa Redonda—uma espécie de antevisão do *Corsário*, mas em verso e em brincadeiras verbais da poesia popular... Os cantadores populares, improvisadores notáveis, eram para Nemésio uma espécie de jograis do nosso tempo, aliás, continuadores dessa memória popular medieval, que haveriam de passar ao Brasil, aos aedos sertanejos de sacola e violão que se vêem nos romances de Lins do Rego do ciclo do cangaço.

O *Corsário das Ilhas*, "Jornal de V. N." por excelência, bem datado e circunstanciado, resultado de duas viagens aos Açores (1946 e 1955), esse sim, é também um livro muito especialmente acarinhado pelo seu autor, que cruza divulgação dos Açores com evocações pessoais, espécie de diário de viagem, ensaio e confissão pessoal perante o leitor. Essas crónicas de viagem não obedecem às leis do género, se estritamente as há... Constantemente vêm as alusões do homem muito culto e viajado, o conhecimento da história e da geografia insulares, a lembrança de pessoas e factos curiosos ou quase anedóticos ("Agarra, é ilhéu"), com frases carregadas de afectividade, mas também de sentido aforístico ou emblemáticas em relação à vida dos Açores. Tão fortemente se emociona com o reencontro de Angra ou com a vista dos ilhéus das Cabras (a mítica "Terra do Perrexil" da infância...) que poderemos reconhecer uma profunda carga lírica num texto cronístico. *Corsário* é uma "peregrinação sentimental e recôndita," fruto de crónicas do *Diário Popular* recuperadas para o seu novo livro do *Jornal de Vitorino Nemésio*, até com narrativas inseridas em nome do seu alter-ego Mateus Queimado, tão profundamente ele, apesar do disfarce e do estratagema narrativo. E carregado de simbolismo ilhéu—o queimado, o milhafre, a ave emblemática do Arquipélago, que ele escolheu para nome do seu duplo narrativo. Nesta simbólica reforçada se integram Mateus Queimado e os Paços do Milhafre—*milhafre* e *queimado*, símbolos do seu universo insular e termos chave da sua obra.

Essas viagens ou "corsos" (percursos de "exterior" e de "interior") abalaram--no rofundamente, "filho pródigo" em processo de regresso à fé, conventualmente recolhido à casa das primas Menezes, ao lado da Sé... Esse mergulhar no passado, com essa aura de paz e religiosidade que as primas lhe proporcionavam, trazia-lhe de volta a impregnação desse tal universo insular de que temos vindo a falar. Era uma busca de um "tempo perdido," feito de experiências da "idade de ouro," mas substancialmente alimentado por um magma afectivo que em Nemésio era muito intenso, ainda que sob controlo do intelectual, do erudito, do homem de Letras que faz a sua carreira num mundo distante da sua ilha... Note-se que, antes do primeiro "corso" (1946), já publicara o seu opus magnum de ficção, o *Mau Tempo no Canal*, experiência importante e recente, um romance verdadeiramente das ilhas, como o considera, e do qual parece ter "saudades"; ao longo do discurso do Corsário (como pensa Martins Garcia). *Mau Tempo no Canal* é um grosso romance onde convergem a luz, as nuvens, o cheiro a ressalga, o mormaço ou "azorean torpor," a majestosa imagem do Pico, palco de todo o ano, o seu canal de ciclones e baleias, a decadência e conflitos de interesses de famílias e classes sociais, um mundo de açorianidade concreta, carregada colectivamente, mas também de açorianidade dele, isto é, a expressão sensível e as intuições ditadas pela força das suas recordações, a intensidade dessa impregnação de infância e adolescência.

Mas esse romance transporta também a imortalidade e a universalidade dos amores contrariados e secretos, as forças profundas do eu e das paixões, dos amores e dos ódios, dos despeites e das grandes e sublimes "acomodações…" Um Romeu e Julieta num canal de suspeições mesquinhas e de grandes senhores falidos, uma Horta-Praia sobrepostas pelo engenho ficcional de Nemésio, alimentado pelas recordações de tenra idade e pela sua própria experiência sentimental, na qual pesam sentimentos do coração, de Deus e da terra, subtilmente amalgamados. Embora parte menor no espaço narrativo, a Terceira está idiossincraticamente marcada pela Tourada, mas sentimentalmente, simbolicamente assinalada pela partida do porto de Angra à noite, no final do romance—a partida para fora do Arquipélago, que tantos dos seus conterrâneos tiveram durante tantas gerações, uma partida iniciática para o grande combate da vida, a busca da "terra" ou do curso ou do emprego "da promissão," a grande partida, da qual alguns, como o próprio Nemésio, não voltariam definitivamente…

Mau Tempo no Canal é um grande livro, não tanto pelas extensas descrições e pormenorizações e parentescos, longos discursos directos quase dialectais, mas principalmente pele convergência de tudo isso: pessoas, coisas, natureza, clima, luz, cor, tensão dramática e desfecho. Nemésio não sofreu da síndrome queirosiana do afastamento em New Castle, a fazer o esforço de memória para evocar Leiria e o Padre Amaro. O realismo de Nemésio é telúrico-existencial, vivido, imposto de dentro para fora! O mundo do canal vem à pena com a natural fluência imperativa de quem tem uma preocupação, um sentimento que gera um processo de compensação pela escrita, como diz, a propósito do *Corsário*, a "natural preocupação por essas ilhas," a qual "por vários modos nele tende a resolver-se por escrito." Confissão que abrange, afinal, o *Jornal de V. N.*, mas também a sua obra ficcional, no que ela tem de evocação do universo insular.

Maria Lúcia Lepecki indicou três níveis de leitura no romance *Mau Tempo no Canal*: o "macrocontexto insulano" ou a realidade sociocultural dos Açores; um "microcontexto" do conflito entre as duas facções, os Clarks e os Garcias; a problemática pessoal de Margarida, base de todo o romance.[6] Acrescenta ainda a visão de duas dimensões, uma "horizontal" (do espaço e realidade açorianas), outra "vertical," do profundo conflito amoroso Margarida/João Garcia. Esta proposta de leitura poderia sugerir outra, nossa, em termos do que chamaríamos três estratos: um estrato telúrico, isto é, o lado respeitante à natureza e como ele condiciona e impregna as personagens, um "determinismo" *sui generis*; um estrato social, isto é, os conflitos sociais da Horta, do Pico e de S. Jorge (considerando-se que há uma aristocracia, uma burguesia e um povo humilde); um estrato psicológico, dizendo respeito aos conflitos das personagens, mormente o drama amoroso Margarida/João Garcia, mas também todo o mundo dos pais de ambos, Henriqueta e os seus ressentimentos. É um mundo de amores e ódios, de conflitos potenciais intuídos na infância e adolescência, alimentado pela sua própria "história" pessoal, pelos seres humanos que conheceu.

Mas a História das Ilhas, incluídos os seus mitos de achamento (a suposta ilha de Fernão Dulmo) lá está também: as erupções, Fructuoso, o Padre António Cordeiro, a indústria baleeira, o flagelo da peste, os autonomistas, o povo anónimo, os pescadores e a sua linguagem sentenciosa. Um romance longamente pensado, nascido em Bruxelas (17 de Janeiro de 1938) e acabado em Lisboa (21 de Fevereiro de 1944), "voltado à relação forçosa que possa haver entre umas ilhas onde me criei e as coisas que penso e escrevo: Em Bruxelas, a cujo ambiente ... tanto devo, concebi e gizei um romance de ambiente ilhéu... Parece-me que fiz realmente um romance das ilhas—a nossa gente, a nossa lava, o nosso mar."[7]

Não podemos esquecer que Nemésio dera-nos antes *O Paço do Milhafre* (1924, saudado por Afonso Lopes Vieira), *Varanda de Pilatos* (1927), o mundo da sua adolescência na Terceira, e as novelas *A Casa Fechada* (1937). O seu anti-herói Renato de Sousa Ormonde leva-nos ao universo social e psicológico da Praia, e ligada à emigração para o Brasil.

O universo insular de Nemésio está povoado de seres observados, não só com os olhos realistas do escritor analista, mas sim principalmente com os olhos do coração, isto é, com um desejo de valorizar, difundir, encarecer, recordar-se ele próprio—sem prejuízo da lucidez da análise. A insularidade é experiência e riqueza humana: como tal deve ser visto o comportamento do Ti Amaro, trancador de baleias até aos mares do "Ariôche" (Arctic Ocean), o Matesinho de S. Mateus e as suas quatro prisões, que não impedem o seu regresso de Ulisses. Experiência, luta pela vida, vida de subsistência conformada e até feliz, mas duma escola, a do ilhéu: Pena-se muito nesses mares, mas aprende-se mais do que numa escola! diz o Ti Amaro. Experiência, temperando e singularizando o ilhéu. Por isso, também, na sua obra encontramos a contrapartida teórica, a busca idiossincrática, "O Açoriano e os Açores" (conferência de 1928, public. em 1932), "Açorianidade" (*Insula* 7-8, 1932).

Decalcado sobre *hispanidad*, de Miguel de Unamuno, que conheceu e com quem se carteou, o termo *açorianidade* haveria de conhecer enorme difusão, sobretudo depois da Autonomia do Arquipélago, a partir de 1976. Mas *açorianidade* é o sentimento dele ("que o desterro afina e exacerba," diz!), e só depois se foi transformando num conceito identitário, em que, também devido às reflexões de Luis Ribeiro, se tornou. Açorianidade: condição de ser insular dos Açores, alma que se transporta, sobretudo quando fora dos Açores e a eles nos chama; uma carga afectiva desenvolvida meio milénio nuns montes de lava e num Arquipélago onde "a Geografia vale outrotanto como a História," isto é, segundo esta feliz afirmação de Nemésio, se está tão condicionado ou tão dependente da diversidade e das contingências do clima e do isolamento, onde "ser ilhéu é ser embarcadiço," lição válida para o local e lição para interpretar a vida, ela também uma viagem, uma rota, uma diversidade. Ilhas onde "a lusitanidade quatrocentista" sofreu uma forte modelização, em virtude do clima e da História. Da História, que enche muitas páginas da erudição nemesiana, desde as transformações operadas na Terceira com a vinda das ideias dos exilados *maçons*, em 1816, até às notáveis peripécias das guerras liberais na Terceira ("A Terceira durante a Regência," in *Sob os Signos de agora*, 1932), às manobras bélicas do Alferes Porem (seu antepassado real...), que fez mergulhar no universo ficcional do conto "Os Malhados" (*O Mistério do Paço do Milhafre*, 1949). Não foi por acaso que escolheu focar Herculano na sua tese de Doutoramento, depois de chegar a ter pensado estudar o Liberalismo na emigração. Herculano estivera no *rochedo,* talvez até o avô se tivesse cruzado com ele; Garrett também vivera a infância na Terceira e à ilha as guerras o fizeram voltar... O Liberalismo permitia-lhe falar dos factos da Terceira e a ela voltar por via do saber académico... A sua última conferência na Terceira foi no centenário da morte de Herculano, proferida numa chuvosa noite de Fevereiro, evocando sem papel, com enorme vivacidade, o "Solitário de Vale de Lobos..." Desse improviso só nada se conserva porque a bobine foi desgravada na manhã seguinte, depois de usada para a reportagem matinal ... *Verba volant!*

Entretanto, desafiado por David Mourão Ferreira (de quem dizia que sabia mais de Nemésio que Nemésio!), lá foi compondo as suas notas biográficas, como se a sua autobiografia não estivesse a impregnar toda a obra do autor do *Jornal de Vitorino Nemésio* (subtítulo para as *Crónicas*, mas extensível a quase toda a obra!).

A própria ficção inacabada o traz de novo a personagens demasiado próximas, carnal e socialmente. Assim *O Cárcere*, datado de 1977 (1º cap., in *Diário de Noticias*, 30 Março 1978), assim o conto "O mudo falou" [1977?], assim a flagrante realidade dada na "chave dos nomes das personagens do meu romance *Confissões* (Avô Severino Vitorino José da Silva; Matesinho: meu pai; Primo Eduíno: Primo Higino [Higino Borges de Menezes])."[8]

N'*O Cárcere* escreve, a abrir: "Nunca cheguei a saber se o cárcere era de pedra ou era de gente. Talvez de pedra com gente dentro; talvez de gente feita de pedra." Em "O mudo falou" começa: "Quando vínhamos da cidade, naquelas tardes de borralho ilhéu em que tudo está morto..."[9]

Ficção e crónica estão carregadas de emergências ou irrupções líricas. No *Corsário* é notável o "Encontro de Angra" (7 Novembro 1947), carregado de "saturação no regresso e no amor que não há lágrimas vivas que sejam dignas de nós!"[10] O reencontro, a comoção; o afastamento, a sublimação, agora o percorrer as ruas e observar as fachadas sem a vida de outrora: a vida nos gestos, nas imagens da memória, a vida nas suas manifestações—Nemésio "revisita" a sua Ilha, e é confrontado não com a vida, mas com a morte das coisas de outrora, isto é, *com a Morte*, ideia sempre latente na sua obra e em especial na sua poesia.

Numa "Crónica Semanal" de 26 de Outubro de 1945, a propósito de um sismo ocorrido na Terceira no dia anterior, diz: "O próprio longo exílio nos faz a terra longínqua, como uma espécie de outro mundo." Estas saudades da terra, que esfumam nostalgicamente as imagens após algum tempo, têm em Nemésio um carácter mais forte, de plasma inicial, genético, mitificador, verbalmente fluindo sem respeito pelos géneros literários convencionais, impregnando toda a escrita de uma força, de um *pathos*, que, não deixando de pungir, é como um sal da vida. Talvez a melhor metáfora seja a que usou para se explicar: *plâncton mnésica.* "Da baixa infância tudo fundo e confundo numa espécie de plâncton mnésico (por alguma razão trocadilhavam com o meu nome e distracção: mas eu só sou distraído das camadas grossas do convívio)."[11]

Ou ainda: "Nunca mais acabava. Eu digo—escreve a 06 de Outubro de 1973—as pessoas e as coisas, muitas das situações: porque a teia precisa do que vivi e me enformou é claro que me escapa, tão íntima se tornou comigo e se disfarçou nos diferentes estratos da minha personalidade." Uma personalidade que "se constrói" e "se ergue" com as coisas do coração disciplinadas pela razão discursiva do erudito e do académico, mas principalmente com uma poesia inovadora que, embora fazendo das palavras joguetes de uma experiência linguística de alcance metalinguístico, filosófico e religioso, não deixa de fazer regressar o homem Nemésio à condição de viajante existencial sentimentalmente saudoso da sua Ilha—ou melhor, de uma ilha experiência, domínio de um singular afectivo e de uma medida do mundo.

"Sou ilhéu e portanto embarcadiço," confessa no *Corsário*, livro de crónicas onde também dissera que a tartaruga puxa sempre para o mar ... E puxa também para a terra, essa terra da qual se confessa ter saudades, pois ao homem é normal ter saudades *do que foi e onde o foi*... Assim se assume nessas crónicas não só descritivas mas também introspectivas, páginas de viagens *exteriores* e *interiores*, escritas com a pungente consciência de filho pródigo, experimentando um misto de remorso e de estranheza, pois nessa "revisita," passados anos, "o alheio e o estranho é ele..." Como o emigrante, quando em visita a "uns Açores distanciados, que já nem bem são os seus."[12] Para quem não conheça os Açores, esse extraordinário livro de viagens é muito mais do que um livro de viagens: é um documento da paisagem física, da paisagem humana (geografia humana das ilhas na 1ª pessoa...) e uma "viagem" ao passado e ao mudo interior do escritor. Tudo feito com pudor e tão discretamente que os contornos convencionais do género se diluem para ficar uma forte presença do homem culto e viajado que recorda o seu passado e o passado das suas ilhas.

Na sua trajectória da infância na Praia, da adolescência em Angra e na Horta, da vida de Coimbra e de Lisboa, das suas sete partidas pela Europa de Montpellier e Bruxelas, das idas e permanências no Brasil, dos seus "corsos" aos Açores, à Madeira e às Canárias, viajante de transatlântico ou de avião, longe ou "ao pé da porta," Nemésio deixa-nos uma lição particular: a do homem que transporta a sua ilha, como disse Ortega y Gasset, mas que a leva consigo como "medida de todas as coisas." E esta "ilha medida de todas as coisas" não é um pretexto para temas e livros, nem uma oportunidade de intenção regionalista, nem uma evocação para impressionar os conterrâneos; é uma medida para aferir toda a humanidade pela sua, é um eixo do cosmos que passa no seu mundo matricial, é uma viagem por saberes, poéticas, mundos de realidade e ficção, entre criaturas meio sonhadas e meio convividas, tão ficcionais ou tão reais como Margarida Dulmo, tão sujeitas a sonhar o seu nunca realizado regresso como o próprio poeta que, segundo a lição da quadra de *Festa Redonda*, "te[m] o navio no peito / Quando o quer[] sempre o ach[a]."[13]

Notas

1 "O poeta e o isolamento: Roberto de Mesquita," *Revista de Portugal* (1939); *Conhecimento de Poesia* (Bahia: 1958). Escreveu mais tarde: "Concordo que uma amostra radiofónica da poesia açoriana, mesmo escolhida por mim, deve incluir o meu nome. E isto não só porque me sinto poeta, mas porque a única coisa que sou sem a mínima dúvida, é um poeta dos Açores. Nas nossas ilhas há certamente outros escritores de versos, dignos de serem ouvidos, mas parece-me que nenhum procurou mais do que eu fazer dos Açores e do mar o motivo da sua obra. Nem Roberto de Mesquita, que considero o maior poeta do mormaço e da solidão." (Cfr. Doc. Sl. Sd. Espólio E 11, cx. 58).

2 Segundo a versão de 1924 e publicado no citado livro em 1938. Na 1ª versão (*Tríptico* 2.1 [1924]): "Rocha brava, se a quis fingi de Deus: / Nas estrelas afiei os dedos meus / E foi no peito que talhei a frágua."

3 "O Canário de Oiro," *O Bicho Harmonioso* (1938).

4 "Matéria Orgânica a distância astronómica," *Limite de Idade* (1972).

5 "Ovo," *Nem toda a noite a vida* (1953).

6 "Sobre *Mau Tempo no Canal*," *Críticas sobre Vitorino Nemésio* (Lisboa: Bertrand, 1974).

7 Entrevista de primeira página ao *Correio dos Açores*. Ponta Delgada, 27 de Agosto de 1944, com o título "Uma hora de intimidade com Vitorino Nemésio..., o romance *Mau Tempo no Canal* criticado pelo seu autor.... "

8 Cfr. Espólio — E 11, Biblioteca Nacional.

9 O "solar dos mudos" existe realmente (vila de S. Sebastião, Terceira).

10 A versão original deste capítulo do *Corsário* é uma crónica do *Diário Popular* intitulada "Roteiro das Ilhas — Angra melancólica" (7 Novembro 1946). Nemésio estivera ausente muito tempo, comove-se com este primeiro "corso," que o faz sentir como filho pródigo...

11 "Notas Autobiográficas"—datado de S. Pedro de Moel, 10 Agosto1971.

12 "Açores: De onde sopram os ventos," *Açores. Actualidade e destinos* (Angra do Heroísmo: Edições Atlântida, 1975) 38.

13 "Não subo ao Monte Brasil, /Não sou facheiro nem facho: / Tenho o navio no peito / Quando o quero sempre o acho." *Festa Redonda* (Lisboa: Bertrand, 1950) 19.

Bibliografia Essencial

Nos anos 70, a bibliografia sobre Nemésio começou a notar-se com mais evidência. Aquando da recepção do Prémio Montaigne, em 1974, a Editora Bertrand fez publicar uma colectânea sobre Nemésio (*Críticas sobre V. N.*, que incluem também a sua magistral "Última lição," publicada pela primeira vez na *Miscelânea de Estudos em honra do Prof. Vitorino Nemésio*, Lisboa: Faculdade de Letras da Universidade de Lisboa, 1971). Na celebração dos dez anos da morte do escritor, a fundação do SIEN—Seminário Internacional de Estudos Nemesianos, Universidade dos Açores, os Congressos de Ponta Delgada (1998, *Nemésio—Vinte anos depois*), da Bahia (2000) e da Faculdade de Letras de Lisboa (2001, *Nemésio, Nemésios—Um Saber Plural*)—todos no âmbito dos três pólos do SIEN (Açores, Lisboa, Brasil) produziram Actas que recolhem fundamental bibliografia sobre os vários aspectos da obra de Nemésio. Teses de Mestrado e de Doutoramento também consagram a análise crítica universitária sobre o escritor.

Para reduzir ao essencial sobre Nemésio, optámos por escolher dez referências consideradas fundamentais, tendo em conta que algumas delas são obras colectivas, como compilações ou actas, que, assim, abrem a porta para muitos artigos e estudos.

A.A.V.V. *Vitorino Nemésio—Vinte Anos Depois.* Lisboa: Edições Cosmos e SIEN, 1998.

A.A.V.V. *Nemésio, Nemésios—Um Saber Plural.* Lisboa: Edições Colibri, 2003.

Garcia, José Martins. *Vitorino Nemésio – à luz do Verbo.* Lisboa: Vega, 1988.

Gouveia, Maria Margarida Maia. *Vitorino Nemésio—Estudo e Antologia.* Lisboa: ICALP, 1987.

Mourão-Ferreira, David. *O Essencial sobre Vitorino Nemésio.* Lisboa: Imprensa Nacional-Casa da Moeda, 1987.

Pires, António M. B. Machado. *Vitorino Nemésio Rouxinol e Mocho.* Ed. Câmara Municipal da Praia da Vitória. 1998.

Silva, Heraldo Gregório da. *Açorianidade na Prosa de Vitorino Nemésio: realidade, poesia e mito.* Lisboa: Imprensa Nacional-Casa da Moeda / SREC, 1985.

Revistas que consagraram números comemorativos a Vitorino Nemésio:

Revista Atlântida XLVI (2001).

Revista Insulana (1994).

António M. B. Machado Pires. Nascido em 1942 na ilha Terceira (Açores). Licenciado pela Universidade de Lisboa, onde foi Assistente de Vitorino Nemésio, Jacinto Prado Coelho e Lindley Cintra, leccionando Cultura Portuguesa Literatura Portuguesa. Chamado para integrar a recém criada Universidade dos Açores, doutorou-se em 1979, veio a ser Vice-Reitor e depois Reitor desta universidade insular durante cerca de treze anos, procedendo à sua instalação oficial definitiva. Aí tem leccionado Literatura Portuguesa e principalmente Cultura Portuguesa, também num Mestrado que criou em 1995, em Cultura Literatura Portuguesas. Tem dirigido teses de Mestrado e Doutoramento. Tem-se ocupado do século XIX e XX, em especial pela Geração de 70 (Antero de Quental, Eça de Queirós, Oliveira Martins, teoria do Realismo e do Naturalismo, fim de século, Raul Brandão, Vitorino Nemésio e Sebastianismo). Principais publicações: *D. Sebastião e o Encoberto.* Estudo e Antologia, Lisboa, Gulbenkian, 1971 e 1981; *O Século XIX em Portugal. Cronologia e Quadro de Gerações*, Lisboa, Bertrand, 1975; *A Ideia de Decadência na Geração de 70* (Tese de Doutoramento), P. Delgada, 1980 e Lisboa, Vega, 1992; *Linguagem, Linguagens e Ensino*, P. Delgada, 1981; *Raul Brandão e Vitorino Nemésio*, Lisboa, Imprensa Nacional, 1988; *Universidade, Tecnologia e Humanismo*, P. Delgada, 1995; *Vitorino Nemésio, Rouxinol e Mocho*, Praia Da Vitória, 1998; Raul Brandão, "O essencial," Lisboa, Imprensa Nacional, 1999. É membro do Conselho Editorial da Imprensa Nacional - Casa da Moeda, dirigindo também as Obras Completas de Vitorino Nemésio (daquela Instituição), prefaciando vários volumes. Tem muitas colaborações em revistas e participações em Congressos (nomeadamente sobre Nemésio e sobre Eça de Queirós). É fundador e presidente do S I E N - Seminário Internacional de Estudos Nemesianos (Universidade dos Açores). Membros de vários Institutos açorianos e brasileiros. Esteve também na fundação da Revista Arquipélago.
Email: ampires@notes.uac.pt

A escrita como índice de universalidade em *Mau Tempo no Canal*: Subsídios para o seu estudo

Francisco Cota Fagundes

Resumo. Com base nos conceitos bakhtinianos de dialogismo, diaglóssia e polifonia e apoiando-se nas teorias de Walter J. Ong e outros estudiosos da oralidade e da escrita, este trabalho foca alguns aspectos dos paratextos de *Mau Tempo no Canal* e uma amostra de textos referidos e parcialmente embutidos no romance como elementos constituintes da sua tão celebrada universalidade. Distingue-se entre macro- e micro-intertextos e demonstra-se que a maioria, tanto de uns como de outros, provém de escritores e obras enquadráveis na Grande Tradição Ocidental: Joseph Conrad, o Príncipe Alberto do Mónaco, Shakespeare, Dante, a Bíblia, Wagner e, entre outros, Debussy. O presente ensaio também serve de base para um futuro estudo, de escopo muito mais abrangente, das numerosas *estórias* embutidas no romance, as quais representam, em oposição à modalidade *escrita* aqui abordada, mas complementarmente a ela e à história matricial do romance—da qual constituem vários graus de *mises en abyme*—as várias *oralidades* em que assenta, em grande parte, a Açorianidade da obra máxima de ficção nemesiana.

Mau Tempo no Canal é um romance passível de enquadramento nas inter-relacionadas concepções bakhtinianas de dialogismo, diaglóssia e polifonia. O dialogismo, baseado na relatividade de Einstein, assenta numa concepção do ser humano como um ser de linguagem e no romance como uma representação que, longe de privilegiar um discurso monocórdico, constitui

Portuguese Literary & Cultural Studies 11 (2007): 75-110.

de facto uma urdidura de discursos baseados na noção dum diálogo contínuo entre os fenómenos da existência, incluindo os estéticos. O termo "heteroglóssia" é, como se sabe, o que Bakhtin emprega para descrever a mescla ideológica e discursiva do romance moderno, em que o princípio de literaturidade, ou discurso enobrecido—caracterizador, por exemplo, da novela de cavalaria e de romances de qualquer época apologistas de discursos oficiais e autoritários—dá lugar à heteroglóssia, que Irene A. Machado, define como "mistura de diferentes grupos de linguagens, culturas, classes, ... para apreender o movimento contínuo da língua, impedindo a hegemonia de uma linguagem única" (41).

Na multiplicidade de vozes provenientes de várias camadas socioeconómicas, educacionais, genéricas e etárias—que medeiam entre os registos imitativos/ configurativos duma oralidade primária nas figuras de pescadores, lavradores e domésticas e o registo profundamente escriturista do narrador extradiegético—*Mau Tempo no Canal* constitui um magnífico laboratório para um estudo pormenorizado da oralidade primária ou residual apontada por Walter J. Ong[1] e das características, enumeradas por Michael Kleine,[2] dum discurso visualista caracterizável pelo termo bakhtiniano literaturidade.[3] Para fins deste trabalho e por economia de tempo e espaço, desejaria concentrar-me apenas, a título de ilustração, num dos aspectos da literaturidade do discurso do narrador extradiegético nemesiano, o que Kleine denomina a ênfase na intertextualidade e o concomitante menor relacionamento com o mundo vital—em oposição ao que Walter J. Ong aponta como sendo característico da oralidade, o pensamento e expressão situacionais em vez de abstractos. Urge, no entanto, frisar que a multiplicidade de discursos em *Mau Tempo no Canal* não é estanque ou compartimentável. Existe, como seria de esperar, um grau bastante grande de interpenetração de oralidade e literaturidade, sobretudo no discurso do narrador nemesiano e nos discursos de algumas personagens-chave—onde, aliás, a diferença entre registos enobrecidos e populares e regionais é não só tematizada mas dramatizada—, sendo as personagens de João Garcia e Margarida Clark Dulmo, mas sobretudo esta última, os casos mais notórios.

Uma das características principais do romance em epígrafe—e estou a referir-me ao discurso do narrador extradiegético que conta a *fabula* matricial de Margarida Clark Dulmo-João Garcia-Roberto Clark-André Barreto, em oposição a alguns narradores secundários intradiegéticos que contam *estórias*[4] *embutidas*—é a teia imensa de textos (literários, históricos, científicos, pictóricos, musicais, etc.) meramente aludidos ou parcialmente embutidos/citados que constitui o amplo mundo de *referência cultural sobretudo erudita* (mundo esse que corresponde largamente à *escrita* e à *visualidade*), em oposição ao mundo de *referência empírica* que serve de cenário físico-temporal aos eventos diegéticos do romance, ocorridos entre 1917 e 1919, e também às estórias embutidas (correspondendo estas últimas a vários registos do mundo da *oralidade/auralidade*).

Não seria possível, num ensaio desta brevidade, fazer justiça ao total da enorme e complexíssima teia de textos aludidos (titularmente, por nome de autor, ou por alusão menos directa, por exemplo, a alusão à história bíblica de Jonas na frase concludente do romance) e, por vezes, como já se indicou, com passagens citadas ou literalmente embutidas no texto do romance. A função intertextual dalguns desses textos é mais ou menos evidente. No caso de muitos outros textos, a sua função é muito menos óbvia. Estou seguro, porém, que por aparentemente gratuito, tangencial ou exortativo que pareça ser o papel representado por alguns desses textos na diegese de *Mau Tempo no Canal*, a sua relação *vis-à-vis* essa diegese é sempre, em maior ou menor grau, enriquecedoramente funcional. Esse aspecto do romance também está à espera dum estudo aprofundado. Apontarei aqui tão-somente alguns exemplos dos textos alográficos referidos e/ou embutidos e alguns aspectos da sua funcionalidade intertextual. Acima de tudo, esses exemplos servirão para ilustrar uma das mais importantes, embora não a única, manifestação no romance da componente escrita, em oposição a oralidade.

Não é este o momento e o lugar de aprofundar, na sua plenitude, a questão do regionalismo versus universalismo em *Mau Tempo no Canal*,[5] questão esta que se prende a textos nemesianos de carácter teórico-programático,[6] à confessada influência sobre o autor de *Paço do Milhafre* de obras regionalistas de Aquilino Ribeiro[7] e—talvez acima de tudo—ao desejo, da parte do escritor açoriano, de criar, no seu célebre romance, uma obra inegavelmente regionalista[8] mas, ao mesmo tempo, de acentuado e deliberado enraizamento numa tradição nacional e, talvez acima de tudo, universal—enraizamento esse de que a referência literária é parte necessariamente integrante. A relação no romance entre as componentes regional e universal, na variedade de acepções que esses termos podem comportar, só poderia ser tratada no espaço de um grosso volume.

Um dos aspectos mais óbvios de intertextualidade no romance está relacionado com os seus paratextos: título, epígrafes e intertítulos (títulos dos capítulos), os quais, desencadeando toda uma série de outras associações com um número sempre incremental de referências a mais e mais textos literários, históricos, musicais, etc., estabelecem um padrão de riquíssima referencialidade cultural que, por sua vez, se projecta e expande no corpo do texto do romance propriamente dito. O título do romance, "Mau Tempo no Canal," na sua multiplicidade de acepções e funções—denotativa e descritiva, dramática e temática, conotativa e simbólica[9] —encontra eco, a nível ainda paratextual, nas cinco epígrafes do romance[10] e nos títulos dalguns dos seus 37 capítulos. Como uma rápida consulta aos quatro textos epigráficos tornará imediatamente aparente, o seu conteúdo propõe, respectivamente e de modo semelhante a temas para variações, os perigos da navegação mas, ao mesmo tempo, a ideia de que é possível contornar esses perigos, reforçando assim o valor denotativo do título do romance e insinuando uma promessa, que o enredo do romance vai largamente negar, de que depois da borrasca poderá vir o bom tempo. Ainda como parte integrante desta primeira epígrafe, deparamo-nos com uma referência a sinais eléctricos feitos da estação meteorológica para guia dos barcos que frequentam o porto da Horta, a qual também aponta para os perigos associados com o mau tempo no Canal titular; a referência a uma personagem açoriana no célebre romance de Melville, *Moby Dick,* a qual instaura, para múltiplas variações no corpo do romance, a conexão entre a América e os Açores no que respeita à história da baleação e da emigração representada, em parte, pelo retornado Damião Serpa, que no fim do romance regressa ao país adoptivo, representada ainda pelo itinerário de Margarida que incluía o desejo de emigrar para Londres, pelas várias referências a emigrantes através do romance e pelas alusões às famílias de origem flamenga e inglesa (sem deixar de incluir todos os açorianos, inclusivamente oriundos do continente português), todos eles emigrantes nas ilhas; uma referência, na terceira epígrafe, a *Mémoires D'outre-tombe,* de Chateaubriand, obra a que o narrador de Nemésio voltará a referir-se no corpo do texto do romance, neste caso à passagem, em Maio de 1791, do autor de *Atala* pelo Canal do título e ao seu testemunhar do espectáculo da vista da Ilha do Pico, vista essa e pico esse que vão dominar quase toda a paisagem do romance, todo o percurso da sua acção e todo o itinerário humano da sua personagem principal; por fim, a quarta epígrafe, extraída do texto *As Ilhas Desconhecidas,* de Raúl Brandão, texto muitíssimo admirado de Vitorino Nemésio, constitui uma das pedras de toque intertextuais, senão mesmo a principal, para o paisagismo do romance, o qual, longe de ser meramente exornativo, fornece grande parte do seu conteúdo dramático, temático, simbólico e ekphrástico.

A projecção da riqueza (denotativa, descritiva, temática, dramática, conotativa e simbólica) do título e epígrafes para o corpo do romance ou, para recorrer ainda à analogia musical, as "variações" desses "temas" na diegese, justificaria(m), por si só(s), uma extensa monografia. Limitar-me-ei a apenas alguns exemplos de (inter)textos em que esses "temas" se "variam," isto é, se evocam e se repercutem, se ampliam e se enriquecem, criando assim—e este é o ponto a que desejo chegar—um panorama abrangente, variado mas integrado, de referencialidade cultural, componente *sine qua nom* da modalidade escrita.

Os dois textos alográficos de mais profunda relação intertextual com o título do romance nemesiano são *Carrière d'un navigateur*, do Príncipe Alberto do Mónaco e *Typhoon*, de Joseph Conrad. A primeira menção, no corpo do texto de *Mau Tempo no Canal*, do livro da autoria do Príncipe Alberto é feita em relação aos projectos de Roberto para resgatar a componente baleeira da firma Clark & Sons. Interessa-lhe, aquando da primeira referência ao livro (na página 182 da edição utilizada para este ensaio), o capítulo "La mort d'un cachalot"—prenunciando assim a célebre aventura da caça à baleia no Capítulo XXIX do romance. É ainda no mesmo capítulo— aliás na mesma página e no mesmo parágrafo—que se menciona, pela primeira vez, o *Typhoon* de Joseph Conrad que Margarida anda a ler. Os dois livros intertextuais, particularmente as viagens do navio de exploração *Hirondelle* e as tempestades do navio do Capitão Mac Whirr nos mares da China justapõem-se na seguinte passagem do romance:

> O que interessava era a vasta peripécia das explorações do *Hirondelle*, a descida do príncipe à furna da Graciosa amarrado pela cintura, e as gravuras que ilustravam o capítulo sobre o ciclone e lhe lembravam os riscos do capitão Mac Whirr contados no *Typhoon* de Conrad: os mastros desarvorados no dorso de um vagalhão, e a câmara do *Hirondelle* inclinada ao rés de água, com as cadeiras viradas, as portas dos armários batendo, o sofá de almofadas revolvidas, e *Satan*, o cão de bordo, acossado e ganindo entre os destroços. (181)

A longa passagem embutida que se segue a esta, citada em francês, de *La Carrière d'un navigateur*—descrevendo uma tempestade reminiscente/ evocadora do ciclone do primeiro capítulo de *Mau Tempo no Canal* e dramatizando o perigo que corre *Satan,* o cão do *Hirondelle,* contrapartida do importante personagem canino, *Açor*—constitui uma das passagens de intertextualidade alográfica e intratextualidade mais ricas do romance nemesiano. Mas não é tudo: a esta justaposição dos dois principais intertextos titulares, reiteradores de momentos-chave no romance e prenunciadores de futuros eventos (sendo um dos mais importantes o episódio da caça à baleia em que Margarida participará, seguidamente à qual ela também "explorará" uma furna de São Jorge), vem unir-se, imediatamente a seguir à passagem embutida de *La carrière d'un navigateur,* uma referência a uma das espécies colhidas nos abismos dos mares dos Açores pela tripulação do *Hirondelle:* aquela "bicheza pequenina, *Cucumaria abyssorum*" (182) que, na sua solidão e condição, se converte num símbolo da mulher vítima socioeconómica e sexual da hegemonia patriarcal,[11] incluindo, claro está, a própria Margarida, como se pode inferir de vários momentos do romance, incluindo a sua frase concludente: "...cega como a serpente do anel que nenhum ventre de peixe levaria a mesa humana e que àquela hora jazia, como a *cucumária dos abismos,* no mais profundo do mar" (350). Aliás, a referência, na passagem citada na nota 11, "[às] mulheres vindas da América [que] recebem o beijo tenebroso de um homem qualquer que as submete," não pode deixar de ecoar na mente do leitor quando, no último capítulo do romance, ele ou ela se depara com uma Margarida a bordo dum paquete em suposta lua de mel com um marido que também *soube/pôde submetê-la* (no amplo escopo denotativo e conotativo do termo), uma Margarida envolta na solidão e "penumbra do camarote" (350) duma cabine onde os sonhos duma lua de mel, que não houve nem haverá, haviam sido suicidamente sepultados por ela mesma, com a serpente do anel "consertado" pelo marido e agora jazendo no "mais secreto do mar," fazendo companhia à cucumária. Por sua vez, o paquete *San Miguel,* semema para Margarida duma viagem ou duma vida sempre adiada, nunca realizada ou profundamente alterada ou pervertida, acaba por fundir-se, nas faculdades do leitor onde a intertextualidade e a intratextualidade operam, com os navios das leituras de Margarida (o *Hirondelle,* o navio do Comandante Mac Whirr, a canoa em que Margarida vive uma das mais profundas viagens da sua vida—a que a leva a casa dos futuros sogros, a um fim portanto simbolicamente tão fatal como o das baleias trancadas pelos bravos lobos do mar e, talvez resumindo o valor profundamente simbólico e fatal de todos estes navios-sememas, o navio de pestíferos do seu sonho em que Margarida se vê embarcada sem rumo e sem destino: "Mas não ia para a América, nem para Londres [sonho que uma vez alimentara...], nem para nada ..." (213). Outras referências aos dois principais intertextos titulares do romance ocorrem, em momentos estratégicos, através de todo o texto, tecendo, para recorrermos ainda uma vez mais à analogia musical, variações dos "temas" introduzidos no título do romance (vejam-se páginas 215 [*Typhoon*], 231 [*Carrière*]; 312 [*Typhoon*]; 338 [*Typhoon*]; 341 [*Carrière*] e 350 [*Carrière*]).

A primeira referência à cucumária surge num texto intertitular (o Capítulo XIX) significativamente intitulado "'Cucumaria Abyssorum' Théel." O cientista Hjalmar Théel é, de facto, autor de livros sobre espécies marinhas, como *Les annélids polychrètes des mers de la Nouvelle-Zemble* (1870). O título do capítulo é, portanto, parte duma série de intertítulos—cerca de 20 dos 37 capítulos do romance—que contêm referências não só a um cientista, como é o caso do XIX, mas a autores literários, a textos alográficos, a géneros literários, a artes irmãs da literatura e a uma riquíssima simbólica que apontam, inevitavelmente, para a modalidade dominante do livro: a escrita e a cultura erudita, em oposição à oralidade em geral (incluindo os diálogos em linguagem imitativa de registos populares e regionais) e à oratura, como campo de referencialidade. Assim, o primeiro capítulo, "A Serpente Cega," despoleta toda uma série de projecções simbólicas em relação à serpente, um dos símbolos mais polivalentes do romance.[12] Quatro capítulos (o V, o VI, o XII e o XX) focam um símbolo polivalente que remonta à antiguidade clássica e é comum na cultura popular: a aranha. Pelo menos três autores literários são directa ou indirectamente referidos: Dante, no Capítulo VIII, intitulado "Schermo," em que o leitor descobre que um dos importantes intertextos para o encontro de João Garcia e Margarida numa igreja é *Vita Nuova* (a este texto regressarei mais adiante) e um dos importantes símbolos numéricos é o (também dantesco) número 9; D. Diniz, no Capítulo XVIII, intitulado "No Tempo da Fror," confessadamente extraído duma cantiga de amigo do rei poeta; Gaspar Frutuoso, no Capítulo XXXI, "Xácara dos Mortos Vivos," alusivo a um célebre rimance incluído nas *Saudades da Terra* e parcialmente citado no texto do romance nemesiano e que constitui uma peça fundamental no domínio da representação da oratura no romance.

A géneros literários e/ou musicais aludem os 6 dos 37 capítulos do romance—o IV, o X, o XVII, o XXII, o XXX e o XXIV—, o que quer dizer que, sendo o termo simultaneamente passível de aludir à música e à literatura e o romance ser profícuo nesses dois tipos de alusão—o espaçamento ou disposição do título "Nocturno" ao longo do texto muito contribui para a tonalidade (romântica, simbolista) designada pelo termo *nocturno*, quer na música quer na literatura. Aliás, a música erudita (e a popular, no plano da oralidade) constitui um dos campos referenciais mais comuns do romance. Para além da sugestão de música dos capítulos intitulados "Nocturno"—sendo que o XXII se intitula "4.— Nocturno (Lento)," enfatizando assim a associação com a música—outro capítulo, o XXXVII e último do romance, reforça o referente música por conter, parenteticamente, a designação de tempo musical *Andante; poi allegro, non troppo.* Para ilustrar a importância que a música tem no corpo do texto do romance propriamente dito, bastaria—já que o meu interesse de momento é chamar a atenção para a preponderância de referentes escrituristas—chamar a atenção para o facto de Margarida ser, em parte, caracterizada pelo seu gosto musical: a sua predilecção pelo prelúdio debussyniano *La Cathèdrale engloutie.* Como já apontei no ensaio referido na nota 10, é muito significativo que uma personagem— associada, como já vimos, ao símbolo da cucumária dos solitários abismos e vítima da patriarquia, se sentisse atraída para uma peça musical cujo programa tem a ver com castigos impostos por um Deus notoriamente autoritário e catedrais submersas.[13]

Os títulos "Epistolografia" (Capítulo XIV) e "Pastoral" (Capítulo XXXII) apontam, com vários graus de especificidade e enquadramento epocal, para géneros literários. Ambos são alusivos a espécies genéricas que, em maior ou menor grau, nos respectivos capítulos, acentuam a escrita sobre a oralidade. Assim, "Epistolografia" é um designativo genérico muito apropriado para um romance que, em alguns momentos, nos faz lembrar o romance epistolar. Para focar em apenas alguns exemplos no romance nemesiano, pensemos nas cartas referidas ou parafraseadas (por Margarida, pelo narrador); nas cartas cujos textos aparecem na íntegra—como a carta que João Garcia recebe em Lisboa de Margarida a romper com ele (96); a carta de Ângelo, anunciando a morte de Emília e a cujo texto o leitor também tem acesso (96-97); a carta de Margarida anunciando a João Garcia que está noiva embora ela não saiba bem de quem (147); a carta de Ana Terra a Mateus Dulmo (129-30); finalmente, a carta de Antero de Quental acerca das características dos Açorianos (330)—e que não deixa de funcionar no romance como uma autoparódia, pois esse texto evoca o ensaio de Vitorino Nemésio "O Açoriano e os Açores" (publicado inicialmente em 1928 na revista de Teixeira de Pascoaes, *A Águia;* veja-se nota 6). Se bem que o género epistolar, incluindo o romance epistolar, implique certo tipo de diálogo—e seja, portanto, dos géneros escritos um dos que mais se aproxima da oralidade—, neste romance a carta parece, pelo contrário, dramatizar, na maioria dos casos, uma dificuldade ou impossibilidade de comunicação. São cartas-monólogo e não cartas-diálogo, acentuando assim, não uma aproximação da parte dos interlocutores, mas uma distância progressiva. Da parte de João Garcia, aliás, uma das cartas que ele envia a Margarida do quartel aponta para um discurso raciocinado, abstracto—muito mais característico da solidão da escrita do que do convívio do diálogo;[14] outra, a carta que ele mentalmente escreve e reescreve em Lisboa mas sem nunca ter a coragem de mandar, sublinha a mesma característica: a dificuldade de entrar em diálogo com Margarida, a tendência para a abstracção, para o auto-isolamento, para a solidão a que a escrita muitas vezes conduz e frequentemente espelha.

O intertítulo "Pastoral" (Capítulo XXXII) evoca, escusado é afirmá-lo, todo um complexo de associações que, se bem semanticamente enraizadas em noções de ambientes sociais campestres, distancia-se destas mesmas noções, pois aponta para géneros literários (a égloga, a pastoral como a *Diana* de Montemor), musicais (ópera, cantata, sinfonia, sonata) e pictóricos (a pintura pastoral) caracterizados pela estilização, pela idealização e pelo distanciamento das realidades rurais "representadas." Os diálogos literaturizantes da égloga não poderiam oferecer um maior contraste com os diálogos dos lavradores e baleeiros de *Mau Tempo no Canal.* Sintomaticamente, nesse capítulo do romance intitulado "Pastoral," Margarida frequentemente recorre ao seu alemão rudimentar—"línguagem" essa que, no seu artificialismo e elementarismo, oferece um contraste brutal com a linguagem natural e rica dos baleeiros que ela acaba de deixar. E as suas conversas, quando não ocorrem com os futuros sogros (esses, sim, falam um saboroso português eivado de arcaísmos e regionalismos que Margarida ironicamente imita!), são com um técnico holandês cuja presença e actuação representam, precisamente, uma insinuante negação do pastoral e a sua substituição pelo "progresso" mecanizado. Que o capítulo intitulado "Pastoral" termine com Margarida a ler uma passagem dum livro religioso que encoraja os crentes a viajar em peregrinação a Roma é passível de ser visto, no contexto duma discussão da tradição pastoral—da qual se salva, nesse capítulo, pouco mais do que a descrição da pastoril paisagem jorgense—, não deixa de contribuir para o carácter paródico deste capítulo. O texto que o narrador nemesiano ironicamente faz com que Margarida leia acaba por dramaticamente converter o sentido de "pastoral," *o bucólico,* anunciado no título, por outro, *o eclesiástico*, explícito no livro do Cónego António Maria Ferreira—*Recordações da minha Peregrinação a Roma e Lourdes por ocasião do Jubileu do Anno Santo de 1900*.

No que respeita, não já aos paratextos e sua projecção na diegese, mas às referências a todo o tipo de textos no corpo do romance, desde os literários aos mais prosaicos, desde os parcialmente embutidos, como um quarteto do soneto de Antero de Quental "Mors Liberatrix" e um terceto do também anteriano "Mors Amor," aos mais subtilmente aludidos, não será possível mencionar mais do que uma amostra representativa. A textos literários temos que adicionar também—como factor contribuinte para a literaturidade do romance, para o seu complexo de discursos eruditos e enobrecedores—os numerosos textos musicais e pictóricos referidos, por uma multiplicidade de razões, ao longo do romance, estabelecendo um marcante contraste com os discursos representativos da oralidade.

Seria enfadonho enumerar as dúzias de autores (sendo uns quantos personagens do romance), compositores e músicos e pintores e respectivas obras mencionadas (sendo umas quantas da autoria de personagens diegéticos) e discutidas pelas personagens e/ou parcialmente citadas ao longo das centenas de páginas que comprazem o romance. Opino, com base nas dúzias de vezes que já li, ou pelo menos folheei, este romance e, mais importante ainda, com base na experiência de o ter traduzido para o inglês, que, como já indiquei anteriormente, todas as alusões a artistas e a obras desempenham qualquer tipo de função na diegese. Aqui, desejaria apenas, a título de exemplificação, aventar algumas hipóteses acerca de algumas das funções dessas referências.

Simplificando muito, diria que as alusões a obras alográficas, incluindo musicais e pictóricas, desempenham, em primeiro lugar, enobrecimento ou literaturidade. Mas isso é dizer muito e, ao mesmo tempo, dizer muito pouco. Assim que proporei duas englobantes funções, para além da função, relativamente comum na prosa de ficção, de alusões literárias no decurso duma narrativa para fins de criar não só *literaturidade* mas *literariedade*: 1) o uso da alusão para identificação/estabelecimento de alguns dos mais importantes intertextos do romance; e 2) o uso da alusão como um dos importantes elementos de caracterização de (algumas) personagens. Haverá outros usos—como, por exemplo, a atribuição da leitura duma obra a determinada personagem, a determinado momento, para criar uma atmosfera específica,[15] mas essas funções parecem-me a mim menos importantes no romance e enumerá-las só se justificaria num trabalho que se pretendesse exaustivo no estudo deste tópico. Escusado é dizer que o estabelecimento de apenas duas categorias também serve para simplificar a exposição. Não se pretende sugerir, também, qualquer delimitação estanque entre elas.

Desejaria ainda distinguir entre o que chamarei de macro-intertexto e micro-intertexto. Este, de alcance menor, restringe-se à história de uma ou duas personagens, ainda que possa—metafórica ou simbolicamente, por exemplo, ser de longo alcance na obra, como veremos adiante. O macro-intertexto é, como o seu nome implica, um intertexto englobante, passível de estabelecer/despertar no leitor ilações entre si e a *fábula* matricial da obra em que se insere, como é o caso do *Fausto* de Charles Gounoud e a *fábula* matricial de Luísa-Jorge-Basílio, em *O Primo Basílio*, de Eça de Queirós.[16] No caso de Nemésio, como já apontei noutro ensaio,[17] os dois macro-intertextos principais são *Amor de Perdição* e *Romeu e Julieta*, de Shakespeare. Ambos estes textos são referidos em *Mau Tempo no Canal.* (Distingo, como é óbvio, entre intertextos [macro- ou micro-] matriciais, isto é, relacionados com a história principal do romance, e intertextos, como os dois já discutidos, por exemplo, que interagem com o título. Insisto nesta distinção entre intertexto titular e matricial também por facilidade de exposição, embora acredite que ela é bastante significativa.) Dois outros intertextos—intermediários entre o que chamo macro-intextextos e micro-intertextos, a discutir mais adiante, são *Vita Nuova*, de Dante, e o Evangelho Segundo S. João. Estes dois textos, embora abrangendo amplas facetas da história matricial, não possuem, como veremos, o alcance dos dois principais macro-intertextos a discutir em seguida

Camilo é referido primeiro, no início do segundo capítulo do romance, como autor cujos livros Margarida guarda no seu quarto—"Em cima da papeleira: os romances de Júlio Dinis, dois ou três de Camilo ..." (47). A última vez que o narrador nemesiano se refere a Camilo, no início do último capítulo do romance, é para, ironicamente, sublinhar o hábito do narrador camiliano (muito ao gosto romântico, como se sabe) de se dirigir directamente ao leitor.[18] A segunda vez no romance em que se verifica uma alusão a Camilo, e mais especificamente ao *Amor de Perdição,* é no Capítulo IV, no diálogo da personagem secundária do dr. Luís da Rosa, no contexto duma discussão de se Ralph Clark, antepassado de Margarida, havia sido o autor do rapto da freira Rosinha da Glória—narrativa essa que vai ser uma das mais bem realizadas estórias embutidas de *Mau Tempo no Canal.* Eis a referência a Camilo que Nemésio coloca na boca da dita personagem: "—

Deve ser o rapto do Convento da Glória—confirmou o dr. Luís da Rosa—; mas isso foi muito antes da vinda de Ralph Clark para a ilha, e o conselheiro Raimundo Peters não confundia essas coisas, embora Ralph Clark também fosse homem para 'amores de perdição'" (66-67). A célebre novela camiliana é, de facto, um dos intertextos da *fábula* matricial de Margarida e João Garcia, mas não exclusivamente no que diz respeito aos ódios interfamiliares impeditivos da união dos amantes. Em *Mau Tempo no Canal,* esses ódios interfamiliares são responsáveis pelo desencontro dos potenciais amantes mas *só até certo ponto.* Os maiores impedimentos de todos serão a consabida cobardia e timidez de João Garcia, por um lado, e, por outro, a falta de iniciativa decisiva, da parte da proto-feminista Margarida Clark Dulmo, entre um destino que ela própria escolhesse (quer esse destino estivesse ligado a João Garcia, quer à partida para Londres) e o "destino" que os seus interesses de classe e os interesses económicos da família lhe impõem e ela aceita. Não interessa, neste momento, tirar conclusões de carácter interpretativo baseadas em, por um lado, paralelos e diferenças no que respeita ao tipo de desafio com que cada uma das personagens femininas nas respectivas obras faz frente ao patriarcalismo nas suas sociedades; e, por outro lado, no que diz respeito à timidez e cobardia de João Garcia *vis-à-vis* a impulsividade e arrojo do matão Simão Botelho—uma vez mais tendo em conta os condicionalismos respectivos das suas sociedades e, escusado é dizer, a cosmovisão ideológico-estética dos dois autores. Opino, no entanto, que um estudo comparativo e contrastivo entre os dois pares de amantes pode revelar dimensões do seu carácter e comportamento que, sem ter em conta *Amor de Perdição* como um dos macro-intertextos do romance nemesiano, talvez permanecessem mais obscuros e menos enriquecidos.

Uma obra, a meu ver ainda mais abrangentemente intertextual em relação não só *fabula* matricial mas a grande parte da imagética do romance nemesiano é, como já indiquei, *Romeu e Julieta,* de Shakespeare. Limitar-me-ei a um resumo do que escrevi, no meu ensaio referido na nota 12, sobre esta tragédia shakespereana, no contexto dos ódios interfamiliares das famílias Clark Dulmo e Garcia e das famílias Montague e Capulet, no que diz respeito à temática das doenças em geral e da peste como metáfora-símbolo do ódio em particular. Muito curiosa e significativamente, a referência a *Romeu e Julieta* em *Mau Tempo no Canal,* tal como a referência ao *Amor de Perdição,* é feita (por sinal no mesmo Capítulo IV) num contexto aparentemente não muito auspicioso, embora, no caso da referência à obra de Shakespeare, ocorra numa troca de discursos que envolve a personagem central do romance, Margarida. (Recordemos que, no caso da referência ao *Amor de Perdição,* esse macro-intertexto foi trazido à baila por uma personagem muito secundária.) A obra de Shakespeare é, no entanto, um dos principais, senão mesmo o principal, intertexto do romance de Nemésio. Estamos na casa das primas Peters, aonde Margarida fora ler a carta de João Garcia, acabada de receber de Lisboa. Depois de uma cena reminiscente das tertúlias queirosianas, em parte de paródia ao romantismo, discutem-se os gostos literários e musicais de Mateus Dulmo (que pugna, um pouco por amor ao debate, pelo classicismo) e, entre outros, da *bluestocking* D. Corina Peters, admiradora de *Atala* e autora de *Folhas ao Vento*—um título que talvez se pudesse ler como paródia das *Folhas Caídas,* de Garrett. Perante a surpreendente formalidade, um tanto fingida e exagerada, com que Margarida se refere a João Garcia, D. Corina, "lembrou, com uma leve malícia, que João Garcia, ainda assim, sempre falara com ela algumas vezes à noite, ao muro do Pasteleiro. Uma amizade assim tão desinteressada não fazia Julietas ..." (65). Ao que Margarida riposta, trazendo à baila o tema do ódio ao qual ela fora a primeira personagem do romance a referir-se:[19] "—Que quer a prima! Não sabe que lá em casa detestam a família dele? Queria que eu convidasse o rapaz para um chá?!" (65). Refiro o leitor interessado ao meu ensaio (nota 12), para uma discussão mais pormenorizada das implicações do ódio—que na tragédia *Romeu e Julieta* é ostensivamente metaforizado-simbolizado pela peste e que, em Nemésio, também está intimamente relacionado com essa metáfora-símbolo de longuíssimo alcance no romance—o que justifica, em relação a esta obra de Shakespeare, muito mais do que se pode reivindicar relativamente a *Amor de Perdição,* o designativo de macro-intertexto.[20]

Dos outros dois intertextos em *Mau Tempo no Canal* que em seguida discutirei—*Vita Nuova,* de Dante, o Evangelho Segundo S. João—o primeiro está associado a João Garcia, o segundo a Margarida. (A ordem em que serão abordados aqui também respeita a ordem em que aparecem no romance.) Por um lado, dada a sua relação muito íntima com uma das duas personagens principais do romance, estes dois intertextos poderiam dar a impressão de micro-intertextos, em oposição aos mais englobantes macro-intertextos *Amor de Perdição* e *Romeu e Julieta.* Este não é o caso, porém. Embora cada um deles esteja intimamente associado a uma personagem e o seu alcance seja menos amplamente abrangente, tão-pouco se pode dizer que se trata de micro-intertextos, que mais não fosse devido à sua associação com as duas personagens principais do romance: Margarida e João Garcia. Ambos os intertextos estão sob o domínio do narrador, isto é, são narrados sob o prisma da sua omnisciência e autoritarismo.

A evocação de *Vita Nuova*, no fim dum capítulo (o VIII) dantescamente intitulado "Schermo," como vimos anteriormente, surge no contexto duma sensação de perda da amante da parte de João Garcia: após o seu regresso de Lisboa, já passara três vezes pelo Granel e não a vira. Vêm-lhe à mente momentos felizes—como a circunstância de terem, ele e Margarida, num dos momentos epifânicos de mútua aproximação, partilhado a leitura de *A Cidade e as Serras*. Talvez que (para o narrador? para João Garcia?) o número de vezes que passaram em frente ao Granel, lhe tivesse trazido à mente o livro de Dante—em que o número *três* desempenha papel fundamental. Seja como for, num retroceder até ao momento do seu encontro, surge a cena da igreja e surgem semelhanças notáveis entre este episódio do romance e outros a que já aludimos: o trazer para primeiro plano determinada obra alográfica mediante a estratégia de atribuição de leitura dessa obra à personagem. Pelo seu alcance lírico, a referência a Dante constitui um dos momentos mais densos do romance. Intratextualmente, como veremos, este episódio (105) também estabelece relações muito subtis com o outro intertexto em epígrafe—o Evangelho segundo S. João.

Imediatamente após a evocação do portentoso despertar em João Garcia dum sentimento que o avassalará, ele—como é característico dos amantes que alimentam a paixão adiando ou negando-se não só a posse mas inclusivamente a capacidade de aproximação do ente amado. João Garcia, nalguns aspectos do seu comportamento *vis-à-vis* Margarida tem reminiscências do amante cortesão. Ele sente/coloca Margarida num domínio impossivelmente distante ("uma fibra oculta de Margarida – a que estava mais perto de Deus" [105]). Não admira, pois, que João, para poder tolerar, como adulto que é, a perda da amada (que simultaneamente deseja atrair e afastar, até para poder continuar a amá-la não como ser de carne e osso mas sim como ser idealizado), retrocede para um estado de menino e refugia-se no seio da mãe—essa mãe que ele, curiosamente, também perdera para a família e, dentro em breve, perderá para a vida; essa mãe que ele encara como refúgio mas também como mulher indigna (daí a justaposição, na mente de João, duma imagem da mãe sob espécie maternal e acusada e ostracizada por alegado adultério):

> Foi então que se apoderou de João Garcia um sentimento de ter sido levado dali ao mais longo alcance da sua alma. A mãe lavava-o, pequenino. Uma sensação de se perder no seu seio farto e aflito: "Dê-me as cartas! A menina há-de pôr para ali as cartas que o coiso lhe mandou!" (105)

A associação entre Margarida e Emília por parte de João, independentemente das leituras que dessa associação possamos fazer, com base em teorias da psicologia profunda, parece-me a mim mais do que óbvia. Que à imagem maternal/sagrada de Emília se venha associar a imagem da mulher (justa ou injustamente) acusada/dessacralizada também tem a sua contrapartida em Margarida como encarnando os dois extremos opostos da simbologia da serpente: a serpente como símbolo da fertilidade e a serpente como símbolo do mal, tema esse que estudei no ensaio "A Peste e Outros 'Macróbios' em *Mau Tempo no Canal*."

Não tenho pretensões, nem está no âmbito deste ensaio, aprofundar as implicações de psicologia profunda deste episódio ao qual, segundo sei, nenhum crítico jamais prestou atenção. O que me parece inegável é que, na mente de João Garcia, a sua relação com Margarida—em termos dum amor que pudesse social e sexualmente ser levado a seu termo—morre no momento em que nasce. Uma coisa é clara para o desenvolvimento do romance: este episódio já nos indica o desfecho da história matricial, isto é, que João não vai casar com Margarida em parte pelo medo que ela lhe inspira; e que vai casar com Laura, que se converte na sua "dona do *schermo*," como, aliás, o narrador, falando por João Garcia, nos explica (15).

O intertexto que discutirei em seguida tem duas vertentes: a esperada vertente intertextual e uma vertente intratextual de longo alcance. A primeira relaciona-se com o conteúdo do Evangelho Segundo S. João e com um livrinho de devoção, *A Semana Santa Explicada,* que, de acordo com uma técnica tantas vezes empregue por Nemésio, Margarida lê na Igreja nas cerimónias da Sexta-Feira Santa. Alguns dos temas salientados pelo narrador em relação ao drama da Paixão de Cristo, os quais não se restringem mas enfatizam sobretudo os excertos provenientes do Quarto Evangelho citados no corpo do romance, estabelecem uma profunda intertextualidade com alguns dos aspectos mais salientes da história matricial de Margarida Clark Dulmo, João Garcia e André Barreto. É em parte na própria estrutura e conteúdo deste capítulo, intitulado "Feria Sexta in Parasceve," e na sequência do já referido capítulo intitulado "Schermo," que devemos buscar, em grande parte, a dimensão semântica deste importante intertexto. João, através de cujos olhos (e, claro está, por intermédio da omnisciência do narrador) acompanha-mos os movimentos e pensamentos de Margarida, acabava de ter o encontro com Manuel Bana, por quem enviara mais uma carta a Margarida. Logo após a entrada de João na Igreja das Angústias, a mesma onde se apaixonara por Margarida e tivera a sua dantesca experiência de *schermo*, o narrador foca descritivamente o início da cerimónia da Paixão:

> Os padres iam e vinham do altar armado no transepto; e aquela alteração no estilo do culto, aproximando-o do povo, como que tornava mais íntimo o seu sentido trágico, humanizado no celebrante de alva cingida e tufada, autenticamente compungido naquela melopeia precursora da imolação de um Cordeiro, que desencadeava a cólera do Deus da Montanha e a representação do fim de tudo. (139)

Se a experiência de João Garcia, cinco capítulos antes deste, era de evocação do *início* da sua paixão por Margarida e do namoro entre eles, e se a carta acabada de enviar era mais uma tentativa esperançosa da sua parte, este capítulo anuncia—conquanto João Garcia, que a observa, o não saiba—uma encenação associativa do *fim* desse amor. Que esse fim coincida com a cerimónia da Paixão de Cristo não é nenhuma casualidade. No contexto do desenvolvimento dramático da história matricial, a Paixão ganha foros também humanos, emprestando ao sintagma utilizado na descrição feita pelo narrador do início da cerimónia—"*humanizado* no celebrante de alva cingida e tufada" (itálico meu)—uma acepção particularmente literal.

Na sua frustrada tentativa de acompanhar a liturgia no seu livrinho, o errante pensamento de Margarida revê, em contraponto com o itinerário de Jesus no drama da Paixão, a viagem à Caldeira, a declaração de André Barreto e a sua própria reacção pouco acolhedora, o episódio da morte da galinhola abatida a tiro pelo irmão, concluindo-se o capítulo com reminiscências de impressões colhidas de outros encontros com André e a irmã, durante os quais "sentia para além das palavras e daqueles hóspedes da Horta uma família possível: não sei quê da Urzelina, com pastos, chocalhos, um casarão numa lomba, e ela a dormir na ponta da casa sozinha—uma janela ao norte, vozes no corredor chamando 'a senhora Baronesa'" (141-42). Este entrelaçar contrapontístico da sua história com a história do Nazareno—apesar das suas implicações potencialmente blasfemas para alguns leitores—não deixa de, para outros leitores (este, por exemplo), constituir um golpe de génio da parte de Nemésio. Inclusive, o Cordeiro-símbolo-divino tem, na sua simbologia zoomórfica, a sua contrapartida na galinhola abatida por Pedro. Dado o conteúdo das divagações mentais de Margarida, que pressente uma união social com André, embora a nível pessoal a sua reacção seja de repulsa, reforça relativamente à personagem o seu papel de vítima imolada aos interesses da família. A associação, da parte do leitor, com o Cordeiro imolado é inevitável, tornando este um dos momentos mais religiosamente ousados de todo o romance.

Acresce que a associação entre o Cordeiro imolado e as implicações simbólicas da morte da galinhola—no contexto em que se dá—cobra, intratextualmente, uma maior transcendência ainda se associarmos este episódio a outros que ocorrerão bastante mais tarde no romance. Um deles relaciona-se com João Garcia, a vítima simbolicamente imolada mediante a morte do pombo trocaz. Quer isto dizer que, retrospectivamente, podemos ver João Garcia também como sendo simbolizado na galinhola abatida por Pedro, pois no contexto da declaração de André—uma declaração que Margarida imediatamente rejeita mas, pouco depois, como sabemos, ela implicitamente sabe-se destinada a aceitar—é João Garcia quem "morre" para Margarida. O episódio do pombo trocaz, ocorrido no Capítulo XXI, intitulado "Uma Caçada aos Pombos," representa, assim, uma segunda "morte" simbólica de João às mãos de André Barreto, o caçador. As lágrimas que João verte então (lágrimas choradas pela perda de Margarida) são a contrapartida das lágrimas choradas por Margarida no fim deste capítulo "Feria Sexta in Parasceve"—lágrimas que, dir-se-ia, ela também verte por ela mesma ao pressentir-se fatalmente destinada a um homem que não ama mas a quem se "imola" por, entre outras potenciais razões, dever de família e de classe.

O uso de animais-símbolo ocorre mais duas vezes em relação a Margarida e André. Ambos os exemplos dão-se no penúltimo capítulo do romance, quando Margarida regressa ao Pico para assistir ao funeral do tio Roberto. A sua apreensão em encontrar André entre os assistentes ao funeral é comunicada mediante imagens de predador e vítima. A primeira é a da gaivota e da baleia, sendo Margarida a baleia—símbolo esse que adquire, *vis-à-vis* a gaivota, o estatuto de vítima no contexto de Margarida ter testemunhado a morte de dois cachalotes. A segunda e terceira são, respectivamente, clássicas imagens da aranha apanhada na teia e da vítima das garras do destino. Ambos estes episódios merecem reflexão. Atentemos no primeiro:

> Agora, sim! A sua vida já não era aquela mascarilha ambígua feita dos silêncios do tio Roberto, dos projectos de libertação em Londres na clínica do dr. Marr, do surdo horror à hipótese de um casamento com André, que a rondava de alto como gaivota ao cheiro de baleia esfalfada na corrida; da saudade insidioso de João Garcia e da sua capa de alferes escondendo-lhe a falta de tacto e de coragem ao largo dos muros da quinta. (319)

A justaposição dos nomes de André e João Garcia é particularmente significativa. Neste momento de devaneio em que Margarida, tendo tomado conhecimento da morte do tio Roberto, "se sentia agora descer ao mais fundo de si a espécie de 'paz na guerra' que se vinha acamando na sua alma desde que as últimas notícias tinham acabado para sempre com o jogo de empurra de uma desgraça sem rosto" (319), ela une os nomes dos dois pretendentes, aproximando-se ainda da sua percepção do comportamento, relativamente a ela, da sua falta de tacto. Esta afirmação não deixa de trazer à mente do leitor (deste leitor) o episódio, narrado no Capítulo XV, intitulado "Carnet Mondain," em que João Garcia joga ao bilhar com André Barreto e perde—uma partida claramente simbólica da perda de Margarida ao jogo. Nessa altura, João Garcia é tachado de "pexote" por um dos amigos, ao que André opõe a explicação que "O que perde o Garcia é aquele jogo científico. Parece mecânica racional!" (149). Este episódio, num desencadear de ilações prospectivas e retrospectivas intratextuais no romance, relaciona-se ainda com outro jogo, este na casa dos futuros sogros de João Garcia, em que D. Maria, a futura sogra de João, ganha ao quino (95), ganho esse que não poderá deixar de representar o ter conseguido João Garcia como genro. Quer isto dizer que as imagens do jogo e da caça estão intimamente ligadas a Margarida (e André) e João Garcia (e Laura) e servem como poderosas metáforas para o desenvolvimento dramático da sua relação amorosa, a qual se processa em grande parte com base em referentes literários provenientes dos Evangelhos e da liturgia.

A segunda vez, nesse mesmo Capítuo XXXVI, em que se recorre imagética de predador-presa é a seguinte:

> Mas afinal continuava presa às suas relações de família como uma mosca tonta teia de aranha irisada! A morte do tio Roberto, em vez de a libertar de tudo tirando-

> lhe as últimas ilusões, não seria, pelo contrário, a sentença de morte do seu ser?, o seu dobrar vontade alheia e às garras de um destino sem piedade? Fosse como fosse, a presença de André àquela cena era-lhe insuportável. (320)

Note-se que a passagem transacta contém duas imagens do padrão predador-presa. Por um lado, a imagem da aranha e mosca é de longuíssimo alcance, até porque não pode deixar de evocar os vários capítulos (o V, o VI, o XII, o XX) em que a aranha, sobretudo associada com a família dos Garcia, e muito particularmente com as teias tecidas por Januário, torna a alusão intratextualmente bastante enriquecida porquanto implicitamente associa os desígnios de André aos de Januário, num processo de associações que funde o mundo de interesses amorosos e de inimizades familiares em que Margarida está envolvida. O sintagma "garras de um destino sem piedade," para além de reforçar o padrão imagístico predador-presa, poderá ser visto como um desafio ao leitor no sentido de atribuir a responsabilidade do drama representado na história matricial do romance em geral, e do caso de Margarida em particular, às personagens ou ao destino, emprestando ao romance uma dimensão trágica, aspecto este já (tangencialmente) abordado, dum ponto de vista diferente, por Vasco Pereira da Costa.[21]

É de notar, antes de passarmos à discussão de micro-intertextos no romance, que os intertextos *Vita Nuova* e o Evangelho Segundo S. João são contrapartidas um do outro naquilo que representam de prenúncio para a história matricial. João Garcia apaixona-se dantescamente por Margarida na igreja, ao mesmo tempo que a coloca num pedestal inatingível e, tal como Dante relativamente a Beatriz, substitui-a pela dama do *schermo*, Laura. O caso de Margarida é semelhante: poder-se-ia dizer que o drama da Paixão a que ela assiste reforça, *vis-à-vis* a experiência de João Garcia ao apaixonar-se por Margarida e a substituir por Laura, a morte ou impossibilidade dum futuro com ele, ao mesmo tempo que, apesar da repulsa por André Barreto, existe qualquer coisa nela que a impele para o herdeiro da Urzelina. Quando o leitor estiver a par do desfecho do romance, estes dois episódios parecer-lhe-ão transparentemente premonitórios. Talvez se pudesse concluir que Nemésio foi excessivamente transparente. Outra explicação possível é que, sem negar essa transparência em relação ao desfecho da história matricial, os episódios acabados de discutir poderiam todavia funcionar, apesar de tudo, como um exemplo de *enganar com a verdade.* O leitor que tivesse suspeitado que a história poderia acabar de acordo com as fortes sugestões prenunciadoras, poderia rejeitá-las como demasiado óbvias para poderem ser verdade—e posteriormente fosse surpreendido precisamente porque o que suspeitara ser demasiado transparente para ser possível, era de facto a verdade.

Passando aos micro-intertextos do romance, um exemplo é a estória de Genoveva de Brabante, trazida à baila pelo narrador, associada com a avó da protagonista Margarida Terra, evocada como "Tão pura, tão inocente no retrato sombrio do Granel, que só lhe faltava a corsa e o menino a mamar para ser Genoveva de Brabante, expulsa pelo duque Sigifredo e medrosa na floresta longínqua …" (315). A este texto, que é parte duma tradição escrita e oral, refere-se Vitorino Nemésio também no texto preambular a *O Mistério do Paço do Milhafre,* quando Mateus Queimado, um dos narradores de Nemésio, atribui a outro narrador, João Grande—sendo este um narrador oral—a inclusão, no seu largo repertório de narrativas orais—"[a] corça de Genoveva [que] descia do Brabante para dar de mamar a um menino deitado nas palavras de João Grande como se ele o desse a criar à mulher e lhe destinasse um remo na companha."[22] Para os leitores da poesia de Vitorino Nemésio, também é bastante conhecido o seu poema inspirado por este tema, o de Genoveva de Brabante, que exerceu particular fascínio sobre o Autor.[23] Também discuti, no ensaio a que venho a referir-me, "A Peste e outros 'Macróbios' em *Mau Tempo no Canal,*" as implicações desta história, que agora chamo micro-intertexto—pois o seu alcance engloba uma parcela menos ampla do romance do que os quatro intertextos já discutidos, parcela essa, no entanto, suficientemente ampla para abranger Margarida na sua condição de mulher na patriarquia e, por extensão, algumas das outras personagens femininas do romance, incluindo a avó Margarida Terra.[24]

Referente a Roberto Clark (e, claro está, com fortes implicações no que diz respeito ao seu relacionamento com Margarida), também existem vários micro-intertextos, de entre os quais avultam a história de Roberto II o Piedoso (c.970-1031, filho de Hugh Capet e Adelaide de Aquitaine e rei de França), que Margarida, fascinada pelo nome "Roberto," vai descobrir na *Enciclopédia Britânica,* micro-intertexto esse que realça, dramatizando-a, a quase-incestuosa relação entre Roberto Clark e a sobrinha Margarida. A referência à história de Roberto II o Piedoso[25] é reforçada mediante uma adicional alusão da parte do narrador ao quadro de Jean-Paul Laurens, *The Excommunication of Robert the Pious in 998* (1875, Musée d'Orsay, Paris). Aliás, tal é a importância conferida à estória de Roberto II que Nemésio lhe dedica mais de meia página de texto no romance—muito mais do que a qualquer um dos outros textos micro- ou até macro-intertextuais. As referências ao excomunicado Roberto concluem com uma passagem que constitui um exemplo consumado de *ekphrasis*—uma descrição pormenorizada do quadro de Laurens, transposto para o plano narrativo/descritivo:

> O legado do papa, pronunciado o anátema contra Roberto o Piedoso, desaparecia por uma porta larga e profunda amparado ao seu báculo e rodeado de fâmulos atónitos—enquanto Roberto, fulminado, se abatia ao alto do trono diante de um tocheiro quebrado, com a tocha ardente e cheia de fumo no chão, o vulto branco de Berta apavorado no seu peito...(314)

Mais três micro-intertextos relacionados com Roberto Clark (e, por extensão, com o seu relacionamento com a sobrinha) merecem menção: *Robert le Diable* (produzido, em Paris, em 1831, considerado por alguns críticos a primeira ópera romântica), de Giacomo Meyerbeer, *Lohengrin* (composto 1846-48, produzido pela primeira vez, em Weimar, em 1850), de Richard Wagner e o protagonista do conto popular "O Toiro Azul" (que, como é sabido, Nemésio transpôs para uma modalidade literária e utilizou como texto de abertura, também com o título de "O Toiro Azul," na colectânea *O Mistério do Paço do Milhafre*). Como o Toiro Azul, Roberto ajuda Margarida nalguns dos seus trâmites mais marcantes, mas morre antes de poder oferecer-lhe um resgate total, que aliás lhe era impossível pelo impedimento do incesto. As duas referências às duas obras operáticas são atribuídas a Margarida no mesmo contexto: a sua incerteza, enquanto se via impossibilitada de sair de São Jorge, sobre qual dos seus tios, Roberto ou Mateus Dulmo, estava à beira da morte ou já morto. (A referência à história de Roberto II, discutida acima, vem a seguir, mas ainda a propósito do nome "Roberto.") Os paralelos entre o itinerário de Roberto Clark e Roberto Duque da Normandia não serão muitos nem serão muito óbvios—mas alguns deles tão-pouco serão de desprezar. Talvez o mais importante seja a paternidade dos dois. O duque era filho da afável Berta e de Bertrão, discípulo de Satanás. Que Margarida (e o leitor) pudesse estabelecer uma ligação entre este par e os pais de Roberto—a amável e passiva Ana Silveira e o mulherengo Charles William Clark não seria de surpreender. Que pudesse ainda haver um paralelo, por muito distante que fosse, entre Roberto e Isabel, por um lado, e Roberto e Margarida pelo outro, também se justificaria, sobretudo dado o impedimento entre os amantes de Meyerbeer, que depois se desvanece. Seria assim, da parte de Margarida, um exemplo de *wishful thinking*. Isto é, que a um nível de psicologia profunda, a associação (feita pelo narrador, não nos esqueçamos) se estabelecesse com base no desejo secreto de Margarida Clark Dulmo que os impedimentos entre ela e o tio se desvanecessem ou pudessem, de algum modo, ser removidos, é, se não provável, pelo menos concebível. Por outro lado, uma aproximação entre os dois Robertos traz à tona outro paralelo curioso, desta vez se Robert le Diable for visto em contraste (antecipatório) com a história de Roberto II (que é referida no romance uma página depois). Ambos os Robertos, o de Meyerbeer e o de Jean-Paul Rubens (e da *Enciclopédia Britânica*!), se sacrificam pelo amor—mas o primeiro é excomungado perante uma Berta "apavorada," enquanto que o segundo é quem desmaia ante uma Isabel e um coro de anjos entoando cânticos a Deus pela salvação de Roberto (cujo pai, e não ele, é que é entregue aos infernos) e em celebração do seu amor. Ao contrário desta salvação pelo amor legítimo, a morte de Roberto Clark pode ser vista como uma espécie de castigo pelo pecado dum quase-incesto—como por incesto se dera a morte-excomunhão de Roberto o Piedoso.[26]

Afirmei anteriormente que uma das funções da alusão (e, noutros casos, citação de trechos) a obras literárias, musicais, pictóricas, etc., era a da caracterização das personagens. Acrescentarei aqui que a associação de uma obra alográfica (e nalguns casos de uma obra da diegese, como é o caso d'*As Folhas ao Vento*, de D. Corina Peters), desempenha a função de elemento de caracterização directa, por exemplo, o narrador indica-nos quais os gostos literários da personagem, incorporando-os assim no "retrato" dessa personagem. Isso acontece, por exemplo, com Roberto, como veremos adiante. Por outro lado, a alusão como elemento caracterizador pode ser usada indirectamente. Como é bem sabido, na caracterização indirecta o narrador mostra-nos, mediante a fala dessa personagem e os seus gostos, etc., *como* ela é, deixando ao leitor a inferência do *que* ela é. Em *Mau Tempo no Canal*, Vitorino Nemésio, ao contrário, por exemplo, dum escritor como Eça de Queirós em *O Crime do Padre Amaro*, é muito parco no uso da caracterização directa (são pouco mais do que inexistentes os retratos de personagens, exceptuando-se o (auto)retrato que Nemésio pinta de João Garcia [48]) e, com muita frequência, recorre à caracterização indirecta. Um dos elementos da caracterização indirecta, talvez mesmo um dos mais importantes, é a associação de determinada obra (literária, musical, pictórica, etc.) a determinada personagem. Esse recurso de caracterização indirecta mediante a associação a uma obra artística assume vários aspectos, entre eles, uma indicação da parte do narrador, do gosto literário ou musical da personagem; a dramatização desse gosto artístico mediante um quadro dramático em que se discutem obras literárias, musicais ou pictóricas; alusão a determinada obra que a personagem anda a ler, por vezes particularizando-se este modo ainda mais mediante a citação de trechos, por vezes longos, da obra em epígrafe—estratégia esta última de que já vimos alguns exemplos, e.g., Margarida a ler uma longa passagem do livro pastoral do Cónego Ferreira.

Como seria de esperar, Vitorino Nemésio investe um considerável esforço na caracterização de três das principais personagens do romance—Margarida, João Garcia e Roberto Clark—e, sem surpresa para ninguém, é em relação a elas que a alusão a obras artísticas, feita pelo narrador ou pela personagem, como elemento caracterizador mais frequentemente se patenteia. O caso de Margarida, João Garcia e Roberto Clark revela, no que diz respeito à caracterização mediante o recurso da alusão literária, musical e pictórica, um padrão comparativo/contrastivo que Vitorino Nemésio vai utilizar também na caracterização de outros personagens ou grupos, como é o caso dos Clark Dulmo versus os Garcia (comparar, por exemplo, a casa das Peters com os seus "contadores da Índia acumulados sob os retratos de todos os morgados da família" [48] com "as humildes fotos da família Garcia" [58].)

A Margarida estão associadas umas quantas obras que ela, independentemente de João Garcia, possui na sua biblioteca, lê, manifesta interesse em ler ou em ouvir, por exemplo, os já mencionados romances de Júlio Dinis e novelas de Camilo (obrigatórios, dir-se-ia, para jovens adolescentes em qualquer canto do país e portanto uma atribuição indiscutivelmente verosímil). Também já me referi, sob outra rubrica, às obras que constituem intertextos titulares do romance—obras essas a que o narrador se refere no âmbito de Margarida as andar a ler, acentuando-se assim a proximidade que a personagem mantém com a totalidade do texto, começando com o seu título. Por outro lado, Margarida patenteia uma considerável aversão à poesia intelectualmente mais exigente do que alguns versos simples de João de Deus e d'*Os Simples*, de Guerra Junqueiro ou, no fim do romance, dos versos do diegético poeta Pragana.[27] Apesar dum gosto literário que, no contexto do seu pequeno mundo dos Açores da segunda década do século XX, se revela muito verosímil, a Margarida é-lhe atribuída uma atracção por uma das composições musicais mais *culturescas* que se possa imaginar, o prelúdio debussyniano *La Cathèdrale engloutie*, a cujo papel simbólico já me referi acima. Margarida também é caracterizada mediante as opiniões que exprime com respeito ao modo de apreciar uma obra de arte. Para ela, a arte deve ser encarada como tal, não com base em preconceitos extra-estéticos, como ela demonstra no caso do quadro do antepassado Conselheiro Raimundo Pórras Peters (67). Nalguns casos, Margarida lê livros—ou o narrador atribui-lhe leituras—que lhe foram recomendadas por João Garcia, sendo *Ressurreição*, de Tolstoi, um dos exemplos mais marcantes. Aliás, é muito significativo que Nemésio tenha investido bastante esforço no partilhar de leituras entre as duas personagens principais do romance, pois as suas compatibilidades e incompatibilidades em interesses de leitura estabelecem uma espécie de analogia com a sua relação pessoal. Poder-se-ia afirmar que entre Margarida e João Garcia existe, no que diz respeito às suas compatibilidades de leitura, um momento-chave, associado ao começo da sua relação. Esse momento está assinalado pela leitura, em conjunto, do bucólico romance *A Cidade e as Serras* (104). Na sua relação pessoal, dir-se-ia que esse momento de aproximação dá-se logo no início do romance (Cap. I) quando os dois fisicamente se tocam no prometedor momento de Margarida mostrar a João Garcia o seu anel. A partir desse momento, o itinerário dos amantes é um afastamento progressivo. De resto, certa inconstância nas afeições de Margarida—que se patenteiam também no seu gosto de homens em geral (Cap. II; veja-se 47-49)—reflecte-se nas suas leituras, por vezes feitas a esmo, ou por desfastio, como acontece com as leituras, em casa dos futuros sogros em São Jorge, do rimance sobre terramoto de Vila Franca e da longa passagem do livro do Cónego Ferreira. A inclusão destes dois textos—e, como já indiquei, a citação integral ou parcial de textos é uma prática relativamente comum em *Mau Tempo no Canal*—é uma maneira eficaz de, por assim dizer, matar dois coelhos de uma só cajadada: para além de ser um método viável de caracterização de personagens, também contribui muitíssimo para a componente historicista da Açorianidade, isto é, de evocação de momentos-cume na história do Arquipélago. É mediante leituras de Margarida que o narrador nemesiano evoca tragédias históricas como a erupção da Urzelina, em 1811,[28] e o terramoto de Vila Franca, em 1552 (276). Aliás, essa evocação, mediante leituras atribuídas à protagonista do romance, de momentos dramáticos na história das Ilhas, dispensa o narrador de recorrer à potencialmente enfadonha, e por isso mesmo romanescamente perigosa, narração directa de episódios históricos (que, diga-se em abono da justiça, Vitorino Nemésio largamente evita).

Se o recurso à alusão literária como elemento caracterizador das personagens de Margarida e João Garcia ajuda a explicar o desencontro entre ambos, no caso de Roberto Clark a alusão literária (e musical e pictórica) como elemento caracterizador contribui para a maneira um tanto irónica com que a personagem é vista pelo narrador; e para a aura principesca com que Margarida, nos seus sonhos escapistas à realidade que a circunda nos Açores, o reveste. Se, como vimos, Margarida o idealiza, associando com figuras dramáticas ou trágicas do mundo da arte—o Príncipe Encantado de *O Toiro Azul*, Robert le Diable, Roberto II o Piedoso—o narrador, como que para enfatizar, pelo contraste, a sua cultura relativamente banal, insiste no gosto literário de Roberto como elemento de caracterização, como ainda no fascínio que a mera novidade dos seus interesses culturais compreensivelmente representa para a sobrinha (117).

Sabemos que Conrad (*Typhoon*) é um dos interesses que sobrinha e tio partilham. Esse interesse acompanhará a protagonista ao longo de quase todo o romance. Ao passo que o interesse em leituras partilhado com João Garcia (*A Cidade e as Serras*) só se verifica no início do romance. Algumas das alusões atribuídas a Roberto pelo narrador não deixam de patentear, da parte dele, um grau considerável de sofisticação—por exemplo, a comparação entre uma Margarida (em frente dum espelho baço usando um velho vestido de baile da avó Margarida Terra) e um quadro do célebre retratista de mulheres, Sir Joshua Reynolds. Outras analogias estabelecidas por Roberto talvez patenteiem um gosto mais banal do que sofisticado—por exemplo, considerar Margarida um segundo Camões por a serpente do seu anel também ser cega dum olho (sem negar, escusa dizê-lo, as implicações profundas que essa afirmação possa ter de outros ângulos de análise). O inegável é que, independentemente de o narrador o tratar com mais ou menos ironia, a personagem de Roberto Clark—mediante as várias referências musicais, pictóricas e literárias relacionadas com ele—é, em grande parte, responsável pela aura de literaturidade que enforma *Mau Tempo no Canal*.

Em compensação, Januário é, de entre as principais personagens do romance, uma das que, compreensivelmente, menos tem a ver com alusões literárias, o que não quer dizer que a alusão como elemento de caracterização não seja, por isso mesmo, importante na construção dessa personagem. No caso de Januário Garcia, a alusão é conspícua, precisamente, pela sua quase ausência e pela associação com determinado tipo de textos. Façamos um parêntese para reflectir que seria difícil encontrar, entre as mais canónicas obras da ficção portuguesa do século XX, uma personagem pintada com tonalidades mais negras do que Januário Garcia. Aliás, não seria exagero nenhum afirmar que a atitude preconceituosa do narrador nemesiano com respeito a esta personagem é um dos aspectos de *Mau Tempo no Canal* que mais irmanam o romance, por exemplo, à novelística mais romântica de Camilo Castelo Branco. O único elemento redentor na personagem de Januário é o ele expiar algumas das suas culpas mediante o castigo do fogo! Existem referências ao pragmático Código do Processo Civil (Capítulo VI) e, ainda nesse mesmo capítulo, uma citação, posta na boca de Januário, de Bocage com que a personagem justifica a suposta fraldiqueirice do filho João Garcia.[29] No Capítulo XVI, o narrador nemesiano volta à carga novamente, entremeando o comportamento hipócrita e explorador de Januário *vis-à-vis* a cliente Dona Carolina Amélia, com alusões, assacadas à personagem (156), de vulgares obras de teatro que pouco prestigiam o seu nível de cultura—que, aliás, e ao contrário do que poderia parecer, inclui uns quantos anos de educação no seminário e quase uma vida inteira de serviços secretariais e paralegais.

De resto, o narrador atribui a Januário (e aos Garcia em geral) um nível de preocupação muito conspícua com o jornal *Insulano*, fazendo ressaltar, entre outras associações, a chegada do bacharel João Garcia aos Açores (48), a notícia do aparecimento da peste lida pelos Garcias (104), Januário a devanear sobre notícias futuras a seu respeito no jornal (132). Aliás, se Margarida, João Garcia e Roberto Clark representam, entre umas quantas mais (Mateus Dulmo, por exemplo), as personagens que emprestam uma dimensão escriturista a *Mau Tempo no Canal*, e as personagens do povo (Amaro de Mirateca, Mariana do Pico, Cândia Furoa, etc.) representam a sua dimensão oral, Januário estaria numa posição intermediária entre esses dois extremos: ele representaria o legalismo/pragramatismo associado ao código legal e à notícia jornalística (avultando, no caso de Januário, o jornal local o *Insulano*). Com base nos seus interesses literários (ou falta deles) e a sua associação à oralidade, por um lado, e à escrita pelo outro, Januário não seria nem povo nem aristocrata—seria apenas o boçal e malévolo pequeno burguês que o narrador nemesiano faz dele. Quer isto dizer que a alusão artística e literária—longe de ser um elemento mais ou menos gratuito ou tão-só uma maneira de enobrecer o estilo ou modelar o grau de literaturidade ou literariedade—é mais um elemento confeccionador da personalidade e função da personagem.

Para dar alguns exemplos do papel que representa a alusão literária—ou o parco recurso que o narrador faz dela, nalguns casos—na confecção de personagens menores, atenhamo-nos aos exemplos de Mateus Dulmo, Charles William Clark, André Barreto e Pretextato. Personagem secundário mas importante, Mateus Dulmo, uma vez mais exemplificando a estética largamente binarista de Vitorino Nemésio, é a contrapartida de Jacinto Garcia. Já discuti os papéis destas duas personagens no meu ensaio "A Peste e Outros 'Macróbios' em *Mau Tempo no Canal*." Sublinhe-se apenas que Mateus Dulmo, tal como Jacinto na família dos Garcias, é o confidente (de Margarida, como Jacinto Garcia o é de João Garcia) e o conciliador. É Mateus Dulmo quem, por um lado, aconselha Margarida a ir para Londres; por outro lado, faz-lhe fortes insinuações de que a ela lhe compete assumir a responsabilidade pelo resgate económico da família, com claras implicações de um casamento com André. Acima de tudo, Mateus Dulmo quer ver a reputação da família Clark Dulmo, de que ele faz parte, salvaguardada. É, pois, um homem dividido entre princípios e gostos que pessoalmente esposa e defende e, por outro lado, modera quando as circunstâncias e o bom nome da família o exigem. Esta ambivalência patenteia-se também nos seus gostos artísticos. Clássico e romântico no seu gosto musical—é formado, estudou latim e o seu compositor favorito é Bach e "tenta[r]a ensinar à prima Margarida [Terra] os compassos triunfais da abertura do *Tannhäuser*" (128)—a sua oposição à música moderna revela-se pouco mais do que um pretexto para amistosa polémica com as primas e a sobrinha Margarida. Quando esta se revela partidária do prelúdio debussyniano *La Cathédrale engloutie*, em que são destacados programa e música, "Aqueles sinos que vão ao fundo ... aquelas horas batidas no relógio da torre, e todo o jogo da mão esquerda com os acordes que parecem a catedral a levantar-se, depois a desaparecer nas águas ..." (69), Mateus Dulmo—que também já invectivara contra o igualmente debussyniano e igualmente programático *Ce que dit le vent d'Ouest*, favorecido por uma das primas—apenas se limita a oferecer, conciliador, "—Literatura!? teimou Mateus Dulmo, sem convicção" (69).

No pólo oposto aos interesses artísticos de Mateus Dulmo, mas próximos dos de Januário, estão os de André Barreto e Charles William Clark. Quanto ao herdeiro do barão da Urzelina e futuro marido de Margarida Clark Dulmo, existe apenas uma referência literária, mas essa bastante reveladora: pouco lhe interessa a associação de Almeida Garrett com os Açores! Exemplos de objectos de leitura atribuídos a André são, sem surpresa para o leitor, enumerados em conjunção com objectos práticos da lavoura: "fatos de caça e cartucheiras pelos cabides, uma pequena papeleira com livros de agricultura e de técnica de desnatar, *La Hacienda* e retratos de amigos ..." (289). Pelo que respeita ao interesse pela leitura, Charles William Clark é outra contrapartida de Januário e André, espíritos práticos que, nesse sentido, oferecem um marcante contraste com as personagens "letradas" de *Mau Tempo no Canal*—João Garcia, Margarida, Roberto e Mateus Dulmo. Charles William Clark está associado a um único jornal, que o caracteriza e caricaturiza—um jornal que ele, tal como André relativamente aos livros e revistas da sua papeleira—Charles tão-pouco lê: "uma pilha de *Times* intacta" (42); "[segurava] o canto da folha de um *Times* de meses ... diante do lume mortiço dos seus olhos" (243).

O caso de Pretextato é um caso à parte, dada a ironia de que uma das poucas referências literárias a seu respeito se reveste. Eis como o narrador converte o quarto de Pretextato numa significativa *mis-en-scène* adequada a algumas das características da sua personalidade, de entre as quais avulta, sobretudo na sua interacção com o seu amigo Ângelo Garcia, a forte suspeita de tendências homossexuais, emblematizadas nesta passagem pela referência às *Canções de Bilitis*:

> Lia-se-lhe na cara, apesar das dedadas de doença, um grande repouso íntimo e uma equação perfeita com o quarto de Pretextato. Sempre se sentira ali bem, no meio da dúzia de coisas delicadas que guardavam de móvel a móvel uma posição discreta: o retrato do príncipe do Mónaco arranjado por ocasião de um dos cruzeiros do *Hirondelle*; o bocado de vela crua que cobria uma ponta do piano; as *Chansons de Billitis* encardernadas em seda azul. Um canapé estofado aludia às frequentes molezas do Pretextato, de mãos finas pendentes do paletó preto, um pouco melancólico e descorado. (86-87)

Pierre Louys (1870-1925), autor das *Canções*, é sobretudo conhecido como o autor duma das maiores mistificações literárias do século XIX, pois os poemas (muitos deles homoeróticos) que comprazem as *Canções* são atribuídos a Bilitis, uma poetisa do século VI a.C., supostamente não só contemporânea mas amiga de Safo. Consta que um célebre catedrático duma universidade francesa não só se pronunciou um admirador da imaginária poetisa grega mas afirmou que os poemas não só lhe eram desde há muito conhecidos mas que ele os considerava "come des amis personells."[30] A inclusão dum exemplar das *Canções* entre os objectos que adornam o quarto de Pretextato está, portanto, longe de ser gratuita.

Como tantas outras obras poéticas e de ficção de Vitorino Nemésio, *Mau Tempo no Canal* representa, em parte, uma questa pela recuperação e aproveitamento literário das tradições orais do povo açoriano.[31] Essas tradições orais—da quadra à canção popular, do provérbio às lengalengas infantis, da evocação de contos de fadas às inventadas estórias pessoais de personagens do povo—constituem uma componente integrante do romance mas estão, com poucas excepções e por quanto eu saiba, largamente por estudar.[32] De todos os elementos do romance associados à oralidade o que a mim mais me interessa são precisamente as estórias embutidas vistas num contexto o mais amplo possível da economia global do romance: as estórias em si, com particular atenção ao seu género folclórico (estória pessoal, saga de família, *tall tale*); a sua performance, pois as estórias sempre são eventos que têm lugar num espaço significativo e são narradas a um público diegético que é afectado, de várias maneiras, por elas; a relação, em todo o seu possível alcance, entre o conteúdo dramático das estórias embutidas e a história matricial de Margarida Clark Dulmo e João Garcia, prestando especial atenção à disposição das estórias ao longo do romance e a sua função retrospectiva e prospectiva relativamente à história matricial;[33] as estórias narradas por personagens femininas (a estória de Secundina narrada por ela mesma; a estória da Irmã Rosinha da Glória narrada por Mariana do Pico; a estória de Cândia Furoa narrada a Margarida) versus as estórias dos homens (a estória de André do casamento dos avós, a estória de Grete Spiel narrada por Damião Serpa, a estória de João Garcia, que combina elementos da sua "experiência" pessoal com alguns elementos de textos literários, com elementos da estória de Damião, acabada de ouvir); as estórias que se reportam a experiências vitais, como as de tio Amaro de Mirateca e Mariana do Pico versus as estórias, como as de Damião e João Garcia, que estão no limiar da oralidade primária e secundária e da auto-consciente intertextualidade literária.

Levado a cabo um estudo aprofundado das oralidades em geral e das estórias embutidas em particular e suas funções em *Mau Tempo no Canal*, talvez seja possível aproximarmo-nos duma compreensão de como o máximo romance de Vitorino Nemésio poderá ter sido concebido, em grande parte, como um *compromise* entre elementos da escrita—alguns dos mais importantes dos quais foram abordados no presente ensaio—e elementos recreativos das tradições orais do povo açoriano, efectuando-se assim uma obra magnificamente coesa que, sendo inegavelmente de teor universal, não deixa de ser, ao mesmo tempo, profundamente dos Açores. Aliás, um estudo mais aprofundado do que este pode e pretende ser, poderia revelar, da parte de Vitorino Nemésio, uma consciente mescla de elementos regionais (a Grande Tradição, representada por referências e inclusão, no texto do romance, de autores e artistas eruditos açorianos, e a Pequena Tradição, patente nas oralidades do romance), a Grande Tradição mais abrangentemente nacional (com numerosas referências a autores portugueses, de D. Dinis a Camões, de Bocage a Garrett, de Júlio Dinis a Eça de Queirós e Camilo Pessanha), cujas relações intertextuais com *Mau Tempo no Canal* ficam aqui consignadas ao plano da mera sugestão. Por fim, é tentador pensar que o afã, da parte do Autor, de criar uma obra de ficção enquadrável na Grande Tradição Ocidental, em oposição a meramente nacional, talvez explique porque a maioria dos principais textos macro- e micro-intertextuais do romance—desde *Typhoon*, de Conrad, a *Carrière d'un navigateur*, do Príncipe Alberto do Mónaco, a *Romeu e Julieta*, de Shakespeare, à Bíblia, a Dante, a óperas de Wagner e Meyerbeer, a um prelúdio de Debussy—ocupam no texto do romance um espaço tão privilegiadamente relevante.

Notas

[1] *Orality and Literacy: The Technologizing of the Word* (London: Methuen, 1982). A oralidade, segundo Ong, caracteriza-se pela "expressão aditiva em vez de subordinativa," isto é, o discurso paratáctico em vez de hipotáctico; "agregativo em vez de analítico," querendo dizer que o oral é um discurso que se processa com base numa formulação à qual se vem juntar outra, em oposição ao discurso escrito que categoriza e divide em partes; "redundante ou copioso," apoiando-se, para facilitar a retenção, na decoração de fórmulas; "conservador ou tradicionalista," mais interessado na manutenção de formulações estabelecidas do que propriamente na invenção; "próximo do mundo vivencial" ("lifeworld")," ou no saber de experiência feito, como diria Camões; "agonisticamente matizado," revelador de conflitos tão evidentes na disciplina da Retórica; "empático e participatório em vez de objectivamente distanciado"; "homeoestático" ou, como explica Ong, "as sociedades orais vivem essencialmente num presente que adere ao momento actual e se mantêm em equilíbrio ou homoestase desapegando-se de memórias que não tenham relevância actual"; "situacional em vez de abstracto," enfatizando o aspecto prático em vez da concepção abstracta. Assim, ilustra Ong, numa comunidade oral primária um "urso" é concebido como "um animal que uma vez atacou a nossa vizinhança," e não como "um mamífero de pelo hirsuto que hiberna durante o inverno" (*Orality and Literacy*: 36-49). As traduções do inglês são da minha responsabilidade.

[2] Como indica Michael Kleine, pode-se inferir o oposto destas características da oralidade primária apontadas por Ong para uma compreensão adequada das formas de pensamento e expressão resultantes das tecnologias da escrita. Em oposição à oralidade primária, o pensamento e expressão característicos duma cultura tecnológica caracterizam-se pela existência de "textos quirográficos e tipográficos," capazes de incorporar velhos conhecimentos ao mesmo tempo que permitem a inclusão de novas formulações; são formas de pensamento e expressão "planeados e analíticos," orientados para a preservação de antigos conhecimentos, libertando

assim a memória e disponibilizando-se a novas formas de conhecimento; são eficientes e não repetitivos, visto a manutenção do conhecimento estar a cargo da tecnologia e não da memória; são "criativos e frequentemente não convencionais," porque mais descontextualizados que o discurso oral; mantêm-se "distantes do mundo vital"; como tendem a separar o 'conhecedor' do conhecido, costumam não ser agonísticos; também são ausentes de empatia, visto distanciarem-se dum contexto retórico imediato; não sendo homeoestáticos, tendem a preservar todo o conhecimento escrito, independentemente da sua relevância actual; e como enfatizam o abstracto, permitem a intertextualidade e mantêm um parco relacionamento com o mundo vital. "Ong's Theory of Orality and Literacy: A Perspective from Which to Re-View Theories of Discourse," *The Philosophy of Discourse: The Rhetorical Turn in Twentieth-Century Thought*, vol. I, ed. Chip Sills and George H. Jensen (Portsmouth, NH: Boynton/Cook Publishers Heineman, 1992), 232-233.

[3] Eis como Irene A. Machado (*op. cit.*, 313) define, em parte, o termo "literaturidade": "Processo de enobrecimento da linguagem através de recursos estilísticos, consagrados pela língua culta. Nesse sentido, o conceito de Bakhtin se distingue, por exemplo, da literariedade formulada por R. Jakobson. Embora o termo russo seja o mesmo—*literaturnost*—o contexto teórico é diferente. Em Jakobson trata-se de valorizar os elementos expressivos responsáveis pela criação da poeticidade da linguagem; em Bakhtin o que está em jogo é o contraponto entre linguagem culta (enobrecida) e a linguagem vulgar (rebaixada). A literaturidade define o padrão expressivo e linguístico da cultura oficial." Neste trabalho, utilizo o termo "literaturidade" para me referir à prática e efeitos da intertextualidade com a literatura erudita.

[4] Para evitar equívocos, usarei, indiferentemente, os termos *fabula* e *história* para me referir ao enredo de *Mau Tempo no Canal*, isto é, aos eventos mais directamente relacionados com o destino de Margarida Clark Dulmo, João Garcia, Roberto Clark e André Barreto. *Estória*—sem desmerecimento para o termo, dignificado, aliás, por, entre outros, Guimarães Rosa e Luandino Vieira—será empregue em relação às narrativas embutidas em *Mau Tempo no Canal*–sendo algumas das principais, na ordem em que aparecem (assinalam-se os nomes dos narradores e a página em que a estória, ou pertinentes episódios do seu contexto, se inicia). Neste momento, não me interessa distinguir entre as estórias exemplificativas duma oralidade primária, secundária ou, inclusivamente, exemplificativas de vários graus de oralidade e literariedade, empregando-se este termo aqui no sentido restrito de auto-conscientemente e alograficamente intertextual, como a estória de João Garcia, narrativa oral mas com alusões literárias, por exemplo, a um célebre soneto de Camilo Pessanha: as *estórias* de Secundina (59); de Mariana do Pico (118), de D. Catarina sobre a corte que lhe fizera Januário (126); a estória dramatizada de Ângelo sobre Roberto e Margarida (157); de Manuel Bana sobre a meninice de Margarida (146); de Damião Serpa sobre Grete Spiel (166); a já referida estória de João Garcia inspirada, em parte, pela estória de Damião (169); a estória autobiográfica de Januário, narrada a Honório (198); a de André Barreto sobre a corte e casamento dos avós (237); as estórias de tio Amaro de Mirateca sobre baleação e a sua saga de família (247); a estória do trancar das baleias contada/idealizada, *a posteriori*, por um dos baleeiros (266); a estória de Cândia Furoa (294); a estória de Angélica sobre Maria Adamastor (313); a de Manuel Bana sobre a morte de Roberto (321); a estória do poeta (diegético) Pragana (345); etc.

[5] A história do regionalismo nos Açores—incluindo o papel do escritor Vitorino Nemésio nesse movimento, particularmente nos anos 20—já foi abordada por Carlos Cordeiro em *Nacionalismo, Regionalismo e Autoritarismo nos Açores durante a I República* (Lisboa: Edições Salamandra, 1999).

[6] Como é do conhecimento geral, os seminais textos teóricos nemesianos sobre regionalismo e Açorianidade são, em ordem do seu aparecimento, "Por que não temos literatura açoriana? Entrevista com Vitorino Nemésio, por Rebelo de Bettencourt," publicado no *Diário dos Açores* a 2 de Maio de 1923 e incluído em *A Questão da Literatura Açoriana: Recolha de Intervenções e Revisitação*, org. Onésimo Teotónio Almeida (Angra do Heroísmo: Secretaria Regional de

Educação e Cultura, 1983) 27-31; "O Açoriano e os Açores," publicado n'*A Águia* (1928): 1-33, agora incluído em *Sob os Signos de Agora, Obras Completas de Vitorino Nemésio,* vol. XIII, introdução de José Martins Garcia (Lisboa: Imprensa Nacional-Casa da Moeda, 1997) 88-101; "Açorianidade," publicado na revista micaelense *Ínsula* 7-8 (1932), editado agora em *A Questão da Literatura Açoriana,* 32-34; "O poeta e o isolamento: Roberto de Mesquita," publicado pela primeira vez na *Revista de Portugal* de Vitorino Nemésio (1939), incluído em *Conhecimento de Poesia,* 3.ª ed, *Obras Completas de Vitorino Nemésio,* vol. XVII, Introdução de José Martins Garcia (Lisboa: Imprensa Nacional-Casa da Moeda, 1981) 123-138. Vejam-se, ainda, os estudos editados em sob a rubrica de *Efeméride Nemesiana* na revista *Atlântida,* XLXI (Angra do Heroísmo: Instituto Açoriano de Cultura, 2001): 287-324, colectânea esta resenhada neste número de *Portuguese Literary & Cultural Studies* por Lélia Pereira da Silva Nunes.

[7] Sobre o regionalismo na obra de Aquilino Ribeiro, veja-se Henrique Almeida, *Aquilino Ribeiro e a Crítica: Ensaio sobre a obra aquiliniana e a sua recepção crítica* (Lisboa: Edições Asa, 1993). Não conheço nenhuma obra de fôlego sobre o Regionalismo na literatura portuguesa.

[8] Como é do conhecimento geral, o desejo da parte do Autor de criar uma literatura regional remonta aos anos 20. Ouçamos Nemésio, em entrevista a Rebelo de Bettencourt (nota 6): "Não temos literatura propriamente açoreana porque os nossos poetas e escritores estão fora da alma açoreana. A língua com que trabalham a prosa e o verso é uma língua cujos vocábulos vêm nos dicionários mas que não trazem a comoção do nosso povo. O nosso povo tem uma sintaxe e expressões próprias. Ora os poetas e escritores açoreanos não escrevem com o sentido regional do vocábulo, com a sintaxe e a expressão populares. Dentro de um livro de versos de qualquer poeta pode haver poesia, mas o povo, o nosso povo, não está dentro dele." Um estudo global das oralidades em Vitorino Nemésio teria de ter em conta, para além do romance em epígrafe, um enorme *corpus* reportável, em vários dos seus aspectos, a tradições orais. Essas obras incluiriam, entre outras, *Festa Redonda* e *Poemas Brasileiros*; na prosa de ficção *Paço do Milhafre, O Mistério do Paço do Milhafre;* e, na crónica, *O Corsário das Ilhas.*

[9] Esta terminologia segue, só em parte, a terminologia proposta por Gerard Genette, em *Paratexts: Thresholds of Interpretation,* trans. Jane E. Lewin, forword Richard Macksey (Cambridge and New York: Cambridge UP, 1987) 55-103.

[10] Na edição que estou a usar, *Mau Tempo no Canal, Obras Completas de Vitorino Nemésio,* vol.VIII, introd. José Martins Garcia (Lisboa: Imprensa Nacional-Casa da Moeda, 1999), são cinco as epígrafes: uma, tirada de *Instructions to Captains of Steamers Calling for Coal, Provisions or Repairs;* outra, de *Charts of the Anchorage and Breakwater of Horta and Fayal Channel;* a terceira, do romance de Herman Melville *Moby Dick;* a quarta, das *Mémoires D'outre-tombe,* de Chateaubriand; e a quinta, do livro e viagens de Raúl Brandão, *As Ilhas Desconhecidas.*

[11] No prolongamento da passagem aqui referida, existe uma justaposição, de longo alcance metafórido e ideológico no romance, entre a condição do solitário equinoderme e da mulher socioeconómica e sexualmente explorada: "Mas aquele desesperado apetite de solidão e de fundura do pobre equinoderme atingia vertigens maiores: vivia às vezes a mais de 4000 braças de água salgada do rasto das baleias que borrifam os céus de água e sangue, na esteira dos paquetes iluminados de vante à ré, em cujos recantos de coberta, mergulhados numa sombra propícia, mulheres vindas da América recebem o beijo tenebroso de um homem qualquer que as submete. Pobre estrelinha seca das solidões do fundo, a *Cucumaria dos Abismos* ..." (182-183).

[12] Para um estudo de alguns dos valores simbólicos da serpente, veja-se Francisco Cota Fagundes, "A Peste e Outros 'Macróbios' em *Mau Tempo no Canal,*" *Desta e da Outra Margem do Atlântico: estudos de literatura açoriana e da diáspora* (Lisboa: Edições Salamandra, 2003) 53-107.

[13] Nemésio, como é sabido, tem um poema, publicado em 1936, inspirado pela programática composição debussyniana, precisamente intitulado "La Cathédrale Engloutie." Veja-se, a respeito desse poema, o ensaio de António M. B. Machado Pires, incluído neste volume.

14 Aliás, parece ser com ironia que o narrador nemesiano parafraseia o conteúdo da carta que Manuel Bana leva a Margarida. Notar a ênfase no isolamento (em que o convento tornado quartel desempenha um papel metafórico significativo), na abstracção que faz João Garcia retroceder a épocas distanciadas da realidade em que ele e Margarida estão (estariam!) integrados. Embora o propósito de João Garcia seja aproximar-se de Margarida, na verdade o conteúdo da carta traduz todo um desejo, consciente ou inconsciente da parte dele, de não só se afastar dela mas de se afastar, inclusivamente, da vida. O conteúdo da carta—e que Nemésio tenha optado por fazer com que o seu narrador parafraseie o conteúdo da carta constitui um golpe de génio, pois introduz uma distância enorme entre os desejos conscientes de João Garcia e os seus possíveis desejos inconscientes—presta-se, inclusivamente, a ser lido como um desejo de subtracção à realidade, à vida, um desejo de auto-nulificação, de morte. Aqui temos, de facto, um João Garcia a caminho de converter o amor num mito: "João Garcia subiu ao quarto; tirou papel. Sentir aquele homem à espera era ter a certeza da cumplicidade do destino naquele meio de dizer enfim tudo a Margarida, com o calor do seu coração escondido e a isenção de uma distância imposta por puro acaso, naquele isolamento que o exaltava como se estivesse investido numa missão misteriosa. Naquele convento agora reduzido a quartel ao alto da cidade, defronte do Pico arroxeado das nuvens do mar ao entardecer, sentia-se na posse de uma força que vinha do fundo dos tempos, quando as ilhas não tinham ainda sinal de nada humano: escritórios, chapéus de coco, pianos ouvidos lá para dentro das casas nas travessas cheias de erva, e esta inquietação sem nome das mulherzinhas do campo sem braços que 'lho' ganhassem, das raparigas da cidade amortalhadas nas mantilhas e desviadas dos caminhos que requerem nudez e verdade. E foi pouco mais ou menos o que pôs na carta que estendeu da janela a Manuel Bana" (139).

15 Um exemplo seria a leitura, por parte da personagem Diogo Dulmo, de excertos dum livro sobre agricultura, *The Compleat Farmer* (Cap. XIX: 185), passagem essa que evoca um ambiente bucólico, conducente a um restauro de paz e carinho entre Diogo e a filha Margarida, um dos poucos momentos de ternura entre ambos, senão mesmo o único no romance.

16 Vejam-se, para tratamentos diferentes mas coincidentes no que ao *Fausto* de Gounoud se refere, Paul A. M. Pinto e Judith A. Pinto, "Music as Narrative in Eça de Queirós's *O Primo Basílio*," *Hispânia* 73 (1990): 50-65; e Fátima Freitas Morna, "Em Busca do *Romance Absoluto* Acerca de *O Primo Basílio* de Eça de Queirós," *Hispania* 74 (1991): 519-525.

17 Veja-se o meu ensaio, já referido na nota 12.

18 Eis a passagem, ocorrida no início do Capítulo XXXVII: "Não se pode escrever dos Açores (apetece dizer, à moda de Camilo, *como os leitores viram pelos precedentes capítulos...)* [...]" (325).

19 Refiro-me à cena, no Capítulo I, quando Margarida se refere a Ângelo Garcia, a primeira vez em que o leitor se apercebe das inimizades entre as duas famílias: "A recordação do maricas acordava nela a soberba dos Clarks, aquele sentimento maciço, enjoado e um pouco cínico, que contribuíra para correr Januário Garcia do escritório da casa Clark & Sons e envolvia a família Garcia num desdém mais *snob* do que odiento" (37).

20 Veja-se, para uma perspectiva diferente da minha, o ensaio de José Martins Garcia, "O 'Drama Camiliano' de Vitorino Nemésio," *Colóquio/Letras* 119 (1991): 136-143.

21 Veja-se Vasco Pereira da Costa, "Lendo-se o trágico em 'Mau Tempo no Canal,'" *Conhecimento dos Açores através da literature: Comunicações apresentadas na IX semana de estudos dos Açores* (Angra do Heroísmo: Instituto Açoriano de Cultura, 1988) 15-137.

22 Veja-se *O Mistério do Paço do Milhafre, Paço do Milhafre, O Mistério do Paço do Milhafre, Obras Completas de Vitorino Nemésio,* vol. VII, introd. e fixação do texto de Urbano Bettencourt (Lisboa: Imprensa Nacional-Casa da Moeda, 2002) 159.

23 Veja-se "Genoveva de Barbante," *Nem Toda a Noite a Vida. Obras Completas,* vol. II-

Poesia, prefácio, organização e fixação de texto de Fátima Freitas Morna (Lisboa: Imprensa Nacional-Casa da Moeda, 1989) 138-139.

24 Discuto a importância deste micro-intertexto, a páginas 91-93, no ensaio referido na nota 12.

25 Escreve Nemésio, no fim do Capítulo XXXV, de *Mau Tempo no Canal*: "[Roberto II] Era casado com Rosália ou Susana, filha de Berengário da Provença; e, apesar de muito temente a Deus, repudiara-a para se ligar a Berta de Borgonha, sua prima carnal. O papa excomungara-o: se entrasse numa igreja, era enxotado como um cão" (314).

26 No ensaio "A Peste e Outros 'Macróbios' em *Mau Tempo no Canal*" também desenvolvo a noção de Roberto Clark como bode expiatório.

27 Como é sabido, esses versos são uma tradução de versos dum poema de *La Voyelle Promise*. Veja-se o ensaio de António M. B. Machado Pires, incluído neste volume.

28 Assim inicia Nemésio a narração da tragédia da Urzelina, reportando-a a leituras da protagonista: "Margarida lembrava-se de ter encontrado um dia no Granel, ente os papéis do tempo do avô Roberto velho, um número amarelado das *New-York Philosophical Transactions*, de 1815, em que o cônsul da América no Faial, John Bass Dabney, narrava ao presidente Madison os estragos do cataclismo" (281).

29 "Sonhei que Vossa Ex.as eram flores e eu era a borboleta ..." (88).

30 *Apud* H. P. Clive, *Pierre Louys (1870-1925): a biography* (Oxford: Clarendon Press, 1978) 110-112. Para uma edição dos poemas de Louys, veja-se *Les chansons de Bilitis; Pervigilium mortis: avec divers texts inédits* (Paris: Gallimard, 1990).

31 Para fins deste ensaio, não importa destrinçar se as tradições orais que Nemésio ficcionalmente e ensaisticamente atribui aos açorianos são típicas dos Açores ou provêm, em última análise, do Continente, embora alteradas pelo isolamento ou insularidade e por circunstâncias históricas e culturais.

32 O estudo das estórias embutidas em *Mau Tempo no Canal* não é um tema virgem. A ele, embora duma perspectiva diferente, dedicou Adelaide Batista um ensaio esclarecedor. Embora, no meu estudo em preparação, eu me refira a algumas das *mises en abyme* estudadas por Adelaide Batista, o meu foco privilegiará o enraizamento dessas e doutras estórias embutidas num conceito amplo de oralidade. Veja-se Adelaide Batista, "*Mau tempo no Canal,* ou 'a luz intermitente,'" *Insulana* 50-1 (1994): 7-21. No que diz respeito à oralidade propriamente dita, o único estudo que conheço, sério e profundo dentro dos parâmetros que se impôs, é o de Paulo Meneses, "*O Mistério do Paço do Milhafre,* uma poética da oralidade?," orgs. António Manuel Machado Pires, *et al*, *Nemésio Vinte Anos Depois* (Lisboa-Ponta Delgada: Edições Cosmos e Seminário Internacional de Estudos Nemesianos, 1998) 405-416.

33 Os termos "restrospectivo" e "prospectivo" reportam-se célebre obra de Dällenbach. Sobre o conceito e função das estórias embutidas, umas das suas particulares funções, a de *mis en abyme*, vejam-se, para além dos conhecidíssimos textos de Gerard Genette, Lucien Dällenbach, *The Mirror* in *the Text*, trans. Jeremy Whiteley with Emma Hughes (Chicago: The University of Chicago Press, 1977), um texto clássico e muito completo sobre *mises en abyme*, mas empregando uma terminologia desencorajadoramente densa; Mieke Bal, *Narratology: Introduction to the Theory of Narrative*, trans. Christine van Boheemen (Toronto, Buffalo, London: University of Toronto Press, 1985); e William Nelles, *Frameworks: Narrative Levels and Embedded Narrative* (New York: Peter Lang, 1997). A terminologia que usarei no estudo em preparação será o mais transparente possível.

Obras Citadas

Almeida, Henrique. *Aquilino Ribeiro e a Crítica: Ensaio sobre a obra aquiliniana e a sua recepção crítica.* Lisboa: Edições Asa, 1993.

Almeida, Onésimo Teotónio, org. *A Questão da Literatura Açoriana: Recolha de Intervenções e Revisitação.* Angra do Heroísmo: Secretaria Regional de Educação e Cultura, 1983.

Batista, Adelaide. "*Mau tempo no Canal,* ou 'a luz intermitente.'" *Insulana* 50-1 (1994): 7-21.

Cordeiro, Carlos. *Nacionalismo, Regionalismo e Autoritarismo nos Açores durante a I República.* Lisboa: Edições Salamandra, 1999.

Costa, Vasco Pereira. "Lendo-se o trágico em 'Mau Tempo no Canal.'" *Conhecimento dos Açores através da literatura: Comunicações apresentadas na IX semana de estudos dos Açores.* Angra do Heroísmo: Instituto Açoriano de Cultura, 1988. 115-137.

Fagundes, Francisco Cota. *Desta e da Outra Margem do Atlântico: estudos de literatura açoriana e da diáspora.* Lisboa: Edições Salamandra, 2003.

Garcia, José Martins. "O 'Drama Camiliano' de Vitorino Nemésio." *Colóquio/Letras* 119 (1991): 136-143.

Genette, Gerad. *Paratexts: Thresholds of Interpretation.* Trans. Jane E. Lewin. Forword Richard Macksey. Cambridge and New York: Cambridge University Press, 1987.

Kleine, Michael. "Ong's Theory of Orality and Literacy: A Perspective from Which to Re-View Theories of Discoruse." *The Philosophy of Discourse: The Rhetorical Turn in Twentieth-Century Thought.* Vol. 1. Ed. Chip Sills, and George H. Jensen. Portsmouth, NH: Boynton/Cook Publishers Heineman, 1992. 232-233.

Machado, Irene A. *O Romance e a Voz: A Prosaica dialógica de Mikhail Bakhtin.* Rio de Janeiro: Imago Editores, 1995.

Meneses, Paulo. "*O Mistério do Paço do Milhafre,* uma poética da oralidade?" Orgs. António M. B. Machado Pires, *et al. Nemésio Vinte Anos Depois.* Lisboa e Ponta Delgada: Edições Cosmos e Seminário Internacional de Estudos Nemesianos, 1998. 405-416.

Morna, Fátima Freitas. "Em Busca do *Romance Absoluto* Acerca de *O Primo Basílio* de Eça de Queirós." *Hispania* 74 (1991): 519-525.

Pinto. Paul A. M. E Judith A. Pinto. "Music as Narrative in Eça de Queirós's *O Primo Basílio.*" *Hispania* 73 (1990): 50-65.

Nemésio, Vitorino. *Obras Completas de Vitorino Nemésio.* Vol. 7. *Paço do Milhafre, O Mistério do Paço do Milhafre.* Intro. Urbano Bettencourt. Lisboa: Imprensa Nacional-Casa da Moeda, 2002.

———. *Obras Completas de Vitorino Nemésio.* Vol. 8. *Mau Tempo no Canal.* Intro. José Martins Garcia. Lisboa: Imprensa Nacional-Casa da Moeda, 1999.

Ong, Walter J. *Orality and Literacy: The Technologizing of the Word.* London: Methuen, 1982.

Francisco Cota Fagundes é Professor Catedrático de Português na University of Massachusetts Amherst, onde lecciona Português e Espanhol desde 1976. Estudioso da literatura portuguesa contemporânea, tradutor e autobiógrafo, entre as suas publicações mais recentes contam-se *Metamorfoses do Amor: Estudos sobre a ficção breve de Jorge de Sena* (1999), *Desta e da Outra Margem do Atlântico: Estudos de literatura Açoriana e da diáspora* (2004) e *Um Passo Mais no Português Moderno: Gramática Avançada, Leituras, Composição e Conversação* (2004). As suas traduções incluem *Stormy Isles: An Azorean Tale* (1998), tradução de *Mau Tempo no Canal.* Francisco Cota Fagundes foi agraciado (Junho 2001), pelo Presidente da República Jorge Sampaio, com o grau de Grande-Oficial da Ordem do Infante Dom Henrique. E-mail: fagundes@spanport.umass.edu

Paradoxos da imensidade

Maria Helena Nery Garcez

Resumo Este trabalho é um estudo exaustivo das quatro epígrafes do romance *Mau Tempo no Canal*. Algumas destas epígrafes nem possuem, *de per si*, uma aura poética. No entanto, o seu alcance intertextual e intratextual é muito grande. Encarados da perspectiva da sua projeção no romance, estes paratextos reafirmam a riqueza e a complexidade da urdidura romanesca da obra-prima de Vitorino Nemésio, a íntima ligação entre os seus elementos constituintes, inclusive aqueles que, à primeira vista, parecem não possuir um valor muito transcendental.

Imersos no tempo e no espaço, vivemos, nos movemos e somos. Impossível, ao ser composto de matéria e espírito, subtrair-se a esta condição. Inútil dela queixar-se, inútil chamar à matéria—em contexto sublime—"misérrima prisão" (Camões V, 48) ou dizer, em contexto humilde, que é "uma tribulação ser espírito encarnado" (Prado 25). Inútil e vão também, ao ser humano, querer dissociar o espírito da matéria, pois, no exato momento em que uma ação provoca a pretensa libertação, ela se revela morte, decomposição. Somos íntegros só e apenas enquanto existimos segundo essa natureza mista de matéria e espírito, que assim nasce, cresce e morre. A tal ponto é essencial essa mescla que, para o cristianismo—tantas vezes deformado quando se radicaliza em espiritualismo—ocorrida a separação da alma e do corpo, devido à morte, é de fé esperar pela ressurreição da carne, pois a alma,

Portuguese Literary & Cultural Studies 11 (2007): 111-28.

separada da matéria, está incompleta, não corresponde à integridade da pessoa que no mundo existiu.

Relativamente ao tempo, nossos hábitos foram com ele estabelecendo um trato mais íntimo, uma espécie de familiaridade que nos confere a ilusão de dominá-lo de algum modo, pois, se assim quisermos, o trazemos medido em gaiolas de inúmeros formatos, materiais e dimensões, afivelado a nosso braço, guardado num bolso, pendendo de uma corrente, montado num broche e assim por diante. A facilidade da medida do tempo e da sua consulta é tanta que, habituados a essa espécie de manipulação, podemos esquecer-nos de que ele não é um escravo a nosso serviço.

Quanto ao espaço, não existe, vulgarizado para o uso geral, um mecanismo prático que, em cada instante, nos informe sobre nossa exata localização espacial, até mesmo porque não precisamos desse dado nas situações comuns do dia-a-dia. Nautas, viajantes e esportistas, por terra, mar e ar, contudo, dispõem de bússolas, rosa-dos-ventos, roteiros, mapas, lunetas, quadrantes, astrolábios, sondas, binóculos, telescópios, periscópios e tantos outros aparelhos que aproximam o distante, ou fornecem informações espaciais exatas, desde o humilde metro e a trena aos sofisticados mecanismos de correção de rumo, cálculos de distâncias e por aí afora. E como não pensar nas soluções trazidas por pontes, túneis, viadutos, estradas, meios de transporte e de comunicação, que suavizaram em muito as barreiras espaciais impostas por nossa condição de *espíritos encarnados*? Aliviado o condicionamento espacial, corremos também o risco de crer-nos mais poderosos do que de fato somos, o engano de Ícaro.

Voltando-nos para o mundo ficcional, onde as coordenadas de espaço e tempo de algum modo se fazem presentes, atentemos para um certo tipo de obras, principalmente em prosa— romances, novelas e até mesmo contos— em que a condição espacial assume uma notável visibilidade e pode ser contemplada em muito da sua complexidade. Penso, por exemplo, no extraordinário romance *Mau Tempo no Canal*, de Vitorino Nemésio, publicado em 1944. Se, com alguma inconsciência acerca da nossa condição de seres espacialmente situados (limitados, portanto), ou com alguma ilusão de soberania sobre esse condicionamento, um leitor se aproximasse dessa obra, à medida que fosse imergindo no mundo dos Açores, iria recebendo uma poderosa chamada à realidade da contingência espacial. O romance, tal o alarme de um despertador, nos acorda para essa vicissitude, funcionando como um banho de água fria para o leitor descuidado, banho abrupto, que tanto lhe tira a respiração quanto as ilusões de um domínio nas quais, talvez, preferisse permanecer. Principiemos a refletir sobre ele.

Abrindo-o encontramos quatro epígrafes que presidem à narrativa.

A primeira delas, em inglês, é retirada da *Carta de Ancoragem do Canal das Ilhas da Horta e do Faial*, ilhas que fazem parte do Arquipélago dos Açores. Além de lermos suas informações, a epígrafe explicita que se incluem num todo maior, a *Carta do Almirantado*, e que sua reprodução no romance foi permitida pelo Serviço Hidrográfico. Texto inteiramente técnico, onde tantos cuidados relativamente às fontes se observam, também as instruções espaciais e temporais de ancoragem nessas ilhas são precisa e claramente informadas. Trata-se de um aviso aos navegantes da região do Arquipélago, vazado, como só poderia ser, em linguagem denotativa. Porém, a obviedade seca das informações, ao virem isoladas do contexto da *Carta de Ancoragem* e inseridas noutro tão diverso quanto o de um romance, ganham um novo estatuto. Enquanto epígrafe de uma obra literária, cumprindo agora a função de dar aviso aos navegantes dos Açores ficcionais instaurados pelo verbo nemesiano, suas instruções vão além do que dizem no modo denotativo; ao presidirem a uma criação simbólica, um estatuto simbólico a elas se acrescenta. Embora o texto seja relativamente longo e escrito em língua inglesa, decidi reproduzi-lo no corpo do trabalho, pois a exposição que se segue irá, algumas vezes, referir-se a ele. Em nota, incluo uma tradução, de minha autoria.

> *Instructions to captains of steamers calling for coal, provisions or repairs*
> The Coast being very bold throughout may be approached with safety within any reasonable distance.
> Pilots are always in attendance to anchor Steamers in a suitable berth for coaling at the anchorage.
> Pilotage is compulsory.
> TIME SIGNAL—A Time Signal by means of Electric lights is made daily from the Meteorological
> obs. on Monte Mosso. The light is switched on at 20.h 57.m 00.sec Standard Mean Time, and extinguished at 20.h 58.m 00.sec corresponding to 22.h 58.m 00.sec G.M.T. After an interval or one minute the Signal is repeated. The light being finally extinguished at 21.h 00.m 000.sec corresponding to 23.h 00.m 00.sec G.M.T.
> (*Charts of the Ancorage and Breakwater of Horta and Fayal Channel.* Reproduced from the Admiralty Chart by permission of the Hydrographic Office).
> (Nemésio 29)[1]

Eis-nos às voltas com um dos artifícios deste romance.

Ao deparar com uma epígrafe tão técnica, podemos ser levados a pensar que, para compreender a obra mais profundamente, seria imprescindível dispor de um cabedal teórico e prático a respeito da arte náutica e, então, podemos temer ficar na sua superfície, não mergulhar nos seus abismos, não ser os leitores que ela exige. Isso, no entanto, não passaria de um engano. É óbvio que deveremos entender o que diz a epígrafe no seu sentido literal, mas bem depressa veremos que isso será possível a qualquer pessoa com conhecimentos básicos de inglês, um dicionário para alguma dificuldade, e uma razoável dose de bom senso, mesmo que não possua conhecimentos náuticos maiores. O texto informativo é simples e claro. Adverte aos capitães de barcos a vapor sobre o que devem observar quando desejam aportar nalguma dessas duas ilhas a fim de reabastecer-se de carvão, provisões e fazer reparos. Há informações espaciais e meteorológicas precisas, referem-se os horários exatos dos sinais de luz que o observatório do Monte Mosso envia todas as noites. Se alguma dúvida ainda tivéssemos acerca das facilidades ou dificuldades de acesso às ilhas do Arquipélago, a epígrafe a dirimiria: trata-se de um espaço que comporta sérios riscos e no qual muitos cuidados se devem observar para aportar com segurança.

Não nos iludamos, porém. Compreendidas as informações e mesmo depois de terminada a leitura do romance, não será de imediato que entenderemos com maior profundidade a razão pela qual esse texto veio presidir à sua abertura. Apenas mediante uma análise mais detida, que a integre na rede simbólica desse mundo ficcional, é que iremos descobrindo a razão da sua escolha, pois, sendo completamente objetivos, nem mesmo poderíamos dizer que a citação preside à obra por sua beleza.

Atentemos, agora, para a segunda epígrafe que, à primeira vista, parece chocha, e, seguramente, bela também não é:

> *O marinheiro dos Açores* (subindo do porão e atirando o tambor pela escotilha)
> —Toma, Pip; e aqui estão as abitas do cabrestante. Arreia! Ala, rapazes!
> Hermann Melville, *Moby Dick*, "Meia-Noite no Rancho de Proa." (Nemésio 29)

Tirada da obra-prima de Melville, publicada em 1851, ela oferece motivos para estabelecer um vínculo entre o romance da caça à Baleia Branca e *Mau Tempo no Canal*, onde a peripécia decisiva da obra decorre de uma singular caça à baleia.

Observemos, em primeiro lugar, que, se estranharmos a presença de quatro epígrafes a abrir o romance de Vitorino Nemésio (para que tantas se nem ao menos o encanto da beleza algumas parecem ter?), o que não nos deveria acontecer, então, relativamente ao romance de Melville, onde, além de várias *Etimologias* e de um texto intitulado *Excertos*, presidem ao romance 80 citações em epígrafe, se não as contei mal. Não é mais um sinal de parentesco entre as duas obras, mesmo se tímido?

Prosseguindo, se confrontarmos a segunda epígrafe à primeira, poderemos notar que esta última dá um passo além, pondo em cena um elemento humano característico das ilhas, o baleeiro. Na verdade, ela cumpre essas duas funções: assinalar uma linhagem ou parentesco entre o romance de Melville e este que o cita, bem como fazer-nos aprofundar no conhecimento de outro aspecto fundamental dos Açores: seu elemento humano e suas condições de subsistência.

Situadas—e isoladas—a mais de 800 milhas da costa de Portugal, quase a meio caminho entre a Europa e a América do Norte, as ilhas dos Açores contam com a pesca como um dos principais meios de subsistência de sua população e, fundamentalmente, até às primeiras décadas do século XX—época da ação do romance—uma importante fonte de riqueza das ilhas consistia na caça da baleia. Como é óbvio, caçar baleias não é o mesmo que pescar lagostas ou sardinhas. Trata-se de atividade arriscada, principalmente nas condições precárias em que, naqueles tempos, se fazia, exigindo notáveis dotes de arrojo, força e perícia. Natural, pois, que, num romance como *Moby Dick*, centrado numa obsessiva e desvairada caça a uma singular Baleia Branca, houvesse, na tripulação composta por experientes baleeiros de várias procedências, um marinheiro dos Açores. Era de justiça; um modo de reconhecimento.

Se o romance de Nemésio não se passa, como o do americano, predominantemente dentro do navio ou nas fainas da pesca, seus baleeiros são, contudo, figuras criadas com tal aura de grandeza e oculto heroísmo que se tornam inesquecíveis e se elevam a um estatuto épico. Heróis épicos humildes, exprimindo-se num português estropiado que, *mais do que prometia a força humana*, lutam em condições extremamente adversas pela sobrevivência pessoal e dos familiares. Neles encontramos coragem, lealdade, honestidade, retidão e firmeza que os aproximam do *português antigo*, a respeito do qual trataram, em suas obras, alguns grandes do século XIX: Alexandre Herculano, Eça de Queirós, António Nobre. A diferença entre os baleeiros—humildes—e aquela figura meio mítica é que os primeiros nunca tiveram chance: nem de estudar, nem de ter saúde, nem de progredir. Faríamos, então, a meu ver, um pouco mais de justiça ao muitas vezes e por muito tempo injustiçado Vitorino Nemésio—que deveria ocupar um lugar de proa entre os maiores autores do século XX—se atentássemos para o fato de que esse romance, publicado em 1944 e não concebido nos moldes da poética do neo-realismo, faz um alto elogio do trabalho heróico da classe popular, miserável, sofrida, inculta e explorada do Arquipélago dos Açores, realizado em condições precárias, arriscadas e injustas. Aliás, tanto em sua extensa e notável obra poética quanto na sua prosa, Nemésio lança luz sobre a épica luta do *marçanito* açoriano pela sobrevivência, o seu recurso massivo à dor da migração e da emigração por não dispor de outra saída, as condições tantas vezes absurdas de seu trabalho, pondo, diariamente, em risco as suas vidas, desvelando as carências de políticas públicas visando melhorar a educação, a saúde, o saneamento básico e os meios de comunicação nas Ilhas.

Pergunto-me às vezes—e também ouço tal indagação—como foi possível que a censura salazarista tivesse permitido que se exibisse, de modo tão cru, no *Mau Tempo no Canal* (1944), a vergonhosa mazela da epidemia de peste bubônica nos Açores, na segunda década do século XX? A publicidade dada a essa chaga reveladora de tão grave atraso social, como foi que passou? E que leitor haveria tão despistado de forma a não ver, nesse romance bem como em toda a obra do Autor, que sua balança pende sempre para o fraco? Salvo as honrosas exceções, que as há, os Clarks e os Dulmos são decadentes, a aristocracia açoriana é decadente, os Garcia e os Barretos, novos-ricos, não despertam sentimentos nem de estima nem de admiração, enquanto, em contrapartida, os criados, os baleeiros e a gente humilde, esses, grandemente avultam na estima do narrador e, conseqüentemente, na do leitor. O romance dá-lhes grande visibilidade. Aliás, a protagonista, Margarida Clark Dulmo, pertencente à classe aristocrática por nascimento e condição social, por dotes naturais, pertence muito mais aos baleeiros, aos criados da família, à gente humilde com a qual se sente à vontade e alegre, confraterniza e gosta de celebrar festas.

A terceira e a quarta epígrafes trazem à baila Chateaubriand e Raul Brandão.

Chateaubriand, em sua viagem para a América do Norte, passou pelos Açores e, nas suas *Memórias,* deixou registradas impressões, comentários e alguns episódios ocorridos num dia passado na ilha Graciosa.

> Des vents d'ouest, Entremêlés de calmes, retardèrent notre marche. Le 4 mai [1791], vers les 8 heures du matin, nous eûmes connaissance de l'île du Pic; ce volcan domina longtemps des mers Non naviguées: inutile phare la nuit, signal sans témoin le jour.
>
> Chateaubriand, *Mémoires D'outre-tombe, L.IV.* (Nemésio 29)[2]

A solidão desse punhado de ilhas paradisíacas e vulcânicas, perdidas no Atlântico, foi o elemento destacado pela sensibilidade do romântico francês. Depois de aludir ao emblemático *por mares nunca dantes navegados*, ele remonta aos tempos anteriores à descoberta do Arquipélago, refletindo sobre a condição virginal dessas ilhas quando ainda não vistas por nenhum ser humano. Não só os mares, então, eram nunca dantes navegados, mas também os acidentes geográficos não tinham nunca dantes sido vistos. O vulcão da ilha do Pico, se em erupção, seria, à noite, um farol inútil, e, durante o dia, um sinal sem testemunha. A Natureza indevassada pelo homem, virginal, foi, nesse 4 de maio de 1791, nostalgicamente recuperada e vivenciada por Chateaubriand, numa experiência toda interior—um *insight*—do que teria sido o espaço antes da criação do primeiro homem e, após a criação, do olhar inaugural que o primeiro ser dotado de razão lançou à Natureza.

A escolha dessa sensível citação—bela—não teria a função de sugerir haver algo de radicalmente antigo, de originário, no espetáculo dessas ilhas perdidas numa imensidão de água? Os Açores, essa espécie de oásis de terra firme e vegetação dentro da vastidão oceânica, remetem à Criação, ao Paraíso, ao sagrado. Desempenham, no Oceano, uma função análoga à das veredas do Sertão brasileiro.

Por último, a citação de Raul Brandão, que em 1923 publicara *Os Pescadores* e, em 1926-1927, *As Ilhas desconhecidas*, fruto de sua viagem pelo mar do Arquipélago, diz assim:

> Já percebi que o que as ilhas têm de mais belo e as completa é a ilha que está em frente—o Corvo as Flores, o Faial, o Pico, o Pico São Jorge, São Jorge a Terceira e a Graciosa ...
>
> Raul Brandão, *As Ilhas Desconhecidas.* (Nemésio 29)

O narrador de *Mau Tempo no Canal* põe Raul Brandão a dar, de certo modo, uma continuidade à reflexão de Chateaubriand. Se este, impressionado pelo isolamento da ilha do Pico na grandeza oceânica, só tivera olhos para remontar ao tempo ou à condição de uma Natureza nunca dantes tocada por humano olhar, Raul Brandão interpreta o Arquipélago noutra direção. Ele não vê apenas o Pico, pois não pode deixar de ver também, defronte, a ilha do Faial que, segundo ele, a completa. Isoladas, não são nem perfeitamente belas, nem perfeitamente completas. Sua completude está na outra, cada ilha exigindo a sua ilha-metade.

Curiosamente, então, um dos mais exacerbados prosadores da Literatura Portuguesa, apresenta uma visão mais positiva da condição insular. Sua solidão oceânica, para ele, não é tão radical e dramática, já que cada uma das ilhas—exceto a de São Miguel, que com esperteza, Brandão escamoteia, pois a natureza a deixou solteira—faz companhia à outra e a completa. Desse modo, o simbolista português ameniza a condição das ilhas e dos ilhéus açorianos. A própria natureza se encarregou de casar a maior parte das ilhas—a sugerir o antídoto para a solidão. Casar as ilhas é já não ver o seu isolamento com tanta dramaticidade.

Feita, através das epígrafes, a configuração ficcional do espaço físico, humano, simbólico e social aonde a ação irá desenrolar-se, a narração abre-se focalizando Margarida Clark Dulmo em desassossego, no momento crucial de definir um rumo para sua vida, de resolver a delicada questão do casamento.

De provocante título, o primeiro capítulo, ao mesmo tempo em que surpreende Margarida e João Garcia em nervosa entrevista no jardim da Quinta dos Dulmos, reconhece, nesse espaço ficcional, mais uma enrodilhada presença: a da enigmática *serpente cega* que, aderida à mão de Margarida sob a forma de precioso anel, participa do colóquio.

Este colhe o filho de Januário Garcia, inimigo figadal dos Clarks e Dulmos, tentando explicar à filha de Diogo Dulmo o plano que ideou para conseguir, no retorno de um curso de milicianos no continente, uma boa e segura colocação nas Ilhas, o que lhe daria condições de pedi-la em casamento. Desse fortuito encontro pretende sair reafirmando a seriedade de suas intenções de desposá-la e dela receber a confirmação de um compromisso.

As coisas, contudo, não sucedem como esperava. O pai de Margarida, de longe, os avista juntos—o que de modo algum convinha—e um grande ciclone, de repente, se desencadeia com violência sobre o Faial. A entrevista, abruptamente interrompida, termina em ambigüidade, não ficando claro nem para os protagonistas nem para o leitor se, de fato, se deveria considerar que um compromisso sério se estabelecera entre os dois.

Importa assinalar, porém, que a serpente dita cega, que dá nome ao primeiro capítulo, não era totalmente cega, embora seja sempre assim nomeada no romance. A rigor, o anel que Margarida usava e mostra a João Garcia, herdado da avó Margarida Terra, perdera uma das esmeraldas que faziam vezes de olhos, mas mantinha a outra. O título do capítulo—"A Serpente Cega" é outro artifício deste romance—encaminha para uma intelecção equivocada. Seu título deveria ser ou "A serpente meio cega" ou "A serpente caolha," ambas soluções péssimas do ponto de vista estético. A *serpente cega*, com que de chofre deparamos na abertura da obra, é, pois, ambígua também. Tem um olho, não tem o outro. Vê, mas não vê totalmente bem. Ou, se preferirmos, é cega mas, vá lá alguém dizer a quem é cego de um olho, que tanto faz ver ou não com o outro …

Não cabe deter-nos muito no simbolismo relativo à serpente, bastante conhecido em suas grandes linhas. Importa, contudo, lembrar que ele é dúplice. Ora a serpente é símbolo do mal, do que pertence à esfera do demoníaco, ora tem significado positivo, é antídoto e salvação. Basta lembrar a serpente do Éden—tentadora, insinuante, enganosa—e a serpente de bronze que Moisés faz fundir e levantar numa haste, no deserto, para curar os israelitas que, picados por cobras venenosas, para ela levantassem o olhar. Todas essas figurações e significados da serpente são recuperados no romance. Também o fato de ela aparecer no emblema dos profissionais que se empenham em sanar: médicos, farmacêuticos, o tio Jacinto Garcia, por exemplo. Outra ambigüidade, portanto. A serpente tanto pode mentir, tentar e perder, quanto curar e salvar. Esse anel, que Margarida sempre traz em seu dedo, ocupa no universo da obra uma função intrigante, dúbia e simbólica, ora positiva ora negativa.

Saliento que, se a sugestão de Éden aparece na epígrafe tirada de Chateaubriand, não deixa de ser coerente que, no primeiro capítulo, já estejam, de certo modo em cena, os protagonistas fundamentais daquele espaço originário. Como, naquele *quase* Éden que são os Açores, deixaria de haver uma *quase* serpente, não *a serpente* sem mais, porque esta, com que estamos à volta, é meio cega? O jardim da Quinta dos Dulmos, no Pasteleiro, é *análogo* mas não igual ao do Éden. Não igual por nele haver um feroz cão de guarda com seus beiçames a atrapalhar o encontro, não igual porque, repentinamente, nele ocorre um violento ciclone, não igual pelo temor contínuo de a furtiva entrevista ser descoberta por alguém, não igual porque a conversa encetada não consegue ser concluída. Não a perfeição do Éden, mas uma sua cópia cheia de sombras, um espaço simulacro onde não se vê claro, onde as coisas não transcorrem como se esperava ou desejava, um espaço caolho.

Se agora atentarmos para o Adão e a Eva que lá se encontram, tensos, temerosos, escondidos, os colheremos numa conversa tão descompassada que se diria ter ele más explicadeiras e ela, más entendedeiras ... É só João Garcia começar a explicar seu plano para terem meios de chegar ao casamento e Margarida se alheia, parece distante, desinteressada. O que vemos senão um quase Adão e uma quase Eva? Ou, melhor, num arremedo de Éden, um arremedo de Adão e um arremedo de Eva ... Um mundo decaído, um espaço decaído e, permitam-me dizê-lo, não exatamente devido ao capitalismo ...

Seria possível ir examinando passo a passo os capítulos da obra e analisando uma multidão de imprevistos, ambigüidades, incertezas, decisões equivocadas, descompassos de entendimento, de respostas, de desaproveitamento de oportunidades, de indecisões, etc, que povoam esse espaço ficcional. Como resume Damião Serpa, personagem secundária, no capítulo final: "Isto é um mundo de enganos e desencontros, Margarida ..." (Nemésio 344). É o que, simbolicamente, se contém num dos mais hábeis e sutis capítulos do romance, o de número XVI, intitulado "A bruxa da espadilha," em que, num serão, após um jantar, o ambíguo tio Ângelo—o Tirésias desta história—se põe a *deitar cartas*. Com seus dons de vidência, lê os rumos futuros daquele *imbróglio* amoroso que lhes ocupava as conversas e, no léxico próprio dos jogadores, assusta-se diante do *codilho*, isto é, do lance inesperado que vira todo o jogo, tal a peripécia na tragédia clássica, na elevada terminologia de Aristóteles.

Dentro das coordenadas de tempo e espaço em que jogamos o jogo da vida—os inúmeros jogos mencionados na obra, além de mostrar que a vida é jogo, mostram também que, num espaço físico e social tão limitado como o das ilhas, são necessárias tais válvulas de escape—dentro, pois, dessas coordenadas, há outras forças a atuar, além daquelas que vamos dominando ou julgamos dominar. Além do agir do outro, difícil de prever, compreender e mesmo—se for o caso—prevenir, atuam também forças maiores, cósmicas e, mais ainda, metafísicas, frente as quais, com a meia visão de que dispomos, pouco ou nada podemos fazer. De físico, social, psicológico, o espaço desse romance alcança uma abrangência transcendente. Tornam-se, então, mais fáceis de compreender a linhagem da obra, sua ligação com a de Melville, a razão da primeira epígrafe.

Em *Mau Tempo no Canal* ocorre uma singular caça à baleia e poderíamos pensar que esse seria o principal motivo da presença da segunda epígrafe do romance. Penso que é bem mais do que isso. Sabemos que *Moby Dick* é um romance simbólico. A caça à Baleia Branca constitui a obsessão do capitão Acab, que a deseja exterminar, porque, para ele, ela é o símbolo do mal. No embate decisivo, ele consegue atingi-la por diversas vezes, mas não matá-la pois seu poder nunca chegaria a tanto. Erradicar o mal do mundo é tarefa divina e não humana e Acab, cedendo a essa pretensão desmesurada, prometêica, não só sucumbe no embate, como arrasta consigo todos os companheiros menos um, o Ismael que sobrou para contar a história.

No *Mau Tempo no Canal* não se trata de nenhum projeto prometêico. Nenhuma das personagens está obcecada pelo mal nem por extingui-lo, o que não quer dizer que o mal não exista e não atue sob variadas formas. Querem apenas o que a grande maioria dos filhos de Eva—*degredados* e meio degradados—quer: amar, encontrar a metade que o complete, casar-se e ser felizes, como Brandão sugeriu a propósito das ilhas açorianas. Contudo, isso, que parece natural, lógico e simples, revela-se, no romance, uma aventura complicada, plena de *codilhos*, impossível de ir a bom termo. Os protagonistas de Nemésio, contrariamente ao Acab de Melville, não estão à caça do mal. Parece ser o mal que lhes vem ao encontro, estragando os melhores momentos e oportunidades, empecendo tudo.

Deste modo, vemos a hesitante Margarida que não sabe ao certo se deseja desposar João Garcia. Após conhecer o tio Roberto, vai se inclinando cada vez mais para ele, e, quando tudo parecia indicar que iriam casar-se, ela se verá surpreendentemente separada dele. O modo da separação é que é inusitado: uma baleia!

Contrariamente a toda e qualquer previsão, Margarida, obedecendo a um impulso, entra com os baleeiros numa barca, quando estes, alucinados pelo aparecimento dessa caça já rara no Canal, precipitam-se para persegui-la, desobedecendo à lei que interditara o uso dos barcos dos Dulmos. Margarida explica a si mesma que entrara na barca para alcançar o tio Roberto, que estava numa lancha a poucos metros, na intenção de deterem os baleeiros e evitarem complicações jurídicas. Ora, será com surpresa, admiração e até suspense, que iremos acompanhar Margarida em sua aventura marítima. Evidentemente, os baleeiros nem cogitaram em ir ao encontro da lancha onde estava o tio Roberto. Eles se lançam apaixonadamente à caça da baleia e Margarida, no meio deles, acaba se envolvendo apaixonadamente nessa que será a peripécia decisiva.

Cara custar-lhe-á a aventura. A pesca será bem sucedida, porém o barco irá ter à ilha de São Jorge, onde ela não terá mais remédio senão hospedar-se em casa do barão da Urzelina, cujo filho, André Barreto, também pretende sua mão. Devido à ausência de embarcação para levá-la de volta ao Faial, ela se verá obrigada a permanecer entre os Barretos por mais de 10 dias. Nesse ínterim, tio Roberto, vitimado pela peste, morre.

É fundamental assinalar que a peripécia envolvendo Margarida guarda semelhanças com a que sucedera a Jonas, na narrativa bíblica. Este recebera de Deus o encargo de ir à cidade de Nínive pregar conversão e penitência, mas esse mandato fora acolhido com tanto entusiasmo e boa vontade que embarcou na direção contrária, para fugir. Uma tempestade terrível, porém, sobreveio e Jonas, lançado ao mar, foi engolido por uma baleia que o levou a Nínive, onde cumpriu a ordenação divina.

Se atentarmos para que foi uma tormenta terrível, seguida de um ciclone, que impossibilitou a conclusão daquela primeira conversa entre Margarida e João Garcia, que o surgimento de uma baleia arrastou Margarida para longe do tio Roberto e levou-a para o último lugar aonde desejaria ir, poderemos pensar que, nessas peripécias, manifestou-se um duplo desígnio: separá-la daqueles pretendentes e conduzi-la para quem ela positivamente não queria. É o de que toma consciência na primeira noite em que passa na casa dos Barretos:

> Estou noiva. Noiva de quem?! … Ah! Agora, sim; agora é que a resposta estava talvez dada para sempre, riscada no mar pela proa de uma canoa do Pico e pela escolha cega de uma baleia trancada … Noiva de André Barreto! Nora do barão da Urzelina! (Nemésio 279)

Questiono o *cega* com que Margarida qualifica a escolha da baleia. Como no *Livro de Jonas*, a baleia não teria sido um instrumento para a realização de um desígnio superior? Em caso positivo, qual seria ele?

Antes de tentar responder a essas questões convém inserir uma reflexão onomástica. *Margarita, ae*, em latim, é pérola, essa concreção dura e nacarada que se forma no interior de alguns moluscos, como as ostras. Originada num fruto do mar, uma pérola pertence, por natureza, à esfera do mar. Bela, é apreciada entre os humanos para a confecção de jóias. Ora bem, a protagonista do romance, como antes sua avó Margarida Terra,[3] pela beleza e personalidade marcantes, era também conhecida como a *Pérola do Faial*. E será no capítulo XXXIV que a protagonista, detida na

Ilha de São Jorge, em discurso indireto livre, vai unindo fragmentos de recordações:

> Lembrou-se do retrato do Granel, do sorriso enigmático da avó no escuro da tela ressequida. A prima Corina dizia: "És a cara da tua avó Margarida! Ah! mas toda ... dos pés até à cabeça!" E o tio Mateus: "Dá ... dá uns ares ... Mais tiques do que feições..."
>
> Seria do vestido de baile, daquele ar antigo que lhe achavam nas noitadas passadas debaixo dos lustres acesos do Real Clube Faialense. Todas as mulheres que têm um palminho de cara e vestem uma seda que se veja parecem-se umas com as outras. E desta comparação surgiu naturalmente no espírito de Margarida, como a borboleta de um bicho-de-seda que fura na hora o seu casulo, a suspeita de que o tio Mateus Dulmo tivesse amado a avó Margarida Terra. Lembrou-se da carta que o tio condescendera em ler-lhe uma noite na rua de S. Francisco. Uma queixa fidalga, indefinida, saía daquelas linhas tão bem caligrafadas, tão femininas na descrição dos pequeninos passos de uma vida reclusa e monótona, no piedoso cuidado pelos restos mortais do Francisco Brum que jaziam esquecidos no cemitério flamengo de Oogenbom, na discreta alusão ao egoísmo do avô, e a atitude fantástica, que cheirava a altar e a martírio, diante dos amores do marido com "a pobre Ana Silveira."
>
> E se a avó Margarida Terra tivesse sido a grande paixão do tio Mateus? Se o velhinho ocupasse no coração da morta um lugar reticente ou impossível?... (306)

Lembremos: a avó e o tio Mateus eram primos.[4] No capítulo final, pleno de descobertas e revelações, Margarida, num diálogo-monólogo nervoso e entrecortado, conta a Damião Serpa, como de passagem, que a avó, primeira dona do anel, tivera um primo pretendente, Francisco Brum ou Bruyn, que este morrera na Flandres e fora sepultado no cemitério de Oogenbom, na Bélgica (Nemésio 343). Margarida só deixa de explicitar a Serpa que algo análogo ocorrera com ela mesma: sendo amada por João Garcia, quase desposou seu tio Roberto, vitimado pela peste, e acabou se casando com quem não amava. *Mutatis mutandis,* a história se repetira.

Indo ao capítulo final, "Epílogo (Andante; poi allegro, non troppo)," quando as principais personagens já tomaram as decisões fundamentais e a protagonista se encontra a bordo de um navio, lê-se:

> Margarida foi naturalmente levada a olhar para a sua própria mão... E viu o seu querido anel, a serpente de ouro e esmeraldas que herdara directamente da avó Margarida Terra, sem chegar a passar pelo dedo da mãe. Perdera há muitos anos uma das esmeraldas que serviam de olhos ao bicho; com o anel assim mutilado falara de um muro a João Garcia numa noite de temporal, depois de ter consentido que ele lhe tocasse no cabelo e examinasse a cicatriz do trambolhão da sua infância. E Margarida sorriu amargamente, riu com os nervos todos. Sim... João Garcia não chegara a entrar no seminário, como o poeta Pragana. Ela, sim! Ela é que tinha tonsura, e uma castidade astral, de serpe cega, esmagada no dedo por uma maculada conceição! (348)

Margarida primeiro *sorri amargamente*, depois, *ri com os nervos todos*. Seu caso não era semelhante ao da avó Margarida Terra? Não tinham ambas coincidido na probabilidade de casamentos consangüíneos? Não foram colhidos pela morte, sem que as uniões se consumassem, tanto o primo Francisco, da avó Margarida, quanto o tio Roberto da neta Clark Dulmo? O primo Mateus, é certo, sobrevivera, mas "Margarida percebera toda a sua solidão de solteiro" (145).

Nesse capítulo-epílogo, o mergulho na intimidade da protagonista vai dando margem a supor como, amada tanto pelo primo Mateus Dulmo quanto pelo primo Francisco Brum, a reticente avó Margarida talvez se tivesse inclinado para Brum, que falecera e, então, acabara por casar-se com Charles William Clark. O elíptico reconhecimento, bem ao gosto de Vitorino Nemésio, vem sugerido apenas, na súbita reflexão sobre o possível grande amor do tio Mateus pela reticente avó e pelas informações sumariamente dadas sobre Francisco Brum na *Tábua de Personagens*.

Também sobre Margarida Clark Dulmo pesara análoga possibilidade de uma união incestuosa. E não fora, então, uma baleia, instrumento do mar ou de uma força maior, que a separara irreversivelmente do tio Roberto, impedindo a transgressão? Jonas desobedecera e fora corrigido. Ela e a avó, ambas *pérolas do Faial*, foram proibidas radicalmente de infringir a *castidade astral* que lhes era exigida. O mundo nemesiano desse romance, à semelhança do de Melville, parece reger-se pela justiça rigorosa e dura da Antiga Lei. Nele parece não haver lugar para a misericórdia que suaviza o Novo Testamento.

Na seqüência desse monólogo revelador, Margarida Clark Dulmo atira ao mar o anel.

Cabe, neste momento, perguntar se ela o atira porque a *serpe cega* significaria o mesmo que a Baleia Branca para o capitão Acab, a saber, o espírito maligno? Ou seria que, exteriorizada e reificada naquela jóia imperfeita, Margarida estaria apenas vendo a imagem de si mesma, degradada por uma *maculada conceição*: uma Margarida reticente como a avó, cheia de dúvidas e hesitações, meio cega para seus próprios sentimentos e fortemente inclinada para uma união incestuosa? Não o mal encarnado, como na Baleia Branca de Acab, mas o sinal da mácula—ou maldição—com que nascera, a ela aderida como o anel ao dedo, a tirar-lhe lucidez, a confundir-lhe os sentimentos, a atraí-la para o proibido. Atirar ao mar o anel não representou, por fim, o retorno ao seu *habitat* natural? Não era ela a "cucumária dos abismos" (350), cujo verdadeiro lugar só deveria ser *no mais secreto do mar*?

Indo, agora, à epígrafe que ainda nos resta, aquela primeira, tão clara, tão exata e precisa, penso que sua função, neste universo simbólico, é irônica e até amarga.

Tal como em *Moby Dick*, onde há, por exemplo, um capítulo intitulado "Cetologia," onde se arrolam numerosos saberes sobre os cetáceos, e outros, onde aparecem informações de caráter científico—o que de pouco lhes vale—*Mau Tempo no Canal* como que pergunta, através da epígrafe, para que todo esse saber científico e técnico tão preciso, de que nos armamos na tentativa de domar o mundo, se não conseguimos domar as forças cegas que atuam em nós? Não é sumamente irônico que Acab e seus baleeiros, por mais informações que possuíssem sobre baleias, sejam totalmente vencidos pela força de um mal que os supera? E, no romance que nos ocupa que, por mais informações sobre ancoragem e sinais meteorológicos no Canal da Horta e do Faial estivessem à disposição dos navegantes, o Mau Tempo no Canal, pelo menos em parte, prevaleça?

No espaço físico dos Açores, onde imensidade d'água no mais das vezes significa deserto e prisão, age também—como em qualquer outro espaço—a *Coisa Descabelada* de que fala Raul Brandão, desconcertando, exterior e interiormente, a ordem que desejaríamos harmoniosa e perfeita. Com outras palavras, o criado Manuel Bana, já nas páginas finais da obra, conclui acerca da morte do tio Roberto, vitimado pela peste:

> Quem é qu'havera de dezer qu'o alma do diabo de ũ'a pulga, ũa coisa qu'um home esmicha c'ũa unha, haverá de matar aquêl senhor!... Entes a peste me tivesse lovado a mim! Mais, como oitro que diz, a sorte é cega... vaso ruim nã quebra. já tinha lovado a minha conta... Desta vez escapei... (322)

Rústica mas justa manifestação de espanto frente à desproporção pouco lógica que tantas vezes parece tornar absurda a condição humana. Mas, neste caso, seria?

Se no *Édipo Rei*, a peste grassava em Tebas devido ao incesto, em *Mau Tempo no Canal*, para prevenir a transgressão, há como uma mobilização da Justiça, que se serve de uma baleia, de uma pulga e de um rato. Aquilo que dá a impressão de um arbitrário agir da *Coisa Descabelada*, afinal, não era tão arbitrário assim. Margarida, tesouro do mar, é impedida de decair de sua condição pelo rei dos animais do mar; tio Roberto—a tentação próxima—é contaminado pela peste, no Granel, através de uma pulga de um rato infectado pela peste. Os animais que o eliminam não são "nobres," mas, assim digamos, são "vis." Mesmo sendo uma personagem benigna, tio Roberto, possibilidade de transgressão para Margarida, é punido. A pérola não deveria contaminar sua *castidade astral*.

Para finalizar, chamo para aqui o *Grande Sertão: Veredas*. Entre a obra de Vitorino Nemésio e o romance de Guimarães Rosa há analogias significativas.

Afinal, análogas são a imensidão oceânica açoriana e a do Sertão brasileiro, análogas as condições de pobreza e abandono da população pobre das ilhas e a do sertanejo e do jagunço. Em ambos espaços, imensos, intrincados e adversos, as personagens lutam, amam, são tentadas, odeiam, invejam, tomam decisões, ganham, perdem, ignoram, se equivocam, sofrem e morrem. Nesse espaço, cheio de imprevistos, têm, a cada momento, de fazer escolhas entre bem e mal e, muitas vezes, não lhes fica claro onde está o bem e onde o mal ou se a escolha que fizeram foi boa ou má. Em ambas, há uma história de amor que transgride as regras naturais.

A vida é *travessia*, conclui Riobaldo, e o que "existe é homem humano" (Rosa 571). Não é esta a identidade mais profunda que irmana todos, em qualquer espaço onde habitem? Açorianos, sertanejos, continentais, urbanos, rurais, o homem é humano e não divino: limitado, frágil, sujeito a tentações que nublam as escolhas, inclinado a nelas cair e, de fato, caindo muitas vezes.

Afirmar que o que *existe é homem humano* não é afirmar a inexistência da ordem transcendente. Significa apenas que, limitado, não tem por si só o poder de dominar, desafiar, enganar ou erradicar forças que o superam.

Mais. Quando no trecho do solilóquio citado, Margarida reconhece sua *maculada conceição*, reconhece o poderoso menoscabo que profundamente a limitou e marcou. Ela não é a Imaculada Conceição, aquela que pôde esmagar a cabeça da serpente. Sua *maculada conceição*, como a da avó, deixou-a vulnerável às seduções do mal, nublou seu discernimento, inoculou-lhe a hesitação e fez com que perdesse as oportunidades quando elas passaram perto. Uma severa lei manifestou-se para impedi-la de cometer o incesto e, mais do que reconduzi-la, para obrigá-la à castidade. Nisso o romance nemesiano se aproxima mais da noção grega de Destino do que da cristã de Providência. A força que nele age não deixa margem à escolha da personagem mas impede a transgressão e impõe a ordem natural.

Finalizando, lembro a única epígrafe, escolhida por Guimarães Rosa, para presidir ao seu *Grande Sertão,* posta entre parêntese, à maneira de comentário explicativo: ("O diabo na rua, no meio do redemoinho...")?[5]

Extraordinários romances da dramática condição humana, sempre às voltas com o Bem e com o Mal.

Notas

[1] *Instruções aos capitães de barcos a vapor, em busca de reabastecimento de carvão, provisões e de reparos.*

Sendo a Costa muito escarpada em toda sua extensão, é possível aproximar-se dela, com segurança, guardando uma distância razoável.

Há sempre pilotos disponíveis para ancorar barcos a vapor em lugares apropriados para prover-se de carvão. A pilotagem é compulsória.

Sinal do tempo—Um sinal do tempo por meio de luzes elétricas é emitido diariamente do observatório Meteorológico do Monte Mosso. A luz é acesa às 20h57m00s, durante o intervalo de tempo padrão, e apagada às 20h58m00s, correspondendo às 22h58m00s G.M.T. Após o intervalo de um minuto, o Sinal é repetido. A luz é finalmente apagada às 21h00m000s, correspondendo às 23h00m00s G.M.T. (Cartas de Ancoragem e Reabastecimento do Canal da Horta e do Fayal. Reproduzido da Carta do Almirantado, com permissão do Serviço Hidrográfico).

[2] "Ventos do oeste, entremeados de calmarias, retardaram nossa marcha. No 4 de maio [1791], por volta das 8 horas da manhã, conhecemos a Ilha do Pico. Este vulcão dominou por longo tempo os mares nunca dantes navegados: inútil farol à noite, sinal sem testemunha durante o dia" (Tradução minha).

[3] Assinalemos o nome forte e surpreendente da avó, ao reunir mar e terra.

[4] No romance há numerosos primos e primas, mostrando que, naquele meio social tão restrito, quase todos tinham, entre si, relações de parentesco.

[5] *Grande Sertão*: página de rosto.

Obras Citadas

Camões, Luís Vaz de. *Os Lusíadas.* Porto: Porto Editora, 2000.

Nemésio, Vitorino. *Mau Tempo no Canal.* Vol. 8. Lisboa: Imprensa Nacional-Casa da Moeda, 1999.

Prado, Adélia. *Solte os Cachorros.* Rio de Janeiro: Nova Fronteira, 1979.

Rosa, João Guimarães. *Grande Sertão: Veredas.* Rio de Janeiro: Livraria José Olympio Editora, 1963.

Maria Helena Nery Garcez nasceu em São Paulo, Brasil. Fez o Curso de Letras Neolatinas na Universidade de São Paulo e, na mesma instituição, completou o Mestrado em Literatura Francesa, o Doutorado—com uma dissertação subordinada ao tema do Romance Português de 60—e a Livre-Docência sobre a poesia do heterónimo pessoano Alberto Caeiro. Lecciona Graduação e Pós-Graduação na mesma universidade onde se doutorou. Como investigadora, tem-se dedicado a vários temas, entre eles o género épico, a Crónica de Viagem dos séculos XV e XVI, a poesia e a prosa de Vitorino Nemésio e a "modernidade" portuguesa. Publicou três livros: *O Tabuleiro Antigo (Uma Leitura do Heterônimo Ricardo Reis)* (1990); *Trilhas em Fernando Pessoa e em Mário de Sá-Carneiro* (1989); *Alberto Caeiro/"Descobridor da Natureza"*— (1985). A sua obra de criação literária inclui os dois volumes de poesias *Telhado de Vidro* (1997) e *Conta-Gotas* (1987).
Email: mhgarcez@plugnet.br

Mau Tempo no Canal: An Iridescent Metaphor

Maria Alzira Seixo
Translated by Robert Patrick Newcomb
Revised, with portions translated and annotated, by Francisco Cota Fagundes

Modernism and Tradition

When Vitorino Nemésio published the novel *Mau Tempo no Canal* in 1944, Portuguese literature—and particularly Portuguese fiction—was at an aesthetic crossroads. From the realist-naturalist novel of the latter half of the nineteenth century, Portuguese literature had retained an interest in skillful composition and a taste for creative, impressionistic style. In the first years of the twentieth century, the tendency toward impressionism enriched Carlos Malheiro Dias's symbolism and contributed to Fernando Pessoa's willful poetic deconstruction of whole verbal edifices in texts like his *Livro do Desassossego.* It manifested itself fully in Raúl Brandão's exceptionally rich and highly original *Húmus*, and contributed significantly to the exhuberant work of Aquilino Ribeiro, who wrote during this period as well. Almada Negreiros's *Nome de Guerra* and Teixeira Gomes's *Maria Adelaide* provide early examples of modernity in the Portuguese novel. These texts, both published in 1938, present their narrators' unique interpretations of society and human labor while adhering in broad terms to the aesthetic ideas defended by the modernist generations of *Orpheu* and *Presença.* These ideas would later be adapted by the neo-realism of the *Novo Cancioneiro* and, in terms of fiction, would be taken up by Soeiro Pereira Gomes in *Esteiros,* by Redol in his first novels, and by Carlos de Oliveira in *Casa na Duna.*

Psychologism, social analysis, and rationalized novelistic construction, complemented by the conscious questioning of novelistic form, discursive

Portuguese Literary & Cultural Studies 11 (2007): 129-69.

creativity, and a variety of narrative and topical locations allowed for the folkloric quality of Portuguese fiction of the 1940s. The factors that contributed to emphasize storytelling converge[1] in *Mau Tempo no Canal* to a degree that has generated a certain amount of retrospective discomfort among critics, some of whom have viewed the novel as an overly formalistic exercise in memorializing, whose innovative intent is relativized and even negated by the virtuosity of expression prized during the period when it was written.

In a recent study,[2] Robert Scholes analyzes and critiques the various interpretive discourses that have been used to explain modernism in art, arguing against the dichotomies that have been applied to the task. While these dichotomies are frequently utilized as tools for making one's initial approach to Modernism (as opposed to being used to uncover its deeper content), or for determining its dominant elements (without eliminating the possible presence of other elements in the text), Scholes argues for the importance of reestablishing the distinguishing features of a generational sensibility, along with the variational tendencies of aesthetic trends and the composite character of a movement's constitutive components. He writes: "If our goal is to understand Modernism and its relation to modernity, we shall need to consider the shadings and variations within and among the categories—the shifts, the ambiguities, the tensions within the work of individual artists and even within single works of art and literature" (90). Further on he argues that, "[a]s Post-Modernists, which we are now, whether we like it or not, we must sort out what Modernism was and what it should mean to us" (94). In this way, we can recognize the value of evaluating Nemésio's fiction in terms of the opposition it maintains between newness and tradition, or its juxtaposition of modernism to an earlier realism, though we must do so with the knowledge that *Mau Tempo no Canal* is to a certain degree ambivalent with regard to these oppositions. As such, a contemporary rereading of the novel should be sensitive to its conceptual and compositional tensions as well as to its overlaying of various inherited elements and its complex genealogy. Moreover, the reader should be aware of the tendency for the passage of time to inspire new critical interpretations. "New modes of writing," Scholes writes, "do not simply eclipse the old ones, though they may cause a repositioning and revaluing of those older modes" (198). This is true for Nemésio in his relations with writers who came before him, as well as with those of the present generation.

It is necessary, therefore, to identify the form of modernism practiced by Némesio as well as his relationship with earlier literary forms and his eventual consciousness of modernity. In the process, it will be useful to reconsider the old question of regionalism, which was marginalized by the modernist approaches of the twentieth century but has been made newly relevant by the growth of post-colonial studies and by the advance of globalization. Regionalism, which considers local social values not merely as contextual features but as components of a relationship between writing and reading that has implications in terms of genre, is especially important in *Mau Tempo no Canal.* Here I refer to literary regionalism in its two most commonly understood senses: the genealogical sense, which refers to the necessary influence of non-fictional discourses (lyrical, historical, repertorial, epistolary, travel, etc.) on Némesio and his novel; and the culturalist sense, more attenuated though still present in *Mau Tempo no Canal,* that renders the novel's protagonist Margarida (the most elegant representation of a woman, in human and symbolic terms, in all of our twentieth century literature—and I have not forgotten characters like Maria do Céu, Suze, Léah, Maria dos Prazeres, Joaquina Augusta, Paula Fernanda and Blimunda, the last three incidentally more symbolic than realistically human) an interesting subject for feminist studies.

A Fictional Metaphor

I have taken a phrase from Robert Scholes for the title of this study for two reasons: first, because it effectively describes my chosen topic—the forms of iridescence (i.e., degrees of light and shadow) that shape the cognitive and symbolic components of the worldview presented by Nemésio in his novel; and second, because the phrase appears in a particularly suggestive chapter of Scholes's book, "Iridescent Mediocrity," a "gorgeous phrase" that Scholes takes from an article by Cyril Connolly on Dornford Yates. In this chapter, Scholes questions the supremacy of elite values and the attendant tendency to view popular or "kitsch" sentimentalism as a lesser creative value, used predominantly to entertain. In this respect as well *Mau Tempo no Canal* constitutes a rich object of study from the perspective of cultural studies; in his novel, Nemésio references great works of art from various genres and periods—sometimes explicitly—along with popular and middle-brow culture. If Nemésio does not reference high art and the popular in equal degree, they come close enough to parity that we can affirm that the novel defends Scholes's observations that "they are, indeed, only levels of artificiality" and that "the attack on the mediocre hedonism of the middle class [...] reveals a Puritanism at the heart of High Modernism aesthetic." These observations lead Scholes to the following admission, which is likewise relevant to Nemésio: "I must admit, then, that my 'iridiscent mediocrity' is another person's kitsch, and my argument is that we should look more closely [...] at works that offer us textual pleasure mixed with the sort of frailty that I am willing to call mediocrity" (190). Nemésio's novel compels us to focus our atention on the semantics and syntax used by the author in his tonal gradations (of colors, visions, narrative approaches, modes of behavior, etc.), rather than seeking to identify any ordering of these on the part of the author—indeed, this would be beside the point for a novel as relentlessly erudite as *Mau Tempo no Canal.* The novel likewise compels us to explain what we mean by "metaphor" in our critical approach. From Roman Jakobson, critics have tended to analyze the novel in terms of metonymy (a discourse of contiguous formulations, in which meaning unfolds), as opposed to metaphor (which implies that terms be substituted for one another, that one conceptual item is affirmed *in place of* another, as opposed to *along with* or *next to* another). Jakobson's observation might have caused Scholes to advance another sort of argument, one against dichotomies, which are always false if they are generalized, although they can be effective tools for thinking through and understanding a text. A proof of their falseness is the fact that Nemésio's novel can be understood as a fiction built through the construction of metaphors.

Here it is useful to cite David Mourão-Ferreira, from a study on Nemésio's *A Casa Fechada* in which he highlights the "subtileza metafórica e metonímica" ["the metaphoric and metonymic subtlety"] of *Mau Tempo no Canal.* Mourão-Ferreira disagrees with João Gaspar Simões, who celebrated the publication of *A Casa Fechada*, writing that in that text's novella *Tubarão*, Nemésio "voltou a regressar ao mundo das metáforas" [Nemésio "returned again to the world of metaphor"], which he considers "o maior inimigo do novelista" ["the novelist's greatest enemy"] (203). Mourão-Ferreira offers a phrase from Proust as a counter-example—I will follow Mourão-Ferreira in citing Proust, for two reasons: first, Proust, in addition to his frequent use of metaphor as a rhetorical device, was the first writer to conceive of a novel as a metaphorical construction in which two temporal planes (past and present) are overlayed, with the past breaking through at certain moments and narration occurring in the present. Notably, Robert Scholes invokes Proust in his *Paradoxy of Modernism* as "the enemy of mediocrity," explaining the author's metaphorical use of time with exemplary brevity and clarity:

> What had to be done, as he explained at length, involved the capturing of two orders of time: (1) the absolute essence that lies at the heart of a moment, a place, or a character, accessible only to involuntary memory or its artistic equivalent, and (2) the workings of temporality that modify moments, places, and characters, making of every human being a multiple entity, which only literature can capture. (188)

My second reason for invoking Proust is his subtle but significant presence in *Mau Tempo no Canal*.

When Gaspar Simões writes that metaphors are the novelist's worst enemy, he is defending a realist-naturalist conception of the novel that is based on a logical-temporal continuity that works to achieve continuity and consequentiality. The realist-naturalist model was enshrined during the nineteenth century, though writers like Stendhal and Tolstoi, and especially Flaubert, were already making modifications to it. It is interesting to note Nemésio's attitudes toward this model as it was pursued in nineteenth-century Portuguese literature, which he reveals in his readings of texts by Almeida Garrett, Alexandre Herculano, Camilo Castelo Branco, Eça de Queiroz, and Júlio Dinis, and which he analyzes with a combination of critical acumen and readerly pleasure.[3] Nemésio admires Eça's style and Camilo's ability to elicit emotion. He expresses particular admiration for the compositional structure of *Viagens na Minha Terra*, although he does not hide his preference for Júlio Dinis over Garrett, valorizing the former's talent in terms of "composição e da análise—a perfeita atmosfera novelística" ["composition and analysis—the perfect novelistic atmosphere"] and forgiving what he considers as Dinis's weaknesses. He insists on Dinis's harmonious composition (citing *Uma Família Inglesa* as a successful example), sharply drawn characters (recognizing, however, the "distância enorme" ["enormous distance"] between Mariana from *Amor de Perdição* and any of Dinis's heroines: "Mariana brota de uma força intensiva, patética, que Júlio Dinis desconheceu") ["Mariana stems from an intensive, pathetic power unknown to Júlio Dinis"], and ethical concern, which he attributes to the author's reading of Herculano. On this final quality, Nemésio writes the following: "é claro que o estilo de Júlio Dinis não tem a nobreza nem a amplitude do de Herculano. Falta-lhe o nervo, a propriedade e a força" ["of course, Júlio Dinis's style does not have either the nobility or the breadth of Herculano's. It lacks the vigor, the propriety, and the strength"]. However, it has "essa espécie de mediocridade vital que é, pelo menos, uma garantia de verdade e de vida" ["that type of vital mediocrity that is, at least, a guarantee of truth and life"] (*Quase* 159-162). Curiously, Robert Scholes, writing twenty years after Nemésio and working from a markedly different conception of literature (Vitorino Nemésio was far removed from and even hostile to theoretical approaches), comes to the defense of a kind of mediocrity that is not far removed from that which Nemésio defends—both men are certainly guided by the Horatian ethical and literary precept of "aurea mediocritas" in their respective strategies for viewing art objects.

The nineteenth-century novel is a source of inspiration for *Mau Tempo no Canal*, thus distancing the text from modernism's tendencies toward subjectivism and folkloric storytelling (the novel does not appear related to *A Confissão de Lúcio* or *Jogo da Cabra Cega*). Moreover, Nemésio draws on the examples of Brandão and Ribeiro in giving his novel an emotional depth, and in rooting it in local, telluric values. Notably, these examples do not impact the novel's construction. In narrative terms, the events of the novel occur over the course of two years (from 1917 to 1919, according to the characters' statements). *Mau Tempo* is comprised of chronologically ordered scenes, which do not, however, follow each other directly. Seemingly empty spaces in the narrative are retrospectively given emotional content or intensity, with chapters or series of chapters sometimes finding their true sequential meaning after the fact, when they are evoked in later chapters. I view this overlaying of scenes or chapters as an example of narrative metaphor.

With regard to a generic definition of modernism as described by Scholes, *Mau Tempo no Canal* can be considered a text that seeks out its own modernity by way of a tradition that Nemésio clearly valorizes. He does not adhere to a fixed literary agenda, although he clearly draws on ideas from *presencismo* and possesses a good understanding of Portuguese and foreign literature (his fictionalized representation of islands and their inhabitants, both separated and connected by the sea, clearly reveals the influence of Brandão and Ribeiro). Notwithstanding these caveats, we can extend Steven Matthews's characterization of Virginia Woolf's *The Years* to *Mau Tempo no Canal*, to the extent that both novels reveal a modern sensibility in their questioning of traditional modes of literary representation: "At the end," Matthews writes, "we are left with a sense of the inadequacy of former modes of expression to register the extreme experience of the age, but unclear as to the nature of new and better ways of characterizing and expressing them" (4). It was in this spirit that I described *Mau Tempo* in a 1990 essay as an "aliança entre a epopeia moderna e o regionalismo mítico, que confere uma dimensão problemática ao espaço-tempo romanesco clássico" ["an alliance between the modern epic and mythic regionalism, which lends a problematic dimension to space-time of the classic novel"] (22), and as a precursor to Mário Cláudio and Maria Gabriela Llansol in their "fracturas do inteligível" ["fractures of the intelligible"] (40). Meaning resides in the novel's syntagmatic construction, reminiscent of traditional and epic forms. Fractures in the syntagma reveal the modes of representation that are dear to the writer, as well as allow elements of meaninglessness to enter into the novel and the use of metaphors (problematic, modernist, regional, mythical) that give the novel its iridescent quality.

Islands and Currents

Vitorino Nemésio's verbal artistry is apparent in the title of his novel. The author's ascription of a meteorological quality ("mau tempo" ["inclement weather"]) to a place ("o canal" ["the channel" or "passage"]) is both sober and suggestive. Nemésio achieves this characterization with a mere three tonic syllables, with two anotic syllables allowing for breadth and movement. The place referenced in the title (the Faial channel, sometimes extending to the São Jorge channel) acquires a symbolic meaning, not merely in its synecdochical reference to the ocean but also in its abstract allusion to any sort of narrow, agitated space that is hostile ("mau") to human life ("tempo"). In sonic terms, the title is evenly distributed between a closed *t*, *p*, and *c*, the nasalized *m*, *em*, *no*, and *na*, and a liquid *l* that gives the final syllable a lingering quality that suggests a nostalgic evocation of the vast ocean. The vowels used in the title are mostly variations on the open *a*, which appears in both the title's open and closed syllables, being made into a somber diphthong in the opening *au* but opened to possible palatalization in the final *al*. The title's other tonic syllable appears closed and nasalized in *em* and is likewise closed in the penultimate syllable, *ca*. This concludes a series of closed sounds that begins with *em* and runs through the muted *oo* sounds of *po* and *no*. Notably, these *oo* sounds are pronounced in the Azores as *uu*, leaving *po* open to a possible pronunciation as *pnu* and the syllable's possible silencing by the closed vowel that supports (or does not support) it. The novel's title is one of sharp but restrained vocal turns. It pivots around the vowel sounds of *a* and *e*, which circumscribe movement, and is shadowed by its frequently nasalized vowels, along with the tonic position of the *u* in the diphthong, this in a unique, (nearly) hidden position. The title's prosodic features confirm its literal and analogical meanings, and grant it poetic and narrative potential.

A title can relate to a text in a number of ways, particularly in the case of a novel. Titles may summarize, present a program, symbolize, work anaphorically, refer to a character or action, etc. In *Mau Tempo no Canal*, the title's metonymical current of alliteration and assonance creates and initiates a unique mode of metaphorical construction: chapter I tells of a hurricane-force wind that interrupts Margarida Dulmo and João Garcia's romance idyll, staged by the wall of Margarida's house. The cyclone gives way in the following chapters, making way for the true storm of the novel: Diogo Dulmo returns home, intoxicated as usual after his night-time wanderings, and violently hits his daughter with a switch. The real "mau tempo" here is not the cyclone, but Margarida's thwarted love, which is complicated by familial rivalries, social inequalities, and problems internal to the protagonists' families. In this way the title transports us to dark psychological realms and spaces of social conflict that isolate individuals as if they were islands. Characters attempt to connect with each other but they become disoriented, fail to recognize each other, and are tied to the volcano that dominates the landscape (this is the Pico volcano, or the volcano that we each keep inside of us), or are thrust into the channels that can separate or unite individuals, hostile domestic waters that can impede one's access to the wider ocean—which like the channel can be a place of encounter, loss, or separation, as the author states at the end of the novel.

Margarida and João's love affairs dominate the novel from beginning to end, from their first encounter to their final meeting, which takes place after a long period of absence during which they had each married another (Margarida had wed the Baron of Urzelina's son, André Barreto, and João had married Laura Dutra, the goddaughter and heiress of D. Catarina Amélia). Margarida and João meet each other by chance, on a packet boat sailing to Lisbon. On this occasion, Damião Serpa, a mutual friend, insists to Margarida that, "[i]sto é um mundo de enganos e desencontros [...]. O João Garcia afinal só gostou de uma mulher, que foi de si" (*Mau Tempo* 344)[4] ["This is a world of dashed hopes and missed opportunities [...]. When all is said and done, João Garcia loved only one woman in his life—you"]. After hearing Damião's comment, Margarida, "aproveitando a passagem de um criado que levava uma garrafa de água mineral e um copo numa bandeja, chamou-o [...] —Viu alguém meu por aí? O sr. Barão ou o sr. André Barreto...?" (344) [Margarida, "taking advantage of the fact that a servant was just passing by carrying a tray with a bottle of mineral water and a glass, called him: 'Did you see any member of my family walking around? The *Senhor* Baron or *Senhor* Barreto…?'"]. This apparently insignificant statement, in which the glass and the bottle of mineral water are marginal elements without narrative function, in reality refers to something of great importance. The words "alguém meu" do not refer to the idea of possession—while the question of objects is central to this moment in the plot, the idea of affection as possession does not prevail here—but to a generic affective attraction, directed in the novel toward one's family, land, and people, and formative of an entire society of which the novel's characters are part, as Margarida specifies during the *Festas do Espírito Santo* [Holy Ghost Celebrations]. Returning to the glass and the bottle, these point to two narrative features of the novel: 1) the plot's constant meanderings, which diverge from the classical narrative syntagma that would maintain and respect the integrity of novelistic structure; 2) the use of seemingly unconnected, minor details to effect these narrative meanderings, in contrast to what occurs in the realist novel, where details are incorporated as elements of a "realistic" depiction of the world, though they are granted no further function.

These features of *Mau Tempo* have two logical consequences in terms of the novel's narrative logic: 1) they result in figurative realities that are created but then abandoned, as potential narratives left in suspense, or islands of meaning—this note of suspense points to an essential incompleteness, or engages in a kind of provisional metaphorical suggestion; 2) they make the novel's representational content more dense, giving the text a weighty, resistant quality. In the absence of a naturalistic, coherent mode of representation, the novel utilizes chance (no less impressionistic than "realistic" depiction) to create a powerful stream of dispersed fragments of meaning whose connections are only partially visible, but which have strong contextual and representational potential.

Just as the hurricane serves as the novel's initial metaphor, describing an agitated affective climate (the three successive waves of plague that sweep through the island comprise the novel's next examples of "mau tempo"), the ship, described in the epilogue, serves as a metaphor for evasion and separation. In reality, *Mau Tempo no Canal* has two endings, or rather, there are two parts to its epilogue: the bullfight (which prolongs the mood of happiness—islands of happiness appearing periodically over the course of the novel—but ends in the fatal impaling of a bullfighter, which moves the text from a major to a minor key, to use a musical terminology not inappropriate for Nemésio's writing) and the departure for mainland Europe, which ends the novel, symptomatically, in transit. This closing scene recalls the beginning of Flaubert's *Sentimental Education* and Frédéric Moreau's first encounter with Mme. Arnoux on board the *Ville-de-Monterau*, with a novel's worth of disappointment issuing from their first enchanted meeting. In *Mau Tempo no Canal*, written almost a century after Flaubert's novel, disappointment enters into Margarida and João's maritime reunion, not because of the fact of their encounter but because of the sadness that is tied to such meetings. Margarida's final encounter with João is the opposite of her meeting with Damião Serpa. It implies that Margarida's future will be one of meaningless alienation, a modernist theme—Margarida and André, her husband, rarely cross paths and barely speak to each other in this pretense toward a "happy ending," in which the serpent-shaped ring, which ties together the novel's beginning and end, assumes the role of protagonist. For his part, João is granted a probable cosmopolitan future (another modernist theme), as he plans to travel to the United States and work for the *Sociedade de Metafísica*,[5] "que montara um escritório importante num arranha-céus de Chicago" (339) ["which had rented space in an important skyscraper in Chicago"]. The importance of this seemingly understated finale on board the packet boat is underscored by the importance in the novel of other maritime scenes, including Margarida's decision to hop on board the whalers' boat to São Jorge in the dramatic, euphoric chapter "Barcarola." On this voyage, Margarida, actively participating in a whaling expedition, unknowingly engages in her life's most significant act and thereafter sleeps in the room of the Baron of Urzelina's son, whom she will later marry. This marriage is communicated to the reader three months after the fact, in the novel's final scene on board the *San Miguel*. The euphoria of the bullfight on Terceira, which symbolizes Margarida's ties to her land and its customs, is past. Her connection with her homeland will now be undone—temporarily as far as her travels are concerned (the ship is traveling from Angra to Lisbon) but definitively in terms of the text's deeper meaning, as she demonstrates by throwing the serpent-shaped ring she has always worn into the sea. This is not a flight from Margarida's past but rather a sign of her estrangement (yet another modernist theme), or better yet an evasion, as Damião Serpa demonstrates in his talk with the servant on board. This scene evokes a second nineteenth-century writer, Eça de Queiroz. While the plots of *Mau Tempo no Canal* and *Os Maias* are distinct, the ending of *Mau Tempo* recalls that of Eça's novel, in which Carlos and João da Ega admit their failed aspirations. Margarida's recollection is less honest and more nostalgic, almost Romantic in tone, with the protagonist talking with a young passenger who is an aspiring poet, which leads to the final scene with André and the ring.

It is clear that if *Mau Tempo no Canal* is built according to the syntagmatic logic that is generally used in novelistic construction and that relies on metonymy as its most traditional textual tool, Nemésio's use of metaphor is significant in terms of its anticipation of an emerging novelistic style, its opening of metaphors to symbolic elements, and its indication of a new form of novelistic construction that I term *fictional metaphor.*

Iridescence and Symbolism

It is worthwhile to return to the beginning of the novel in order to consider its sequential organization from the opening phrase on, accentuating its *voltas*—the twists and turns mentioned earlier in my analysis—as contributing to the text's predominantly negative tone:

> —Mas não voltas tão cedo...
>
> João Garcia garantiu que sim, que voltava. Os olhos de Margarida tinham um lume evasivo, de esperança que serve a sua hora. Eram fundos e azuis, debaixo de arcadas fortes. Baixou-os um instante e tornou:
>
> —Quem sabe...?
>
> —Demoro-me pouco... palavra! Cursos de milicianos... Moeda fraca! Para a infantaria, três meses. Se não fecharem os concursos para secretários-gerais, então aproveito. Bem sei que há só três vagas e mais de cem bacharéis à boa vida... Mas não tenho medo das provas. Bastam algumas semanas para me preparar a fundo... rever a legislação.
>
> Entrava em pormenores. Margarida ouvia-o agora vagamente distraída, de cabeça voltada às nuvens, como quem tem uma coisa que incomoda no pescoço, um mau jeito. O cabelo, um pouco solto, ficava com toda a luz da lâmpada defronte, de maneira que a testa reflectia o vaivém da sombra ao vento.
>
> Estavam quase ao alcance da respiração um do outro: ela debruçada num muro de pedra de lava; ele na rampa de terra que bordava a estrada ali larga, acabando com a fita de quintarolas que vinha das Angústias até quase ao fim do Pasteleiro e dava ao trote dos cavalos das vitórias da Horta um bater surdo, encaixado. (35)

> ["But you won't be back soon..."
>
> João Garcia promised that of course he would. Margarida's eyes, deep and

blue under the bold arches of her brows, betrayed a yearning for lands faraway, a momentary spark of hope. She lowered them for a moment and went on:

"And I'm supposed to believe that?"

"It'll only be a while, I promise! The course for commissioned officers will be over before you know it; it the infantry, only three months! If applications for genral secretary to the civil governor are still being acceptd, I'll apply. I know there are only three openings and more than a hundred idle university graduates applying, but I'm not afraid of the exams. I only need a few weeks to know my stuff."

He went into detail. Margarida listened to him somewhat absentmindedly now, her eyes on the clouds as if she had a kink in her neck. Her hair fell free, receiving the full light of the lamp, causing her face to reflect the play of shadows in the wind. They were so close they could almost feel each other's breath: she, leaving ona volcanic wall; he, standing on the graded patch bordering the road that divided the strip of small quintas stretching from Angústias up to almost the end of Pasteleiro and muffling the trot of the horses drawing the victorias of Horta.]

Here Nemésio focuses on the lovers' distinct attitudes—Margarida's somber expectation, and the redundant, dry, and unsentimental details of João's speech. More importantly, the author focuses on the following essential details: Margarida's evasive and distracted behavior, the wall that separates the two lovers, João's position "na rampa," able to either ascend or descend, and the description and naming of a land that is enlivened by signs of life (such as the evocation of the "vitórias da Horta") but that likewise silences these signs (with "um bater surdo," for example). A hidden but real anxiety with regard to the future manifests itself in a generalized sobriety and closed position toward the world, suggested by the word *encaixado*. Margarida and João's nascent interpersonal and erotic relationship is described by the phrase "estavam quase ao alcance da respiração um do outro" ["they were so close they could almost feel each other's breath"], with the word *quase* suggesting an impeded or stunted quality with resonances in Portuguese modernist prose. It is the horses ("os cavalos") that eventually move, granting the scene a repetitive tone (repetitive with regard to the past but not the future) where it was once inchoate, a tone that harmonizes with the Margarida's kinetic position, "debruçada … na pedra de lava" ["leaning on a volcanic wall"].

Rather than insisting on the opening scene's importance in generating narrative motion, I would like to characterize this portion of the novel as announcing the metaphorical construction to occur in Nemésio's text, here centered upon Margarida's eyes, which have been studied by David Mourão-Ferreira (216). Mourão-Ferreira focuses on her eyes' "lume evasivo" [literally, "evasive fire"] as a partial indication of Margarida's future and of the passage of time, further indicated by her hair ("um pouco solto" ["a little loose"]) and her position. Margarida "ficava com toda a luz da lâmpada defronte, de maneira que a testa reflectia o vaivém da sombra ao vento" ["receiving the full light of the lamp, causing her face to reflect the play of shadows in the wind"]. The metaphorical use of the word *lume* and the movements of shadow Nemésio describes as crisscrossing Margarida's face in a random fashion, propelled by the wind, contribute to the outlining of the protagonist's personality and behavior, which likewise oscillate between sun and shadow (Margarida has her "cabeça voltada às nuvens" ["her eyes," literally, "her head, on the clouds"]).

In his long and enlightening essay on Nemésio, Óscar Lopes identifies two stylistic characteristics of the author's writing, "a comparação e a pormenorização" (758) ["comparison and use of detail"].[6] Having already alluded to both of these features in terms of style and broader narrative elaboration, I will now consider what Lopes enumerates as the key characteristics of Nemésio's writing in *Mau Tempo no Canal*: 1) Nemésio's understanding of "a metáfora, ou translação designatória" ["the metaphor, or designating translation"] as a "coisa física iluminada pela incidência de um sentido, um projecto, um movimento que a orienta, e que apenas analogicamente se exprime" ["the physical thing illuminated by the incidence of a meaning, a project, a movement that orients it and which expresses itself only analogically"]; 2) Nemésio's use of analogy, understood both in terms of comparison and metaphor. Lopes argues that for Nemésio, analogy "funciona como construção de um objecto, abstraído de (mas não necessariamente menos real que) os objectos comparados" ["functions like the construction of an object, abstracted from (but not necessarily less real than) the compared objects"]; 3) Nemésio's use of certain "metáforas irradiantes" ["irradiating metaphors"] that "mergulham em toda a ambiência da narrativa" ["plunge into the entire environment of the narrative"] and have the broad effect of creating modules of equivalence; 4) Nemésio's tendency toward detail, what Lopes terms his "caça à minúcia" ["the hunt for detail"]. This "dom de observação reconstrutora" ["power of reconstructing observation"] is manifested in the author's continual reference to a "chamado substantivo comum" ["so-called common noun"] that "está exactamente ao mesmo nível de abstracção (e de analitismo generativo) das suas determinações adjectivais, referindo-se sempre a uma só dessas determinações, com exclusão das outras" ["which is exactly at the same level of abstraction (and generative analysis) as its adjectival determinations, referring to only one of those determinations, to the exclusion of the others"]; 5) Nemésio's use of chapter—the majority of the novel is composed of chapters "que se diriam outros tantos contos com o seu épos, o seu ritmo narrativo próprio, sem prejuízo de constituírem como que unidades celulares do mesmo tecido" ["which might be referred to as short stories, each with its *epos*, its own rhythm, without running the risk of constituting cellular units of the same fabric"], with the rest constituting "uma espécie de enciclopédia romanceada de geografia física e humana, histórica, etnográfica e etnolinguística das ilhas centrais dos Açores" ["a kind of novelized encyclopedia of physical and human, historical, ethnographic, and ethnolinguistic geography of the central islands of the Azores"].[7]

In making his argument, Lopes draws principally on the opening of Nemésio's novel. As such, I would like to verify Óscar Lopes's fifth and final observation, which is central to my understanding of narrative syntagma in *Mau Tempo no Canal* and how it is interrupted (or even determined) by Nemésio's occasional use of more sharply drawn imagery. The chapter-stories (*capítulos-contos*) identified by Lopes can be effectively considered "unidades celulares" ["cellular units"] (Lopes's term) due to their organic construction, which, as discussed earlier, suspend meaning rather than closing it off. This organic quality conditions the novel's descriptive chapter titles ("O Despertar" ["The Awakening"], "Uma Caçada aos Pombos" ["A Pigeon Hunt"]), as well as its analogical ("Pastoral," "Despedidas-de-Verão" [literally, "Summer Farewells," an expression used for chrysanthemums) and symbolic titles ("A Íris da Aranha" ["The Spider's Iris"], "Barcarola"). Instead of closing in on themselves, the chapters flow into each other, forming a kind of syntagmatic chain—this obviously being the case as they are chapters in a long narrative. However, the chapters are self-standing in semantic terms, with their titles not necessary relating to each other. This is a quite novel feature of *Mau Tempo no Canal*.

Indeed, the narrative proceeds such that: 1) individual chapters may take on themes that are not addressed elsewhere (see, for example, Mateus Dulmo's *quattuor*, which is enthusiastically planned for the arrival of Roberto Clark and never referred to again, except for a brief mention of the obstacles imposed by the plague that strikes the island). These themes are like half-sewn pieces of fabric, taking on an appealingly incomplete, sketched-out quality; 2) temporal ellipses obscure portions of the plot (for instance,

Margarida's love affairs, whether it be with João, which is reduced in the novel to their letters and casual meetings, or with André, this being narrated in brief, incomplete verbal exchanges and vaguely described suggestions of mutual affection), frustrating the reader's expectations and inserting him or her into an environment in which certain points are ignored or do not receive satisfactory explanation; 3) the novel exhibits a certain chronological discontinuity, which favors the understanding of plot elements in isolation (for example, the trip to Caldeira, of which only the departure is described, and of which only a brief episode between André and Margarida is narrated after the fact; see also the rebuilding of Roberto's boat, enthusiastically planned but not mentioned again until it is crossing the channel). This discontinuity favors discrete narrative strands, symbolic suggestions, and passing allusions, creating the overall impression of a narrative that is drawn in small strokes, formed piece by small piece. In contrast, the novel presents us with three narrative sequences that obey a strictly chronological order. These are Manuel Bana's sickness and treatment by Margarida and Roberto, the episode of the whaling expedition, in which Margarida accompanies the whalers in their hurried chase across the channel, and Margarida's stay at Urzelina, which the author magnificently describes as alternating between the emptiness of her anxious wait, and the abundance of comings and goings that occupy Margarida on a day-to-day level, though they fail to give her the sudden sense of plenitude she experienced during the whaling expedition.

When Óscar Lopes refers to stories or cellular units in *Mau Tempo no Canal* in the broader context of his analysis of the use of metaphor in Nemésio's fiction, he effectively argues that each chapter has its own *tempo*, with chapters sometimes appearing as brief lyrical compositions, albeit lyrics that are animated by the *epos* that renders the novel a lyrical recounting of the human adventure and its heroic conflicts. It is in this sense that we can designate the novel's chapters as narrative islands (from the perspective of the critical reader, the chapters are complete, self-sustaining entities, even if linked to each other), isolated texts according to a pointillistic conception of the novel, narrative phases simultaneously functioning as nodes and suspense-inducing instances of deferred meaning.

The chapter titles of *Mau Tempo no Canal* likewise work to defer meaning (nearly separating discrete elements of signification) as nominal designations from which the chapter's metaphorical and symbolic intention emerge. The novel's thirty-six chapters and epilogue can be logically grouped, as with the six "Nocturnos," as well as the chapters whose titles evoke pastoral-floral or animal themes. This final group, which contains the least number of chapters, references snakes and pigeons and repeatedly alludes to spiders, with the chapters themselves (as opposed to the chapter titles) mentioning other animals as well. Spiders are of special importance in that they contribute to the author's metaphorical presentation of the idea of iridescence—as does the figure of Margarida who, in one scene, after glancing at a wall, moves her eyes away from the light of a lamp and lets her hair fall over her face, thereby capturing (using the inverse of the spider's procedure as described in chapter IX) the surrounding light and objects in the "web" of her hair.[8] The comparison of eyes and strands of hair, on the one hand, to spiders and their webs, on the other, is not without meaning—both pairings are engaged in observation and retention, in relating to the world and eventually capturing elements of it.

The four chapters in *Mau Tempo no Canal* whose titles refer to spiders are: "Uma Aranha e uma Teia" (V) ["A Spider and a Web"], "Outra Aranha e outra Teia" (VI) ["Another Spider and Another Web"], "A Íris da Aranha" (XII) ["The Spider's Iris"], and "As Aranhas Fecharam as Teias" (XX) ["The Spiders Closed Their Webs"]. It is not by chance that Nemésio follows this final chapter with "Uma Caçada aos Pombos" ["A Pigeon Hunt"], which inverts the animal symbolism by invoking the pigeon's passivity (though it maintains a focus on the ideas of capture and destruction) and suddenly quickens the pace of the plot, which had moved slowly in the previous, somewhat dream-like chapters. In the first of the spider-themed chapters, which follows the first nocturne, the action begins to quicken from its thus far deliberate pace. We witness the worry Henriqueta, João Garcia's aunt, feels because she knows that his mother is dying of the plague that is ravaging the island. Upset, she decides to take the apparently unnecessary step of cleaning the house by airing it out. As she does this, she thinks of her former sister-in-law Emília, who had been rejected by her husband (Januário) because he suspected—though he had no proof—that she had been with another man. As a result, João, Emília's son with Januário, was deprived of a relationship with his mother, though she lived nearby. In this scene Henriqueta is the spider; assailed by remorse, she remembers the false-witness she bore as one of the actions she took to convince her brother to throw Emília out, all because the man who had courted Emília before her marriage to Januário had not chosen Henriqueta once Emília was taken. Bitterness, envy, and remorse give this chapter its dark tone (which Henriqueta's misplaced desire to clean fails to remedy), which ends with the woman who had wronged Emília, hidden in her *faialense*-style cloak, praying on her knees before Emília's lonely, closed coffin.

In the second of these chapters Januário, a solicitor, is the spider. Januário will meet with two important clients: the Avelars, who have loaned money to Margarida's father, Diogo Dulmo, who has repaid the sum, and D. Carolina Amélia, who has made unpaid loans to the Dulmo family. Januário, who in earlier years had worked as a clerk for the Dulmos, but who was eventually dismissed, convinces his clients to take legal action against his former employers. Januário later goes to see Pretextato, a friend of his brother Ângelo (whose homosexuality is largely unaccepted by the community), to learn the latest news, and he hears of his son João's love for Margarida Dulmo. Januário declares his support for his son but understands the relationship to be nothing more than amusement, stating the following: "Que namore, que se goze da mocidade! [...] Naquelas idades, quanto mais, melhor [...]. Mas casar?! Tó rola! Não é o filho de meu pai que mandava formar o João para genro do traste do Dulmo." ["Let him sow a few wild oats, enjoy his youth! [...] At that age the more the merrier [...]. But marry? Nonsense! It's not going to be my father's son, who saw to João's education, who's going to let him go and be the son-in-law of that scamp Dulmo"]. But the narrator notes: "Mas havia nos protestos de Januário um timbre agravado, longínquo, como um cristal em que se toca sem querer e que se abafa com dois dedos" (*Mau Tempo* 87-88) ["But there was in Januário's protestations a hurt and distant note, like that of a crystal glass that one unwittingly touches but whose ringing can be silenced with the mere touch of two fingers"]. Januário's dark intentions in this chapter are curiously interrupted by a brief eruption of iridescence, which is announced by a comparison (both auditory and visual) with a crystal. The gradations of light capable of illuminating the shadows, if only to render these darker by comparison, appear and disappear as quickly as they appear, though they reverberate in the eyes and ears of the reader.

Chapter XII, "A Íris da Aranha" ["The Spider's Iris"] is the novel's primary example of dark iridescence; it presents Januário's family in the bucolic environment of their Canada dos Fetos country house, but Januário, the head of the family, is absent, preferring to isolate himself at their other home, Ribeira dos Flamengos, which belonged to the Dulmos during the period in which Januário worked for the family. Januário enters the house's mysterious office, where he opens a chest. Instead of examining the gold bars contained within, he focuses his attention on the contents of a small, green silk sack: dried violets, seashells, a photograph. The photo is of Catarina Clark, Margarida's mother, the woman Januário intended to marry when he was an employee at her father's firm. The frustration of these matrimonial ambitions has left Januário with feelings of bitterness, resentment, and hatred. The golden vision that confronts Januário is not that of the gold he has accumulated in the intervening years but of a woman he loved but lost, preserved by the photographer's lens and the image hidden away in the darkness of the chest, as well as in the depths of Januário's frustrated desire.

The fourth of the spider-themed chapters, chapter XX, "As Aranhas Fecharam as Teias" ["The Spiders Closed Their Webs"], does not appear until the second half of the novel. Jacinto, the brother with whom Januário had been on bad terms for some time, convinces João Garcia on the Praia do Almoxarife to make his relationship with Laura, D. Carolina Amélia's goddaughter, official. Significantly, Januário, putting aside vengeance in favor of further enriching his family, had already advised D. Carolina to leave the better part of her fortune to Laura. With the chapter's "spiders" having begun to spin their webs, the narrative rhythm proceeds at an even pace, and Nemésio presents us with three pivotal events that mark the rest of the novel: the sickness of Manuel Bana, the Dulmos' old servant, who is struck by the plague and treated by Margarida; the great fire that strikes Horta and destroys Januário Garcia's house (along with his office and its "treasures," which Januário had jealously contemplated); and, finally, the seizure of the boats, the culmination of certain individuals' previously described spider-like scheming.

It is at this moment that the whale appears in the channel, eliciting the islanders' enthusiasm and the preparation of its fishermen. Margarida, who is on the island of Pico, sees the commotion of the men and tries to stop them, since they are legally prohibited from using their boats. But Margarida is consumed by the tide of excitement, and she lets herself be carried on the waves of enthusiasm of these maritime people, who are responding to an epic impulse:

> Mas o João da Cezilha, entusiasmado com a manobra, deixava correr. A canoa ia quase à bolina arrasada, e a lancha, embora cada vez mais recuada, parecia andar bem. Margarida, agora embalada naquela surpresa de vento, vela, água e miragem de baleia, ia deixando-se levar. A canoa, às vezes adornada da manobra, roçava a borda no gume fresco e vivo do mar. As nuvens açorianas, a princípio aguçadas e aos pares,
>
> *(Nuvens paradas, cor de cobre,*
> *É temporal que se descobre).*

deslaçavam-se agora finas e leves, como se o Pico fosse um açafate de penas sopradas. Vinha de terra um cheirinho a figueira e a bafo de lava quente. E, como *um belo arco-íris*, armado para os lados de São Jorge, *arroxeasse* o horizonte, o João da Cezilha, voltando-se para Margarida com cara de criança apanhada de boca na botija, disse manhosamente:

—Hã... menina Bidinha! Olha o arco-da-velha... A menina estreia-se cum sorte!

Manhã cum arco, mal vai ò barco!
S'à tarde vem, é pra tê bem!

"Nã s'afreime...! O sr. Robertinho tá caise a chigar à fala... A menina vai aqui a desbancar!... Vai mais a gente..."

Semelhante voz, ouvida naquela canoa comprada com dinheiro dos seus, naquele mar verde e belo que parecia o quintal da sua casa, solta por aquele homem agigantado e peludo e apesar disso dócil como um menino ou como um pescador de Tiberíade, soava-lhe lá de outro mundo, do fim da memória e da vida, como se Maria das Angústias ou a Mariana do Pico cantassem para a adormecer. E o tio Roberto, perdido naquela lanchinha ronceira, pareceu-lhe recuado aos tempos em que uma carta de Londres, com selo de Jorge V, os punha lá em casa à espera dele. Sentada no banco do mestre de uma baleeira do Pico, de costas para Campo Raso, Margarida ia talvez na nau do capitão Fernão Dulmo, o seu tetravô flamengo, aproada ao mormaço e ao fantasma de uma terra suposta, para a banda das Ilhas da Fortuna... (259; my emphasis in main text)

[But João da Cezilha, excited about the maneuver, continued on almost at full sail; the launch, even though falling farther and farther behind, seemed to be holding its own. Margarida, lulled by the exhilaration of wind, sails, and water and by the prospect of seeing a whale, was carried away in the moment. Certain maneuvers caused the whaleboat to heel, its rim skirting the fresh, live waters of the sea. The Azorean clouds, at first hanging in pairs—

Clouds, copper-colored and still
Harbingers of an approaching storm—

now broke up into light, fleeting wisps, as if Pico were a basket of feathers blown by the wind. From the land came a pungent smell of fig tree and a whiff of hot lava. Towards São Jorge, as a beautiful rainbow emblazoned the horizon, João da Cezilha, turning toward Margarida with the expression of a child caught red-handed, slyly remarked:

"Ahn, miss? Look at the Old Lady's Arc[i]... It means you're very lucky on your first whale hunt!

With an early rainbow, it's hard to remain afloat;
with a late one, you'll fill your boat.

And don't you be scared!... Senhor Robertinho is almost within hearing distance... And you're very safe here with us."

A voice resounded over the beautiful green sea that seemed like her own backyard, and reached her ears in the whaleboat bought with family money. Coming from that gigantic, hairy man, a man as docile as a child or a Tiberias fisherman, that voice seemed to issue from another world, from the depths of memory and life, as if Maria das Angústias or Mariana do Pico were singing lullabies to her. And Uncle Roberto, lost aboard the slow little launch that could not even be seen anymore, seemed a throwback to the time when a letter from London, stamped with the likeness of George V, brought the family news of his arrival. Sitting on the skipper's bench of a Pico whaleboat, her back turned to Campo Raso, Margarida had the impression that she was sailing on the ship of Captain Fernão Dulmo, her Flemish forebear, heading toward the ghost of a hypothetical land all enveloped in hot mist and lying in the proximity of the Fortunate Islands..."]

The rainbow that appears on the scene is like the sky's blessing for this display of men acting in concert with nature, casting off the dark glances of the web-spinning spiders. Roberto is left behind at the boat launch, and Margarida gives herself "à sua gente" (177) ["to her people"], sailing with them across the channel in the direction of São Jorge. This announces both the evolution of the plot and describes the text's metaphorical construction: the boat represents man, the sea journey, the adventure of the community, and the contrasting clear and stormy skies the iridescence that itself stands as a metaphor for life in both its clear and joyful, its dark and difficult moments. Further, the many colors that appear in the sky over the channel can be reduced to one—purple—as if to evoke the dried violets found by Januário, made cold by the frustrated humiliation he felt before the Clarks, a family now reduced to Catarina in her solitude, and with an uncertain future in Margarida, in whose life there is also much violet.

This is a multiple metaphor, pointing in more than one direction. For Margarida the euphoria of the whaling expedition is followed by a *sui generis* religious experience. After her communion with the fishermen in the cavern on São Jorge, where they all sleep upon reaching shore, Margarida stays at

Urzelina, anxiously awaiting a boat (or following the metaphor, her re-encounter with her own self) that arrives in the form of uncle Roberto, robbed of his life; he who came like Lohengrin to rescue her leaves in his swan boat and is now truly exiled and lost. Returning to São Jorge after experiencing the bed and table destined for her as part of a life with André Barreto, Margarida enters the Campo Raso house (on which she had recently turned her back, during the whale hunt) to pay tribute to her uncle, and thinks: "Afinal continuava presa às suas relações de família como uma mosca tonta à *teia de aranha irisada*!" (320; my emphasis) ["In the end, she was as much a prisoner of family relations as a besotted fly caught in the iridescent spider web!"]

Consciousness of self, of one's anxieties and limitations, of the contradictions inherent in being a human open to the world and to others, marks Margarida Dulmo, or rather allows her to think through her own existence, which she at once conceives of in the somber purple tones of the bouquet of chrysanthemums she places on Roberto's casket, or in lighter shades, in a state of constant bodily and intellectual motion, which various other figures in the novel describe as "um mar de alegria" (130) ["a sea of joy"].

Snakes, Spiders, Whales, Pigeons, and Bulls

Mau Tempo no Canal features a great number of characters, though the principal ones can be reduced to a dozen: Margarida and her lovers (João Garcia, her first love in the novel; André, whom she marries; and Roberto, her uncle from London and the illegitimate son of her maternal grandfather, with whom Margarida has a close, formative, affective relationship). In João's family, the important characters are Januário the father, Henriqueta the aunt, Emília the mother (who, though she dies early on from the plague ravaging the island, continues to influence the thoughts and behavior of many of the novel's characters). In Margarida's family, the central figures are Diogo and Mateus, respectively her father and paternal uncle, and Manuel Bana the family servant. Margarida's mother Catarina, and her grandfather Charles Clark are secondary figures, as are her siblings Pedro and Cecília. In João Garcia's family, characters of secondary importance include his sister Carlota, his uncles Ângelo and Jacinto, his grandmother Maria Florinda and his aunt Secundina. Other secondary figures in *Mau Tempo* include Laura, João's eventual wife, João's friend Damião Serpa, and André Barreto's parents, the Baron and Baronness of Urzelina. More importantly, there are the whalers (particularly Tio Amaro, Intavante, and João da Cezilha), as well as figures from the past, including Ana Silveira (Roberto's mother) and, above all, Margarida's grandmother and namesake, Margarida Terra, whom the heroine resembles greatly.

On the level of metaphor, certain characters are evoked analogically, in terms of their behavior, context, or thoughts, through culturally significant animal symbols. This does not amount to an attempt by the author to establish a relationship between animals and humans; rather, it represents an effort to describe characters in the language of animal symbolism.

We saw this with the spider, whose symbolic significance Nemésio acknowledges through repeated textual references. As a metaphor, the spider is frequently evoked over the course of the novel, at times humorously, as when the author writes of the "desolação de João Garcia no meio dos aranhões da família" (153) ["João Garcia's desolation amidst the large spiders of his family"]. Additionally, there is a particularly suggestive moment in the novel when an actual spider appears: João, trying to reestablish contact with Margarida after receiving a letter in which she breaks off their relationship, encounters her and her uncle Roberto on horseback. The three talk, though not to the satisfaction of the spurned lover. Afterward, João wanders aimlessly for a time, stopping by a fountain. As Nemésio writes,

> no bebedoiro luzia *uma espiralzinha alaranjada e hesitante* no meio de *uma teia de aranha*: era a primeira lâmpada da rede, num grampo. A água subia escura até aos varões de ferro que serviam de apoio aos potes; a grossa bica de chumbo gorgolejava no silêncio. (111; my emphasis)
>
> [Above the drinking trough and attached to a small hook, there shone a little yellowish, hesitant spider in the middle of a web. The water rose dark up to the iron bars that supported the water pails; the thick lead spout gurgled in the silence.]

Here João's unhappy state is represented by his vision of thirst-quenching water that, flowing from the fountain, is wrapped in a spider's web. This apparently minor descriptive detail confirms the tangled web in which João is caught.

Critics have frequently referenced Margarida's serpent-shaped ring, which she wears throughout the novel. It is the ring that gives the novel's first chapter, "A Serpente Cega" ["The Blind Serpent"], its name, and it is part of Margarida's last important act of the novel, when she throws it into the sea from the deck of the *San Miguel.* The reason given for Margarida's action is the connection she felt to the ring when the serpent had only one emerald eye. As a surprise, André Barreto has new stones affixed to the snake's eyes, and from this point Margarida ceases to think of the ring as her own—or rather she rejects the new vision (the new eyes) the serpent (or is it she?) acquires. The symbolism here is multiple (there is the snake represented in the ring, the ring as a representation of itself and as feature of the plot, and the ring as the novel's final narrative element). Moreover, the ring allows its wearer to choose (or not to choose) between the snake's Eastern association with wisdom, and its Christian suggestion of sin, as João Garcia observes:

> [U]ma serpente cega enroscara-se à sua mocidade; havia uma pedra preciosa sumida no seu destino, sem a qual aquele bicho perverso e encantado não largaria o enguiço. E naquele ninho de víbora—como a maçã rubra, sadia, na boca da serpente do emblema da farmácia do tio—, Margarida parecia aninhada à moda das mulheres do Faial. (203)

> [A blind serpent had coiled itself around his youth, and there was a precious stone missing from his destiny, a stone without which that perverse and enchanted creature would not break its spell. And in the vipers' nest—like the red, fresh-looking apple in the serpent's mouth in the sign at his uncle's pharmacy—Margarida seemed to be nestled, in the same way as the women of Fayal.]

To continue João Garcia's line of reasoning, Margarida's ring might alternately represent the will to action of a woman who, like Eve, diverges from God's original plan for creation and chooses *eros* in the form of an apple. In this interpretation, the snake's form adds a phallic dimension and a potency that contrasts with João's weakness and excessive passivity, although it also may suggest a more innocuous, Bachelardian state of repose, with the animal (whether or not one believes it possesses a diabolical nature) curled up in a spiral. Evil represents one of the novel's decisive themes, along with love, the sea, family, and regional identification—with material goods intersecting with the final two themes, as well as proving important to the plot. Unexplained and possibly occult phenomena and objects are likewise important, with the stories of Grete Spiel, the other-worldly lover, and Maria Rosinha da Glória, the nun kidnapped by Margarida's English ancestor,[9] as well as the heroine's talismans, providing examples.

However, what is really significant in terms of the serpent-shaped ring's symbolic and narrative role is the relationship established between its "eyes" and those of Margarida. The ring, a "jóia tão bonita" ["the beautiful jewel"], as Margarida describes it to the Baron of Urzelina, has its aesthetic value, but it is in its eyes that its intelligence is suggested (as in the novel's penultimate page), along with its capacity to see worldly phenomena as they are refracted in its jeweled eyes and to share in Margarida's vision of the world. As Margarida's uncle Roberto says, the ring is "um segundo Camões" ["a second Camoens"]. Nemésio, having dealt with Margarida's eyes at the beginning of the novel, returns to this topic in the epilogue, when Margarida, after her encounter with Damião Serpa and her conversation with the young, unknown poet, rids herself of the ring. It is not the ring that Margarida rejects, but the new emeralds added to it, that is, the serpent's new eyes, which she, possessed by a "furor irreprimível" ["irrepressible fury"], violently rubs against one of the ship's ropes and in this way "faz saltar sucessiva e inexoravelmente" ["successively and inexorably dislodged from their settings"]. It is only after doing this, and only because she does not know how to explain the loss of the gems to her husband (she has again blinded the snake, giving the metaphor of the blind serpent new significance, and casting *a posteriori* a new light on the text), that Margarida throws the ring overboard, as if she were throwing herself into the ocean as well. This is the secret Margarida keeps in the novel's concluding passage, as she lies in the bunk below her husband. The author narrates the scene as follows: "[A]pesar da *veilleuse* que arroxeava a penumbra do camarote, sentia-se cega... cega como a serpente do anel [...] que àquela hora jazia [...] no mais secreto do mar" ["Despite the dimness of the night-light that cast a purplish tinge upon the darkness of the cabin, [Margarida] felt blind... blind as the ring serpent [...] which now lay [...] in the darkest depths of the sea"]. Here again Margarida thinks intensely, in purple (*roxo* meaning both "purple" and "intense"), and her thoughts here are a continuation of those she experienced with João Garcia in the novel's open scene—though back then she was in love, whereas now she is buried in her own thoughts and focused on a pride not so much familial as having to do with her womanhood.

Notably, the novel's animal imagery is not reducible to snakes and spiders. Other animals, with or without symbolic import, also play significant roles in *Mau Tempo*. A dog named Açor appears in the first chapter, when he senses that João is an intruder and tries to attack him, though later he becomes friendly. The beginning of the novel also features the noise of crickets, their song representing "o queixume da terra" ["lamentation of the land"]. Also in terms of insects, Catarina Clark Dulmo appears like "uma borboleta negra naquele cachiné das noites longas" ["a black moth wrapped in that nocturnal shawl"] at the end of "Feria Sexta in Parasceve." There are many horses as well—Margarida rides, her father gives her a mare, Jóia (though we do not know the origin of the first jewel, i.e., the serpent-shaped ring), and, after uncle Roberto arrives from London, he and Margarida frequently go riding through the streets and the countryside. In *Mau Tempo no Canal*, horses function as elements of characterization (denoting a character's social class and habits) and are only in this way symbolic. And then there is the rat that gives Roberto the plague (perhaps by way of a flea, as Manuel Bana, who manages to recover from the plague, suggests), thereby leading to his death. This represents the power of chance. These are only some of the many animals that appear in the text as elements of the plot, as well as characteristic features of the environment described by the author.

Without a doubt, the most important animal that appears as a plot element in the novel is the whale, with the whale hunt occupying one of the novel's most significant chapters in terms of the evolution of the narrative ("Barcarola"). While staying at the house in Urzelina after spending the night with the fishermen in the cavern following the excitement of the whale hunt, Margarida thinks, as she falls asleep, about João Garcia. It has been a long time since she wrote to him, explaining that she is being courted by another man; since then she has avoided João, who loved her but not in the way she wanted: "Noiva de quem?… Ah! Agora, sim; agora é que a resposta estava talvez dada para sempre, riscada no mar pela proa de uma canoa do Pico e pela escolha cega de uma baleia trançada …" (*Mau Tempo* 279) ["I am going to be married. But to whom?… This time there was no mistake about it! The answer had been carved into the sea by the prow of a Pico whaleboat and by the blind choice of a harpooned whale …"]. The whale hunt does much more in the novel than merely illustrate aspects of regional life; the whale, as the center of life in the channel (in this way additionally functioning as a regional motif), "traces" (just as a destiny is traced in the sky) in a "blind" way (corresponding to the blindness of the serpent-shaped ring) the path that takes Margarida from Pico to Urzelina, where she sleeps in what will become her marriage bed with André. And perhaps in this way we can understand why Margarida wishes at the end of the novel that the snake remain blind, just as the whale was blind, because both animals are instruments, originating in the realm of the emotions, of Margarida's destiny, of which she becomes aware over the course of the narrative.

At times in *Mau Tempo* animals are referenced in a purely figurative sense, without a corresponding existence in reality. In these cases, the novel's communication of meaning (or rather, the text's metaphorical iridescence) is subtler, and sometimes even equivocal. This occurs, for example, in Nemésio's various, disconcerting references to worms, which are invoked at odd moments in the text, producing a mixture of stylistic registers and contributing to the highly original character of Nemésio's prose. The author describes Januário in his mysterious office in these terms: "[P]ara enganar amarguras, armara aquele coberto de minhocas e metera-se dentro" (134) ["To lay his sorrow to rest, he had dug up that worm's burrow and crawled inside"]. This is doubtless an allusion to Januário's bizarre treasure—the old photos and dried flowers he keeps in the small green silk bag. Later on, Nemésio transcribes Januário's thoughts, reporting that, "[e]ra essa minhoca de palmo que o cegara durante tanto tempo" (191) "it was that span-length worm blinding him for a long time"], in reference to his scheme to marry his son to Margarida in order to take his revenge on the Dulmos. What Januário fails to realize is that the metaphor of the worm—a small animal (*bichinho* in Portuguese)—may refer to young Margarida or to his homosexual brother Ângelo, whose relationship with Margarida's brother Pedro allows Januário to use him as an informant, providing him with information on the novel's heroine.

The worm is also a characteristic feature of the Garcias' discourse, appearing, for example, at an important moment in João's interior reflections. In chapter XV, "Carnet Mondain," João recalls the party during which he danced with Margarida as something between reality and a dream. The scene "parecia o desfecho de uma partida de cabra-cega" ["resembled the conclusion of a game of blindman's buff"], and he feels "a cintura de Margarida na sua mão" ["Margarida's waist under his hand"] and sees "o ombro nu a um palmo da sua respiração, outra vez a serpente cega do anel contra a sua mão esquerda, que conduzia os dedos dela como quem pega numa pluma" (151) ["her naked shoulder a handspan away from his lips, and again that blind serpent on her ring against his left hand holding her fingers as one holds a feather"]. Note that by contrast, and only two pages earlier, Margarida felt "a mão de Roberto firme e aberta" on her shoulder (145) ["Roberto's firm and open hand on her shoulder"]. João concludes:

> O amor não queria confissões explicadas no vão de uma janela, nem alegorias literárias de um querer-bem concebido como matéria de um mito, ligado à rocha das ilhas e às noites de mau tempo no Canal. Assim perdera o segredo daquela ocasião de uma valsa, como quem deixa cair uma minhoca inevitável debaixo dos pés de uma rapariga que tinha mais com quem dançar. (152)[10]

> [Love did not demand confessions at an open window. Nor did it call for literary allegories of a love conceived as the stuff of myth, a myth connected with the shores of the island and with stormy isles in the night. And thus he had lost his chance during the waltz, like one who obtrusively drops a worm at the feet of a girl who has another dance partner.]

Whatever the meaning attributed to the worm that is contrasted to the serpent here, whether figurative or more or less concrete, what is apparent is that João's dreaming collapses under the weight of Nemésio's characteristically sharp and even desolating (albeit light-hearted and well-intentioned) commentary.

Gulls are given special mention among the birds that appear in *Mau Tempo no Canal* and are described not only as beautiful and poetically linked to the sea but moreover as "cruéis e implacáveis, animais de luta e presa … bichos de mortulho!" (317) ["cruel and implacable animals, equipped for fighting and preying… Ruthless predators"]. Nemésio makes this characterization following the news of Roberto's death, on Margarida's return voyage across the channel to the "ilha fantástica" ["fantastic island"] of Pico, during which she contemplates the gulls and listens to Vidinha, who tries to distract her. Gulls[ii] are also mentioned in ironic and dream-like terms, during a scene in which João Garcia is confronted with an envelope with his name on it. To João it appears that:

> concentrado naquele G de caligrafia elegante e um pouco espraiada de Margarida, apertado em seis letras que, por um movimento absurdo das suas associações mentais de acordado e daqueles traços de tinta ora enovelados ora firmes, lhe representavam o corpo e o ser dela, ficando apesar disso com uma significação absolutamente civil. […] [E]le era aquela coisa arredondada ali no sobrescrito, aquele substantivo que parecia tirado do nome de uma ave—*Garcia*—para designar uma qualidade abstrusa (talvez uma doença das garças, que são bichos de vento e das ilhas…)? (163)

> [concentrated in the G of Margarida's elegant and sprawling hand, tied together by six letters which by an absurd collaboration of his conscious mental associations and her strokes of the pen (now coiled, now firm) represented for him her body and her being but nonetheless retained a meaning that was absolutely civilian. [...] [H]e was but that looping upon the envelope, that noun that seemed derived from the name of the "gull"—*Garcia*—used to designate an abstruse quality (perhaps the disease of gulls, birds of the wind and of the islands...)?

These are curious images, from which one could make pertinent stylistic and narrative inferences based on the names, markings, and bodies mentioned. Indeed, one could construct a whole structure of signification from these references and the dream (or sickness) that mines them, with an iridescent meaning spreading outward. More important in a narrative sense are the pigeons that appear in the chapter named for them, "Uma caçada aos pombos" ["A Pigeon Hunt"], during which João appears to begin his relationship with Laura. Upon reaching Zimbreiro, João climbs up to a cliff overlooking the channel to contemplate Pico—he is torn, indecisive, between his two "virgins"—"Virgens Loucas e Virgens prudentes: Laura saíra ao vento com a sua lâmpada sem amor: Margarida abrigava a velha chama no seu misterioso afastamento" ["Foolish Virgins and the Wise Virgins: Laura had gone out into the wind with her loveless lamp: Margarida harbored the old flame in her mysterious aloofness"]. At the moment when he looks at a pigeon's nest, he feels a bullet fly close by him, and sees a "pombo ferido, desasado, foi cair a um junçal" (203-4) ["wounded pigeon, suddenly flightless due to a broken wing, dropped in the sedge"].[11] André Barreto, who fired the shot, approaches him, and the two rivals face each other, both mourning the pigeon in a civilized (and metaphorical?) way. A woman is heard "a gritar," "em baixo, num bote" ["yelling out," "down below in a boat"], which causes João's eyes to fill with tears (203). From this point the pace of events accelerates: Manuel Bana becomes ill, there is a fire in Januário's house, Margarida is quarantined, the whale appears and the fishermen sail after it, with Margarida, toward São Jorge. Margarida stays in Urzelina, after which she returns to Pico to confront her uncle's death. After she places the chrysanthemums on Roberto's casket, all that remains of the novel is the epilogue. Never again is João Garcia seen by the reader, or by Margarida—except for the scene in which he explains to his uncle Jacinto, in the final chapter that deals with Januário's family, that his father ruined his life, and that Margarida is the woman he loves (226). This said, there is one more dove[iii] that appears, and is literally figured, in the text, the dove on Margarida's tablecloth, which she embroidered while caring for Manuel Bana, and on which she drinks tea with Roberto when André and his sister come to visit them. Roberto drew the dove "e o seu raminho no bico ao largo de uma tira de pano riscada a papel químico" (208) ["with a little branch in its beak, repeated along a strip of cloth stenciled with carbon paper"] and, as his niece explains, "juntava-lhe filoseles de várias cores para o ponto cheio que faz o bico da pomba e o raminho" (238) ["she added multicolored filatures to thicken the stitch and fashion the dove's beak and the little branch"]. In sum, we have one pigeon killed by André with a bullet that narrowly missed João, and another (a dove) represented by Margarida with flowers in its beak. Instead of metaphor producing the narrative we have in *Mau Tempo no Canal* a narrative composed of pure images, book-ended by a pigeon and a dove, which registers the varied tones of the novelistic landscape as well as those of the cloth's iridescent floral design.

With the tenderness of the pigeons described, Nemésio presents us in the epilogue with the noble strength of bulls. As we will see, it is from the bulls that Margarida finds the power to consummate her own self-effacement.

The Mallow-green Dress

In a certain sense, *Mau Tempo no Canal* ends with Roberto's death. Margarida Dulmo's feelings for João Garcia change from the impassioned and reflective love she experiences at the opening of the novel to the exuberance (felt from a distance) that she displays in the epilogue, and which the author fails to explain except with reference to the bullfight she attends, in yet another narrative ellipse, in Angra. In this scene Margarida is presented as part of the audience and we view her largely from the perspective of Damião Serpa, who is among the spectators and is removed from Margarida's marital and existential conflict.

Here the bulls represent something both specific and localized: the community of aficionados (to which Margarida belongs), and the noble conduct of a noble animal, who confronts the bullfighter head-on (the importance of this detail is signaled in the text by the characteristics of the corral, which are discussed by the crowd). For the aficionado of the bullfight, to be noble is to be untamed (being tamed amounting to being trapped and fearful, moving secretly and seemingly at random, and courting betrayal), with the conduct of the bull and the bullfighter at the culmination of the contest belying the sincere, formally aesthetic dialogue between man and animal embodied in the bullfight. Margarida's happiness at the bullfight derives from various sources—from the contagious atmosphere of the *corrida* (with Margarida being swept up in the experience as she was during the whale hunt) and from the nature of the event as a situation of risk, which appeals to Margarida's impulsiveness and courage. Though Nemésio describes the spectacle in depth (with the knowledge and sensibility of a true aficionado), down to its individual details, which he presents in painterly touches, from the movement of the horses to the bullfighter's individual passes and the tackling of the bull, he does all this in order to present his heroine as part of a joyful scene. Recall that at the Peters sisters' gathering, during which high-minded topics like classical music and knowledge of Latin are discussed, Mateus describes his niece as "uma menina que pegou à unha uma vaca brava, nos pastos do pai!" (68) ["a young lady who grabbed a wild cow by the horns in her father's pasture!"]. And Nemésio, who moves from major to minor key with great narrative ease, places the reader in a festive environment of sunshine and bulls in order to then turn Margarida's happiness into a "pesadelo" ["nightmare"] as the bullfighter is gored (337). This change takes the reader by surprise, as Margarida notices:

> as atenções de toda a praça provavam que estava nos seus dias—e estupenda! Pusera um vestido de seda cor de malva [...]. E as pessoas debruçadas nos camarotes pegados recebiam do lume um pouco pálido do rosto de Margarida [...] uma impressão de felicidade perfeita, sem pensamentos, que só os olhos às vezes um pouco tristes [...] tendiam a desmentir. (333-4)

> [the attention of the whole audience demonstrated, in fact, that she was in her glory. She looked ravishing! She was wearing a mallow-colored silk dress [...]. And the people occupying the box next to hers received from the slightly pale fire upon Margarida's cheeks [...] an impression of perfect, spontaneous happiness, which only her eyes, sometimes a little sad [...] seemed to belie.]

Nemésio does not generally describe Margarida's clothing in much detail, the few exceptions including Margarida's wearing of Margarida Terra's old ball gown at Roberto's urging, or the few instances in which the author describes her mallow-green dress being blown by the wind (specifically, this occurs on the stormy night when Margarida talks to João by the wall, and when Margarida chases after the fishermen on Pico). Nemésio tends to link this brightly colored dress to the idea of the light in Margarida's face, and in contrast to her pensive way of looking—for instance, in the first nocturne, when Margarida receives the news of her uncle Roberto's arrival while she is "a provar um vestido de seda cor de malva que a costureira, ajoelhada, enchia lentamente de alfinetes" (61) ["trying on a mallow-green silk dress that the seamstress, on her knees, slowly covered with pins"]. Margarida hurries through the fitting, because she has plans to attend the Peters sisters' gathering, where she will receive a letter from João, who has gone to continental Portugal. In this way the mallow-green dress accompanies Margarida in the succession of her lovers and in her romantic uncertainties. Later on, in the box in the bullring, color becomes iridescent when Margarida "pusera-se de pé para recolher melhor o hausto colorido e quente que subia da praça [...] a mancha ardente e movediça do 'sol'" (333) ["had stood up, the better to take in the warm, colorful gaiety arising from the arena [...] the burning and moving blotch of the 'sun' area"][iv]—this iridescence fades as the novel approaches its end, with Margarida's transition from being part of the crowd at the bullring to being part of her new husband's family. Her husband calls to her that they should leave ("Vamos, Margarida! Não faça esperar a mãe" ["Let's go, Margarida! Don't keep mother waiting"], and after the goring, Nemésio narrates the following:

> Margarida guardava nos olhos voluntariamente abstractos a derradeira imagem que recolhera nos bastiões da praça empoleirada a oeste como uma aranha amarela: o vulto de São Jorge estirado e tapando a vista do Pico, que ainda assim conseguira fazer-se ver por ela da Terceira, servindo-se da sua fantástica altura para espreitar por trás da ilha refastelada [...] Pensando na colhida e no beliche que a esperava a bordo, era como se se despedisse para todo o sempre da sua vida e dos seus. (337)

> [Margarida, in her voluntarily distant eyes, held as if engraved the last image she had gathered: beyond the dusty arena and off to the west, like a yellow spider there rose the stretched-out silhouette of São Jorge. The island did not entirely block the view of Pico, which, thanks to its fantastic height, could peek from under its leaden cloak over the island at its feet, thus allowing itself to be seen from Terceira. Thinking of the reception and of the cabin that awaited her on board, Margarida felt like she was taking leave of her life and of her family forever.]

These thoughts, which are the novel's final reference to spiders and the last description of São Jorge (where André's family lives) as an "ilha refastelada," nearly obscuring Margarida's island of Pico, make the transition from

Margarida's *camarote*, or box, in the bullring to her *camarote* (here a berth) on the *San Miguel*, and from the generally celebratory, engaged mood of the bullfight to the somber, more distant feeling of the second part of the epilogue, which might be said to begin when Margarida, "após ter mudado de *toilette*, [sobe] do camarote para vir tomar ar ao convés" (338) ["after changing, she goes from her cabin up to the passenger deck for some fresh air"].

In this second part of the epilogue, whose subtitle reads "Andante, poi allegro, ma non troppo," spectacle gives way to interior reflection as the ship departs from Terceira, and then leaves the Azores all together. The epilogue moves away from the islands but implies movement and music nonetheless, with the latter having a special importance in *Mau Tempo*. At the Peters sisters' gathering Chopin is played and modern music discussed (is it by chance that the Debussy compositions referred to in the chapter are *Ce que dit le vent d'Ouest* and *La Cathédrale Engloutie*?), and Roberto, who in Margarida's dreams and fantasies (both of which are typical for her) is "uma espécie de príncipe de conto de fadas, como o *Lohengrin* de Wagner ou o *Roberto, o Diabo* de Meyerbeer" ["a kind of prince in a fairy tale, the Lohengrin in an opera from which she had only heard excerpts played on the Peters' piano—perhaps Meyerbeer's *Roberto the Devil*..."], plays the violin (313). Of course music is related to the question of the novel's sonority, which conditions the composition of sentences, the organization of chapters and plot, and the modular or progressive sequencing of the narrative. See, for example, Margarida's recollection of her love affair with André, and particularly the statement he makes during their expedition to Caldeira: "'Oiça, Margarida...' E o resto. O resto, até que, felizmente, Pedro saíu das moitas, lá da banda do lago, com os pezinhos crispados de um belo pernalta na mão," etc. (140-41) ["'Listen, Margarida...' And the rest of it. The rest of it until fortunately Pedro came out of the brush holding the crinkled little feet of a long-legged bird in his hands"]. These are descriptive sentences, though they leave certain things unsaid, sketching out (as opposed to fully describing) points of meaning. This gives the phrases an unresolved, enigmatic air that is later rectified or reflected upon, and in seemingly casual fashion—this is the case with the mallow-green dress,[12] an impressionistic splash of color or a musical tone that Nemésio repeatly uses to evoke the past. And returning to the issue of sonority, in the novel's title one can detect assonance in the use of a closed vowel as well as alliteration in its nasalized vowels. It is interesting to note that these same sounds reappear at significant moments in the novel, much like the mallow-colored dress, among other plot elements. This dress, as striking in its semantics (described as a *vestido cor de malva* in Portuguese) as it is in its color, corresponds to Margarida's exuberance during the bull-fight; the duller dress she wears on the *San Miguel*—the neutralization of color in her wardrobe—reflects the passing of her exuberance after the goring and her return to the ship. More broadly, one can detect the play of assonance and alliteration in the proper names used in *Mau Tempo*, with the majority of them placing equal emphasis on the closed and nasalized *a*. It would take too long to analyze the novel's complete onomastic record. Suffice it to say that nearly all the character names Nemésio uses feature these sounds (Roberto is the exception) and that the only prominent characters whose names feature a tonic, unnasalized *i* are Margarida and João—though in João's case this applies only to his last name, Garcia. In terms of topographical names and landscape features, the novel makes repeated reference to clouds, with the author at one point describing Pico in terms of "nuvens e nervos" (134) ["clouds and nerves"]. This description points both conceptually and vocally toward the clash of closed and nasalized vowels in the novel.

The mallow-green dress functions as a synecdochic description of Margarida, indicating her svelte, elegant presence. Its color represents one side of the heroine's vacillating emotional state, with the brightness of the dress finding its opposite in the dullness of the sea. The movement of the sea represents the impulse toward departure, which takes hold of Margarida after Roberto's death—his definitive departure. For this reason the prior references to the Barreto childrens' travels may have featured in Margarida's decision to marry André. The heroine's ultimate departure from Pico may be interpreted as an attempt to fill a lacuna noted at the opening of *Mau Tempo*, when on the novel's first page Nemésio describes the stillness and torpor of the land, writing that "os grilos pareciam, de verão, o queixume da ilha abafada e em que pairava agora um pasmo solto de tudo, menos do mar" (35) ["in summer, the chirping of crickets seemed the lamentation of the oppressed island over which now hovered a torpor relieved only by the sea"].

A Happy Marriage: Silence and Milk-soaked Bread

All of the arts are discussed in *Mau Tempo no Canal*, with particular attention paid to literature. Joseph Conrad, for example, functions as a leitmotif for Roberto, through repeated references to the character of Mac Wirr from *Typhoon*. Portugal's nineteenth-century novelists, like Proust, inserted themselves into the novels they wrote (Margarida's mallow-green dress hints at the Duchess of Guermantes's red dress and shoes from the final scene of *Du Côté de Guermantes*, the second volume of Proust's novel), and Nemésio follows in this tradition, frequently drawing on Camilo Castelo Branco, Júlio Dinis, and Eça de Queiroz for inspiration. The novel's final scene, set aboard the *San Miguel*, is reminiscent of Eça, while the bourgeois atmosphere of Urzelina recalls the domestic tranquility of Júlio Dinis's fiction. Further, the discomfort provoked by Margarida's can be compared to Henrique de Souzelas's arrival at Alvapenha. Margarida explains her adventure with the fishermen to the Baron and Baroness of Urzelina in these terms:

> Eu não posso estar aqui melhor do que estou [...]. Mas a sr[a] Baronesa compreende... Isto foi uma coisa horrível ... uma destas histórias que parecem inventadas! [...] Não foi por mal; foi aquela cegueira da baleia... E eu o que queria era servir-me da canoa para passar para a lancha. A dois passos uma da outra... Quem é que podia adivinhar que o motor parava e que a baleia havia de resfolgar ali à vista e tirar o juízo à companha?!... Mas, enfim... O telegrama do seu filho deixou-me mais descansada. Vou dormir muito bem. (273)

> [I couldn't possibly feel more comfortable here [...]. But you understand, baroness... What happened was something awful, something that you only think happens in romances! [...] They [the whalemen] didn't mean to do it; they were caught up in all the excitement of giving chase to a whale. And I wanted to use the whaleboat to then transfer to his launch when the two got close enough... How could I foresee that the launch was going to stall and the whale was going to show up like that and drive the whalemen into a frenzy? But it's all over now... And your son's telegram was really reassuring. I'll sleep easier now.]

Thus begins a period of inner struggle for the Dulmos's daughter, with it taking longer than anticipated for her to find a boat back to Pico, and with Roberto's own "motor" breaking down with his death. Margarida's discovery that one of her uncles has fallen ill (whether Mateus or Roberto, the announcement comes as a blow, as Margarida loves them both) results in a flurry of letters and a premonition of death, termed a "sete-espadas" ["seven of spades"] by Ângelo (158). This is likewise a difficult time for the baron and baroness, who are not accustomed to events like Margarida's voyage across the channel and her arrival at their home:

> Ainda não estavam refeitos daquela pedra de escândalo lançada aos fundões do seu sossego. Nos seus rostos fechados por mais de sessenta anos de pasmo e de sopas de leite, à vista dos perfis vulcânicos do Pico e do Faial, luziam olhares desconfiados, que se separavam lentamente para procurarem no vulto de Margarida uma confirmação ou um desmentido. (274)

> [They still had not recovered from having that scandalous stone thrown into the depths of the lake of their peaceful life. Their faces were congealed by over sixty years of silence and morning meals of bread soaked in milk, and from staring at the volcanic profiles of the Islands of Pico and Fayal. After having exchanged a cautious look, they slowly turned their eyes toward Margarida for some kind of confirmation or denial.]

The author fills these torpid days on São Jorge with descriptions of Margarida, paying attention to her well-being, emotions, and activities, as well as offering explanations of local agriculture and cheese-making, sketches of local figures, information on the notable buildings of Velas, and details on provincial, discreet habits of the baron and baroness.

The narrator, who systematically adopts a compromised position within the narrative (that is, he both describes what occurs and is observed and described, which gives the novel's characters a certain complexity and density, precludes them from being entirely good or bad in ethical terms, and causes their inner thoughts to appear as interior monologue), does not hide his aversion to the Baron and Baroness of Urzelina. He underscores their ignorance, their tendency to talk too much, their questionable dealings, a somewhat exaggerated confidence in the extent of their resources, and their ridiculous prejudices (though he does so with pleasure and a condescending humor that on more than one occasion recalls Camilo's novels). This depiction has a role to play in the novel: given what we know of Margarida, it is unbelievable that she will live in precisely this environment with André, which, paradoxically, is occupied by the only happy couple in the novel. The baron and baroness seem as if they were taken from Camilo's *Doze Casamentos Felizes* [*Twelve Happy Marriages*], with André's version of how his grandfather Constantino was married to D. Petronilha recalling the book's "Terceiro Casamento" ["Third Marriage"]. It is perhaps for this reason that the Dulmos do not feature in the narrative portion of the novel's final pages; in short, nothing happens to them, aside from Diogo and Mateus's presence at the Candelária cemetery when Margarida is there visiting her uncle's grave. The last time that the Pasteleiro house "cada vez mais se afundava na solidão dos cedros [...] erguida como um andaime entre a lâmpada do poste da estrada e a maré rolando o calhau" ["sank ever deeper into the solitude of its cedars [...] rising like a scaffold between the street lamppost and the rollicking tides"], in chapter XXVII, Catarina, with "resignação" ["resignation"] showing on her "rosto avelhentado" ["age-withered face"], feels *saudades* for her daughter, who is at Pedra da Burra caring for a sick Manuel Bana. With Pedro, her husband and her father with her at home, Catarina glances toward Açor, "velho e cheio de esgana" ["old and suffering from whooping cough"] and recalls, in profound solitude, the night of the hurricane. The marriages of the younger characters are mentioned, though João and Laura's is only described by a third party. For Margarida's part, though she appears happy on the day of the bullfight, she later tells Damião Serpa that her honeymoon is being spent in a small ship's berth, and when she meets up with André, he kisses her on the forehead. Later on, in their berth, Margarida pretends to sleep. As for the novel's final scene, this first centers on the compensatory intimacy of the baron and baroness, who discuss Margarida. The novel then closes with Margarida adrift in the sea of her own secret.

"As coisas têm a sua hora" ["There is a time for everything"]—this is a leitmotif of *Mau Tempo no Canal*, suggesting that frozen, empty time may come to be filled, though emptiness remains in the form of the dreams, encounters, separations, evasive and untruthful letters, frustrated plans and unsatisfied desires that populate the novel.

Here it is necessary to address the issue of gender, that is, the manner in which Nemésio presents Margarida as a woman. The author presents us, in his alternately pensive and energetic, complex and enigmatic heroine, not with the image of a passive or frustrated woman. Margarida is far from a victim subordinated to her environment or family, though Nemésio acknowledges the influence of circumstantial factors. Nonetheless, he allows Margarida to try to transform, overcome, or ameliorate these. Margarida is the model of a thinking person, someone whose actions are informed by her thoughts; they are not exclusively so (Margarida sometimes acts unexpectedly or impulsively), but in general, her actions are the outgrowth of her thoughts. It is for this reason that Margarida rejects a love that she shares, but which is not enough for her, and gives herself over to an emptiness (the "rest" comes later for her, in André's "Oiça, Margarida..." ["Listen, Margarida"]) that allows her room to maneuver. Margarida does this with total lucidity and undeniable sadness, and for this reason her decision is alluded to, as an elliptical presence in the text.

Margarida is a woman who has made a choice. She neither has João's tears, nor does she protest like a thwarted lover. Emptiness, "esse pasmo solto de tudo, menos do mar" (35) ["a torpor relieved only by the sea"], is announced on the novel's first page. Margarida attempts to fill this hole by throwing herself, so to speak, into the sea. As her grandmother Margarida Terra said, betrayed by her husband and and confined to her home, "a gente não é infeliz de todo senão quando quer" (130) ["We are not entirely unhappy unless we want to be"]. Though Margarida enters into the human adventure apparently defeated, she draws strength by acknowledging the uncertainty of life.

Regionalism: Voice and Place

The topic of regionalism in *Mau Tempo no Canal* is large enough on its own to create a vast bibliography. I could not begin to study, or even properly list, the author's treatment of the land and its specificities, or its inhabitants and their customs and traditions, objects, clothing, language, diet, beliefs, festivals, work and home life, and culture generally. Vitorino Nemésio, author of *Portugal, a Terra e o Homem* [*Portugal, the Land and the People*],[13] is well-aware of the local specificities of his Portuguese homeland and compatriots, which he presents in *Mau Tempo* in his characters, who he describes with affection, but also with irony and critical distance.

In terms of regionalism, two areas deserve our attention: Nemésio's depiction of culture and of social conditions. The novel is a cultural manifestation par excellence, and Nemésio, as an artist and intellectual, affirms his heritage first by setting his novel in a certain (Azorean) environment informed by certain historical events (including those he experienced firsthand as a public figure and as a member of the community—see, for example, his impressive description of the *Festas do Espírito Santo*) and second through his incorporation of local speech, particularly in the chapters "Uma Taberna de Baleeiros" ["A Whalemen's Tavern"] and "Oceano Glacial Árctico (Em Português do Pico: Ariôche) ["Arctic Ocean (In the Portuguese of Pico: *Ariôche*)"]." Moreover, there are regional references in Nemésio's descriptions of local cultural life (a magnificent example is the gathering at the Peters sisters' house in the first nocturne, which includes notable references, like Francisco de Lacerda playing Debussy in São Jorge, and an ironic allusion to Margarida not liking poetry since, "tinham-na secado com versos de poetas das ilhas—*'pétalas mimosas',* '*amo-te quando à tarde*'...—e 'poeta' ficou para ela uma vaga equivalência de parvo, de choninhas" ["they had bored her silly with poems by island poets-'tender petals,' 'I love you in the afternoons.' And so for her, 'poet' had stuck in her mind as the vague equivalent of imbecile and stunted creature"]. Local social conditions constitute the basis for the plot, complicating and even impeding the relationship between Margarida Dulmo and João Garcia, not so much through external causes but (and this is quite original) because of the attitudes of the two lovers, deriving in part from their psychology, but largely the product of familial, provincial, and class-derived behaviors. Cognizant of the tenets of *presencismo* and Portuguese neo-realism, Nemésio balances the two in poeticizing a unique and complex fictive universe and in attempting to articulate a voice capable of expressing the full breadth of this reality.

It is worth touching on the relationship the novel maintains as a work of fiction with the idea of the regional; if each chapter is in a certain sense a narrative metaphor for the whole, this implies that the better part of the novel's narrative information can be located in each chapter and that, by extension, these rearticulations constitute distinct versions of the same novelistic material, which confront the reader as components of a multiform, composite whole. The coherence of this matrix becomes clear if we think in terms of islands, connected by love for one's homeland as well as interpersonal relationships, but separated by departures, which inversely highlight those left behind, as well as the sea—like death, a form of infinite absence that separates those who leave the island.

It is only through departure that we can locate those who remain. Similarly, it is in the unresolved, dialectical relationship between departure and permanence that a place finds its unique voice (through memory and the prolonging of imminently lost images), with the possibility of dislocation and travel according a region its secondary status. To travel is to remove oneself, that is, to pass from one place to another, and it is only from the place to which one travels that one gains a perspective on the place one has abandoned. He who has not experienced departure in both of its component parts (leaving and remaining) is not likely aware of the phenomenon of regionalization. All places are regions (in Latin, "region" indicates a royal or noble house), though the relations of political actors determine how "regional" (i.e., subordinated) a given locale becomes. In the context of *Mau Tempo*, it remains to ask whether it is the characters who experience departure (João, who leaves and returns; Roberto, who returns; Margarida and Damião Serpa, who both leave; and the young poet Pragana, who has left the seminary and is traveling to Coimbra), or if it is the narrator who departs with Margarida and grants the young Pragana the poetic sensibility to successfully represent departure in words.

Place is palpably present in *Mau Tempo no Canal*. In the end, I do not know if *Mau Tempo* is best described as the story of a richly drawn, attractive, and contradictory heroine or as a novel of the land, itself unique and rich, that blends into Margarida's story and in which she finds solace. Margarida, possessing her dark sense of humor yet nonetheless recognized as "um mar de alegria" ["a sea of joy"], who is for many the picture of her grandmother Margarida Terra (the *terra*, or "land" absent from her name and ultimately from her married life), assumes both the sobriety and exhuberance and, above all, the moving singularity, of her homeland. It is as if land and woman were formed from the same substance, with which the reader, in reading the novel, enters into communion.

Notes

[1] See Mourão-Ferreira, "Sobre a obra," and Lopes, "Vitorino Nemésio." Please note that I refer exclusively to Lopes's bibliography, though I make reference to the broader work throughout my analysis.

[2] Scholes *Paradoxy*.

[3] Nemésio, *Quase que os Vi Viver*. See especially the essays on "'Viagens na Minha Terra'" and "O romance de Júlio Dinis."

[4] I cite the edition of *Mau Tempo no Canal* introduced by José Martins Garcia (IN/CM, Lisbon, 2002). Though this version is presented as the novel's sixth reprinting, it is obvious that it is the seventh edition, the first edition published by IN/CM in 1994. This seventh edition follows a sixth, coordinated by David Mourão-Ferreira and published by Bertrand. I would like to mention for the benefit of readers, publishers, and Nemésio scholars that both the seventh and fourth editions (Bertrand, 1972—the basis for José Martins Garcia's edition) contain a number of substantive errors. See, for instance, "trenó" instead of "tremó," at the end of chapter I; "eles como" instead of "como eles," halfway through chapter XXXI; "pega de cara" instead of "pega de caras," in the first part of chapter XXXVII; "calcada" instead of "calçada," at the beginning of chapter XXIV (in this case, as with some additional examples, the seventh edition errs, though the fourth is correct).

[5] I believe this to be an additional error: *Metafísica* should read as *Metapsíquica*. For supporting evidence, see chapter XVII, particularly page 166.

[6] Lopes, "Vitorino Nemésio." The references I make in the present paragraph are chronologically ordered, running to page 766 of Lopes's text.

[7] This passage remains relevant for understanding the novel, though it moves way from the question of metaphor: "Há uma entrevista em dialecto sobre a técnica e a economia social da pesca em fins do século XIX, descrevem-se as Festas do Espírito Santo no Faial, interiores populares e burgueses (como o de um *morgadio queijeiro* de S. Jorge); e então o Epílogo contém quase um guia turístico impessoal de Angra (a que o autor tiraria de bom grado o "do Heroísmo"), mais uma longa crónica tauromáquica bastante perita" (766).

[8] See *Mau Tempo* 111.

[9] *Mau Tempo no Canal* shows the influence of Camilo Castelo Branco in the novel's evo-

cation of "terror grosso" through ghosts, premonitions, kidnapped nuns, confined women, etc., along with its narrative rhythm, which establishes itself from chapter 22, and particularly from chapter 29, in a quick succession of events and unexpected happenings, and in contrast to the slow, bucolic atmosphere of chapters 31 and 35, which owe more to Júlio Dinis than to Camilo.

[10] It is worth noting that the theme of the lost waltz is taken up again in the epilogue, where Margarida sees a waltzing couple on the *San Miguel.*

[11] I believe that *junçal* [the term that is translated in the text] is spelled incorrectly, and should read *juncal.*

[12] Marcel Proust makes regular use of this narrative strategy in his *A la recherche du temps perdu.*

[13] Vitorino Nemésio prepared the volume, which was published after his death.

Translator's note

I referred to Francisco Cota Fagundes's translation of the novel, *Stormy Isles: An Azorean Tale* (Providence, RI: Gávea-Brown, 1994). This affected word choices like "mallow-green dress" for "vestido cor de malva" and "serpent-shaped ring" or Margarida's ring.

Guest editor's notes

[i] *Arco da Velha* or "Old Lady's Arc" is a popular expression for "rainbow."

[ii] *Garça,* the term used by both Nemésio and Seixo, literally means "heron." In most of the islands of the Azores, however—and in *Mau Tempo no Canal*—the term refers to gulls.

[iii] The terms *pombo* and *pomba* appear in Nemésio's novel and were here translated, quite correctly, as "pigeon." In the context of the Azores, however, *pomba* demands the translation "dove" due especially to this bird's association with the Holy Ghost Celebrations: Dove of the Holy Ghost or Spirit. I have corrected the cases in the translation in which "pigeon" for *pomba* would be inappropriate.

[iv] The "sun" being referred to here is the sunny area of the ring—the bleachers.

Works Cited

Jakobson, Roman. "Deux aspects du langage et deux types d'aphasie." *Essai de Linguistique Générale.* Trans. Nicolas Ruwet. Paris: Minuit, 1963.

Lopes, Óscar. "Vitorino Nemésio." *Entre Fialho e Nemésio. Estudos de Literatura Portuguesa Contemporânea.* Vol. II. Lisbon: IN/CM, 1987.

Matthews, Steven. *Modernism.* London: Arnold, 2004.

Mourão-Ferreira, David. "Um convite à leitura de 'A Casa Fechada.'" *Sob o Mesmo Tecto. Ensaios sobre autores de língua portuguesa.* Lisbon: Presença, 1989.

———. "Da génese e da fortuna crítica de 'Mau Tempo no Canal.'" *Sob o Mesmo Tecto. Estudos sobre autores de língua portuguesa.* Lisbon: Presença, 1989.

———. "Novos elementos sobre a génese de 'Mau Tempo no Canal.'" *Sob o Mesmo Tecto. Estudos sobre autores de língua portuguesa.* Lisbon: Presença, 1989.

———. "Sobre a obra de Vitorino Nemésio." *Tópicos de Crítica e de História Literária.* Lisbon: União Gráfica, 1969.

Nemésio, Vitorino. *Mau Tempo no Canal.* Ed. José Martins Garcia. Lisbon: IN/CM, 2002.

———. *Portugal, a Terra e o Homem. Antologia de textos de escritores dos séculos XIX-XX.* Lisbon: Gulbenkian, 1978.

———. *Quase que os Vi Viver.* Lisbon: Bertrand, 1985.

Scholes, Robert. *Paradoxy of Modernism.* New Haven: Yale UP, 2006.

Seixo, Maria Alzira. "Para uma leitura crítica da ficção em Portugal no século XX. Anos quarenta a noventa." *Outros Erros. Ensaios de literatura.* Lisbon: Asa, 2001.

Simões, João Gaspar. "Mau Tempo no Canal." *Críticas sobre Vitorino Nemésio.* Coord. António C. Lucas. Lisbon: Bertrand, 1974.

Maria Alzira Seixo is Professor of French Literature at the University of Lisbon. Her research and subsequent publications have focused on European literatures, literary theory, and travel literature. Her recent publications include *Le Sens du Voyage dans l'Écriture Romanesque* (2000), *Outros Erros: Ensaios de Literatura* (2001), *Os Romances de António Lobo Antunes: Análise, interpretação, resumos e guiões de leitura* (2002), and *O rio com regresso e o diálogo no romance: ensaios camilianos* (2004). E-mail: masss@netcabo.pt

Robert Patrick Newcomb is a PhD candidate in Portuguese and Brazilian Studies at Brown University. He is currently writing his dissertation, entitled "Counterposing Nossa and Nuestra América: Brazil in the late 19th and early 20th century intellectual construction of Latin America." Publications include "José de Alencar's Critical Writing: Narrating national history in the Romantic era" (forthcoming in *The Luso-Brazilian Review*), "João Cabral de Melo Neto and the Poetics of Bullfighting" (forthcoming in *Romance Notes*), and translations of several poems by Miguel Torga (Gávea-Brown, vols. XXVI-XXVII, 2005-2006). His research falls broadly into the category of comparative Luso-Hispanic studies, with a focus on intellectual history. E-mail: Robert_Newcomb@brown.edu

The Literary Representation of Non-Standardness as a Marker of Dialect "Voice" in *Mau Tempo no Canal*: Some Considerations[1]

Irene Maria F. Blayer

Abstract. In *Mau Tempo no Canal*, a relationship between "direct speech" in dialogue and "regional language" is suggested by indicators of non-standard spelling in the text, which strongly supports a direct reference to Azorean speech. Nemésio's interest in this speech is aptly manifested in the discourse by echoing the "idiolects" in accordance with the characters' respective social strata. In this introductory study—part of a longer linguistic research project dealing with Nemésio's novels—the use of "literary dialect" in the discourse of one of the characters provides a background upon which the marked linguistic registers connoting an Azorean linguistic identity are recognized. These indicators are then traced against existing linguistic data to form an expository analysis of the speech.

> No critério que adoptei para classificar em três tipos o açoriano dos nossos dias [o micaelense, o das ilhas de baixo e o picaroto], tive principalmente em conta os matizes da fala insulana, tão rebeldes à outiva como virgens ainda para a fonética experimental. As modalidades de índole, costumes, maneiras acompanham esses matizes com uma precisão magnífica; e só tenho pena de que a minha intuição não venha socorrida das provas, dos vivos exemplares de que a minha memória anda cheia.
>
> —Vitorino Nemésio, "O Açoriano e os Açores" (97)

In novels, authors often use such literary devices as orthographic distortion, grammatical formations, or a lexicon particular to a region to express or rep-

Portuguese Literary & Cultural Studies 11 (2007): 171-96.

resent the verbal and phonetic idiosyncrasies of their characters. Primarily introduced in the context of dialogue, these conventions are used to enhance the "accurate" rendering of a particular character's speech or diegesis. This representation of dialect or connotation of dialect speech differences is often achieved through the modification—from the standard language—of spelling within dialogue passages. The practice of this style to indicate non-standard pronunciation in dialogue is evident in the works of major figures such as Charles Dickens, George Bernard Shaw, Thomas Hardy, Emily Brontë, D. H. Lawrence, George Eliot, and Mark Twain, among others. Common examples that might be used to represent this convention and demonstrate the sound variety that distinguishes idiolect speakers in some of the novels of these writers can be illustrated with misspellings such as *d̲ey*, *d̲e*, and *d̲em* for *they*, *the*, and *them* respectively, with the use of the word-initial alveolar stop [d] to indicate a voiced sound, instead of the interdental fricative [đ]; there is also the spelling of *mouf* and *toof* for *mouth* and *tooth*, where the final *f* replaces the final voiceless *th* [θ].[2]

The alteration of a "nonphonetic writing system" to render a character's speech sound has led to widespread critical discussions of this convention at the same time as it has attracted much attention from dialect scholars. When surveying the occurrence and representation of characters' speech in English literature, for example, Blake (15) suggests that writers construct the voices of their characters through the creation of dialect features found in the text, such as manipulating spelling, vocabulary, or syntax, of which the former is more important. Norman Page echoes this understanding of dialectal characterization through the conventional techniques adopted by writers and explains that, "by long established tradition, any variant spelling may be interpreted as representing non-standard pronunciation, even where the spelling, as with *sez* and *tho*,' is a crude phonetic version of the standard pronunciation" (54).[3] When creating the settings of speech distinctiveness and identification for their fiction—a "perceptual dialectology"—writers draw on these markers for phonetic purposes; but they also use linguistic registers with lexis and syntax to identify other codes of regional variation that mark narrators and characters speaking a dialect. In recognizing the possibilities of marked dialect representations in fictional work, Sumner Ives writes that "literary dialect is an author's attempt to represent in writing a speech that is restricted regionally, socially, or both" ("A Theory" 138).

Among noted twentieth-century Portuguese writers, Vitorino Nemésio stands out for his use of the literary representation of non-standard language to render a "regional voice" with distinctive speech patterns. Readers familiar with Nemésio's work find that his interest in Azorean speech is marked in his fiction, primarily with the extensive distribution of non-standard features with which he endowed some of his fictional characters. By far the most impressive trait of Nemésio's oral style is the unifying linguistic indicators exhibited in the direct speech of some of his characters.[4] The intentional use of these features codifies his perceptual fictional dialectology and enhances the discourse of dialect speakers. In this literary attempt to mark the speaker's dialectal codes of speech, Nemésio seeks to construct a personality that stands apart, linguistically, from others in the text.[5] He distorts and manipulates spelling so as to convey important clues that will enhance features of pronunciation. To represent non-standardness as a means of capturing and emphasizing regional or social divergences in pronunciations (Azorean), Nemésio depicts these orthographically, with sufficient detail, as well as with an extensive stock of dialect markers by exploiting and exaggerating on literary devices—eye dialect,[6] spelling— in the discourse of direct speech.

In the literary representation techniques of speech in Nemésio's *Mau Tempo no Canal*, dialect is closely associated with one of the main figures in the novel, Tio Amaro de Mirateca, the fisherman/whaleman who represents an oral dimension in the novel. A reading of the following passage will serve to illustrate how Nemésio represents oral speech.

> ...*Chomei* o *mê* Lauriano e *santei*-o aqui *im riba* dos joêlhos, *co lincinho* dêle *puinduirado* na mão: "Toma lá, meu *home*! Andas sempre *co* êsse ranho a *caiir*..." "Olha, olha, meu avô! o *qu'o* Menino *Jasus* me *troixe*!..." E tira *dobaixo* do braço—*ũa* canoinha de buxo, *cum* giga, *moitães*, e o *sê poparo* todo! Foi o pai que *la* fez *co* a navalha... Andou *co aquilho inscundido* na manta, *somanas* a fio...! Só *qu'ria qu'a* menina visse! *Parcia* mesmo—*ũa imbarcação* deveras, a *saiir* o Canal de vento à popa.... (252)[7]

The non-standard spellings attest for roughly phonetic representations of a variant form of standard speech to underline, for example, vowel shifting and monophthongization: *chomei* (chamei), *santei-o* (sentei-o), *mê* (meu). The potential level of fictional dialect is clearly echoed in this idiolect; it is apparent to the reader that a dialect voice plays significantly in the protagonist's *performance*—in Chomskyan terms and analogous to *parole* in Saussure's concept. Enough misspelling representing phonetic information is provided to produce a distinctive dialectal effect. As a result, the reader is presented with an acoustic dimension within the direct speech of the character, which Nemésio manipulates to produce an interplay of linguistic voices related to social stratification and regionalism. As Mikhail Bakhtin suggests, "The language of a novel is the system of its languages [...] the novel can be defined as a diversity of social speech types (sometimes even diversity of languages and a diversity of individual voices, artistically organized" (162).

Given the frequency of the representation of non-standard features in Vitorino Nemésio's novel, the question—from the standpoint of a phonological reading of the text—is one of interpretation: What significance can we ascribe to the speech patterns represented? In order to investigate this question further, we must establish a baseline from which to analyze any linguistic variation. Sumner Ives, in the essay "A Theory of Literary Dialect," provides a very useful discussion of the linguistic theories and applications characterizing the "fictional" dialect. In response to Ives's article it has been generally taken as a given that—for accuracy in the reading of literary dialect—the reader has to be familiar with the author's own dialect settings and interpret the rendering of the nonstandard speech of the characters in terms of that dialect. It is by means of his verbal construct that the author makes his representation of idiolects or oral speeches. Ives's work assumes, however, that "When an author uses dialect as a literary medium [...] it is [a] typical set of usages—[a] sort of koinï—that he employs. From the total linguistic material available, he selects those features that seem to be typical [...] of the sort of person he is portraying" (144). In the case of Nemésio, we can infer from his concern for a regional literature that the relationship between fictional speech and dialect representation of Azorean speech is an important attribute of his work. In this connection, I would like to pick up on Nemésio's words from an interview earlier in his career:

> Não temos literatura propriamente açoreana porque os nossos poetas e escritores estão fóra da alma açoreana. A língua com que trabalham a prosa e o verso é uma língua cujos vocábulos vêm nos dicionários mas que não trazem a comoção do nosso povo. O nosso povo tem uma sintaxe e expressões próprias. Ora os poetas e escritores açoreanos não escrevem com o sentido regional do vocábulo, com a sintaxe e a expressão populares. Dentro de um livro de versos de qualquer poeta pode haver poesia, mas o povo, o nosso povo, não está dentro dele.[8]

If *Mau Tempo no Canal* is the seminal representation of *açorianidade*,[9] the question is whether the fictional speech of the characters in this novel also reflects faithfully and objectively the linguistic idiosyncrasies of the regional speech community/communities and whether this oral fictional speech is a truthful indication of *açorianidade*, a marker of local—regional/Azorean—linguistic identity. At times, when referring to the speech features of the characters and/or the underlying language variation along with the characterization of the idiolect—where there is the premise of an actual dialect—a novelist's literary representation of language variation might convey a different meaning to different readers, more specifically if the reader is unfamiliar with the dialect in question.[10] Thus, it seems probable, as Page tells us, that "the writer using dialect words or indicating regional pronunciation runs the risk of mystifying the reader" (52). This is particularly important for our reading of Nemésio's usage of dialect in his fictional dialogue.[11]

In Nemesio's work and with regards to the use of literary dialect, little attention has been given to the study of this device in his fiction. Some of the most succinct attempts to relate Nemésio's oral style of literature to the specific linguistic devices used in his discourse are found in the works of Martins Garcia, Heraldo da Silva, Machado Pires, and Mateus Silva.[12] In general, they describe linguistic essentials in Nemésio's system of oral style as well as some concerns over the questionable accuracy of the orthographical convention employed to reflect the dialect uses and regional distinctiveness. Martins Garcia, for instance, argues that:

> Vitorino Nemésio debateu-se com o intricado problema de reproduzir foneticamente o falar de certas regiões dos Açores. Poderemos afirmar que, em alguns casos, conseguiu resultados aproximativos [...]. Por outro lado, a variante dialectal que Nemésio nos apresenta pertence a qual das ilhas dos Açores? Um exemplo: *mãis*, em vez de *mas*, conjunção adversativa. Existe na Terceira? Acredito, tal a frequência com que ocorre em o *Mistério do Paço do Milhafre*. Quando porém, ti'Amaro da [sic] Mirateca (baleeiro do Pico) relata as suas aventuras (*Mau Tempo no Canal*), lá está a conjunção *mãis*—coisa que os meus ouvidos de picaroto nunca tal ouviram *in loco*. O mesmo direi de *oitro* (variante de *outro*)[13] que não me consta existir no Pico. (137-38)

The implication here is that, as he puts it, "Vitorino Nemésio, por exemplo quis reproduzir, como verosimilhança fonética (mas que na página tem de servir da grafia–eis o drama!) as características específicas da realização fónica regional" (136). Thus, it is not surprising that Martins Garcia attempts to question the practice and conventional representation of literary dialect; consequently, no approach of this type could reflect an author's perceptual dialect. He writes: "A tentação foneticista está pois num beco sem saída: ou é fiel à sequência fónica (na sua oralidade) e então teria de grafar-se segundo um alfabeto fonético, ou rejeitando o alfabeto fonético (que é o que acontece de facto), utiliza, o alfabeto corrente [...] e passa a flutuar no gráfico, sem critério aceitável" (162). By implying a "drama" or "um beco sem saída" for the real representation of speech, Martins Garcia is already suggesting that this kind of text depicts and reflects a more precarious and problematic linguistic reality. Before we proceed, let us state explicitly that one purpose of the literary graphic representation of regional dialect is to create a "fabric of linguistic cohesion and plausibility that is to be taken to be an immediate reflection of the character's real speech" (Page 57). In this vein of thought, Susan Tamasi argues that,

> if authors are to portray dialect in literature accurately, they must also incorporate variation in the speech of each individual character, and the reader must keep in mind that when a writer does incorporate linguistic variation into the speech of one character, the writer is actually giving the character complex, realistic human qualities [...], the dialect must be an integral part of the story and characters themselves. (131-133)

Of pivotal importance to us is that written fictional speech, though lacking enhanced markers, provides ample possibilities for the registered linguistic features to be identifiable and applied to a social, regional group, or simply to a personal and idiosyncratic idiolect. As Norman Page tells us, "even the most realistic fictional speech generally represents a considerable selection and conventionalisation of the real language of men" (96). If this is the case in Nemésio's work, to what extent is that which has been attributed to Nemésio's depiction of dialectal representation of speech in the novel linguistically valid? Without settling into detailed efforts of exemplification, it is not possible to enter here into the many complex aspects of mediation between represented fictional speech and the linguistic traits common to those sharing the same dialectal background. Nonetheless, what we seek to find, if possible, is what features of direct speech characterization are registers of regional—Azorean—linguistic codes, and which are merely an embellishment of creative writing. On the basis of this, we can attempt to define the author's intent in terms of social signification or rendering of accurate regional dialectal patterns.[14] As we know from Nemésio's selection of dialectal markers, some of the character(s) exhibit in direct speech a more linguistically pronounced idiolect indicating a register of regional variation of the standard speech.[15]

To determine what aspects of phonic substance are part of the representation of dialect speech, several readings of the dialogue can be best typified by the voice of Tio Amaro de Mirateca, the "conversational storyteller."[16] This is not to suggest that what we encounter in the course of the novel is a uniform and immutable idiolect for this particular character. However, for the convenience of our discussion, we will make this assumption and focus on Mirateca's performance in direct speech. By framing the character's speech utterances within the linguistic context of "Azorean speech"[17] we draw on what we believe is objective and natural linguistic evidence—known in general linguistics theory as *langue* vs. *parole*, in the Saussurean distinction between language as an abstract system and speech as an individual act of articulation, and as *form* vs. *substance*. Relations between each level in Nemésio's oral style and the registers of the underlying language—Azorean speech—constitute a complex case study, which, due to constraints of time and space, is beyond the scope of this essay. For this reason this analysis only illustrates the speech of one major character in one of the chapters. Without ignoring or dismissing the existing aforementioned attempts of other writers,[18] I will identify Nemésio's use of representational dialect. My presentation will be relatively informal and introductory, a preliminary sketch of a forthcoming comprehensive and rigorous linguistic study of Vitorino Nemésio's work. Here I will focus my attention on chapter XXVIII of *Mau Tempo no Canal*, "Oceano Glacial Árctico," with emphasis on the idiolect of Tio Amaro de Mirateca, the whaleman, whose oral speech provides abundant deviations from the standard norm of language and represents linguistic forms and uses, as opposed to that of other characters in the novel. In the dialogue in this chapter, Tio Amaro de Mirateca has the first voice and serves as the "controlling consciousness of his own story." The marking strategies of the discourse level[19] featured therein are filled with distinctive linguistic—phonological—testimony.

Within an illustrative rather than systematic analysis, my focus on Tio Amaro's linguistic performance concentrates for the most part on his phonetic idiosyncrasies, mainly including vocalic peculiarities. My concern is to identify if the fictional language represented by the idiolect of Tio Amaro de Mirateca constitutes a fundamental linguistic marker for Azorean speech (see Blayer) and/or a voice socially distinct from that of someone who belongs to the lower social strata, to the common people, and therefore representative of a specific insular socio-linguistic community. Clearly distinct from this is whether the identified utterances of this character's voice are impressionistically conditioned by the fictional and creative invention of his creator.

The works on Azorean speech already noted, in particular the study by the author of this essay,[20] will provide the necessary underlined speech markers as a framework against which the features of Tio Amaro's idiolect can be compared. Pertinent to this analysis is the fact that the speeches analyzed therein focus on the features of the language that best reflect the regional variations—Azorean—as compared to the standard Portuguese norm.[21] The results of the study are based on data collected mostly in rural areas and fishing villages, with some evidence representative of urban localities.

Mirateca's speech utterances across a dialogue sequence can be first analyzed by the following extract, which opens the dialogue scene in chapter XXVIII:

> —Vossa Sinhoria intende? Mulheres da vida... rapazes novos... Inda tinha tabaco no imbigo: sei lá!... quinz(i) anos, é o qu'ê podia ter. Mãis lá me curei...
>
> —E, vendo Margarida que descia o resto da escada, de costas, à marinheira, o ti Amaro curvou-se ao ouvido de Roberto: — (O nosso *midship*, o Bob, o tal de Nantaque, é que me amezinhava e m'espremia; fazia-me essa caridade...). Isto é ũa pérola d'ũa menina! Tamém vem oivir o velho?... Pois era... 'Tava aqui a dezer ò sê tio e ò papai que cumecei a balear munto antes das sortes... aiinda botava o mê pião lá ũa vez por oitra. Só qu'ria ũa pataca por cada vez que mê pai me puxou pola ponta da fieira qu'ê deixava caiir aqui im riba da fralda, na pressa de m'iscunder... Ficava mai' rico qu'ò sr. Altre Bensaúde! Aquilho é qu'era tempo! e um rospeito...! Qũem pertindia a ũa cumpanha pidia a bença [sic] ò mestre, coma hoij'im dia só se pede a pai e a mãe... q'ando é!
>
> "Tinho apanhado po'ju'tiça um brigue francês qu'andava aí perto da costa, à baleia e ò peixe de caldo. Parece que o stou vendo...: rabeiro, alto de proa...: o *Denis*. O guarda a dezer: "Haija quem mai' lance!" ...e um home brabado qu'aí havia, a picar... a picar... Os oitros bem se chegavo!: êl cobria semp'e. (247)[22]

This passage, selected as a sample, will provide the special marked features and content from which to assess whether there is linguistic harmony—with regard to pronunciation features—characterizing Amaro's speech throughout.[23] This linguistically complex text is particularly revealing in what it tells us about the author-narrator's intention regarding the character's idiolect. The distributions of non-standard features are clearly marked through variant spellings, which decode the significant regional variant alternatives. These marked tendencies account for dialect representation in Amaro de Mirateca's speech. However, for reasons of brevity, we will only consider the most widespread phonetic registers. The framework surrounding this passage is one of direct discourse between Mirateca, Diogo Dulmo, and Margarida—with Roberto Clark, Margarida's uncle, playing a background presence. A layer of interest throughout the six pages (247-252) that comprise this chapter is Mirateca's almost "soliloquy-like predominant voice." The linguistic signs of this "gifted storyteller" situate him outside the standard linguistic community. Many of the examples reveal that this idiolect is clearly marked within Azorean linguistic parameters (see Blayer); also, we detect that the variant forms reflect, for the most part, specific phonic tendencies of this speech community. Features peculiar to Tio Amaro's idiolect pertain mostly to vowel shifting, monophthongization, the deletion and fusion of sounds, alternation of the diphthong /ou/ > [oi], metathesis, and lexical borrowing. In this speech, sound changes mostly affect the atonic vowel system. It favors very marked vocalic reductions[24] and tends to raise atonic mid front and back vowels. This raising is part of the general vowel shift in the insular speech—which affects the tonic/atonic vocalic systems, more predominantly in São Miguel, but also reflected in the speech of the other islands—although their systems have not reached the degree of evolution that exists in São Miguel's linguistic community. There are repeated cases of this variation of vowels, initially and medially, which cause vowel shifting—centralizing and raising—, and reduce both the atonic oral and nasal vowels. This is most noticeable as represented in Table 1.

Table 1

Standard	Variant
/e/ >	[i]
/i/ >	[e]
/o/ >	[ũ]
/ẽ/ >	[ĩ]
/õ/ >	[ũ]

Recurrent occurrences exemplifying these shifts in pretonic syllables include *sinhoria* (senhoria), *iscunder* (esconder), *dezer* (dizer), *cumecei* (comecei), *pidia* (pedia), *intende* (entende), *pertindia* (pretendia) *im* (em), and *cumpanha* (companha). The mid front and back vowels [e o] raise one height or simply merge with the next higher vowel.[25] Frequent repetition of one vowel is a typical example to indicate the special articulatory effect of the vowel: *aiinda, caiir.*

Monophthongization of unstressed (decreasing) diphthongs is also a feature in this idiolect (Table 2). There is consistency in the usage of the diphthong /oi/ for [ou][26] in cases where the standard dialect opts for [ou]: *oitro, oivir,* although unchanged in *ouvido.*

Table 2

Monophthongization	Variant	Standard
/eu/ > [e]	*mê pai*	meu pai
/ãũ/ > [a]	*bença*	benção (with denasalization)

In addition to the peculiarities just listed, Tio Amaro's speech consistently features the deletion of vocalic or consonantal sounds, in particular syncopation. In some cases, the weaker the segment the more prone it is to deletion: *mai'rico* (mais rico), *qu'ria* (queria), *m'espremia* (me espremia), *semp'e* (sempre), *home'brabado* (homem barbado). Aphaeresis is also marked: *'inda* (ainda), *'tava* (estava), *'stou* (estou).

Metathesis, or transposition of segments, is sporadic, but for systematic examples as a historical change we have /pre/ > /per/: pertindia < pretendia. A closer look at this extract shows a distinct intention in typifying some items that register archaic as well as colloquial forms and uses. This appears in *ũa ua* (uma), *mũto* / *munto* (muito), *mãis* (mais), *ó* (ao), *haija* (haja), to mention a few.

The manner in which Tio Amaro gives voice to his story, in this brief introduction, not only permeates the narration of his story but also continues to be heard in the representation of his speech throughout this discourse. Distinctive linguistic choices continue to provide a consistent dialectal fictional representation of this character's language. The first extract has given us a good source of material for illustration. Similarly, as can be seen from the complete discourse,[27] Nemésio goes on to explore the use of literary devices in which Amaro's dialectal speech reveals greater amounts of information, which render more vividly his dialectal tendencies. This is consistently repeated by typification of speech with close dialect cohesion whereby the representations of marked common patterns of broad vowel sound peculiarities are detected. These modes of linguistic expression have been chosen consciously in order to connect the marked tendencies, and provide more examples of the significance of a standard language variant.

Throughout Tio Amaro's discourse, the traces of phonetic realization are affected primarily—but not exclusively, since there is some evidence of other vocalic reactions—by the unstressed vowel shifting. Among these is a set of illustrative items in which this vocalic shifting is well characterized as exemplified above in Table 1. Other examples that register these common tendencies are as follows:

Table 3

Unstressed Vowel	Variant Spelling	Standard Spelling
/e/ > [i]	*piscoço*	pescoço
	iscola	escola
	dipois	depois
	pitróleo	petróleo
	mitido	metido
/a/ > [e]	*rezão*	razão
/i/ > [e]	*deze*	dizer
	ofecial	oficial
/e/ > [o]	*dobaixo*	debaixo
	lovava	levava
	somanas	semana
	lovei	levei
/ẽ/ > [ĩ]	*introixar*	entrouxar
	lincinhos	lencinhos
	infim	enfim
/õ/ > [ũ]	*cumparando*	comparando
	cuntar	contar
	fruntal	frontal

The literary text continues to provide many instances of orthographic distortion to emphasize the non-standard pronunciation. It is evident—aside from minor exceptions—that Tio Amaro's idiolect consistently exhibits the similar vein of phonetic peculiarities detected in the introductory utterances (1-17). Several of the examples up to now have served to identify some of the atonic vocalic possibilities that this idiolect displays. A glance at the rest of the sequence of the discourse is replete with illustrations of language variation that help to determine its very linguistic relevance to mark this protagonist as speaking a dialect, whereby the phonetic peculiarities characterize the regional (Azores) and social speech stereotypes. More importantly, this discourse continues to attest to additional insular vocalic register usage, where the atonic vocalic tendencies are more prone to change with respect to the place of articulation:

Table 4

Unstressed Nasal/Oral Vowels	Variant	Standard Spelling
/ẽ/ > [ã]	*antão*	então), but also *atão,*
	Bansaúde	Bensaúde
/i/ > [o]	*promeira*	primeira
/e/ > [o]	*dobaixo*	debaixo
	lovava	levava
	somanas	semanas

However, depiction of stressed nasal vowel shifting is also registered as follows:

Table 5

Stressed Nasal Vowels	Variant	Standard Spelling
/ã/ > [ẽ]	*entes*	antes
	diente	diante
/ẽ/ > [ã]	*assantou*	assentou
	santei	sentei

Other examples of simplification of unstressed/stressed diphthongs include, for instance:[28]

Table 6

Monophthongization	Variant	Standard Spelling
/eu/ > [e]	*mês*	meus
	mitê-me	meteu-me
	Dês	Deus te guie
/ão/> [ã]	*nã*	não dou, não passava

Furthermore, other obvious and consistent regionally marked features, traced to any of the insular colloquial speeches (see Blayer), are: *inté* (até), or as in *qu'inté* (que até), or the tendency for insertion of the prothetic element:

alambrança (lembrança). Also commonly detected in the insular dialects and current in uneducated speech are the archaic forms detected in Mirateca's idiolect: *mãis* (mas), *mum* (muito), *nũa* (numa), *quinhães* (quinhões). Testimony of allophony is repeated throughout. Important, however, is the consistency to represent Tio Amaro's idiolect with underlying features strongly linked to the insular linguistic "continuum" (see Blayer). There is no reason to assume, in these cases, absolute heterogeneity among Azorean speech varieties on what seems to reflect insular colloquial patterns (see Blayer). Some inconsistencies are depicted as well, but these are minor instances and only occasionally strain over the speaker's vacillation or uncertainty with pronunciation: *aquilo // aquilho, atão // antão* (então), *sempre // semp'e.* Some cases of anti-hiatic formation are also detected in this idiolect. A linguistic register of the speech of Terceira island, though occurring throughout all Central islands—as well as in the Western group and intermittently in the Eastern group (see Blayer)—manifests itself with a lesser marked degree of registry. Some examples: *prà nossa (i) arte, a gente équ'insinou a (i) arte; parcia (i) áugua.*

Though the discourse in chapter XXVIII only represents a sample of a dialectal voice in the novel, from our point of view the most important marked references of Amaro's speech are the atonic vocalic tendencies, which most faithfully record and denote the function of the character's speech act and supply the very linguistic peculiarities of his linguistic performance. Mirateca's discourse shows that sound change, while not obviously systematic, follows certain predictable patterns of speech, a marker of regional (Azorean) linguistic identity. Vowels are highly variable and no specific part of the vowel triangle predominates. My own linguistic data and research—based on an investigation of regional variants of speech in the nine islands of the Azores—leads me to agree that the vocalic linguistic variables detected here are representative of the insular linguistic community and matches that across social variables. Most importantly, the laxed pronunciation of atonic vowels, simplification of diphthongs, the distribution of items with archaic-sounding registers of colloquial speech denote an apparently clear stratification by social class. The occurrence and the distribution of these linguistic non-standard features in Mirateca's idiolect reveal that Nemésio was, in several respects, accurate linguistically and socially in his representation of this character's idiolect. There is a direct linguistic correlation between Nemésio's fictional—perceptual—idiolect, hence, Mirateca's voice, and that of actual speakers, associated with regional dialect variants, thus placing the character geographically and socially.[29] For now, let us consider that Tio Amaro's typifying speech is rooted in the standard dialect, with a distribution of idiosyncratic linguistic features across social variables. This speech is imbued with distinctive linguistic patterns that manifest the dialectal variants of the Azorean speech community, mainly those of the Central Group—but also reflective of Eastern/Western speech communities—and not specifically the geographico-linguistic space of one island—Pico, nor that of Terceira as mentioned by others. The socially varied modes of speech provide linguistic as well as social contrast in a novel portraying a range of socio-linguistically marked characters. As a result, Tio Amaro's speech differs in various ways—phonologically in the case of this analysis—from other linguistic voices in the novel—Margarida, as well as Diogo Dulmo, her father. Gender, occupation and other factors can produce so-called social dialects, or sociolects, and Mirateca's language seems to be a vital marker of social, linguistic, and cultural stratification.[30] Since the language takes part in producing identities, this idiolect can be interpreted as connected to the social status of the speakers as well as to his cultural and geographical space as a whole, and not only to an idiosyncratic linguistic entity.[31] To explain the characteristic features of verbal structures in Nemésio's work, Machado Pires writes that "Uma peculiaridade da narração em Nemésio é a procura de adequar o discurso social, psicológica e linguisticamente à personagem; ti Amaro, trancador de baleias [...] é uma personagem recortada da tipologia insular do grupo central, dada como picoense, mas afinal, dialectamente falando com um misto de falar terceirense/picoense" (50). There is no doubt that Nemésio was acutely sensitive to the application of speech markers in his characters as identifiers of sociolinguistic registers. Also, let us note that Nemésio's omniscient narrator never uses colloquial language; when using dialect or "substandard" forms, italics or quotation marks are used for that purpose. In referring to the voice of Nemésio's narrator in *Mau Tempo no Canal*, Francisco Cota Fagundes wrote:

> O narrador de MTC é um narrador extradiegético; isto é, em linguagem mais tradicional, trata-se de um narrador na terceira pessoa, omnisciente e muito tendencioso a favor de Margarida e contra Januário Garcia. O narrador não é o Autor, ou sequer o Autor implícito. Trata-se duma personagem como qualquer outra, embora não seja um personagem da diegese. Ora, o narrador de Nemésio NUNCA emprega linguagem do povo. Quando emprega algum termo regional

> (ou até mesmo muito popular), coloca esse termo em itálico/sublinhado; e, nalguns casos (e há tantos), dá uma explicação do termo em nota de rodapé. O tio Amaro de Mirateca representa a linguagem dos pescadores; é a personagem mais rica deste ponto de vista; [...] Manuel Bana—que também conta várias estórias no romance —representa a linguagem rural, dos trabalhadores da terra. Mariana do Pico representa a linguagem rural/do monte/com regionalismos e popularismo: ela é a doméstica, a mulher analfabeta. (Email correspondence July 2004)

The selective linguistic survey of chapter XXVIII gives an idea of the vividness and intensity of Nemésio's fictional speech techniques for typifying dialects and registers. As aforementioned, the regional variants are only used when the characters are in direct communication. There is an intention on the part of Nemésio to make use of a character's speech so as to attempt a comprehensive linguistic coverage: a depiction of real-life's other voice, designed as a spoken utterance of his/her, to represent the variant speech within the Azorean linguistic community—and not only one or two insular speech communities. This constitutes a difference between Nemésio and other Portuguese writers, for example Aquilino Ribeiro, his master in regionalism. In Ribeiro's *Terras do Demo*, for instance, regionalism and colloquialisms are reflected in either the speech of the characters or incorporated into that of his extradiegetic narrator. The features of the lower social strata characterize the discourse of the narrator. Although Nemésio does not follow this linguistic pattern in *Mau Tempo no Canal*, this is the technique that he assumes in some of the short stories of *O Mistério do Paço do Milhafre*. The narrator in *Mau Tempo no Canal* is always "educated" and uses strategies as footnotes and quotation marks to exemplify the speech of the lower social strata.[32] By showing systematic linguistic differences in the directly represented speeches between the main characters, Nemésio's discourse in direct speech is suggesting a system with a social index indicator, a reflection of the speech differences within the Azorean dialect boundary and an alternate form of speech to standard language or both.

It is seen to be true that with orthographic alterations representing Tio Amaro's speech, Nemésio shows a distinct intention in dialectal and colloquial forms and uses. In this preliminary analysis of this idiolect there is a language variant that follows a certain pattern of speech. This speech is marked by the frequent use of features registering the presence of a well-defined phonological field—sound changes—where atonic vowels manifest correlated variations as well as archaisms across a sequence of dialogue. All reminders that Tio Amaro is speaking dialect have been provided by orthographic distortion, eye-dialect spelling.

Margarida and her father Diogo Dulmo—with whom Mirateca interacts—are part of the social hierarchy whose speech reflects the standard linguistic norm. Linguistic differences are quite obvious in these characters. We needed to consider the question of whether the speech of the characters in Nemésio's novel is designed as a spoken utterance of his/her linguistic variant and what features of this idiolect depict the real speech community, or perhaps as a marker of local identity: what Nemésio might have intended as *açorianidade*. Our results lead us to conclude that Mirateca's idiolect is a testimony of a speech with phonetic idiosyncrasies, archaic-sounding registers, vacillation of pronunciation of words to sound uneducated, which for the most part represents a language not only unmistakably distinct from the standard or regional norm—belonging to an uneducated working-class speaker—but reasonably specific to attest for the linguistic speech community of the Azores whose speakers have these common denominators. Since I am not comparing and analyzing the idiolects of various characters in the novel, important limitations, then, restrict the interpretation of the data. In respect to our analysis here, this is most revelatory of social variations; of colloquial speech, and as social markers, they are significant as they provide compelling linguistic indicators discernible in phonological variation. Hence, they are suggestive and not definitive with respect to other answers and possibilities resulting from a thorough linguistic analysis of the idiolects in the novel, where the distribution might be quite distinct. A most rewarding illustration of Nemésio's intention of this speech is reflected by the narrator's voice: "Margarida, quase sem dar por isso não sabia falar com gente desta senão na língua comum" (251). It is significant that it is in the narrator's own voice that this distinction is made; thus, underlining the contrast between Mirateca and Margarida is the idea of the speech as a social index and not the dialectal structure on the basis of the phonological heteroglossic lines of individual insular boundaries separating them. Mirateca's dialectal features are of course not a wholly uniform speech but clearly reveal and reflect important phonological variation without any clear regional concentration. Within his fictional linguistic setting, there is a strong indication that Vitorino Nemésio has created here a perceptual dialect whose findings echo the socio-cultural identity representative of the speech pertaining to a real socio-linguistic regional group articulated by the "voice" of the whaleman, Tio Amaro de Mirateca.

Notes

[1] I am grateful to Francisco Cota Fagundes, Onésimo T. Almeida, and Urbano Bettencourt for the important references they generously provided. To the former I am also thankful for his invaluable support throughout the development of this research. I wish to thank Kenneth G. Smith for the insightful criticism of this paper. All references to Vitorino Nemésio's *Mau Tempo no Canal*, unless otherwise indicated, are to the edition listed in the Works Cited.

[2] See Ives, "Dialect Differentiation."

[3] For some studies that treat the conventions for representation of fictional dialect speech, see Page; Lodge; and Holding.

[4] Direct speech being "the most typical and widespread form of represented objectified discourse with direct referential meaning [...]. Whenever we have within the author's context the direct speech of say, a certain character, we have within the limits of a single context two speech centers and two speech [...] unities. The unity of the author's utterance and the unity of the character's utterance" (Bakhtin, *Problems* 186).

[5] If we agree with Saussure that "the description of linguistic systems proceeds one dialect at a time, idiolect is then the homogeneous possible utterances of one speaker reduced to its logical extreme." For Charles Hockett, a "language is a collection of more or less similar idiolects. A dialect is just the same thing, with this difference: when both terms are used in a single discussion, the degree of similarity of the idiolects in a single dialect is presumed to be greater than that of all the idiolects in the language" (125). Among other linguists, similar definitions may be found in Chomsky and Hale.

[6] See Bowdre 247-251.

[7] The italics are mine in order to call the reader's attention to language variation from the standard norm.

[8] See, in this volume, Francisco Cota Fagundes's essay, note 6.

[9] For concepts and discussions on açorianidade see: Onésimo T. Almeida, ed., *A Questão da Literatura Açoriana: Recolha de Intervenções e Revisitação* (Angra do Heroísmo: Secretaria Regional de Educação e Cultura, 1983): 27-31; ibid., *Açores, açorianos, açorianidade: um espaço cultural* (Lisboa: Signo, 1989); Heraldo G. Da Silva, *Açorianidade na prosa de Vitorino Nemésio: realidade, poesia e mito* (Lisboa: Co-edição Imprensa Nacional-Casa da Moeda/Secretaria Regional de Educação e Cultura Região Autónoma dos Açores, 1984); Luís da Silva Ribeiro, "Subsídios para um ensaio sobre a açorianidade"; rtp *Obras Completas II. História* (Angra do Heroísmo: Instituto Histórico da Ilha Terceira / Secretaria Regional de Educação e Cultura Região Autónoma dos Açores, 1983): 515-56; Adelaide Batista, *João de Melo e a Literatura Açoriana* (Ponta Delgada: D. Quixote, 1993); José Martins Garcia, *Para uma literatura Açoriana* (Ponta Delgada: Universidadedos Açores, 1987); Vamberto Freitas, *O Imaginário dos Escritores Açorianos* (Lisboa: Salamandra, 1992).

[10] In spite of the widespread use of the term "dialect" by linguists it is important to establish here, for the purpose of this study, that dialect is not a degenerate version of the standard dialect; rather, it is the continuum of speech differences in a speech community.

[11] For contemporary theories of discourse of dialogue see Bakhtin, "Discourse."

[12] José Martins Garcia, "A Linguagem." Though descriptive, the most complete study to date which traces the phonetic variants in the literary speech of Nemésio's work is Heraldo da

Silva's "O Português Oral dos Açores na Prosa de Vitorino Nemésio," *Arquipélago*, VIII:1 (1985): 141-62. Other studies include, Helena Mateus Silva, "A presença do linguísta no Mau Tempo no Canal," in *Insulana*, V:1 (Ponta Delgada, 1994); A. M. Machado Pires, "Língua e Criação Literária em Vitorino Nemésio," in *Vitorino Nemésio, Rouxinol Mocho* (Praia da Vitória: Câmara Municipal, 1998): 45-56.

[13] See the references to this diphthong in note 26.

[14] "Very often, in everyday usage of the terms 'dialect' and 'language,' the *distinction* between them is based largely upon political or cultural considerations." See Lyons 26. For further discussion of the broader framework on this topic, see Trudgill, *Accent*; Sebeok; Abercrombie; and Weinreich. Furthermore, since the mid 1960s heterogeneity within a language is all-encompassing and variation should be seen as central to linguistics.

[15] Portuguese on the whole represents a linguistic community with a distinctly unified pattern of speech. Only the speech of Miranda, Riodonor and Guadramil, in the northeast of Portugal, digress considerably from the norm; they are more akin to Leonese than to Portuguese; otherwise, the diffferences from one region to another are not acute. According to Helmut Lüdtke, "não há, como em muitos outros países, duas normas linguísticas que se oponham e influam uma sobre a outra." (1954): 216. This being the case, for example, in Italy or in Germany. Given that the differing features found in these regions often do not map on to predictable boundaries, it is difficult to speak of dialects of Portuguese in the strict sense of this term. In referring to the linguistic situation in Portugal, Barbosa (1983: 23) affirms: "On prend même le pretexte d'une telle uniformité pour affirmer que le portugais ne connaît pas de 'dialectes,' mais seulement des 'parlers régionaux'... Nous dironts toutefois que, si l'on prend le mot 'dialecte' dans le sens qui est le sien lorsque l'on parle de 'dialecte de New York,' de 'dialecte' de Boston," etc., il y a des dialectes portugais sur le continent européen..." Within this general pattern, however, there are regional varieties with a number of phonetic traits of some importance. Paiva Boléo. "Alcuni problemi del paesaggio dialettale portoghese specialmente della parlata meridionale," *Estudos de linguística portuguesa e românica,* I (1975): 400-432. For information on these dialects, see, among others, José Leite de Vasconcelos, *Estudos de Philologia Mirandesa* (Lisboa, 1900-1901); *Mapa Dialectológico* (Lisboa, 1893-1897); José Herculano de Carvalho, "Porque se falam dialectos leoneses em terras de Miranda?" *RPF* (1952): 265-291; republished in *Estudos linguísticos* (Lisboa, 1964): 39-60.

[16] For perspectives on and an understanding of the "polyphonic" storyteller, see Norrick.

[17] See among others the following studies on Azorean speech: Maria de Fátima Freitas Baptista, "Ilha do Faial (Açores): Contribuição para o estudo da sua linguagem, etnografia e folclore" (Coimbra, 1970); Irene Maria F. Blayer, "Aspects," Manuel de Paiva Boléo. "A Língua Portuguesa do Continente, dos Açores e do Brasil (Problemas de Colonização e Povoamento)," *Revista Portuguesa de Filologia,* 18 (1983): 591-625; Nair Odette da Câmara Borges, I*nfluência anglo-americana no falar da ilha de S. Miguel (Açores), RPF,* Suplement II (Coimbra, 1960); Maria Alice Borba Dias, "Ilha Terceira: Estudos de linguagem e etnografia" (Lisboa, 1965); José Leite de Vasconcelos, "Dialectos Açoreanos (Contribuição para o estudo da Dialectologia Portuguesa)," *Revista Lusitana,* 2 (1890-92): 289-307; Maria Lúcia Borba Maia, "O falar da ilha Terceira" (Lisboa, 1965); Lygia Maria da Câmara Almeida Matos, *Ilha de S. Miguel, seu dialecto e literatura popular* (Ponta Delgada, 1936); Maria de Jesus C. Medeiros, "A linguagem micaelense em alguns dos seus aspectos" (Lisboa, 1964); Elsa de Mendonça, "Ilha de São Jorge: Subsídio para o estudo da etnografia, linguagem e folclore regionais" (Lisboa, 1959); José de Almeida Pavão, *Aspectos populares micaelenses,* 2nd ed. (Angra do Heroísmo: Secretaria Regional da Educação e Cultura, 1981); as well as *Aspectos do Cancioneiro Popular Açoriano* (Ponta Delgada: Universidade dos Açores, 1981a); Luís da Silva Ribeiro, "Formação do Povo dos Açores: Subsídio para o seu estudo," *Obras II, História* (Angra do Heroísmo: Instituto Histórico da Ilha Terceira, Secretaria Regional da Educação e Cultura, 1983): 45-68; Francis Millet Rogers, "The Pronunciation of the Madeira and Azores Dialects as Compared with

Standard Portuguese," Doctoral Diss., Harvard, 1940; *ibid.*, "Insular Portuguese Pronunciation: Madeira," Hispanic Review, XIV (1946): 235-253; *ibid.*, "Insular Portuguese Pronunciation: Alleged Flemish Influence." *Mediaeval Studies in Honor of J. D. M. Ford*, Ed. U. T. Holmes and A. J. Denomy (Cambridge: Harvard University Press, 1948); *ibid.*, "Insular Portuguese Pronunciation: Porto Santo and Eastern Azores," *Hispanic Review*, XVI (1948): 1-32; *ibid.*, "Insular Portuguese Pronunciation: Alleged Breton Inluence," *Romance Philology* II (1949): 305-314; *ibid.*, "Insular Portuguese Pronunciation: Central and Western Azores," *Hispanic Review*, XVII (1949): 1-32; João das Pedras Saramago, "A ilha do Corvo, alguns dos seus aspectos linguísticos" (Lisboa, 1987); as well as *Le parler de l'île de Corvo - Açores*, Diss., Grenoble, Université Stendhal, 1992.; David J. Silva, "Vowel Shifting as a Marker of Social Identity in the Portuguese Dialect of Nordeste, São Miguel (Azores), *Luso-Brazilian Review*, 42:1(2005):1-20; *ibid.*, "The variable deletion of unstressed vowels in Faialense Portuguese," *Language Variation and Change*, 9 (1997): 295-308.

[18] See note 12.

[19] See Schiffrin.

[20] The findings in this study reflect predominantly the normal, animated colloquial speech of uneducated, though, for the most part, literate people. The informants were selected based on the traditional approach (see Petyt, and Bottiglioni). With this method of researching linguistic data we attempted to locate and examine the language as it pertains to its indigenous form; a language spoken by the segment of the population the least exposed to external influences and who are embodied within the same socio-cultural parameter. Our research yields no significant correlation between age, occupation, sex, socio-economic level, and social class as factors in conditioning the use of linguistic variants. We did not seek to differentiate the public prestige dialect(s) of the elite in a stratified community from the dialect(s) of the non-strata (see Labov; Trudgill, *Social Differentiation*; and Kroch); rather, we concentrated on describing the differences among the dialects, based on data elicited from truly native representatives of a given area. Since our intent was to collect data that reflect the linguistic variations, we believed that this method proved to be the most applicable. With respect to this approach, Henriette Walter writes: "Il fallait donc que les temoins soient choisis de telle sorte qu'apparaissaient dans le corps toutes les caracteristiques les plus marquants de la région. C'est par consequent, parmi la population à domicile stable et ayant eu, de ce fait, peu de contacts avec les locuteurs d'autres régions" (71).

[21] Under the rubric of *standard*, Uriel Weinrich includes, among other notions, those of 'socially acceptable' or 'average' or 'typical.' For Portuguese linguists the main criterion for a model to represent *standard* language has always been the speech modality of the cultured or urban people. Paiva Boléo, "Unidade e variedade da Língua Portuguesa," *Revista da Faculdade de Letras de Lisboa*, XX (1954): 5-28; Aniceto dos Reis Gonçalves Viana, "Essai de phonétique et de phonologie de la langue portugaise d'après le dialecte actuel de Lisbonne." *Romania*, XII (1883): 29-98; Joaquim Oliveira Guimarães, *Fonética Portuguesa. Compêndio da ortologia nacional. Trabalho Fonético da Faculdade de Letras.* (Coimbra, 1927), among others.

[22] For referential purposes herein, I will transcribe Mirateca's complete discourse in an appendix.

[23] Though the analysis of lexicon is of great importance and interest as the semantic nucleus of cultural identity, this is not our attention in this study.

[24] Let us note that both the vowel and the diphthongal systems constitute a vocalic system. This is an important distinction in the diachronic analysis of the Romance languages, given that the diphthongal system acts at times on the vowel systems through constant pressure of monophthongization—as it occurs in the speech of São Miguel, Azores—diphthongization, etc.

[25] Only the utterances from 1-17 are included here to give the reader the immediate context. For a complete transcription of Amaro's discourse-utterances, see the appendix.

Consistency of this movement of the vowels is detected in the character's "real speech." For reasons not relevant, let us simply indicate here that, when a spot is empty in the vowel triangle, a uniform chain progression takes place.

[26] In the insular speech of the Azores I have registered ample examples [oj] for [ow] in the islands of Flores, Corvo, Pico, São Jorge, Graciosa and Santa Maria, and the variant [öj] appearing in São Miguel, Flores, Corvo, Pico (Piedade), Santa Maria (Blayer 1992). Cintra (1983: 44) tells us that the diphthong /ow/ is reduced to [o] in the south commonly pronounced in the third person preterite ending ou, as in *tirou.* Otherwise it alternates with [oj] in all regions, and in fact in some words [oj] is more common, and he suggests; "São muito mais complexos e difíceis de descrever os resultados de qualquer tentativa de localização geográfica no território português da variante oi." Words such as *ouro, cousa, dous, touro, outro outeiro* are either pronounced with [ow] or with [oj] (Cintra 1983: 44). It appears that this alternation does not reflect the dialectal preference in the pronunciation of certain terms (*touca* as *toica* and *ouvir* as *oivir*), as Vasconcelos suggests, nor that [oj] reflects the popular speech or [ow] the literary. Cintra states that "não há nenhum falar português em que [oj] não exista, a par de [ow] ou do [o] proveniente da sua monotongação [...] o que há é falares em que [oj] não só se manteve nos casos em que era etimológico, mas aparece em grau maior ou menor nos casos em que se esperaria [ow] ou [o]." (1983: 44) For further analysis of these diphthongs, see, among others, Gaston Lucius Moffat. "Considerations on the Interchange of -ou-, -oi- in Portuguese," *Mediaeval Studies in Honor of J. D. M. Ford,* Ed. U. T. Holmes (Cambridge: Harvard University Press, 1948): 161-173; Helmut Lüdtke, "Fonemática Portuguesa, II: Vocalismo." *Boletim de Filologia,* XIV (1953): 197-217; Paiva Boléo, "Dialectologia e história da língua. Isoglossas portuguesas," *Boletim de Filologia,* XII (1951): 1-44; F. Schurr, "La diphtongaison romane," *Revue Linguistique Romane,* XX (1956): 108-144; 161-248; Lindley Cintra, *Estudos de Dialectologia Portuguesa* (Lisboa: Sá da Costa Editora, 1983).

[27] See appendix.

[28] The historical tendency for reduction and simplification of diphthongs manifests itself with greater strength among the insular popular dialects. According to sociolinguistic theory, popular dialects exhibit their greater "susceptibility to phonetic conditioning in such features as simplified articulation, replacement or loss of perceptually weak segments and a greater tendency to undergo 'natural' vowel shift" (Kroch 345).

[29] Only a rigorous linguistic study of the direct speech in Nemésio's dialogue would provide the kind of information needed to form a better picture of where the language variants of the idiolects in the novel fit into a larger framework of the insular linguistic community.

[30] Dialect differences are a matter of variation within a language, in fact, research on the correlation of language and variety propose that "true regularity of linguistic patterns was to be found not in the individual speaker, but in the speech community as a whole" (Labov, *Social Stratification* and "The reflection").

[31] See further discussions on the interpretation of dialects as connected to social status in Hall; and Halliday.

[32] I thank Francisco Cota Fagundes for some of the discussions dealing with this aspect of Nemésio's novel.

Appendix

Lá cuntaro até três e êl deu nome à praça. O home par'cia rico: trajava à grave. Mãis aquilho era nau d'alto bôrdo: não era pràs posses de q'alquer. Fizero antão ũa sociedade co esses mês sinhores da Horta e das Flores, e toca a ingàjar cumpanha.

"Fui ter cum mê pai ò varadoiro e disse-le: 'O brigue aleventa ferro àmanhe de manhe prà costa da Amér'ica e o capitão falou-me. Mê pai deixa-me ir?' — 'Nã te quito. Mãis olha qu'os guardas ando im riba da gente, e entes que vaias às sortes hás-de comer mũto pão... Se te deixas pilhar, dou-te—a surra!'

Larguei-me a correr pra casa e disse a minha mãe que me desse a troixa da roipa e ũa nisquinha de pão. 'Ah perdido!...'

Mê pai stava à minha espera ò sainte do varadoiro e mitê-me ũa pataca na mão: 'Toma lá prà viage.' Puxou d'um arrelique que trazia sempre pregado ò cós da camisa, e botou-mo ò piscoço. — Ti Amaro baixou-se um pouco, mostrando uma cruzinha de latão torta e suja: — Inda aqui stá... E disse: 'Cubra-me mê pai co a sua bença!' — "Dês te guie, 'rapaz!' E, pola rocha abaixo, pra me num vêrim cá do porto... ala, bote!"

[. . .]

— Como Vossa Sinhoria dá rezão disso tudo! Causos de há sessent'anos!... —Foi antão que m'assucedero os causos que stive aqui a cuntar ò titio e ò papai...cumprende a menina? Passei as passas do Algarve... penei mistério! Mágoas tamanhas ...!... — Pena-se munto nesses mares, mãis aprende-se mais que nũa iscola! Eu anadava por ì rotinho, e minha mãe passou trabalhos pra m'introixar a roipa. Roipa?... O quê!...: uns bidalhos! É verdade que suei mais d'um ano a atirá' lenha ao *try-work*, a pé do mastro da misena. Cada caldeiro daqueles lovava 36 galães d'azeite! As banhas da baleia mitio ânsias de lançar... Aquêl fartume a torresmo! Lá m'asservei...

"Um dia o Capitão chamou-me à ré e disse: "Pórigui! Falta-me um home ò *tub*, charape! Vais tu..." Dipois passei a um patacho aqui no Faial, chomado *Feiticeira dos Mares* (o alma do diabo tinha mêmo feitiço!), e tranquei a minha promeira baleia, um cachalote de noventa barris, que nã se virava im seco!

A *Gazela* aparlhou prà nossa (i) arte, e eu, que já stava casado e cheio de meninos e tinha minha mãe às costas (o patacho apanhava pouco... era a modo cobranto do nome!), lá fui atrás d'ũa sòldada maior. Aquilo sim! Bum passadio! rica iscuna! Co as velas todas içadas parcia um brigue real!..."

[. . .]

— "Atão lá vai a saúide de Vossas Sinhorias, e aqui da menina! É tal e qual os olhos da sua avó, a nora do sr. Roberto velho, Dês le dê céu... Era a cara mai'linda qu'havia nas ilhas ò redol! Seja por alminha dela..."

[. . .]

— Saberá Vossa Sinhoria que sim. Tamém andei lá plo Banco, à vista de Sã João da Terra Nova. E na Grolanda, mais de dez graus ò norte, caise nos bergues do gelo... Era caise sempre di noite, mãis sempre dobaixo d'ũa clar'idadezinha...um borralho de forno de pão alvo... Seis meses de Ariôche válim po' vinte aqui. Inté demira qu'o cabelo nã se ponha a um home mais branco qu'aquela neve a rolar!

[. . .]

— Poi'não! Caise im riba da terra. Aqueles malvados atiravo-se a um bôrdo com'a cães, de navalha nos dentes! Tamém... dei cabo d'um. Esprei-o cá 'trás d'ũa iscotilha, e, q'ando êl já stava caise a botar a mão ò Jzé Piqueno da' Lajes, abri-le a abitácula co ũa chipeira. O Capitão inté assantou esse causo no *log-book*, lá o livrete de bordo; mal cumparando, com'àqui o Jzezinho da D. Ana assanta os fiados da gente... Nã fiz avantage nenh?a. Pois o ladrão havia de matar o Jzé Piqueno, e eu pràli impeirado?! Foi q'ando me amarraro de pés e mãos e lovei, as varadas na coberta. *Alabama*?! Dezia-me aquêl nome, e a gente ficava a tremer, a tremer ...incarrilhadinhos de susto!

[. . .]

— Caise... Ficaro esses mares rapados pra munto tempo... O *Argo*, o *Gribalde*, os brigues, os patachos ...tudo prò fundo ou a navegar à gagosa! Olhe: o *Júlia* acabou a carregar laranja de Sã Miguel pà Inglaterra...

[. . .]

— Veja lá o sr. Dioguinho no que tudo isso acabou! Patachos do alto, caise *south-seamans*, carregando laranja que nem ũa arreata de burros cumprados aqui na Graciosa! Alguns dero por ì à costa , qu'inté mitia dó!...

[. . .]

— Arremedava... Mãis, infim... sempre era aparlhar prò alto. O mais era tudo canoas de 30 e de 37 pés, de retranca e crangueja... Olhe: a promeira que veio da Amér'ica foi prò Jzé Constantino das Flores, no tempo de mê ti Raivinha que foi quem me miteu o viço de baliar. Cuntava-me as suas pacoetas assantadinho na borda do incorete incalhado, cheio de rumatismo... Minha mãe culpava-o sempre: "Se nã fosse tê ti Jão Raivinha, qu'era um alanzoeiro, nã tinhas ido pra (i) essa disgrácia do alto!... Olha tê pai! Era um lobo do mar, que stava ali, e nunca s'arredou d'a pé de mim..."

"Andar...! Eles nã sabio a bem dezer nada... nem siquer traçar ũa iscôta, tirante mê pai e oitros à prepoção. Pois o quê!? Cum li'cença aqui da menina, nunca tinho posto o cu a pé d'um tolete forrado de trança de palha, e mitido um rêmo de quinze pés na calha do fundo da canoa, co a baleia diente que nem um tabuão à deriva, e a cara sem pinga de sãingue!... A gente é qu'insinou a (i) arte a essa canalha da' Lajes e da Calheta de Nesquim, qu'andavo por ì ò chicharro e ò peixe maneirinho...

[. . .]

— Prài meio cento delas — disse ti Amaro. — Espere, meu amo... O sr. Samuel Dabne armava ũa im Porto Pim, duas na Ribeirinha, duas aqui im Sã João ... três no Cais. O sr. Altre Bansaúde ũa im Porto Pim e oitra no Cais. (Mãis Vossa Sinhoria quer saber é as do Faial?): Manel da Costa Nunes tinha duas no Varadoiro e duas no Salão; o Jão Silveira , duas nos Cedros. Aqui no Pico, nem vale a pena cuntar... Os Maciéis de Sã João ... o Jzé Anriques nas Ribeiras... o Anselmo e o Jão Machado na Calheta de Nesquim... Im Santo Amaro era a Sociedade de Santo Amaro. Mãis a força era na'Lajes! Manel Faustino, o Lauriano, o Manuel do Brum e oitros mais... A meias. Quinze canoas ali varadas no calhau, era ũa frota bonita!... Agora, sim...! O alma do diabo do caròzene, pitróleo, ò lá como le queiro chomar, disgraçou a gente... deu cabo de tudo! Pois digo-me Vossas Sinhorias se a luzinha de azeite de baleia não era menos injoosa... mais adamada...? Prò pobre, antão, era ũa riqueza qu'ali stava. Parcia (i) áugua do tàlhão: era só verter na candeia! Minha mãe, coitadinha, ganhou munto vintém a fazê' trocida de fio. Durava mais... Agora?! ... Nem se ganha prà marqueta!

[. . .]

— Regulava. Lá pàs Flores e pò Corvo, fora a mètade do dono ero quinhães iguais pra todos e um à maior prò ofecial, meio prò trancador... No Faial: 3 soldados ò ofecial, 2 ò trancador, 1 ò rêmo. Aqui no nosso Pico é qu'era tudo à barrica: de 15 tantos d'azeite o ofecial tinha um, a gente tinha mètade, o remador um tanto de meio cento. Pra servir o Sinhor Esprito Santo ò Sã Pedro, botava-se de contas qu'era um rêmo: quinhão de meio cento. A menina nunca oiviu dezer ò padre das Angústias: "Pedro!, bota a tua rede ò mar e deixa o peixe por minha conta..." Antão...! Comò oitro que diz, a fé é que nos salva!

[. . .]

— Incorete?... Antão nã dou ...!? A menina é mum nova, mãis diz coisas ò grave qu'eu inté fico palristo!

[. . .]

— Seis da minha Maria e cinco do intrèvadinho. Custa munto a gànhar pra tanta boca!... Olhe!... é pão n'ũa mão e pau na oitra, coitadinhos! O mê Lauriano, pola Festa, viu-me sair prò mar e praguntou-me: "O Menino Jasus o que é que me traz este ano?" " Cal'-te piqueno!...," diz o pai lá da inxêrga (que graces a Dês, cabida-o bem): "tás sempre a massacrar teu avô!" Aquilho tinha vergonha de mim, pràli incanteirado há dez anos... co as perninas que nem uns chicharros escalados... sem [n]o gànhar, coitadinho!... Saí co êste coração mai' negro...! Chega-se à noite do Galo. Comò mê 'rapaz nã passava a porta do fruntal há dez anos e desde que "a minha" morreu nã tenho gôsto pra nada, nem siquer fui à missa... Olha... assantei-me pràli no trabanaclo a matutar... a matutar... pre davo uns lincinhos, ũa alambrança pròs netos... Chomei o mê Lauriano e santei-o aqui im riba dos joêlhos, co lincinho dêle puinduirado na mão: "Toma lá, meu home! Andas sempre co êsse ranho a caiir..." "Olha, olha, meu avô! o qu'o Menino Jasus me troixe!..." E tira dobaixo do braço ũa canoinha de buxo, cum giga, moitães, e o sê poparo todo! Foi o pai que la fez co a navalha... Andou co aquilho inscundido na manta, somanas a fio...! Só qu'ria qu'a menina visse! Parcia mesmo ũa imbarcação deveras, a saiir o Canal de vento à popa!... (248-52)

Works Cited

Abercrombie, D. *Problems and Principles in Language Study*. London: Oxford UP, 1967.

Almeida, Onésimo T. *Açores, açorianos, açorianidade: um espaço cultural*. Lisbon: Signo, 1989.

———, ed. *A Questão da Literatura Açoriana: Recolha de Intervenções e Revisitação*. Angra do Heroísmo: Secretaria Regional de Educação e Cultura, 1983.

Bakhtin, Mikhail. *The Dialogic Imagination*. Ed. Michael Holquist, Trans. Caryl Emerson and Michael Holquist. Austin: U of Texas P, 1981.

———. "Discourse in Life and Discourse in Poetry." Trans. John Richmond. *Bakhtin School Papers*. Ed. Ann Shukman. Russian Poetics in Translation 10. Oxford: RTP Publications, 1983. 5-25.

———. *Problems of Dostoevsky's Poetics*. Ann Arbor: U of Michigan, 1973.

Baptista, Maria de Fátima Freitas. "Ilha do Faial (Açores): Contribuição para o estudo da sua linguagem, etnografia e folklore." Coimbra: n.p., 1970.

Barthes, Roland. "Theory of Text." *Untying the Text. A Post-Structuralist Reader*. Ed. Robert M. Young. London: Routledge & Kegan Paul, 1981. 31-49.

Batista, Adelaide. *João de Melo e a Literatura Açoriana*. Ponta Delgada: D. Quixote, 1993.

Blake, N. F. *Nonstandard Language in English Literature*. London: Deutsch, 1985.

Blayer, Irene Maria F. "Aspects of the Vocalic System in the Speech of the Azores Islands." Diss. University of Toronto, 1992.

Boléo, Manuel de Paiva. "Alcuni problemi del paesaggio dialettale portoghese specialmente della parlata meridionale." *Estudos de linguística portuguesa e românica* 1 (1975): 400-432.

———. "Dialectologia e história da língua. Isoglossas portuguesas." *Boletim de Filologia* 12 (1951): 1-44.

———. "A Língua Portuguesa do Continente, dos Açores e do Brasil (Problemas de Colonização e Povoamento)." *Revista Portuguesa de Filologia* 18 (1983): 591-625.

———. "Unidade e variedade da Língua Portuguesa." *Revista da Faculdade de Letras de Lisboa* 20 (1954): 5-28.

Borges, Nair Odette da Câmara. *Influência anglo-americana no falar da ilha de S. Miguel (Açores), RPF* Supplement II. Coimbra: n.p., 1960.

Bottiglioni, Gino. "Linguistic Geography: Achievements, Methods and Orientations." *Word* 10 (1954): 357-387.

Bowdre, Paul H. "Eye Dialect as a Literary Device in the Works of Sidney Lanier." *Shores and Hines* (1977): 247-251.

Carter, R. and Burton (eds.). *Literary Text and Language Study*. London: Edward Arnold, 1982.

Carvalho, José Herculano de. "Porque se falam dialectos leoneses em terras de Miranda?" *RPF* (1952): 265-291. [Republished in *Estudos linguísticos* (Lisbon, 1964): 39-60.]

Chomsky, Noam, and Morris Hale. *The Sound Pattern of English*. New York: Harper and Row,

1968.

Cintra, Lindley. *Estudos de Dialectologia Portuguesa.* Lisbon: Sá da Costa, 1983.

Dias, Maria Alice Borba. "Ilha Terceira: Estudos de linguagem e etnografia." Lisbon: n.p., 1965.

Fagundes, Francisco Cota. "Traduzindo Mau Tempo no Canal para o inglês: *Stormy Isles: An Azorian Tale.*" *Vitorino Nemésio Vinte Anos Depois.* Seminário Internacional de Estudos Nemesianos. Ed. António Manuel Machado Pires, *et alii.* Lisboa: Ed. Cosmos, 1998. 342-376.

Freitas, Vamberto. *O Imaginário dos Escritores Açorianos.* Lisbon: Salamandra, 1992.

Gadamer, Hans-Georg. *Truth and Method.* New York: Continuum, 1975.

Garcia, José Martins. "A Linguagem do Narrador." *Vitorino Nemésio – a obra e o homem.* Lisbon: Arcádia, 1978.

———. *Para uma literatura Açoriana.* Ponta Delgada: Universidade dos Açores, 1987.

Guimarães, Joaquim Oliveira. *Fonética Portuguesa. Compêndio da ortologia nacional. Trabalho Fonético da Faculdade de Letras.* Coimbra: n.p., 1927.

Gumperz, J. *Language and Social Identity.* Cambridge: Cambridge UP, 1982.

Habermas, Jurgen. *Communication and the Evolution of Society.* Boston: Beacon, 1979.

Hall, Stuart. "The West and Rest: Discourse and Power." *Formation of Modernity.* Ed. Stuart Hall and Bram Gieben. Cambridge: Polity Press, 1992.

Halliday, M. A. K. *Language as Social Semiotic: The Social Interpretation of Language.* London: Edward Arnold, 1978.

Hockett, Charles. *A Course in Modern Linguistics.* New York: MacMillan, 1958.

Holding, Robert. *Idiolects in Dickens.* London: Macmillan Studies in Victorian Literature, 1985.

Ives, Sumner. "Dialect Differentiation in the Stories of Joel Chandler Harris." *American Literature* 27.1 (Mar. 1955): 88-96.

———. "A Theory of Literary Dialect." *Tulane Studies in English* (1950): 137-182.

Kroch, Anthony S. "Toward a Theory of Social Dialect Variation." *Dialect and Language Variation.* Ed. Harold Allen and Michael D. Linn. Orlando: Academic Press, 1976. 344-366.

Labov, William. "The reflection of social processes in linguistic structures." *Readings in the Sociology of Language.* Ed. Joshua A. Fishman. The Hague: Mouton, 1968.

———. *The Social Stratification of English in New York City.* Washington: CAL, 1966.

Lodge, David. *The Language of Fiction.* London: Routledge and Kegan Paul, 1966.

Lüdtke, Helmut. "Fonemática Portuguesa, II: Vocalismo." *Boletim de Filologia* 14 (1953): 197-217.

Lyons, John. *Language and Linguistics.* Cambridge: Cambridge UP, 1982.

Maia, Maria Lúcia Borba. "O falar da ilha Terceira." Lisbon: n.p., 1965.

Matos, Lygia Maria da Câmara Almeida. *Ilha de S. Miguel, seu dialecto e literatura popular.* Ponta Delgada: n.p., 1936.

Medeiros, Maria de Jesus C. "A linguagem micaelense em alguns dos seus aspectos." Lisbon: n.p., 1964.

Mendonça, Elsa de. "Ilha de São Jorge: Subsídio para o estudo da etnografia, linguagem e folclore regionais." Lisbon: n.p., 1959.

Moffat, Gaston Lucius. "Considerations on the Interchange of *-ou-*, *-oi-* in Portuguese." *Mediaeval Studies in Honor of J. D. M. Ford.* Ed. U. T. Holmes. Cambridge: Harvard UP, 1948. 161-173.

Nemésio, Vitorino. "O Açoriano e os Açores." *Sob os Signos de Agora. Obras Completas.* Vol. XIII. Lisbon: Imprensa Nacional-Casa da Moeda, 1977. 88-101.

———. *Mau Tempo no Canal. Obras Completas de Vitorino Nemésio.* Vol. VIII. Intro. José Martins Garcia. Lisbon: Imprensa Nacional-Casa da Moeda, 1994.

______. *Stormy Isles: An Azorean Tale.* Edited, translated, annotated, and with an introduction by Francisco Cota Fagundes. Providence: Gávea-Brown, 1998.

Norrick, Neal R. *Conversational Narrative: Storytelling in Everyday Talk.* Amsterdam: John Benjamins, 2000.

Page, Norman. *Speech in the English Novel.* London: Longman, 1973.

Pavão, José de Almeida. *Aspectos do Cancioneiro Popular Açoriano.* Ponta Delgada: Universidade dos Açores, 1981.

———. *Aspectos populares micaelenses.* 2nd ed. Angra do Heroísmo: Secretaria Regional da Educação e Cultura, 1981.

Petyt, K. M. "Other Recent Approaches." *The Study of Dialect* (1980): 171-197.

Pires, A. M. Machado. "Língua e Criação Literária em Vitorino Nemésio." *Vitorino Nemésio, Rouxinol Mocho.* Praia da Vitória: Câmara Municipal, 1998. 45-56.

Ribeiro, Luís da Silva. "Formação do Povo dos Açores: Subsídio para o seu estudo." *Obras II. Historia.* Angra do Heroísmo: Instituto Histórico da Ilha Terceira/Secretaria Regional da Educação e Cultura, 1983. 45-68.

———. "Subsídios para um ensaio sobre a açorianidade." *Obras Completas II. História.* Angra do Heroísmo: Instituto Histórico da Ilha Terceira/Secretaria Regional de Educação e Cultura Região Autónoma dos Açores, 1983.

Rogers, Francis Millet. "Insular Portuguese Pronunciation: Alleged Breton Influence." *Romance Philology* 2 (1949): 305-314.

———. "Insular Portuguese Pronunciation: Alleged Flemish Influence." *Mediaeval Studies in Honor of J. D. M. Ford.* Ed. U. T. Holmes and A. J. Denomy. Cambridge: Harvard UP, 1948.

———. "Insular Portuguese Pronunciation: Central and Western Azores." *Hispanic Review* 17 (1949): 1-32.

———. "Insular Portuguese Pronunciation: Madeira." *Hispanic Review* 14 (1946): 235-253.

———. "Insular Portuguese Pronunciation: Porto Santo and Eastern Azores." *Hispanic Review* 16 (1948): 1-32.

———. "The Pronunciation of the Madeira and Azores Dialects as Compared with Standard Portuguese." Diss. Harvard, 1940.

Saramago, João das Pedras. "A ilha do Corvo, alguns dos seus aspectos linguísticos." Lisbon: n.p., 1987.

———. *Le parler de l'île de Corvo—Açores.* Diss. Université Stendhal (Grenoble), 1992.

Saussure, Ferdinand de. *Cours de linguistique générale.* Paris: Payot, 1913.

Schiffrin, D. *Discourse Markers.* Cambridge UK: Cambridge UP, 1987.

Schurr, F. "La diphtongaison romane." *Revue Linguistique Romane* 20 (1956): 108-144; 161-248.

Sebeok, T. A. *Style in Language.* Cambridge: MIT, 1960.

Silva, David J. "The variable deletion of unstressed vowels in Faialense Portuguese." *Language Variation and Change* 9 (1997): 295-308.

———. "Vowel Shifting as a Marker of Social Identity in the Portuguese Dialect of Nordeste, São Miguel (Azores)." *Luso-Brazilian Review* 42.1 (2005):1-20.

Silva, Helena Mateus. "A presença do linguísta no *Mau Tempo no Canal.*" *Insulana* 5.1 (1994).

Silva, Heraldo G. da. *Açorianidade na prosa de Vitorino Nemésio: realidade, poesia e mito.* Lisbon: Imprensa Nacional-Casa da Moeda/Secretaria Regional de Educação e Cultura Região Autónoma dos Açores, 1984.

———. "O Português Oral dos Açores na Prosa de Vitorino Nemésio." *Arquipélago* 8.1 (1985): 141-62.

Tamasi, Susan. "Huck doesn't sound like himself: consistency in the literary dialect of Mark Twain." *Language and Literature* 10.2 (2001): 129-144.

Tannen, Deborah. *Talking Voices. Repetition, Dialogue and Imagery in Conversational Discourse.* Vol. 6. Cambridge: Cambridge University Press, 1990.

Toolan, M. "Analysing Fictional Dialogue." *Language and Communication* 5:3 (1985): 193-206.

__________. "Conversation in Fiction." *Poetics Today* 8 (1987): 393-416.

Trudgill, Peter. *Accent, Dialect and the School.* London: Arnold, 1975.

———. *The Social Differentiation of English in Norwich.* London: Cambridge UP, 1974.

Vasconcelos, José Leite de. "Dialectos Açoreanos (Contribuição para o estudo da Dialectologia Portuguesa)." *Revista Lusitana* 2 (1890-92): 289-307.

———. *Estudos de Philologia Mirandesa.* Lisbon: n.p., 1900-1901.

———. *Mapa Dialectológico.* Lisbon: n.p., 1893-1897.

Viana, Aniceto dos Reis Gonçalves. "Essai de phonétique et de phonologie de la langue portugaise d'après le dialecte actuel de Lisbonne." *Romania* 12 (1883): 29-98.

Walter, Henriette. *Enquête phonologique et varietés regionales du Français.* Paris: Presses Universitaire de France, 1982.

Weinreich, Uriel. "Is Structural Dialectology Possible?" *Word* 10 (1954): 388-400.

Irene Maria F. Blayer was born in the Azores. She holds a Ph.D. in Romance Linguistics (1992) from the University of Toronto, and is a Professor in the Department of Modern Languages, Literatures and Cultures at Brock University, Ontario, Canada. Her primary field of research-Romance linguistics studies within a diachronic context, dialectology, phonology and phonetics-is combined with a second research interest which focuses on oral narrative tradition and its importance for concepts of identities and culture. Some of her recent publications include *Oral and Written Narratives and Cultural Identity: Interdisciplinary Approaches* (2007), *Interdisciplinary Cross-Cultural Narratives in North America* (2005), *Latin American Narratives and Cultural Identity: Selected Readings* (2004), and *Storytelling: Interdisciplinary and Intercultural Perspectives* (2002).
Email: blayer@brocku.ca

Mau Tempo no Canal: Critical Assessments

David Mourão-Ferreira
João Gaspar Simões
Albano Nogueira
Maria Lúcia Lepecki
Óscar Lopes
António Machado Pires
Translated by Kelly Washbourne

Aspects of the Origin and Critical Fortune of *Mau Tempo no Canal*[1]

What Vitorino Nemésio must have felt at the exact moment he finished his novel *Mau Tempo no Canal* can easily be imagined; we can more easily imagine it through the exacting, and included, brief information he recorded at that instant: *Lisbon, 7:25 am / 21 February 1944*. This detail, which appeared in the first two editions of the work (and which is restored in this new edition), naturally moved me for his having just brought that inner journey to its end, but also for his recourse at that moment to the "timekeeping ways" to which Vitorino Nemésio, an islander through and through, was always so faithful—and, even more particularly, it is in keeping, in this instance, with the maritime atmosphere of the whole novel. But what I find most striking today in this precision with time is the coincidence that its details would prefigure, thirty years later—to the very month, day, and almost hour—the very time when Vitorino Nemésio's body would be laid to rest in Coimbra in the Cemitério de Santo António dos Olivais.

We will try, however, to evoke him as when he was still living, at that very moment described above in which he has just written the succinct signs of the time and place after his last sentence, the final syntagm of this long narrative text: *in the darkest depths of the sea…* .[2] He is a man forty-two years (and two months and two days …) of age who has written and published since he was virtually a child, who has lived in a half-dozen cities (Angra, Horta, Lisbon, Coimbra, Montpellier, Brussels) and who now teaches class as

Portuguese Literary & Cultural Studies 11 (2007): 197-216.

an associate professor of Romance Philology in the Faculdade de Letras in Lisbon, in the caverns of the Academia das Ciências, after having seen many highs and lows and even suffered many hardships, which he, moreover, has needed and always will, in order to meet the responsibilities of a large family, contributing widely to countless newspapers and journals (and recently radio as well). Despite all this, he is now the author in various genres—poetry, fiction, essay, biography, criticism—of at least eighteen works that until now have astonished or bewildered more than made a contribution per se to "canonize" him—a seemingly heterogeneous whole about which a univocal, unanimous judgment has not formed, and one wonders if it ever will.

The writers of his generation whose rallying point was the journal *Presença*, as well as the writers of the immediately subsequent generation who had just begun making their names, saw him with exemplary and aggressive cohesion through the poetic *plaquettes* of the *Novo Cancioneiro* and the fiction collected in the *Novos Prosadores* [*New Writers of Fiction*], as well as the remaining writers—disperse though they may be—of the early *Seara Nova*'s intervening critical spirit, as well as the survivors from a certain "official" literature; yet, in each of these camps, Vitorino Nemésio unfailingly has a few scattered and fairly solid friendships. Yet what predominates in their approach to him is a certain irritation toward the discomfiting abundance of his verbal gifts as a creator, a certain restless mistrust (which at times assumes even more impure emotions) toward his idiosyncratic refusal to lend himself, whether in literature or politics, to facile solutions, or, at least, to make conciliatory gestures in the face of rites of ex-communication. Moreover, Vitorino Nemésio does not even have the spare time to take part in these never-ending shell games, with their promotions of some and exclusions of others, to which some virtuous intellectuals nevertheless devote themselves, intellectuals who are no doubt quite progressive, but who, just as certainly, have been smiled upon more benevolently by the goddess Fortune.

Here we have, then, in broad strokes, the man who has just inscribed, like a colophon—or, rather, like an imprimatur—the summary space-time coordinates in which he has this instant concluded his most ambitious work to date. We can readily imagine, thus, how in that inscription are mixed (though we shall never know in what doses) feelings of relief and expectation, of personal triumph and gnawing doubt, of personal liberation and general perplexity. I am reminded of Virginia Woolf's recording in her diary the moment in which she set down the last sentences of *The Waves*: "I think I should record this for my own information." Only hours later, as she strolled down a London street, and as she then felt reinstalled in daily existence, would she finally have a clearer sense of the jumbled feelings that ending her new novel were giving rise to in her: "And I think to myself as I walk down Southampton Row, 'And I have given you a new book!'" This simple (how complex!) sense of having given—donated—"a new book" to one's fellows is also expressed, though with more roundabout modesty, in Vitorino Nemésio's act of only indicating a place, date, and time. In short: at the appointed time, the exact instant, painstakingly observed, in which everything was ready for the "donation" to be brought to fruition.

Meanwhile, although we know something about the conclusion of this great literary artifact, we know next to nothing about its origins. In 1937, when he published the novellas of *A Casa Fechada* [*The Closed House*], Vitorino Nemésio did not indicate, on the list of works "by the author," any work of fiction in preparation—unlike what he had done the previous decade in the book *Varanda de Pilatos* [*Pilate's Veranda*] (1927) and the volume of stories *Paço do Milhafre* [*Buzzard's Palace*] (1924). In fact, each of these narratives was advertised as a novel, or, perhaps, two different novels, since their titles were different: *Ilha da Fortuna* [*The Isle of Fortune*], the oldest, and *O Alfarrábio e a Dama* [*The Second Hand Book and the Lady*], the most recent. Were they, in one or both cases, rough outlines or even sketches, mere kernels, or fully realized versions of what would become *Mau Tempo no Canal*? Perhaps they were, at the most, in matters only slightly different from the future novel, certain of its later thematic threads. And certainly, "realities" such as island, fortune, book, lady, would be ever-present in the spirit and texture of the work.

Yet I suppose, at all events, that we should seek out the most visible "antecedent" of *Mau Tempo no Canal* not in the problematic depths of one of these texts (nor do we even know if they exist) but in the text itself of one of the novellas in *A Casa Fechada*, the longest and the only one in the book with an Azorean setting: "Negócio de Pomba" ["Dove Business"]. With all the obvious differences between a novella nearly one hundred pages long and a novel on the order of four hundred—the former, naturally, with its straightforward plot, the latter, for its part, composed of several "webs"—and despite all their even more decisive dissimilarities stemming from the presence, in the first case, of the "unity of place" as regards a small village (though left unnamed, it is Praia da Vitória) while, in the second case, the space where the action takes place is incomparably more diversified, more evolved, even more markedly cosmopolitan—truly, the two texts show an innate identity that is also proven in the features of an adolescent and those of the adolescent grown to adulthood, among the first rehearsals of a great "show," and the final presentation of the very show that was rehearsed.

The protagonist in "Negócio de Pomba"—Renato Ormonde—already contains embryonically *Mau Tempo no Canal*'s João Garcia: the same indecisive behavior, the same sickly shyness, the same ever-present risk of—*par délicatesse*—never living "his" life. Like Renato's childhood, João's would have the depth and darkness of a cistern full of sunken slime (see *A Casa Fechada* 116); also, though suffering from a "disconsolateness" less "embittered," his soul, like Renato's, will be "obstructed" by a sallowness that impedes the flow of all life's joys" (*A Casa Fechada* 116). Moreover, in both, the mysteries, if not the faults, of their respective progenitors are evenly matched: both "heroes"—or, rather, anti-heroes—from the time we meet them feel incomplete and frustrated on that score. Renato Ormonde moves, then, from Praia da Vitória to Horta (which, incidentally, is always a projection or disguise for Angra), gains a wealth of academic experience in Coimbra and military experience in Lisbon—and behold, he is suddenly metamorphosed into João Garcia. But also the play of economic (and social) interests unfolding around the Clarks, Dulmos, and the Garcias may be seen as a widening—though at first with various risky moves and partnerings of varying importance—of senhor Peixoto's family's "domestic" game... . The only thing that does *not* still exist in "Negócio de Pomba" (a single thing, besides, that in *Mau Tempo no Canal* would come so much into play!) is a character that broadly or narrowly prefigures Margarida. I feel that in compensation, we find her in rough form in the different but complementary elements of the main female characters in the two other novellas from *A Casa Fechada*: Zilda, from "O Tubarão" ["The Shark"], and Brites, from the text from which the book takes its title. And if we add—as we have noted in the series of these *Complete Works*, in the introduction to the new edition of the novellas—certain stylistic and narrative processes that are precursory to many that would be used in *Mau Tempo no Canal*, the close relationship between the two works can be seen that much more clearly.

Regardless, two years after the *editio princeps* of *A Casa Fechada*, a typeset text that later would be an integral part of *Mau Tempo no Canal* would reach us. I am referring to the publication of the passage "Um Ciclone nas Ilhas" ["A Cyclone in the Islands"] in issue number 7 (April 1939) of that same *Revista de Portugal*, which, edited by Vitorino Nemésio, had earlier included early versions of the two stories that would appear in *O Mistério do Paço do Milhafre* [*The Mystery of Buzzard's Palace*] (1949): "O Espelho da Morte" ["The Mirror of Death"] (in no. 4, July 1938) and "I'm Very Well Thank You" (in no. 5, October 1938). At first sight, the passage "Um Ciclone nas Ilhas" could also be considered a stand-alone narrative were it not for the fact that it appeared with a whole line of ellipses at the end (something that had not happened with the other two): a sign, therefore, that something was left unfinished… And, actually, that passage would be, five years later, with a few variants, the then-entitled "A Serpente Cega" ["The Blind Serpent"], the actual chapter 1 of *Mau Tempo no Canal.*

I do not know if research on these variations has been carried out. But this is not the forum to do so exhaustively. In any event, it will always be worthwhile to note that these variants, few in number and importance, are nevertheless significant in that they concern—particularly in that period of his work—the extraordinary resources Vitorino Nemésio had to perfect the stylistic level and his economy and intense effects on the narrative level. Clearly these two levels are overlapping at all points; any correction or alteration that might seem required, *verbi gratia,* for reasons of euphony, later prove extremely relevant for storyline clarity, and vice-versa; any decisive change in the narrative sphere translates immediately into heightened phonics. A mere cursory review of these two versions side by side—these two different "states" of the same text—leads one quickly to the conclusion that there did not exist in Vitorino Nemésio what he so often was foolishly charged with: expression for expression's sake, style for style's sake, form for form's sake. Simply by way of example, let us consider a few cases.

Note, for the moment, what happens in the second paragraph where Margarida is first referenced: it is a "description" of her eyes, a description that metonymically serves as an "introduction" to her in her entirety, and a prelude to the "narration" of her behavior. Here is the *Revista de Portugal* version: "Os olhos de Margarida tinham um lume evasivo, de esperança que toma precauções, mas era ainda mais forte a vivacidade azulada que lhes dava um brilho animal" ["Margarida's eyes had a momentary spark of guarded hope, yet even more pronounced was their blueish liveliness that lend them an animal gleam"]. And the defining "lesson": "Os olhos de Margarida tinham um lume evasivo, de esperança que serve a sua hora. Eram fundos e azuis, debaixo de arcadas fortes" (3) ["Margarida's eyes, deep and blue under the bold arches of her brows, betrayed a yearning for lands faraway, a momentary spark of hope"]. Let us highlight what is gained from one version to the next: rhythm and respiratory decompression, synthesis, suspense, and a condensed wealth of suggestiveness. First, dividing the first sentences into two separate ones on the one hand measures out and advantageously stitches together the sonorous fullness—the phonic layer—through which twofold information is conveyed and, on the other, it has the virtue of advantageously separating out what in this information—the meaning layer—refers to what is incidental (what her eyes *had* at that moment) and *permanent* (what they *were*). Second, in the passage referring to the "incidental," the aforementioned "lume ... de esperança *que serve a sua hora*" ["a momentary spark of hope"] is incomparably less categorical and more suggestive than "lume [...] de esperança que toma precauções" ("a momentary spark of guarded hope"); in turn, the passage relating to what is "permanent," the replacement of subjective interpretations ("vivacidade" ["vivacity"], "brilho animal" ["animal gleam"]) with mere objective, somatic facts (which are now purely from the realm of the *were*, completely uncontaminated by the *had*)—here we have what makes this second excerpt stand completely alone relative to the first, and renders completely useless the mixed part of the early version.

A second example may be taken from the fifth paragraph of the novel. Here I believe we need simply transcribe the two versions, italicizing the differences between them. The *Revista de Portugal* version (1939):

> Margarida ouvia-o agora vagamente distraída, *com um movimento* de cabeça *virada devagar* às nuvens, como quem tem uma coisa que incomoda no pescoço, mas pouco. O cabelo, *levemente desfeito*, ficava com *quase* toda a luz da lâmpada *eléctrica em frente, num poste de pinho*, de maneira que a testa *ia repetindo* o vaivém da sombra ao vento.
>
> [Margarida listened to him somewhat absentmindedly now, her eyes slowly turning to the clouds as if she had a slight kink in her neck. Her hair hung partly down, receiving almost the full light of the lamp next to her on the pinewood post, her face reflecting the play of shadows in the wind.]

The final version (1944):

> Margarida ouvia-o agora vagamente distraída, de cabeça voltada às nuvens, como quem tem uma coisa que incomoda no pescoço, *um mau jeito*. O cabelo, *um*

> *pouco solto*, ficava com toda a luz da lâmpada *defronte*, de maneira que a testa *reflectia* o vaivém da sombra ao vento. (3)
>
> [Margarida listened to him somewhat absentmindedly now, her eyes on the clouds as if she had a kink in her neck. Her hair fell free, receiving the full light of the lamp, causing her face to reflect the play of shadows in the wind.]

As in the previous example (but, as we saw, with other implications) the corrections are added basically for reasons of condensation, simplification, reduction to the essence. Whence "that other" Vitorino Nemésio whose work is often accused of being "precious" or "rhetorical," mannerist or baroque, and with an undeserved pejorative undercurrent to the terms? Perhaps merely in the imaginations of those who read the work heedlessly, or without engaging their sensibilities or reading with the whole of their critical spirit.

And two more final examples, chosen almost at random, to support my observations above. When the cyclone hits the house—shortly more than a page from the end of the chapter, where Nemésio first had written, somewhat confusedly and overburdened with needless details—"Seguiu-se um curto silêncio marcado pelo tremor do espelho mareado do tremó D. Maria II" ["A brief silence followed, punctuated by the rattling of the lusterless Dona Maria II mirror"]—particulars that only help break up or dissolve the deliberate auditory sensation the author sought to convey—note how, in the final version, that same sensation, stripped of all extraneousness, finally was expressed with wondrous concision: "Seguiu-se um breve silêncio marcado pelo tremor fugitivo de um espelho" (15) ["A brief silence followed, punctuated by the fleeting rattle of a mirror"]. And, a bit later, when Dona Catarina is caught unawares by her husband's entrance as he pursues the daughter, the differences between the first and second versions stand in contrast; in this case they essentially involve replacing one image from the domain of one advanced technology (entirely out of place in the context of the chapter and the novel as a whole) with another that is much more appropriate, an example taken purely from the realm of crafts. To wit, the passage beginning "... o marido agarrou-a por um ombro e arredou-a quase com calma, *como se dispusse da mola de um portilhão automático*" ["... her husband grabbed her by the shoulder and pushed her aside almost calmly, as if he were pressing a button to open an automatic gate"]—finally became "... o marido agarrou-a por um ombro e arredou-a quase com calma, *como se deitasse a mão a uma cancela de molas.*" ["{Her husband} grabbed her by the shoulder and pushed her aside almost calmly, *as if he were opening a farm gate*"]. There is no point in belaboring what was improved upon in terms of rigor, appropriateness, and in visualizing the action's "movement" itself.

Yet when the two versions are compared, what is most striking is to find that the author respected, in the intervening five years, in addition to a few dozen variants, the overall structure of the chapter, nor did he fail to keep intact the entire integrated succession of each of its "movements." As for the "motifs" that are prefigured and later developed, only one entirely new one is added to the final version: the allusion made in João Garcia's speech to the "curso de milicianos" ["military training"] that he would have to pursue on the continent. Moreover, of the secondary characters or mere background characters from then on glimpsed or mentioned, only two would appear in the book with different names: the old bluestocking Dona Corina Peters, who at first was named Cristina Street, and the protagonist's "queer" uncle, who transforms from Cândido into Ângelo... But Pretextato, Januário, Diogo Dulmo, Dona Catarina, the elder Clark, Maria das Angústias, Manuel Bana, Aunt Teresa, Uncle Saavedra, all would appear, in 1939, with their identities intact... All this leads us to believe that not only had the novel's broad outlines been conceived, but also most of its details had been thought out and structured. These individual characters and this creation itself must have been long familiar to Vitorino Nemésio. Hence the work's complexity. Not many, however, expressed this at the time, or even with the passage of time—as if there were a conspiracy of silence woven around this novel (for the very fact of its being a masterpiece?)

In the following brief anthology of critical opinions, it will be immediately clear that only two critics—João Gaspar Simões and Albano Nogueira—were deeply sensitive to the work's merits at the time of its publication. By contrast, what cannot be found in this brief anthology is, on the one hand, the great many absurdities that the book elicited from other critics (these were mercifully omitted) and, on the other, symptomatic silence (something that not only is not being *heard*, but obviously is not *seen*) issuing from certain media outlets and certain sectors of the literary community. As for the latter, suffice it to say not even the journals *Brotéria* or *Vértice*—at the time, I believe, even more dissimilar than they are today—deigned to run the smallest review of the work. And it will not be time spent unwisely to—*pour l'humour*—compile a list of novels they reviewed, praised, and raised into the heavens, for example, in the period from 1944 to 1947...

But contemporary critics suffer from the universally acknowledged limitations and contingencies: it would not be proper to demand too much from them. Yet when a case such as João Gaspar Simões' judgment of *Mau Tempo no Canal* appears, an assessment so perfectly accurate and stirring, then he should be showered with the highest praise. But one must understand too some of the errors in perspective, or, shall we say, lack of perspective, made by contemporary critics in general. They were indeed serious errors if allowed to endure beyond a reasonable time, if they tend to be repeated endlessly out of obedience to some indefinable motivations or simply out of intellectual feebleness. It should be admitted, then, that few and far between were those who understood, when *Mau Tempo no Canal* was published, that it was an undeniable masterpiece; what becomes somewhat unsettling is that individuals supposedly with critical accountability continued—and continue—to not understand it ten or twenty or thirty years later. And this happened as well; and this continues to happen.

I will cite merely three examples. The first is from a man, departed (as a critic), by the name of Franco Nogueira, who had the unfortunate pertinacity to reprint in 1954, in his *Jornal de Crítica Literária*, certain passing judgments on Nemésio's novel. Here are a few:

> O quadro geral que nos é exibido e que forma o pano de fundo do romance é completo e pormenorizado: mas é um quadro parado. O ambiente social é sugestivamente posto perante os olhos do leitor; mas é uma [sic] ambiente estagnado como se a vida, tendo encontrado as figuras em movimento, suspendesse de súbito o seu curso e as imobilizasse. Como consequência ultimamos a leitura de *Mau Tempo no Canal* com a sensação de que o romance não principiou sequer. Por isso a sua leitura é extenuante e por vezes dolorosa. (116)

> [The panorama spread out before us, forming the book's backdrop, is detailed: but it is a lifeless setting. The social ambience is suggestively laid before the reader's eyes; yet it is a [sic] environment that is stagnant, as if life, having come upon the figures in movement, suddenly froze, immobilizing them. As a result we finish reading *Mau Tempo no Canal* with the feeling that the novel has not even begun yet. Thus to read it is exhausting and at times painful.]

And he ends by asking if he should not "concluir pela inapetência irremediável de Nemésio para a novelística" ["conclude with Nemésio's hopeless inappetence for writing novels"]. Clearly, where he wrote "inappetence" he meant to write "ineptitude." But we are the ones left wondering about Franco Nogueira's "aptitude" for criticism, since he was not lacking for "appetence."

The second example begins "collectively" but is rounded out by an individual case. In the publication *Tetracórnio*, edited by José-Augusto França and published in 1955, a poll is included about works by Portuguese authors appearing from 1901 to 1950 that were worth reading and had been worth writing. The results: of the twenty-one respondents, only seven mentioned Nemésio's name (and all of them, moreover, cited *Mau Tempo no Canal*): Alberto de Lacerda, Armando Ventura Ferreira, Castro Soromenho, José-Augusto França, José Gomes Ferreira, Luís Francisco Rebelo, and I. Of the other fourteen, two—José Osório de Oliveira and Urbano Tavares Rodrigues—stated they were explicitly naming deceased authors, which thenceforth excused them from citing the name or works of Vitorino Nemésio; yet of the other twelve, some others offered long lists of highly relevant living authors, even including several works published after 1950: yet about Nemésio, absolute silence. On another occasion I will delve further into other curious cases, merely drawing attention here to that of Mário Dionísio, who gave, for example, among equally influential or noteworthy works, *Bairro* [*Neighborhood*] by Manuel Mendes, *Escada de Serviço* [*Backstairs*] by Afonso Ribeiro—while, highly logically, overlooking *Mau Tempo no Canal*...

Finally, the third example. This is the most pernicious one, for it tellingly is found in a book with didactic aims: António José Saraiva's *História da Literatura Portuguesa*. Even in its latest edition, appearing very recently (1979), *the name of Vitorino Nemésio still does not appear as a fiction writer*. Instead, many others from Nemésio's generation or the following one are mentioned, writers who, if I am not mistaken, never wrote anything that could compare to *Mau Tempo no Canal*. Note that, nevertheless, this is probably not a case of bad faith; as a poet, the author appears. But cited though along with a brief excerpt from the (admirable) *Versos a Uma Cabrinha que Eu Tive* [*Verses to a Little Goat I Had*]—which nevertheless are still the part of his poetry with which a person who only knows Nemésio's poetry is familiar.

Strange, is it not? Lapses, or errors, or willfulness of this sort in people as different as António José Saraiva, Franco Nogueira, and Mário Dionísio... Yet in the mid 1940s, they were not so different as they seem today: they all were toeing, then, the same party line, if not "ideologically," at least "aesthetically." And a work such as the novel *Mau Tempo no Canal*—for its density, its perfection of form and its structure, the highly original combination of its multiple layers, its dynamic resistance to all pre-established schools—would highlight uncomfortably the essential inanity and untenable documentary approach taken by most of the novelistic products that came out of the "party line" mold. Only some years later, once the set of beliefs had evolved, and owing to the insightfulness of a true critic like Óscar Lopes—who in fact *reads* the works he writes about, Vitorino Nemésio's novel would finally be "recovered" by the very camp in which he previously had been silenced or misunderstood. But we can also surmise that there were other causes, and that matters have a more simple explanation: Óscar Lopes's sensibilities with respect to the artistic value of literary texts has always been incomparably more unerring, more refined, and more active than the other three; moreover, those who prove essentially to be either authorities in the history of culture, or experts in politics or diplomacy, or specialists in the plastic arts do not even have the obligation to be great *literary* critics.

Regardless, the pages that Óscar Lopes devoted to *Mau Tempo no Canal* can be understood as a watershed moment in the work's critical fortunes, just as during or after that moment the critical attestations by Nuno de Sampayo, Maria Lúcia Lepecki, Maria Idalina Resina Rodrigues, and António Machado Pires would be highly significant to the work's history. But we would have to wait for the publication—this year—of the masterful book by José Martins Garcia, *Vitorino Nemésio: A Obra e o Homem* [*Vitorino Nemésio: The Work and the Man*] to be given the deepest and most complete exegesis *Mau Tempo no Canal* has had to date. For this very reason, in the brief anthology to follow, the text by José Martins Garcia is the one most regrettably abbreviated, insofar as it would have been highly desirable to transcribe not the five paragraphs that appear, but the totality of the dense forty-seven pages he devotes in the aforementioned work to comprehensively and analytically deciphering this novel that represents not only the zenith of Vitorino Nemésio's work in the form, but also one of the high points in the history of Portuguese fiction.

Let us go back, then, once more to 1944: Vitorino Nemésio has just written his book; he has delivered it to the publishers—the same ones that today are putting out his *Obras Completas*—and as he waited for the novel to be published he was somewhat concerned about the panorama of Portuguese cultural life of the day, and especially about certain habits within it—bad habits—of the prevailing literary criticism. In fact, in the first issue of the journal *Litoral*, edited by his poet friend Carlos Queirós and bearing the date of June of that year, Vitorino Nemésio appends a most curious text entitled "Parar, Reparar e Admirar" ["Stop, Look, and Appreciate"], where he asks about the state of affairs "na república das letras portuguesas" ["in the republic of Portuguese letters"]—which he calls a "sociedade pseudónima de responsabilidade vagabunda" ["pseudonymous company of idling liability"] and where he famously states the following: "As reviravoltas de quadrante literário dão-se em menos de um ano, e sucedem-se por força de uma impotência criadora, que resta provar se é incurável ou se nasce, principalmente, da falta de higiene mental e crítica" ["The reversals of position in the literary scene occur in under a year; creative helplessness breeds overturning after overturning. It remains to be seen whether this lack of creativity is incurable, or if it arises mainly from a lack of mental and critical hygiene"]. Later he reflects:

> A opinião literária, felizmente, não se estabelece como quem define um dogma: resulta dos múltiplos pareceres, sai viva e depurada da própria contradição ou contradita dos julgamentos; ondula, hesita, flutua. Refaz-se e cambia sempre. E este refazimento e este câmbio, longe de significarem desordem, são a própria alma e ordem das Letras; reproduzem a instabilidade do que se sente e pensa, e se é convidado a exprimir. A arte é então—como a vida—uma peripécia imprevista e renovada.
>
> [Literary opinion, happily, is not set as dogma is defined: it arises from multiple perspectives, it emerges alive and cleansed from the very condition or refutation of its judgments; it flows, wavers, fluctuates. It is remade, forever changing. And this remaking and this change, far from meaning disorder, are the very soul and order of Literature; they reproduce the instability of what is felt and thought, and what one is summoned to express. Art—like life—is, then, a series of unexpected and renewing events.]

And I cannot resist the temptation to quote two other paragraphs from the above-cited text by Vitorino Nemésio, which are very important for their contemporaneity with the conclusion of *Mau Tempo no Canal* as well as for the burning relevance to the present-day it unfortunately appears to have:

> Enfim, o problema da dignidade das Letras volta-se agora para os próprios

escritores, como principais responsáveis. Uma ou duas gerações literárias, amadurecidas nos últimos vinte anos, apresentam o triste espectáculo de uma divisão que parece irreparável, complicando as naturais divergências, filhas da luta dos credos, com o atomismo próprio de quem falta aos mais elementares deveres de entendimento: esta solidariedade mínima de quem pisa os mesmos trilhos e visa, afinal, ao mesmo alvo.

Pois não é verdade que a literatura é quase uma dignidade, como a de homem, e a arte uma espécie de carisma? Não estaremos aqui todos para escrever do mais íntimo da vida, matar esta sede de expressão e de confidência que nos faz levantar todos os dias cedo no meio do deserto e ver água onde, na maior parte dos casos, nada mais há que a triste e fátua projecção dessa íntima secura? Então, porque fechar os olhos, fugir dos outros, fingir que não?

[In short, the issue of literature's dignity now is incumbent upon the writers themselves, for they are the most answerable for it. One or two literary generations that came of age in the last twenty years present the sad spectacle of a seemingly irreparable rift, which complicates the natural divergences born of the war of credos adding the factionalism characteristic of those lacking the most basic duties of understanding: the minimal solidarity of people traveling the same road and who ultimately set their sights on the same goals.

For is it not true that literature is virtually a kind of dignity, as that of man is, and art a kind of charisma? Are we not all here to write of the most heartfelt part of life, to slake this thirst to express and to trust that what makes us rise early each day in the middle of the desert is seeing water where mostly there is nothing but the sad, illusory projection of that thirst we have down inside? Then why close our eyes and free from others, pretending otherwise?]

One might say, then, that Vitorino Nemésio foresaw, on the eve of the publication of *Mau Tempo no Canal*, that there would be no shortage of people closing their eyes and pretending otherwise, as in fact happened. But the light the work gave off was too strong; and in time, either the eyes that closed stopped mattering, or else they who at the time and later began to open theirs, gained courage.

Lisbon, summer 1979
David Mourão-Ferreira

Critical Assessments

João Gaspar Simões

Though our age may let itself become caught up in the pious hymn of accessibility like no other time, when we look back on the early years of the twentieth century and attempt to take stock of what has been written since then, we must acknowledge that the most representative works from this whole era are those very works that were slow to find enthusiastic readers and that did not slip away into the anathema of obscurity. The work of Fernando Pessoa should suffice to illustrate this point. Vitorino Nemésio's novel *Mau Tempo no Canal* was immediately met with voices protesting its "difficulty." It is a difficult, obscure, complicated, tiresome work, say the common readers, and along with them, some who should not be. In fact, we concede that *Mau Tempo no Canal* is not as easy as certain social novels… That is, some will have an easier time reading the common story of an everyday fisherwoman than this sonata rich in verbal textures full of color and sonority. Everything lies in knowing if true literature is triviality and boredom, or quite to the contrary, exceptional events and transformation. Personally, I have no doubts: boredom and triviality could never be attributes of true literature.

Mau Tempo no Canal truly represents a miracle of balance between Vitorino Nemesio's metaphoric imagination and the psychological action necessary for literary imagination in movement to reach the point of fusion in which style becomes life, and literature, the expression of human passions and feelings.

Despite what many may think, my sense of admiration is stronger than my spirit of criticism or repudiation. Reading Vitorino Nemésio's book wrenched me out of my state of disbelief in which recently published Portuguese novels had left me. It has been many years since a novel as original and important as this one has been published in Portugal. It has been many years since I have had the opportunity to read a book in which intellectual merit and human emotion commingled so completely. Reading the last pages in the book brought the tears to my eyes that one sheds only over masterworks.

From *Diário de Lisboa*, 24 Aug 1944. Reprinted in *Crítica* III, ed. Delfos (1969): 229-236. Reproduced in *Críticas sobre Vitorino Nemésio*, ed. Bertrand (1974): 70-77.

Albano Nogueira

After he produced, a few years or so ago, a tottering novel heavily laced with foreign influences, now Vitorino Nemésio is publishing, in this year of grace, 1944, another novel—but this one is one of the most original, strongest, and most complete in our literary history to date. It is called *Mau Tempo no Canal*—and this title, like those of the other works of fiction and poetry by the author, is more an allegory than a definition. In this case, however, the title has the merit of freeing the work from those who but glance through it, and focuses only what it really is: more than a novel of people, it is rather the novel of any given social group; more than the novel of any given social group, it is rather the novel of an Azorean island… .

Above and beyond all this, Vitorino Nemésio's novel is, more than a novel of action, a novel of suggestion. Therein lies its greatest virtue, and too, its greatest originality—in a country such as ours, in which the novel has most often oscillated between unstimulating reportage and truthless distortions. From this it obviously follows that in writing of a novel of suggestion we mean one in which the reality that hovers over animate and inanimate things is no longer that of animate and inanimate things, for it is the poetic expression of both. And this is neither accessible by direct description nor does it result from simple plot: the novelist can only express it through an indirect process of hints and subtle notes that in and of themselves mean nothing, strictly speaking, but that are like an expressive potentiality, dense and all-encompassing, whose greatest virtue as a novelistic ingredient lies in the power of what they hold but do not reveal directly. Accomplishing this in a novel is an achievement—and it may be said that Vitorino Nemésio has done so admirably.

Thus, what first strikes the reader about Nemésio's novel and takes hold of him, then engrosses him, is, for lack of a better word (of course, the term is not so bad, even consecrated), what we will call *atmospheric*. But it is not the case that the novelist shuns the trivialities of the everyday nor does he forget people and their behavior. His memory is, however, reminiscent and lively, tentacular, sly, selecting details from the past that are seemingly insignificant but that, full of novelistic potential, come uniquely alive when brought together in a mosaic to absorb the poetic savor with which the book is imbued. *Mau Tempo no Canal* is replete with this; and it should be noted that a large part of its power of enchantment derives from it and nearly everything that truly gives the work vitality and spirit.

From *Litoral* 4 (Oct.-Nov. 1944): 459-61.

David Mourão-Ferreira

Mau Tempo no Canal is a novel that can only be spoken of with a feeling of infinite respect; and if we cannot find many people to speak about it, it is because there do not happen to be many people capable of such feeling. There is no work in the genre that compares to it in twentieth-century Portuguese literature, nor is there perhaps a more complex, more varied, more dense and more subtle work in the whole of our literary history. Around what Aristotle would call the *fabula*, what today we term the main plot, around this nucleus, made up of a story of disappointed love affairs—or rather: *star-crossed* loves—Vitorino Nemésio crystallized countless motifs (historical, social, and ethnographic) and developed multiple events assembled with the supreme artfulness of his creative faculties, applied culturally to several planes of the past through his astonishing erudition, and alternately imbued with lyricism, bordering on satire, verging on tragedy and even epic, constantly mediated by his poetic genius. These motifs and events, weaving and unweaving in time through a process of accumulated scenes and keen representations, a process much closer to the English novel tradition than to that of the French, little by little are threaded into an enormously vast tapestry in which we do not know what to admire more: whether the psychological richness of each character, with the savory exactitude of each detail; whether the mysterious alchemy that takes the everyday, page after page, to a charmed procession whose rigorous style sublimates it; whether, finally, the overall configuration of all this into a gripping "representation"—at once faithful and suggestive, local and universal—of Azorean society in the first quarter of the twentieth century, with its many social strata, its tropisms of decline and ascension, with its old-fashioned and progressive characters, with all their potentialities—explored in depth and at length—of an exemplary microcosm. A novel of situations and of atmosphere, of habits and of moods, a realistic and symbolic novel, *Mau Tempo no Canal* is a work that is above all defined—and as thus it eludes all definition—by the enveloping presence of an indefinable "poetic dimension" through which the rest grows, transforms and is rendered immortal.

From *Colóquio* 42 (1967). Reprinted in *Tópicos de Crítica e de História Literária*. Ed. União Gráfica (1969):159-189. Reproduced in *Críticas sobre Vitorino Nemésio*, ed. cit.: 114-136.

Maria Lúcia Lepecki

To try to classify Vitorino Nemésio's *Mau Tempo no Canal* as a specific type of novel, to "label" it, is relatively difficult in that so many issues, of greater or lesser importance, crop up throughout the book. The analysis and even the critique of a social reality are presented therein, a reality made up, on the one hand, of what could be called the island "macrocontext" of the Azores and, on the other, of the "microcontext" made up of the two opposing economic and financial factions: the Clarks and the Garcias. Moreover, the landscape itself where the plot unfolds may be considered essential to the novel's development, given that there is a specific *islandness* that to some extent envelops and often even explains the characters and their conflicts. The descriptions of physical nature become essential—from the climate to topographical details—and so too the psychological studies. Both elements help characterize the islander who is brought into a certain physical and psychological reality. Nature and psychology lend the book a more encompassing scope in which to place the aforementioned economic and sociological issues.

The analysis and the critique of socioeconomic reality, the portrait of a mindset and a psychology, and the presentation of a physical setting are complemented by another focal point: the complex romantic problems the heroine Margarida Clark Dulmo experiences. Thus we have a novel constructed in two directions: horizontally, embracing nature and the social community; and vertically, which delves into the inner world of a character who is symbolic of a time and a situation. These two perspectives in the work are paralleled in the way the heroine herself is structured: she also lives in a vertical dimension (the lovers' discord and her emotional relationship with her family) and in the horizontal dimension (involved as she is an a collective drama, in which she has a part to play, just as the servants or the Garcias or the Clarks and Dulmos themselves have their parts). It is, nevertheless, through Margarida, and only through her, that a critical perspective is offered and a value judgment rendered on the totality of the surrounding world. Margarida is, then, what is called a complex, or "moldable" character, in light of the fact that, though she remains to a certain degree a "pawn" in a game, she also maintains a basic individuality that makes her stand out from the rest of the characters.

From *Colóquio/Letras* 4 (1971): 44-49. Reprinted in *Críticas sobre Vitorino Nemésio*, ed. cit.: 167-175.

Óscar Lopes

[...] [I]n *Mau Tempo no Canal* we perceive a modulation of tone: the keynote no longer lies in the demand for the "pure erotic," and is transposed into the inner self-censoring of love as it ends, into its incommensurability with an individual life. It is well to remember that the topic of the erotic self-restraint of the intellectual is important in the decades of the 1920s to the 1940s: on the one side Aquilino is punishing as degenerate the man of letter's instinctive cowardice, but on the other, certain members of the Presença school rise up to gild over the timidity, if not the Neoplatonism, reincarnating in their heroes the prototypical figure of the shy, Bernardian Avalor. Margarida Clark Dulmo, descended from one of the oldest (and, in its day, powerful) Fayal families, is the center of the action in Nemésio's grand Azorean narrative: virtually all the men with a pulse in the novel love her, for not only can six or seven worshippers be identified but the author holds her up like Dante's Beatrice, or Goethe's Eternal Feminine (*Ewig Weibliches*), a quasi-Marian figure, whether in a whaling boat and staying overnight in a cavern, emerging amidst a whole evangelical crew of coarse fishermen, or in a bullring, vying, as the target of general admiration, with the ritual of bloody masculinity going on in the ring. But they lose her due to shyness, and at the most appropriate moment, the two men who paradoxically most love her as she wishes to be loved—and the author has her fall like a blind captive (the serpent on her ring is blind), fatalistically submissive and desperate, for the most salutarily common and solidly bourgeois of her pretenders. (As a captive: the expression is used advisedly, since Nemésio's symbols in this case are pointedly cynegetic.)

It is abundantly clear that Margarida represents the quintessence of all the (in 1920) fifteen Azorean generations of "meninas belas, filhas umas das outras" ["beautiful young women, the daughters of beautiful young women"], and moreover I believe that nearly ten thousand generations of young women of our species, *Homo sapiens*, a vinte e cinco anos topo a topo de nubilidade média ["at twenty-five years of age are in their peak child-bearing years"]. And it is just as clear that she is the last Romantic angel-woman. She incarnates the soul of the people (*Volksgeist*) of the island, for besides being a fearful participant in the Pico fishermen's whale hunt, and, as we recall, become our Lady of the Caverns amidst sleeping sailors, and later as a bullfighting godmother from Terceira, she serves as a nurse to a plague-ridden servant, as a sister of charity to impoverished mothers and sniveling kids, she speaks spontaneously with the people in their own dialect, and like them, seems "given to superstitions and symbols," and the sweet inner emptiness of prayer.

From *História Ilustrada das Grandes Literaturas—Literatura Portuguesa* (n.p.: Ed. Estúdios Cor, [1972]) 830-57. Reproduced in *Críticas sobre Vitorino Nemésio* (n.p.: Ed. Bertrand, 1974) 198-244.

António Machado Pires

Mau Tempo no Canal is a novel deeply marked by islandness and Vitorino Nemésio's wealth of knowledge. It is a work that, moreover, benefits from the writer's experience of studying for some time in the city of Horta and depicting a rather picturesque Azorean geography, a "heart of the archipelago," so to speak, with the close proximity of the islands and the Pico-São Jorge channel, seen from the city on Fayal, "the city [that] was a front-row seat for that year-round stage show"; from it one could attend the aerial shows featuring mother-of-pearl clouds in bizarre shapes, sometimes in a ring, other times jumbled, or in an "endless cloak-and-hood," sometimes revealing Pico "with its purple mountain-tops intersected by a gray cloud." It is these skies, from the dreamlike mist to the nacreous clouds to the "dirty-cotton-colored sky blanketing the archipelago" and causing *Azorean torpor*, that reveal one of the signs of the author's sensitivity to climate, which has become second nature to him. The climate, the sky, the clouds, the blue or the gray of the sea are not picturesque or regionalist features: they truly are the result of everyday experience lodged deep down in the personality and never forgotten. Yet the clouds and the gloomy climate (with its "sultriness in the stones and deathly ennui in the souls"), the "smell of salted meat," the sea that is part of the view from every house's property and that is divined through the "far-off and undying resonance," the volcanic rocks, the "clumps of demolished lapilli," the "whiff of fig trees and the exhalations of hot lava" from the shores of São Jorge)—are not all. There is still the rural, bucolic world of milkings and sunrises in the mountains, the unfathomable seafaring world in which lives are jeopardized in whale-hunting adventures, and, especially, the provincial and patriarchal world of Horta, "land in which everything is inheritances and business deals" and where a young girl's wishes matter little—Margarida explains, hurt by her father's wish to marry her off to Uncle Roberto to make her forget João Garcia... . The latter, moreover, with his irresolute character, despite being a diligent student on the mainland, could not aspire to marry a Clark Dulmo, the more so for her being distanced from him due to the conflict that had separated Januário from Clark & Sons, Heirs. In effect, resentment and hatred, frustration and isolation under the timid suns amidst the Atlantic clouds, the slow flow of time (at times frozen by the long digressions by the *narrator-historian* and learned chronicler), the surrender to Fate, which weighs on the uncertain future of the resolute and "capricious" girl, the enigmatic Margarida, who is *above and beyond* the society in which she lives—these truly are the predominant notes of the great novel that, Azorean in soul and substance, rises to the universality of Man confronting *Fatum.*

From *Colóquio/Letras* 48 (1979): 5-15.

Notes

[1] The following well-known interpretations of *Mau Tempo no Canal* were published as part of the sixth edition of the novel, *Mau Tempo no Canal, com uma Introdução por David Mourão-Ferreira* (Lisbon: Livraria Bertrand, 1980. 7-33) and are here reprinted with permission.

[2] Where possible I have followed Francisco Cota Fagundes's English translation (*Stormy Isles: An Azorean Tale.* Providence: Gávea-Brown, 1998).—Trans.

Nemésio: Words Cast Forth

Vasco Graça Moura
Translated by Robert Patrick Newcomb
and Francisco Cota Fagundes

I.

It is difficult to write a truly comprehensive summary of Vitorino Nemésio's *poetic person* and fit it within the dimensions of an essay. I prefer the expression "poetic person" to "poetic voice" because I believe that it gives a more exact, a simultaneously more *personal* and *sonorous* account of literary writing in its human dimension (which is evidently not the same as writing's biographical or anecdotal dimensions). However, for the purposes of my analysis of Nemésio in this essay, I prefer not to assume the risks of the synthesis implied by the idea of his "poetic person." Instead, I will discuss certain aspects of Nemésio's poetry, without a preconceived program.

It might be said, and indeed it *has* been said, that Nemésio as a poet effectively had a certain affinity for *presencismo*, that he was to a certain degree the product of symbolism, that he had a sense for the popular in its most genuine form, and that he reflected a certain mystical or philosophizing mode of expression in Portuguese poetry. But somehow Nemésio always escapes such classifications so that, if he *is* all of this, he is also much more. Above all, Nemésio was possessed of an awareness of the word in its relation to the world. He dramatized this awareness and subjected it to scrutiny, without recourse to "-isms" or schools, paying attention above all to the word's interior, expansive impulse, as it revealed itself to him and *through him*. It may be worthwhile to apply much of what Nemésio wrote about other authors, as a

Portuguese Literary & Cultural Studies 11 (2007): 217-56.

critic, to Nemésio's own poetic expression. While risky, this operation can in many respects be illuminating, revealing, for example, the intimate, complementary relationship between Nemésio-the-poet and Nemésio-the-critic—a relationship that at times extends to his use of certain images. Nemésio was well aware of the risks of poetic criticism, writing: "Nem sempre o modo crítico é o melhor para falar de poesia: o modo poético também lhe convém com uma forma de hermenêutica—arte de interpretação do que é simbólico" ["The critical mode is not always the best way to speak of poetry; the poetic mode is also appropriate as a hermeneutic approach—an art of interpreting the symbolic"]. And, referring to the title of his book *Conhecimento de Poesia*, it is more appropriate to speak of Nemésio as a *conhecedor* of poetry rather than as a critic. As he said: "A poesia é, mais que uma arte, uma actividade espiritual e específica, no exercício da qual não buscamos entendidos que no-la contem, senão espíritos afins a quem gratuitamente a comunicamos" ["Poetry is, more than an art form, a spiritual and specific activity, in the exercise of which we do not look for specialists who can talk to us about it but kindred spirits to whom we can gratuitously communicate it"].

With this as our starting point, and drawing on two distinct texts by Nemésio, it is interesting to observe that what Nemésio says of Verlaine can be applied to his own poetry. He writes of the French poet:

> a consciência da culpa irrompe na sua lamentável carcaça—e um confessor, uma igreja em silêncio, a mesa deserta e azeda de um *café*, o catre de uma prisão ou a infecta cama de uma casa de hóspedes, tudo lhe serve para tomar o peso de uma responsabilidade que se não efectiva, em última análise, senão pela entrega total de um destino miserável em mãos de misericórdia.
>
> [the consciousness of guilt springs forth from its ugly shell—and a confessor, a silent congregation, the bare and stained table of a café, the bunk bed of a prison or the unwashed linen of a guest house, all these are appropriate for him to consider the weight of a responsibility not yet realized, in the last analysis, except by total surrender of a miserable fate into the hands of mercy.]

Compare this with the following passage from Nemésio's *De Profundis*:

> Sejam vossos ouvidos atentos (ah, Senhor
> Assim se diz, assim seja!)

À voz da minha culpa e do meu nada—
Maior, neste clamor
E na miséria que esse olhar deseja,
Que toda a coisa principiada.
[... ... ...]
Levanto o meu queixume,
Pura evaporação,
Secada pelo teu lume,
[... ... ...]
Senhor que me sujei na força da agonia
E em minhas lágrimas me lavo,
Como um velhinho fazia
No catre do hospital, fedendo a murta e alho bravo—
Uma algália nas partes, algodão num ouvido:
Só por cima da colcha uma mosca o afogava
Enquanto ele chorava,
Todo borrado e comovido.

[May your ears, Lord, be attentive
(If those be the words I should speak)
To the voice of my guilt and my nothingness—
One greater, in the clamor
And in the misery that your look desires,
Than all things begun.
[... ... ...]
I raise my complaint,
Pure evaporation,
Dried up by your fire,
[... ... ...]
I sullied myself, Lord, in the force of agony
And wash myself in my tears
Like an old man
In a hospital folding-bed, smelling of myrtle and garlic—
A catheter in his parts, a cotton patch on his ear
A fly on his bed strangling him
While he goes on crying
All soiled and shaken.] (*O Bicho Harmonioso*)

As can be seen here, Nemésio is a poet of life's concrete dimension, and of anguish, experienced before death and before God. He is a poet of the *meaning* and happiness produced by the senses, a questioning and incessantly curious poet, a poet of the humble and the handmade (he writes of Supervielle: "Acerca-se das coisas, toma-as na sua humildade e, convidando-nos a uma operação interior de simplificação e desadorno é em nós que talha o vestido radiante dessas coisas" ["He approaches things, accepts them in their humbleness and, inviting us to perform an inner operation of simplification and unadornment, it is within us that he fashions the radiant garments of those things"]). Drawing on all of this and more, and aided by his sense of tradition and of innovation, Nemésio achieved a hyper-intense density of expression, rendering his work an incomparable creative mo(nu)ment for our twentieth century.

He is a poet that I would compare to Goethe, in the near universality of his vast, interdisciplinary, and interrelated body of knowledge, in his extremely sharp sensibility, in his great expressive versatility—all of which allow him to uncover a certain intimate truth with regard to the world and its contents, often with an apparent, complete simplicity. Nemésio consciously cultivated an apparent "ingenuity" as a means to sneak up on, in the most varied registers, certain rough, anguished areas of the human condition.

On the other hand, we should not forget Nemésio's declaration that he encountered "os momentos mais felizes e originais da poesia portuguesa... nas escolas, movimentos e personalidades que assimilavam à lei do génio nacional o inevitável influxo estranho e hiperculto" ["the most felicitous and original moments of Portuguese poetry ... in the schools, movements, and personalities that allowed the assimilation into the national genius of the inevitable and highly erudite influx of the foreign"]. Moreover, and "apesar da permeabilidade a círculos culturais mais latos, nenhuma das nossas experiências poéticas com o de fora resultou em pura perda" ["despite the permeability to wider cultural circles, none of our poetic experiences with the outside resulted in pure loss"]. This idea was dear to Nemésio, as can be confirmed simply by reading his texts on the origins of Portuguese poetry, or on António Nobre, Roberto de Mesquita, or Eugénio de Andrade. From this perspective, crossing the Portuguese—*our own vital fluids*—with the influx of the foreign, it becomes possible to mark the important, let us say genetic (in fact, they are not exclusively genetic) connections between Nemésio's poetry and symbolism, as has perhaps been implicitly or explicitly anticipated by the majority of Nemésio's critics, who have analyzed his poetry so capably. As

Nemésio declared: "poesia e símbolo aliaram-se estreitamente na literatura europeia—na sua consciência estética—quando a vaga de confissão do romantismo ficou espraiada, sem força para inventar mais" ["poetry and symbol became close allies in European literature—in their aesthetic consciousness—when Romanticism's confessionalist wave spread itself too thin, bereft of strength for further invention"]. Without ignoring what is Portuguese in Nemésio's work, we can affirm that he derived his relationship with the various forms of symbolism through his connection to this common European trunk. Nemésio, much like the symbolists, sought by way of words to reach that intimate core of things that, once made visible (though never entirely so, since this core also represents an essential, intimate mystery), irradiates, with surprising ease, the pure evidence of our relationship with the world, mediated in terms of "sensory intelligence," though neither discursive nor logically intelligible. For instance, Nemésio says of Guillén: "mais que experiência lírica, dir-se-ia uma teoria do conhecimento inefável, a exploração dos termos em que é possível falar dos sinais misteriosos das coisas" ["more than lyrical experience, one might call it a theory of ineffable knowledge, the exploitation of those terms by means of which it is possible to speak of the mysterious signs of things"]; and of João Maia: "*selva essente*: quer dizer, o campo em que o homem inquieto procura fazer o ser. Esse homem é o poeta e o filósofo situados na fronteira que os indetermina. Assim poesia e ontologia se tocam naturalmente" ["*selva essente*: that is, the field wherein restless man seeks to realize his being. That man is the poet and the philosopher, both situated on a frontier that renders them indeterminate. Thus poetry and ontology touch each other naturally"]. I will return to this point.

The *hantise* of lost youth is one of the most frequently exploited topics relating to this pure evidence. William Blake blazed this path early on and was joined by many others, including the deliberately essentialist Rainer Maria Rilke. I believe there is value in the detailed, though as yet unstudied, relationship between Blake and Nemésio. This relationship is quite apparent, for example, in the following lines from Nemésio: "Uma rosa cortada / E roída do bicho / Boia na água estagnada, / Minha força e capricho" ["A cut rose / Gnawed by a bug / Floats on stagnant waters / My strength and fancy"]. The theme of lost youth as expressed in poetry concerns a kind of *interior diaspora* that, in adult life, leads in a poetic-existential sense to the recovery of the initial phase of one's life, during which one was not opposed to the world but rather found oneself in undifferentiated communion with it. This awareness of one's *exile from childhood* is accompanied by a rejection of reason's real or fictitious reign in practical life. Nemésio observes: "Este orbe das coisas, pessoas e relações profundamente animadas é regido por uma espécie de inocência ou, se ouso dizer, divina estupidez, que deve ser a garantia que Supervielle lhes dá para se deixarem captar com confiança" ["This orb of things, persons, and deeply animated relationships is governed by a kind of innocence or, if I may, a divine stupidity, which must be the guarantee that Supervielle recognizes in them of letting themselves be captured with confidence"]. See also the following: "A razão, o conhecimento pertencem ao plano de existência, a realidade está no Ser de Deus e na divina ignorância do poeta" ["Reason and knowledge belong to the plane of existence, reality dwelling in the Being of God and in the poet's divine ignorance"]. In symbolist poetics, reason does not dominate history, and certainly not the individual, with Pessanha speaking of the dark paths down which reason loses itself (we will soon see in what terms we can speak of reason in Nemésio). We could well ask ourselves if the frequently lived or consciously experienced phenomenon of exile, whether interior or exterior, in time, in space, or perhaps in both, might not constitute one of poetic creation's perpetually driving forces. Here we are confronted by a lost moment in time that is the object of our obsessive search, and which promises us access to its *gratifying* mysteries. This purifying moment of *innocent* existence, of the pure identity we possess during our short-lived orphaned period on earth, is endowed with a long-gone irrationality, referring back to the verbal frontiers of a vision of things and beings in an integrated, boundless whole. We might counterpose this moment to the line of theorization beginning with Anaximander's *Apeiron* and passing through Rilke's *das Offene* (symptomatically, the figure of the *angel* also appears in Nemésio).

Looking back on Vitorino Nemésio's writing, and with these thoughts in mind, I believe it possible to term him, next to Camilo Pessanha, as the *possible symbolist* of twentieth-century Portuguese poetry, though I accept the inexactness of the term. Nemésio is a possible, rather than an outright, symbolist because of his lack of adherence to a particular school, along with his receptivity to a special way of being or of inserting himself within lived experience generally, and in literary activity specifically. Adhering to the maxim that "todo o campo poético é de interioridade" ["the whole of the poetic field is an inner field"], Nemésio was influenced by a variety of currents (*Orpheu*, *presença*, surrealism, etc.) and, moreover, participated in many of these.

Nemésio was open to Pessoa's (and Valéry's) dialectical, and symbolism-inflected, treatment of individual reason, to the *presencistas'* audacious confessional stance and interior explorations, and to the surrealists' idea of "sotie" and their practice of automatic writing. He was receptive to the mystical-baroque tradition, to insular regionalism, and to the many other currents that marked the literature of his time. More a poet of confluences than of influences, Nemésio integrated all of this by way of a highly personal and good-humored poetic synthesis. This synthesis, on display in his compositions' conceptual mixture of literary materials, speaks to Nemésio's vivacity, authenticity, and capacity to surprise his readers, as a unique, exemplary writer in our literary tradition. In sum, Nemésio is a poet who possessed a *style* (a personal, unique style incapable of duplication), but who did not, in the final analysis, belong to a particular school.

II.

One of the earliest and best examples of Nemésio's blending of literary influences and elements can be found in his "Versos a uma cabrinha que eu tive" ["Lines to a little goat I had"], a text included in his volume *Eu, Comovido a Oeste*, and which merits our consideration here. The poem has six regular stanzas, five of which have four lines each, and one of which has five lines. The lines are alternately of six and seven syllables, with the exception of the last two, both of which have four syllables. Beginning with its title, the poem makes implicit reference to childhood. The use of the verb *ter* in the preterit (*eu tive*) suggests a past qualified by the term *cabrinha*, with the phrase *ter tido uma cabrinha*, and the poet's elaborations on this phrase, evoking an immediately recognizable childhood experience. This childhood context is reinforced by the apparently simple tone of the stanzas, which recalls children's literature, and by the use of diminutive forms (*badalinho*, *casquinho*) often employed when speaking to children. The small animal the narrator at one time *had* is *made present* in the poem through the use of various verbs in the present indicative. It is not merely the workings of memory that grant the animal existence in the here and now. In the main, we encounter the animal described in the poem as a vision reconstructed or produced by words, as the *re-making*, understood both reflexively and transitively, of a moment in time made symbolically actual and active, possessed of a "mysterious" complementarity between life and death, and between the path *through* and *between*:

Com seu focinho húmido
Esta cabrinha colhe
Qualquer sinal de noite
De que a erva se molhe.

[With her wet snout
This little goat gathers
Any sign of night
That moistens grass.]

In the third line of the stanza, the young goat must protect itself from death, identified here with "night"; in another text from *Eu, Comovido a Oeste*, night is described as "*matéria da morte.*" Night *produces* or *provides for* life's necessary elements, namely the water and dew that forms on the grass. The *cabrinha* is a small animal pulsing with life (see its *focinho húmido*—here Nemésio establishes the relationship between the warmth and wetness of the snout and the night's role in producing the grass the animal eats), who searches the landscape for the *sinais da noite* that fuel life. The young goat is also a *ser de passagem*, placed between the plant and animal kingdoms and undifferentiated with respect to the world—a status reinforced throughout the text, for example, in the lack of distinction between the visual (*flor pendente*) and the sonorous (*o badalinho*):

Daquela flor pendente
Pra que seu passo apela
Parece que a semente
É o badalinho dela.

[Of that hanging flower
That draws her step
It seems that the seed
Is her own little bell.]

With the young goat drawn to the flower (notice how a suggestive alliteration skillfully marks the short period of time described by the lines, *pendente / Pra que seu passo apela / Parece*), the third and fourth lines of the stanza suggest the sign of life (*semente/badalinho*). While the night (in reality not just the night, as we will see) feeds this life, the young goat, a living thing and carrier of life, must nevertheless brace herself against it:

Sua pelerina escura
Vela-a da noite sentida [...].

[Her dark coat is protection
Against the night she senses (...).]

This allows the animal to continue along the careful path she demarcates; through her travels along paths like these, she draws the world together. Travel marks the young goat, as does the night, whose presence the young animal senses. The dewdrops, the *sinais de noite* the animal searches for in the grass, and on which she feeds, deposits these *signs of night*, which are also *signs of life*, on the grass *en masse*. These dewdrops, as *signs of life*, reflect and complement their function as *signs of night*, in a relationship reinforced by the opposition *noite sentida/vida*:

Tem cada pêlo uma gota,
Com passos, poeira, vida.

[Each hair bears a droplet
Of steps, dust, and life.]

This wandering, digressive tone marks the central section of the poem, and is inserted in each of the second through fifth stanzas. Significantly, these lines are of seven syllables each. The alliteration mentioned above is utilized here to the same end (*Tem cada pêlo uma gota / Com passos, poeira*). But the reader does not accompany this journey at the visual level only. If up to this point the young goat was viewed from the outside, in the fourth and fifth stanzas, it is presented to us as the synthesis of a biological process and of interior and external life, observed (momentarily from an adult perspective) in the transmutation of that which moves forward and, in doing so, incorporates the outside world into itself:

De silêncios, silvas, fome,
Compõe nos úberes cheios

Toda a razão do seu nome
E fruto dos seus passeios.

[With silences, brambles, and hunger
She composes in swollen udders
The reason for her name
And the fruit of her wanders.]

Silence follows the ringing of the bell, as the woods follow the hanging flower, and hunger follows the wet grass. Life is made from all of this (*compõe nos úberes cheios*). With germination, seed becomes fruit, and the obstacles and difficult aspects of life are transformed into the elements by which existence will renew itself. In this way, the harsh conditions of the first line (*silêncio, silvas, fome*) are opposed to the swollen udders and the fruit of the second and fourth. But it is not merely the boundary between the vegetable and the animal, or between the interior and the exterior, that is overcome. This movement also occurs between the plant world and the mind. Slowly, with an image (*já marcha grave / como os navios entrando)* that neutralizes the quiet steps suggested by the above-mentioned alliteration, the poem introduces a new kind of movement, which anticipates the animal's ultimate immobility. The young goat advances, with a certain "suave consciência," and by way of admirably written implicit oppositions (*marcha grave, pesada dos pensamentos*—which do not in fact weigh the animal down because they are… *da sua vida suave*):

Assim já marcha grave
Como os navios entrando
Pesada dos pensamentos
Da sua vida suave.

[A gravity in her pace
Like a ship coming in
Weighed down by the thoughts
Of her serene life.]

This movement continues until a suspended, immobile state of equilibrium is achieved, in a skillfully visual, highly emblematic image, which condenses the hidden balance between the vital tensions that together comprise the "mystery" of existence, a mystery suggested by the fact that an egg, a perfect form representing the origin of life, can produce a bird, a being capable of flight. In closing, the line contracts to four syllables, heightening the power of the poem's final effect. The same alliteration mentioned earlier (*pendente, pura, passo, apela, parece, pelerina, pêlo, passos, poeira, passeios, pesada, pensamentos, puro, penedo*), whose sonority continually evokes the image of the goat (and which we could complement with the words *cabrinha, colhe, gota, úberes, grave, casquinhos, tocada, grande, equilibrado*) is a bit of authentic technical achievement, successively reinforcing the ideas of physical travel, thought, and stillness (*no puro penedo*). The overlapping of new forms of alliteration, which serves to resolve the musical tensions in the final verse, is likewise impressive (*casquinhostocando... comooovoeaave/grandesegredo//equilibrado*), as is the counterposing of various sets of oppositions: *húmido/molhe*; *erva/flor*; *pendente/badalinho*; *pelerina/pêlos*; *sinal de noite/gota*; *semente/fruto*; *grave/pesada*, etc.:

E assim, no puro penedo
De seus casquinhos tocado,
Está como o ovo e a ave:
Grande segredo
Equilibrado.

[Standing on pure rock
Touched by little hoofs,
She is like egg and bird:
A great secret
In equilibrium.]

III.

Given this example, which is sufficiently characteristic of Nemésio's creative output and of some of the technical-literary strategies used by the author through practically his entire career, I consider it unnecessary to analyze the author's entire body of work. Rather, I will focus on a particular developmental path that takes us from the initial moments of his career and closes with the volume *Sapateia Açoriana.*

Nemésio's stated thoughts on poetry are oft-cited:

> com os temas coerentes e reiterados do sentido da existência pela representação do passado: o mundo da infância no microcosmo da Ilha: o isolamento no seio de uma comunidade patriarcal: a revelação de Deus e do próximo na vizinhança e na família, do destino no amar e na promessa da morte.
>
> [his themes are made coherent by a reiterated sense of existence brought out by the representation of the past: the world of childhood in the Island microcosm; isolation in the midst of a patriarchal society; the revelation of God and of his fellow humans in neighbors and family, and of destiny in loving and in the promise of death.]

We will more or less follow the progression of this summary statement. Beginning with the idea of insularity (*insularidade*), we must place this in two contexts. First, in originary terms, the condition of being an islander entails a certain capacity for confronting existence and rejecting isolation (Nemésio: "Tomo aqui a palavra *isolamento* no seu sentido etimológico: solidão de ilha. Um homem numa rocha e em volta o mar" ["I understand the word *isolation* here in its etymological sense: island solitude. A man standing on a rock with the sea all around"]), even if the world, under these conditions, can only be recovered in words, through a poetic language that rediscovers the Island and allows it to function in memory, as well as grants it meaning in the present:

> dobrado sobre si mesmo, o ilhéu tem de ser inventivo, suprir o seu racionamento (filho de solidão geográfica) por uma vasta virtualidade de que dota as coisas—especializando, por assim dizer, o que é particular num exercício geral, o que é privativo de uma função em várias funções circunvizinhas.
>
> [folded upon himself, the islander needs to be inventive, to add to his stock of ideas (born of geographical isolation) a vast virtuality with which he endows things—investing, so to speak, the particular with a kind of generality, and making what is applicable to a specific circumstance, applicable as well to other similar circumstances.]

This, which Némesio writes of Roberto de Mesquinha, describes the critic as well as his subject. Nemésio experienced his insularity intensely and in his corresponding refusal to accept isolation, he sought to recover, by way of poetic memory and totalizing symbols, lost connections; with life and nature's great regulating cycles; with the family, that foundational unit of social life in its spatial-temporal projection outward; with the primordial *Erlebnis*, one's lived experience in the real world, both concrete and symbolic, which only the word can reconstitute (by instituting it) and transfigure (in terms of the sea, the island, the home, the family, animals, and the professions).

As concerns the second context within which we must place the question of insularity or isolation, let us observe that modern industrial society can be defined by the chaotic, unmediated growth of the State and by the increasingly cybernetic dehumanization of its members. The pace of modern life is accelerated by a technological progress that threatens various forms of life with extinction, and limits men and women to a life of individualistic egotism by questioning and confusing received values, and distancing them from a sense for communal life. In these circumstances, the individual increasingly disconnects from the community and becomes an *island* unto him- or herself. In addition to the insularity implied by his Azorean roots, Nemésio lived this other, generalized insularity, which circumscribes the human condition and limits the fulfillment of the human vocation. He reacts to this insularity, this other form of "exile," by opening the necessary doors, allowing air to circulate freely. Nemésio not only imposes an ethical and social vision on the islands, which is counterposed to a day-to-day life on the islands that is traditionally regulated by a mythical order, but, moreover, he examines things in their simplicity as the primary means to achieve God's grace. Later, in texts like *Limite de Idade*, he attempts to integrate life, science, and poetic knowl edge into a broader cosmic vision. This is a possible key to understanding Nemésio's well-known indifference to politics, or more precisely, his unwillingness to commit himself to specific political and ideological positions. In reality, Nemésio was much more concerned with a dimension of experience capable of restoring the individual's ontological wholeness, or, as he described it, "uma ordem superior de que o homem fosse degradado e de que conservasse virtualmente os lineamentos da figura que tem de reconstituir" ["a superior order from which man was downgraded and from which he kept, as it were, but the outline of the image he must reconstruct"]. As we will see, it is in this process of reconstruction that science and poetry, positive and poetic knowledge, and electronic and metaphysical messages face off.

If an anguished memory and temporal experience inspire Nemésio to recreate the world of his insular childhood, reclaiming it as a central part of his intimate experience, the force of will and the desire witnessed in this operation allow the author to experience the bright flashes that accompany the experience of God, Eros, and Death. The drama is resolved, either successively or simultaneously, in these three entities, as each one of these can give *a* meaning (or *the* meaning) to the world. Significantly, the most important part of Nemésio's love poetry is known only fragmentarily, which makes it probable that we will have to *rethink* Nemésio's work once this heretofore unedited portion of his work is published.

IV.

Let us now turn to how God is revealed in Nemésio's work: in the copy of *O Pão e a Culpa* I used in my research, I encountered this moving dedication by the author to his friends, dating from 25 January 1977, less than a month before his death: "estas 'asceses' passadas, mas que muito marcaram o seu velho e grato Vitorino Nemésio" ["these old 'asceticisms,' which left marks on your old and grateful Vitorino Nemésio"].

This testimony, given by a man on death's doorstep, and referring to a book published twenty-two years earlier, indicates, with rigorous and total economy, one of the most important aspects of Nemésio's composition: it speaks of an *asceticism* in which Nemésio was deeply involved, and which correspondingly marked his work in several respects. This asceticism is by extension a transcendental elevation of the individual in his or her humanity. We do not, as in Rilke, behold a *reine Uebersteigung* achieved in the metamorphoses brought about by the singing of a song. Rather, we are confronted with a human *impurity* that the author assumes and seeks to overcome. We have here less of the fiery, ecstatic, mystical fugue that Nemésio presents us with in another portion of his work, and more of the individual's humble involvement in and development of (I use Eduardo do Prado Coelho's expression, *envolvimento e desenvolvimento*, for my analysis of *O Pão e a Culpa*, though he applied it to *O Verbo e a Morte*) daily life in search of divine Grace. Nemésio's search for the divine is situated in his investigation of the most humble features of daily life. Recall that this search for God's immediate presence in the most humble aspects of daily life (later, Nemésio will instead seek to discover the *ways of God* in terms of angelic relations) marks Nemésio's entire poetic career, from "Anjos de matéria nenhuma e de toda a arrogância" ["Angels of no matter at all and of all arrogance"], from *O Bicho Harmonioso*, to the mediators, "ávidos de transe e rapidez" ["eager for trance and swiftness"], who can also be granted a Rilkean *Schrecklichkeit*:

Anjos são os terríveis
Modos de Deus connosco
Nós, as suas possíveis
Transparências a fosco.

[Angels are the terrible
Ways of God to us
We, his possible
Opaque transparencies.] (*O Pão e a Culpa*)

These lines describe an attempt to understand the interceding function that exists between the human and the divine, and to illuminate its opaque reflections. This attempt presupposes an intimate involvement with the real, and here Nemésio, an anti-Caeiro, is a poet of the intimately real, which becomes a kind of *communicative*, revealed sustenance that—

Desde que me conheço sei o pão
E o corto em companhia.

[Since knowing myself I've known the bread
And cut it in company.] (*O Pão e a Culpa*)

—and, from the moment it is made manifest as a substance simultaneously reconstituted and transfigured by the poetic word, demonstrates that the individual's relationship with God presupposes a prior relationship between the individual and the world. Here lies one of the essential qualities of Nemésio's *realism*, as well as one of the reasons why religious poetry is frequently capable of touching readers who do not believe: there is an overriding *truth* to the real here, irrespective of one's belief or lack thereof. This truth, revealed in the enunciations of the concrete that are rediscovered in poetic language, extends itself to other registers, all the while affirming itself and reorganizing our perception, as in this poem:

Roseira

A área da rosa é o seu perfil de orvalho.
Abro à manhã quantas cultivo:

Se espinhos têm dos pregos do meu soalho
É que ainda moro vivo.
Mas mesmo rosas de madeira,
Com a cor da lama do meu passo,
Sem graça, aroma, nem maneira,
Dou-as a Deus. É do que faço
Nesta estrumeira.

[*Rosebush*

The rose's area is its profile of dew.
I open to the morning all those I grow:
If they bear thorns from my floor
It's because I still live where I'm alive.

But even wooden roses,
Mud-colored from my steps,
With no grace, aroma or shape,
I offer to God. They're all I grow
In this dunghill of mine.] (*O Pão e a Culpa*)

We can also see this poetic naming at work in the sonnet *A Virgem da Cova*, a high point in Nemésio's writing, as well as innumerable other examples in which the *weight* of the recovered real is accompanied by the verbal elegance of the poem:

Ó concisão das árvores esguias,
Que se acusem num nada exactamente!
Os ciprestes são tristes só pelas guias;
Um lindo enterro só com pouca gente.

[O conciseness of slender trees,
Self-accusing in a nothing exactly
Cypresses saddened for being guides;
A beautiful funeral with few people.] (*O Pão e a Culpa*)

Um torrão de barro!

Eu vi um torrão de barro
Fresco, na enxada, e uma minhoca!
Aquele torrão cheiroso
Era a toca!

[A clod of earth!
I saw a clod of earth
Fresh, on the hoe blade, with a worm!
That pungent clod
Was his burrow!] (*Nem toda a noite a vida*)

In some cases, a single metaphor is sufficient to underpin the whole of the poem's thematic development, because its exactness makes possible the discovery of a relationship *of difference* expressed by the transition from the description of a rabbit to the operations of memory:

Mnemosinon
Tal o coelho minucioso
Com a serralha que desfia,
Vem a memória ao silencioso
Cortar lembranças todo o dia.

Guarda as mais grossas para o que olha;
No amor a cólera humedece;
Finas e últimas desfolha
As que mal lembra e logo esquece.

[*Mnemosinon*
Like a fastidious rabbit
With the thistle it shreds,
Memory comes to the silent
Tearing his remembrances all day long.

Keeping the thickest of what he sees;
In love anger dampens;
The finest and last he strips off
Hardly remembered and then forgotten.] (*O Pão e a Culpa*)

V.

At the risk of excessive generalization, we may observe the confluence of three great thematic lines in Nemésio. First, we have an awareness of the world's architecture and the structure of its composite materials, symbolically apprehended and related to *the whole* and, later, scientifically deepened, as in *Limite de Idade*, though nonetheless retaining its symbolic character. I would venture that this represents an esoteric, perhaps Masonic, line of development, marked by great emblematic intention (on this topic, a title like *Eu, Comovido a Oeste* might imply a contemplation of the ... *Orient*, and, from *Limite de Idade*, we may quote a line like: "Nos pedreiros da pedra encontro os irmãos que procurava" ["In the carvers of the stone I find the brothers I sought"]). Second, we find a humble, mystical or baroque religious experience, to which I already referred. This is profoundly rooted in the seventeenth-century Iberian experience of God and of sin, which in turn refers to the Judeo-Christian tradition of original sin, which is assumed in self-flagellating manner by sinners, in their abjection and confession of sins before God, and their petition for divine pardon, which is fulfilled through ongoing penitence and total surrender. Finally, we see a long-established line of ontological speculation in Nemésio. This tradition has remote, pre-Socratic roots, recovered by the German Romantics, as well as the existential reading of these Romantics, namely in the Heideggerian interpretation of Hölderlin's poetics, which is literally present in Nemésio's work in certain moments and carries with it a philosophy of symbolic language in its relations with Being. These three thematic lines often overlap, at times becoming indissoluble, as is frequently the case in *O Verbo e a Morte.*

Just as Pessoa's originality lies in the ways in which he introduced reason (and its absurdities) to symbolism, thereby pulverizing it, Nemésio's unique contribution is to fuse the three aforementioned strains, and to dialectically oppose forms of reason to the potential for irrationality contained in these forms, as well as in the language by which reason expresses itself. Reason, in Pessoa, operates radically, and on the reverse side of a limited number of abstracted, disembodied concepts. It moves in the pure abstraction of the mechanisms installed in the desert of the soul, as if seeking a formal structure for operations taking place outside discourse, or at any rate, for operations not contained by discourse. Everything occurs as if, parodying Nemésio, Pessoa had written *Língua, Casa da Razão que lá não mora*, utilizing the poem as a vehicle for reason, in the self-consuming spiral of reason's voracity, with reason functioning as the cold consumer of meaning, both transcendent and immanent: this is reason dead to itself, and confined to an absurdity without exit and without escape. In Vitorino Nemésio, reason is precisely the opposite. What in Pessoa is a spiral endlessly moving toward nothingness is in Nemésio a spiral continuously *developing* in its plenitude; the world is not a *waste land* and the nature of the soul, far from a *question of limits* ("A posição, o oco cheio / Por cada um no seu limite" ["The position, the filled vacuum / For each within his limit"]), is better understood as the limits of the question. In short, beings and things are interconnected: they communicate, refer, and find themselves (amongst themselves). As Nemésio writes: "Como a pegada, que é o resto / Do caminheiro na terra firme" ["Just like the footprint, the vestige / Of the walker on firm land"]. If these are communicative, if they can be *gathered together*, reason need not be immobile, but is instead *flexible*. In these circumstances, reason is not *imposed* on beings and things from the outside but instead derives from them by way of their discourse. It does not operate on the reverse side of existence but on its near side, or within it, or rather, stitched into it. If it is in these circumstances that one still lives in the concrete, all features of the concrete aid in this expression that is the product of the concrete, and that generates images, metaphors, symbols, allusive mechanisms, paronyms, and etymological, syntactic, and derivative processes, among other elements of discourse. The generative function is preserved even as one arrives at the unspeakable regions of the most rarified ontological speculation. As we will see, abstraction generally continues to *embody itself*. In this way, if Pessoa's reason is a desert of the soul, reason in Nemésio is a *peopling* of consciousness. If Pessoa succeeded in introducing reason to symbolism, Nemésio introduced reason to the symbol itself, identifying reason with a vital sense of congruence, rather than linking it to absurdity.

On this point, see the sonnet *Águia de fogo*:

> Brado o nome das coisas que comovo,
> Mas o sono me cala e as arrefece:
> Não me vem ave à mão dizendo "ovo"
> Nem se chamo Jesus ele me aparece.
> Mas se me calo, então o Mundo é novo,
> Clara a noite, Deus lembra, a terra esquece,
> Amplia-se o futuro no que louvo,
> O sentido da morte se esclarece.
> Oro no prolongado vácuo ouvido,

Interiormente mar, ou mesmo menos
Que marulho remoto ou enxame haurido,

Onde o eterno levanta, com pequenos
Sinais de tempo astral que a carne capta,
Uma águia de fogo que me rapta.

[Of things I move I cry out the names
But sleep silences me and chills them:
No bird flies to my hand saying "egg"
Jesus comes not if I call his name.

But if I still my voice, the World is then new,
The night brighter, God remembers, the earth is warm,
The future opens wider for what I praise,
The meaning of death becomes clear.

In the extended audible vacuum I pray,
Inward sea, or even less
Than distant surge or absorbed swarm,

Where the eternal rises, with small
Signs of astral time by flesh captured,
An eagle of fire transports me.]

This piece exhibits a dense weave of oppositions, juxtaposed and taken to the extremes of both combination and opposition: between proclaiming the names of things, which results in muteness or lifeless silence, and the word's suspension or (other) silence (*mas se me calo*), which memory (*Deus lembra*) and death, here equivalent to authentic life, reveal as renewed *meaning*, and in the illuminating presence of God; between the impotence of human clamoring (*nem se chamo Jesus ele me aparece*)—and, by extension, the uselessness of defining origins in light of life's function as a struggle to capture vital energies (*Não me vem ave à mao dizendo "ovo"*)—and the possibility of an *animated* silence (*o Mundo é novo, Deus lembra, amplia-se o futuro, o sentido da morte se esclarece*); between an Earth suggestively differentiated from the *World* (*o Mundo é novo, Deus lembra, a Terra esquece*) and a future that gains new qualities; between the initial act of interpellation and the mystical vigil, passing through *sleep*: the voice passing from the physically audible to the inaudible, from the spoken to pure interior tension, through various states, from sound to sleep to labor, until it is transformed first in the listening "*do vácuo*" (see, for example, the experience of the anechoic camera, and then into flesh itself, which accumulates "sinais": *brado* [or rather, *chamo*], *o sono me cala, mas se me calo, Deus lembra, louvo, oro, o vácuo é ouvido, a carne capta sinais*; between the ever-shrinking subject and an eternity that continually *gains corporeal mass* [the speaker becomes a mere receiver and, moreover, *is received*]); and finally, between the bird that denies itself in the third line and the eagle that triumphantly asserts itself in the final line. Ultimately, the affirmation of God resolves these tensions. We can compare this appearance to the mystical *enthousiasmos* of the Greek myth of Ganymede, which superimposes itself on the relationship between the Christian God and Jesus. This correlation is born out by various shared mythical features (for instance, the theme of the great beauty of the man who contemplates God, a beauty so great that it causes God to descend and to impose himself on the man so as to participate in the *agape*). But another, "heretical" reading is also possible: Christ, who like his human followers is possessed of a human nature, fails to respond to the most human of communication methods, the call of the voice. A silent God appeals to the vigil; the response of the eternal occurs only in a *prolonged* vacuum, *communicating* with man in "depersonalized" form, in the form of a fiery eagle, the *águia de fogo* (according to Christian texts, this fire was given to the apostles so that they could speak ... and recall that at the beginning of the text, words are ineffective). The symbols contained by the words *nome, sono, ave, ovo, Mundo, noite, vácuo, mar,* and *águia de fogo*, whose very sequence is meaningful, are subject to an esoteric interpretation, as are the actions described in the sonnet.

Óscar Lopes observes that what Nemésio "exprime de mais impressionante é a imanência de *outrem* (e superlativamente de *ti*) a *mim*, o *mais mim de mim mesmo* e de *isto* à relação entre ti e mim" ["expresses that is most impressive is the immanence of *the other* (and superlatively of *the thou*) in *me*, the *most me of myself* and from *this* to the relationship between the thou and me"]. This insightful observation on one of the characteristics of Nemésio's writing allows us to analyze the author of *O Verbo e a Morte* in light of Heidegger's reading of the poet Hölderlin. In his essay "Hölderlin and the Essence of Poetry," Heidegger discusses the *unity* of the dialogue that composes us, and that "consists in the fact that in the essential word there is always manifest that one and the same on which we agree, on the basis of which we are united and so are authentically ourselves. Conversation and its unity support our existence." Elsewhere, Heidegger succinctly identifies this existence with the concept of *Dasein.* Further, "it is precisely in the naming of the gods and in the world becoming word that authentic conversation, which we ourselves are, consists." In Heidegger, the essential word is eminently symbolic and the dialogue that we are defines the word as sacred. The sacred is forbidding: its flame does not permit anyone to get near it without being burned; its infinite brightness attracts the sentient to it, which circles it obsessively, entranced and held prisoner, as a moth to a flame. A fringe of mystery is emitted from the sacred, surrounding it, and functioning as a cryptic, prophetic oracle: individuals encounter the keys to interpreting the sacred within an ambiguous sensory field. As Heidegger writes: "Language first creates the manifest place of [the] threat to being, and the confusion and thus the possibility even of the loss of being, that is—danger." We know that the sacred watches over the secret points by which Being and totality can be accessed and that it maintains the power to integrate all things into the whole, unifying the primordial with the final, and rendering the relative absolute (*noli me tangere*). The sacred expresses itself in ultimate, indecipherable terms, as the definitive key to the world and the endless night, and can be only vaguely intuited through the rough, profane medium of language. Language, conscious of the profanity it commits and of the risk it runs (these two features of language are quite important in Nemésio), senses the tension that accompanies its aspiration to the bright totality of the sacred. The sacred grants epiphanies, since it provides both total knowledge and total liberty. It *reveals itself* in its omnipresence. "The poet is exposed to the god's lightning flashes"—so goes Heidegger's elegant affirmation, which is confirmed by the inexpressible force of those terms that refer to totality, by myth's capacity to convey presence (which is only possible when myth works on us in the present), and through a few recoverable linguistic fossils, referring to language's participation in the act of naming, as in the story of Adam (see Genesis 2:19-20). This act links us together *cosmo-agonically.* Heidegger writes: "naming does not merely come about when something already previously known is furnished with a name; rather, by speaking the essential word, the poet's naming first nominates the beings as what they are. Thus they become known *as* beings. Poetry is the founding of being in the word." And in Nemésio's words:

Com medo de o perder nomeio o mundo,
Seus quantos e qualidades, seus objectos,
[... ... ...]

Nomeei as coisas e fiquei contente:
Prendi a frase ao texto do universo.

[Fearing I may lose it I name the world,
Its numbers and qualities, its objects,
[... ... ...]

I named things and was happy:
I attached words to the universe's text.]

There is a universal text, and it has a Meaning; it is through the Word that text and Meaning constitute the absolute limits of the human voice's precarious attempts at expression. And because *Ser, Verbo e Sentido* (or, *Being, Word, and Meaning*) exist at the absolute limit of totality, they are linked together, coinciding as equivalents, without a before, without an after, with neither cause nor effect. If we perceive these, it is because of their continued *being*. We can only *reassemble* the fragments we perceive through symbols. And it is only through the voice that we arrive at symbols. In this way language is the *house of being*. In this arrangement, language may mark being, and is the medium through which being is communicated, although being retains in its most intimate recesses the capacity for self-generation. The world *is* because we name it. The world exists, and history is instituted, in this act. But as Nemésio observes, language is the home of a being "que lá não mora" ["that does not abide there"]. This pronouncement marks Nemésio's difference from Heidegger: the word persists in us "como sombra de sol e eco de amor" ["like sun's shadow and love's echo"]. In confronting the "Verbo unívoco e sagrado" ["Univocal and sacred Word"] of Being, the individual—an "Homem, menos que nada e mais que tudo" [a "Man, less than nothing and more than everything"]—carries with him as his only weapon the *faltus vocis* of the "verbo equívoco falado" ["univocal spoken word"], leaving him open to dangers and error. Would Heidegger write:

Minha vara que fará
Senão bater no Sentido,

Correr o risco das vozes?

[What can my wand do
But beat out the Meaning,
Run the voices' risk?]

The German philosopher argues that: "The word as word never offers any immediate guarantee as to whether it is an essential word or a deception." Words are ambiguous, and in their many possible meanings they risk losing what is most essential in them (Rilke says of the poet, "Sein Sinn ist Zwiespalt"). Since a word is irreducible to any one of its possible meanings to the exclusion of the others, Meaning absorbs all possibilities, incorporating them and consuming them all in its constantly burning fire. Even time ceases to be a mere category of subjective experience; it too becomes absolute (though time here should not be confused with the *here and now,* as "Tudo é cá tempo em espaço pervertido" ["All is herein time in space perverted"]). We encounter the being and the face of God in this state of summary equivalence, which can also be described as a utopia in the Nemesian sense (Nemésio writes of utopia in these terms: "*Utopia,* isto é, ausência de lugar determinado do acontecer" ["*Utopia,* that is, absence of determined place of happening"]). This is the *time of being,* in which the sea functions as the great metaphor for dilution, as Nemésio further suggests in *Águia de Fogo*:

Entro com Deus no forno
Do seu ser. Oiço o mar.

[With God I enter the oven
Of his being. I hear the sea.]

The act of poetic creation lives a dual existence, or a latent conflict, between the word as a mode of access ("a poesia é a instauração do ser com a palavra" ["poetry is the instauration of being with the word"]) and as a form of forgetting, and, indeed, as a *verbal prison.* As a mode of access, the word can allow for the sudden revelation of Being and Meaning. Here "given" describes the meaning both of the word that is *conceded,* and of games of chance (again, Heidegger states: "the pursuit of poetry often looks like little more than *play,*" and the poetry may deceptively appear as "just a harmless game"); the casting forth of words is a search that is simultaneously the fruit of changeable fortune and of vigilant involvement:

No lance do verbo jogo,
Mas, se vigio o meu dado,
A boca sabe-me a fogo
Do sentido inesperado.

[Casting the word I play,
But, as I watch my cube,
My mouth tastes the fire
Of its unexpected meaning.]

But as far as it is *ambiguous*, spoken by individuals in their agonized search for the absolute, the word deprives one of liberty, alienating one from it. The word circles around itself, as if it were trapped down a dark alley without an exit. Nemésio conveys this state in these words:

Com a chave da voz abri a vida:
Mas sair? Onde o passo? e como, a porta?
[... ... ...]
Assim rolo em redondo e mesmo, alheio
À liberdade, aço da chave, aberta
À noite da prisão verbal deserta.

[With the key of voice I opened life:
But leave? With what step? Through which door?
[... ... ...]
Moving in circles, ignoring freedom
I become steel of the key, and open myself
To the night of a deserted verbal prison.]

We can compare these lines with the passage from Hölderlin cited by Heidegger, in which the German poet states that the, "free will / and higher power to command and to accomplish have been given to him, who is like the gods, and that is why the most dangerous of goods, language, has been given to man, so that creating, destroying and perishing, and returning to the everliving, to the mistress and mother, he may bear witness to what he is / to have inherited, learned from her, her most divine gift, all-sustaining love." In order to free himself through absolute knowledge and the return to this knowledge, the poet can rely only on the feverish, overflowing madness he puts into words, on his voice's impulse, and on innocence:

> ... apenas poetas por castigo
> Com um pouco de insânia e de inocência
>
> [... only poets as punishment
> Endowed with a little insanity and innocence.]

or:

> ... ofereço
> minha razão de ser no que deliro,
>
> [... I offer
> my reason for being in my raving.]

These allow the poet to escape the limitations of his reason ("Somos tão pouco no mundo, / Apesar de Kant e o mais..." ["We are so little in the world, / Despite Kant and such..."]), and to reach that other *logos*, which is, for Hölderlin as for Nemésio, "o íntimo dos deuses e das fontes, / Divino louco, amado de astros" ("the intimate of gods and of fountains, / Divine madman, loved by the stars"],

> Pois só no rigor a fogo
> Das palavras exactas e sofridas
> Abre o estame de amor, pólen do Logo,
> Que é maneira de Deus com nossas vidas.
>
> [For only in the fiery rigor
> of words exact and suffered
> Does the stamen of love open, pollen of the Logos,
> The way of God in our lives.]

By now we are moving away from Hölderlin's views, in that Nemésio reduces the pantheon of gods to God, and thereby weakens the mythic charge of Hölderlin's argument, as well as the dialogue he describes between the mythical and the actively historical. Hölderlin's Greek-inspired paganism is substituted in Nemésio by a Judeo-Christian eschatology. This transition implies a diminished subjectivity in this portion of Nemésio's work. God's centrality to the experience of death and the corresponding emphasis placed on individual guilt and repentance distances the individual from the actual and the active. We are also quite removed from the violently baroque incandescence Nemésio identifies with the individual's experience of God in *O Bicho Harmonioso*:

Ah! Tu, Toiro de Fogo, e eu lesma fria!
Tu, Roda de Navalhas retirada
Das Sete Dores de tua Mãe!
Tu, Tubarão de Amor, e eu a enguia
Que até as águas estagnadas
Têm!
Tu, sol cortado a diamante,
[… … … … … … … .]

[Ah! You, Bull of Fire, and I cold snail!
You, Wheel of Knives removed
From the Seven Pains of your Mother!
You, Shark of Love, and I the eel
That even stagnant waters
Have!
You, sun cut by diamonds,]
[… … … … … … … .]

In both cases we are confronted by a *fiery* intensity. In the first case, Nemésio's conception of God has roots in Iberia and its mystical-baroque tradition, and, as I discussed earlier, is elaborated through metaphorically described concrete forms. In the second case, Nemésio's views are characterized by a Romantic-existential, ontological meditation, which renders abstract speculation concrete and subsumes it in a Christian, theocentric vision. David Mourão-Ferreira made a quite similar observation, elevating *O Verbo e a Morte* to *quintessential* status and noting that here Nemésio wipes away the circumstantial, biographical, or ethnographic content of his previous work, privileging "este decisivo encontro da Graça divina, esta transferência da sede da memória, esta subida de tom do registo da gravidade" ["this decisive encounter of divine Grace, this transference of the thirst of memory, this rise of tone in the register of gravity"]. Further, Fernando Guimarães observed of *O Verbo e a Morte* that:

> A realidade, agora, deixa de assumir aquela forma concreta e imediata que vimos ser uma característica dos primeiros livros de Nemésio; o mundo transforma-se numa região da carência, um lugar de perda que, todavia, poderá ser compensada pela possibilidade criadora de que a linguagem parece estar investida.
>
> [Now reality no longer assumes that concrete and immediate form that we recall being a characteristic of Nemésio's first books; the world becomes a region of want, a place of loss that, nevertheless, may be compensated for by the creative possibility with which language seems to be invested.]

In both cases, however, a mystical tradition of very remote origin is recalled, and God is experienced through the mediation of pain and death.

> ... mostra-te digno
> Da Nova que por ti será cantada.
>
> Por ti,— não ossos teus, mas plectro e corda
> Que desfiras e sejas juntamente
> Na dor que às vezes tua carne acorda
> Com o pouco de ser que te faz ente.
> [... ... ...]
> E humilde torna a ti, só tubos de osso
> No silêncio mortal do órgão de medo
> Que ínvios dedos de Deus vibrando exigem.
>
> [... show yourself worthy
> of the News that for your sake will be sung.
>
> For your sake,—not your bones, but plectrum and rope
> That you throw and together suffer

The pain that some times awakens your flesh
With that little of being that renders you human.
[... ... ...]
And humbly returns to you, only bony tubing
In the mortal silence of the organ of fear
That the inscrutable fingers of God trembling demand.]

In this way, the word is death in conversation, as well as an adhesion to the moment of one's moral reunion with Being, in which, as Furio Jesi wrote, "o processo de destruição ou de autodestruição purifica a contingência individual" ["the process of destruction or self-destruction purifies individual contingency"]. This accounts for its broad, communal value: all great art derives from the violent emergence of existence in our sphere. Our existence only precariously suspends or interrupts the application of this general rule, or, if you like, only temporarily allows for the location of describable knowledge in contexts other than the moment during which existence erupts. There are those, like Michel Guiomar, who speak of the permanence and congenital, instinctive essence of Death; if language is the means to access Being, and death is congenital to this Being, the word must therefore reflect and imply death; if "flato de voz é morte irreparável, / só Verbo é vida" ["a voice flatus is irreparable death, / only the Word is life"], we must be able to locate the true meaning of the Word, which is invoked "ao ser que ainda não é mas nela (a palavra) se futura" ["the being that still is not but through it (the word) will come to be"]. Nemésio writes:

Pensemos a promessa da palavra
Na esperança de ser mais que som no ouvido
[... ... ...]
Contra as portas da morte o seu poder
É esse o acto de fogo em língua pura.

[Let's contemplate the promise of the word
In hope of it being more than sound in the ear
[... ... ...]
Against the doors of death its power
Is that act of fire in pure tongue.]

As such, what is ambiguous is undone by the return of a plurality of meanings (this occurs at the level of practical language as well): life without the Word is death, the Word is "ao abismo idêntico" ["identical to the abyss"], and death, in becoming a path toward Being, is life "no além lá dela" ["in the beyond of it"]. We observe this in *Manhã na Morte*, and we saw a similar process at work in *Águia de Fogo.*

Clara via, a tal passo, que pusesse
Corpo e alma em repouso, pura estando,
Morte seria vida que amanhece
Na breve área de lábio que diz:—"Quando…

Quando eu morrer"—

[Clear path, at this pace, that could
Induce into repose body and soul, being pure,
Death would become a dawning life
In the brief area of the lip that says:—"When…

When I die"—]

VI.

Having arrived at this point, we must observe that Nemésio's mystical and religious fervor, even when it seems to reflect Church positions, is in reality far from orthodox with regard to religious doctrine. Eduardo do Prado Coelho has implicitly demonstrated this, in an excellent essay on *O Verbo e a Morte.* Here I would add that we can consider Nemésio's symbolic investment as heterodoxy itself. Nemésio's involvement with symbols is a means to achieve, and vindicate, a heretical (and Gnostic) liberty, with its breadth and depth of implications, in the face of an orthodox position that admits the "letter" of a symbol, but not the profane "interpretations" or "derivations" of that symbol.

Later, in *Limite de Idade*, Nemésio renews this involvement, in a new and disconcerting form, by way of an integrating process in which poetry and science *realize* themselves as a fundamental unity, which questions the destinies of lived experience, of individuals, and of Being, and which takes a diverse collection of values and notions deriving from modern consciousness and attempts to arrange them according to an eschatological perspective.

Moreover, this unity seeks to order molecular structure and universal architecture, the precarious and the eternal, individual limits and cosmic infinity, the limited and the unlimited, the aging and ageless—undertaking all of this not in the manner of Lucretius, who would make instrumental use of expression, applying it to the exposition of a system, but rather through the neutralization of differences between poetics and science, in this way reformulating the role of each in the quest for totality. In historical terms, science has effectively nullified poetry's symbolic charge, understood as the revelatory force of signifying; in attempting to understand the world, science seeks to establish unquestionable laws. These can be verified through regular recourse to quantifiable measures, which amounts to a testing of the limits of quantification's potential. Science is unwilling to coexist with a form of knowledge that is irreducible to abstract formalization or to rigorous, normalizing definition: it tends to deny that such forms represent knowledge at all; its domain is not that of symbolic imagination, and its findings do not result in epiphanies as to unspeakable existential realities (nor would it grant that the realm of the unspeakable could be approximated through extra-scientific means); science is the domain of objectivity *par excellence*, while poetry is the space of inter-subjectivity, as forecast by the poem as a *communicative project*, as an incessantly self-regenerating structure, the sense of which *cannot be transferred* to other systems, as similar as they may be to the poem, and whose *truths* are qualitatively distinct from the certainties advanced by science.

It is this duality of science and poetry that renders the guiding idea, both symbolic and ironic, of *Limite de Idade*, so unique. Its proposal is symbolic, in that the text presents the reader with a mass of data from modern science, from biology to quantum physics, represented by the written word, and thereby imbued with ontological implications and interrogative tensions, both of which point toward the transcendent. From here springs the question, "Quando voltará o sentido à casa do Homem?" ["When will meaning return to the house of Man?"]. Likewise, the poem *A.D.N.* [*D.N.A.*], in the two stanzas quoted below, appeals to the ultimately unspeakable implications of what are, in the end, questions of spirit and matter:

I
Afinal sou assim, infeliz e volúvel,
Porque minha alma guarda uma ordem diversa

De pulsões celulares ao longo do seu eixo:
Decifre-me quem saiba,—que, dispersa,
Com nome de *A.D.N.* aqui na cruz a deixo.
II
Nervo a pavor, fonte renal de rijo
Cor dos meus olhos, estatura, gosto,
Quanto me importo, ó Deus, quanto me aflijo,
Tudo *A.D.N.* inscreve no meu rosto.

[After all I am this way, unhappy and voluble,
Because my soul keeps a diverse order
Of cellular pulsations along its axle:
Let him who knows decipher me,—for, disperse,
With the name *D.N.A.* here on the cross I leave it.

Nerve in panic, renal font of strength,
Color of eyes, height, taste,
How much I care, God, how I shudder,
D.N.A. inscribes everything on my face.]

This is a symbolic proposal, in its vision of *uchronic time* [*sic*], which generates real time in the world of *Idade do Mundo*, as well as in genetic progression, in the inconsolability of a God "fora de seu criado e já quente e amor nele" ["outside his creation and already hot and love in him"], and in the transformation of the universe:

A clínica de Viena ainda não tem divã
Mas já o homem se deita num colchão de ventre e epitélio,

O hidrogénio nasceu prometido ao carbono:
Vem aí, vem aí uma alvorada de hélio!
[The Vienna clinic still lacks a couch
But man is already lying on a mattress of womb and epithelium

Hydrogen was born betrothed to carbon:
Approaching, approaching is the dawn of helium!]

This is also an ironic proposal, aware of the inverse relationship between scientific and moral progress:

> Hoje o homem é o bicho sem sentido,
> A formal secreção da morte.
>
> [Today man is the senseless creature,
> A formal secretion of death.]

This brings a number of issues to the reader's attention—man and the inevitability of death, the coherence of the self, the dizzy heights of technology, and the crisis of civilization—by way of a Mozartian strategy of playfulness and verbal games deriving from the inexhaustible fantasy of these "delírios microfísicos e biopoéticos" ["microphysical and biopoetic deliriums"], as the poet terms them. Nemésio moves from tenderness to the burlesque in his seemingly unlimited and omnipresent capacity to relate all parts to the whole, by way of what Eduardo Lourenço, one of the poet's greatest critics, termed a "lirismo paródico da nova Idade" ["a lyricism parodying the new Age"], after sustaining that, "alusões ou fórmulas de carácter científico não foram nunca para ele senão metáforas líricas e cenário lúdico para o teatro da sua dramática interioridade e salva pela graça humana e divina do humor" ["allusions or formulas of a scientific nature were to him nothing more than lyrical metaphors and a ludic scenario for a dramatic interiority saved by human grace and divine humor"]. These comments reflect an interpretation that is somewhat removed from my own and, effectively, I disagree in part with Lourenço and would argue that it is not Nemésio's presumed dilettantism that is of greatest interest. The idea that Nemésio's relatively rigorous use of scientific concepts serves as a pretext for his "metáforas líricas" reflects an author-centered or autobiographical interpretation of his work. What interests me, rather, is what Nemésio does with this information, how he problematizes it (and problematizes *us*) in touching on the human condition of those who survive in a world where *meaning* is rare. Certainly, Nemésio's application of this information would be less disconcerting if it were historical, philosophical, or literary, rather than scientific. We are already accustomed to seeing these bodies of knowledge symbolically poured into poetic creation, resulting in poems from *Os Lusíadas* to *Mensagem*, and passing through Antero de Quental. Nemésio seems to intuit as much, writing:

Em gráfico de sismo a sina veio
Nessa foto cardíaca— "Receio
Que morra, Daisy!"—Não: morra, Dolly!"
Pois eu não sou o Fernando Pessoa
Ou Antero, nem em inglês seu nome soa,
Que minha Musa é Escherichia Coli.

[In seismic graphics fate came
in that cardiac photo—"I fear
he may die, Daisy!"—"Don't you die, Dolly!"

Look, I'm not Fernando Pessoa
Or Antero, nor does English suit her
For my Muse's name is Escherichia Coli.]

See also his pronouncement on, "Nossa angústia habituada—portuguesmente vil-tristeza,— / Nosso cansaço clássico, vitaminado a C" ["Our habitual anguish—Portuguesely vile-sadness,— / Our classical tedium, with vitamin C"]—which concludes:

Que não é sensato esperar do nada alguma coisa
Mas só de morte fiar puro perdão de Deus,
Entre pinhas reais e Afonso LV, Dinis II,
Com um búzio e uma vieira—or piango or canto—muito fina,
Por conta de Camões e um pouco de Petrarca,
Devendo aliás chorar muito mais do que canto
E calar a buzina!

[For it's not wise to expect something out of nothing
But only in death trust in God's forgiveness,
Among royal pines and Afonso LV, Dinis II,
With a dog-whelk and a scallop—or *piango* or *canto*—very fine
On account of Camões and a little of Petrarch,
When I should really cry more than I sing
And silence my horn!]

We do not feel the full measure of this strangeness, conditioned as we are by tradition and inertia, and distanced from science. Rather, we are accustomed to seeing science in a static relationship of difference with regard to poetry. And even if we involve ourselves with both science and poetry, we tend to view the two as entirely distinct. For this reason, and because it assumes the great risk of pushing us toward a twenty-first-century conception of poetry, Nemésio's *Limite de Idade* is perhaps the greatest Portuguese poetic work of the twentieth century. On this point, it is instructive to revisit Gregory Bateson's essay *Mind and Nature: A Necessary Unity.* Bateson, linked to Wiener, von Neumann, and McCulloch in the development of cybernetics and other recently inaugurated areas of science, published his essay eight years after *Limite de Idade.* In his essay, Bateson proposes rigor and imagination as "the two great contraries of [the] mental process" and goes on to define cultural evolution as the result of the interaction of these two forces ("Rigor alone is paralytic death, but imagination alone is insanity"). He sustains that science has nothing to do with truth, constituting nothing more than, as John Pfeiffer wrote in his review of Bateson's essay, "a disciplined fiction, in the sense that each hypothesis is a deliberate oversimplification." Further, Bateson sustains that "ultimate unity is aesthetic," this being a form of overcoming, a kind of possible *act of faith* that goes, as Pfeiffer has it, "over and beyond the facts assembled by *quantitative science.*" I believe that all of these ideas can be found, not in theory, but *in actu,* in *Limite de Idade.*

VII.

In this essay, I have discussed some of the characteristic features we find in the best moments of Nemésio's poetic career, from *O Bicho Harmonioso* through *Sapateia Açoriana.* In this final volume, as in his other poetic works, we find the echoes of an at-times Rilkean symbolism, joined by a certain dramatization of the "I" rooted in *presencismo,* as well as a self-consciously serene wisdom that nonetheless manages to be restless and curious in his love for life, people, lands, and things. Moreover, in Nemésio's poetry we encounter an unapologetic sense of fun (Nemésio: "A poesia é filha do mistério, mas também nasce do humor. Talvez até porque o humor é misterioso e genésico. O humor gera o riso, a decepção, a tristeza" ["Poetry is the child of mystery, but it's also born of humor. Perhaps because humor is mysterious and genesiacal. Humor generates laughter, deception, and sadness"]), and even pastiche, in the poet's skillful manipulation of forms and genres, dynamically utilizing and transforming these in accordance with expressive necessity.

Nemésio's poetic composition is served by his command of an extraordinarily vast lexicon, which, impressively, he applies with a naturalness that marries ease and precision. His use of diminutives, colloquialisms, and references to the most mundane features of daily life (in this, Nemésio at times recalls António Nobre), is continually counterposed to the highest flights of culture, of erudition, and of abstract, speculative thought (Nemésio: "Eu acho graça quando vejo certos bons servidores da Filosofia fecharem-se ao segredo da Poesia, que a prepare ou que, pelo menos, concita: os que não querem ou não sabem ver, nos ritmos e metáforas do poema, ao menos os primeiros lineamentos da face do mistério, como vêem ou dizem ver o rosto da Esfinge no alinhamento dos conceitos" ["I find it humorous when I see certain good servants of Philosophy close themselves to the secrets of Poetry, which opens the way for it, or at least incites it: those who do not want or do not know how to see, in the rhythms and metaphors of the poem, at least the outlines of the face of mystery, as they see or claim to see in the line-up of concepts the face of the Sphinx"]).

Moreover, Nemésio's poetry is fortified by a sense of insularity, reflected in his multiple (political) affirmations of autonomy, even when these are mentioned in passing:

> As furnas são nossas,
> As pipas de vinho velho são nossas,
> O leite das tetas que ordenhamos,
> As pontas com poucos faróis e muita craca,
> Os caminhos seculares mal calçados.
> Os chafarizes com um tapete de bosta quente cheiram bem
> Vamos salvar as Ilhas: Eu tenho lá ossos de Pai e Mãe.
>
> [The caverns are ours,
> The casks of old wine are ours,
> The milk of the teats we squeeze,
> The points with few lighthouses and rich in barnacles,
> The secular roads badly paved.
> The public troughs with fresh piles of sweet-smelling dung
> Let us go save our islands: I have there the bones of Father and Mother.]

Nemésio's vast, wide-ranging cultural understanding complements, or rather, *extends* to, his knowledge of professions other than his own, and an appreciation for traditional, popular modes of production and culture. This appreciation extends to traditional literary language and forms (Nemésio: "o esquecimento do pouco folclore orgânico que tínhamos, a arcaização dos romances e das xácaras, a decadência da vida popular colectiva deram à quadrinha ou cantiga um poder de improviso que faz dela uma espécie de lâmpada de bolso, qualquer coisa de pronto e rápido que nos faz companhia" ["the forgetting of the little organic folklore that we had, the archaization of the ballads and ditties, the decadence of collective popular life lent the popular copla or song a power of improvisation that makes of it a kind of pocket lamp, something ready and quick that keeps us company"]), which are much less naive than they appear. See, for example, the following verses:

Uma cadeira de pau, flor dos dedos do Avô
—Polimento, esquadria, engrade, olhá-la ao longe—
Dava assento a Florália, o meu primeiro amor.

[A rough-hewn wooden chair, flower of Grandpa's fingers,
—Polish, square shape, rails, looking at it from a distance—
Was the seat for Florália, my first love.]

and

Que a vergonha no Alentejo
De fome pede alegria:
Recantada só a vejo
Nas pinturas da Pavia.

[Shame in Alentejo
Of hunger fashions joy:
But I only see it resung
In the paintings of Pavia.]

Nemésio's impressions from his travels constitutes one of his habitual modes of writing (his travel writing culminates in the series *Andamento Holandês*), and find their way into *Sapateia Açoriana* after its first edition. But how can we speak of a "habitual mode" for a poet like Nemésio, who always finds new ways to surprise us? What can a brief, incomplete reflection such as this say of the *poiesis*, of the *pleasure of creation*, of the youth and maturity, of the tenderness and the eroticism, of the guardedness and abandon, of the captivity and the freedom, of a poet who, at seventy-five years of age, presented his readers with *Pedra de Canto*, one of his best writings, published in *Colóquio/Letras* 35?

Also worthy of mention is Nemésio's preoccupation in *Sapateia* (as in the earlier *Limite de Idade*) with applying scientific knowledge to life's problems, to the experience of old age, and to the anticipation of death. We learn the following of this "Morte pensada" (the title of the volume's penultimate poem, of incredibly rich expression and implication—not only poetic):

Experimentei a morte na cabeça
(No coração, só se ele parasse).
Mas, por mais que a conheça,
Não se pensa a Morte: dá-se.

[I experienced death in my head
(In the heart, only if it stopped).
But, as much as I may know it,
Death isn't thought: it's given.]

The burning intensity of religious feeling, which in Vitorino Nemésio represents the experience of an ardent humility, likewise marks his anticipation of death, prolonging one of the central themes of his poetry. On this point, see Nemésio's pronouncement:

Com que torrentes de fogo me visitas,
Senhor!

[With what torrents of fire do you visit me
Lord!]

*

Having made my argument, and discounting its potentially bombastic or questionable features, I would like to conclude by saying that I consider Vitorino Nemésio to be a poet at least as great as Fernando Pessoa. In seeking to ground this opinion, I would add that I do not much like Pessoa, though I recognize his great worth as a poet. And in heading off the anticipated protests, I would explain that my lack of general attraction to Pessoa does not preclude me from very much enjoying certain moments in his work.

It is certainly true that Pessoa has acquired the status of a master of poetic sensibility (I doubt the same could be said of his thought), and that Nemésio is far from reaching this level of public recognition. Of course, Pessoa's stature may be a reflection of the sensibility and intellectual capacity of the generations that have venerated Pessoa, as groups possessed of discursive prolixity, though otherwise relatively limited perspective, and above all (and at least according to them), engaged by the logical games and the language of Pessoa-himself (though this does not account for their attraction to Caeiro, a much different poet), and attracted to Reis's self-consciously Horacian decadence and to Álvaro de Campos's futuristically dated, though nonetheless critically sanctified, violence.

I will end here with my thoughts on the drama of Pessoa's heteronyms and of his readers, though I should add that Pessoa has been (and continues to be) much more widely published and popularized than Nemésio. Further, Pessoa, much more than Nemésio, lived a revolutionary moment in literature. If this constitutes a fair evaluation of Pessoa and Nemésio's respective historical importance, we cannot evaluate their relative greatness as poets in this way, in qualitative terms. I can guarantee that when Nemésio elicits readings and interpretive work of equal intensity to those dedicated to Pessoa, that the many ideas this generates will reverse the common wisdom that currently subordinates Nemésio to Pessoa. I only hope that God spares Nemésio the devotional fervor that Pessoa has been unable to escape.

Note

This essay was originally published in Vasco Graça Moura, *Várias Vozes* (Lisbon: Presença, 1987) 53-79.

Vasco Graça Moura (Oporto, 1942) is a Portuguese writer, translator, politician, and, in his own words, "man of action." Among his books are the collections of poetry *Modo Mudando* (1963), *Instrumentos para a Melancolia* (1980), and *Antologia dos Sessenta Anos* (2002); essays *Luís de Camões: Alguns Desafios* (1980) and *Sobre Camões, Gândavo e Outras Personagens* (2000); and works of narrative fiction *Quatro Últimas Canções* (1987), *Meu Amor Era de Noite* (2001), and the novel *À Sombra da Magnólia* (2004), which won the 2005 Fiction Prize of the Portuguese Association of Writers. As a celebrated translator, Graça Moura is noted mainly for his translations of Dante, Shakespeare and Racine into Portuguese. Following a long public career as a lawyer, vice-minister in two governments, administrator of RTP (Portuguese state television channel), and director of the publishing house Imprensa Nacional-Casa da Moeda, Graça Moura currently serves in Brussels as a member of the European Parliament for the Social Democratic Party-People's Party.

Robert Patrick Newcomb is a PhD candidate in Portuguese and Brazilian Studies at Brown University. He is currently writing his dissertation, entitled "Counterposing Nossa and Nuestra América: Brazil in the late 19th and early 20th century intellectual construction of Latin America." Publications include "José de Alencar's Critical Writing: Narrating national history in the Romantic era" (forthcoming in *Luso-Brazilian Review*), "João Cabral de Melo Neto and the Poetics of Bullfighting" (forthcoming in *Romance Notes*), and translations of several poems by Miguel Torga (Gávea-Brown, vols. XXVI-XXVII, 2005-2006). His research falls broadly into the category of comparative Luso-Hispanic studies, with a focus on intellectual history. E-mail: Robert_Newcomb@brown.edu

Eugénio de Andrade, Manuela Porto e os alciões de Nemésio

Fernando J.B. Martinho

Resumo. O poeta Eugénio de Andrade relata ter ouvido, por volta dos seus dezassete ou dezoito anos, a célebre diseuse Manuela Porto recitar o poema de Vitorino Nemésio "Pus-me a contar os alciões chegados," publicado no nº 10 da *Revista de Portugal* e incluído na colectânea *Eu, Comovido a Oeste* (1940). A este poema o autor de *Coração do Dia* permaneceria para sempre fiel, referindo-se a ele num poema seu e incluindo-o na sua *Antologia Pessoal da Poesia Portuguesa.* Para Eugénio de Andrade, o poema de Nemésio contém "os seus versos mais secretos." Em parte pelo menos, este poema fundamentará a opinião de Andrade que Nemésio é um dos poetas que integram o grupo que justifica, em prol da poesia portuguesa do século XX, a designação de Século de Oiro. Na base da alta opinião que esposa Andrade pela poesia do autor de "Canário de Oiro" está o impacte que terá tido nele a recitadora Manuela Porto, a que José Régio viria a chamar "a inesquecível ateadora da Poesia de labareda em voz alta."

Durante anos, [Manuela Porto] empunhou o gume vivo da poesia e acutilousombra sobre sombra. Quanto mais aguçado lhe entregassem o gume queempunhava, mais sombra a sua voz poderia decepar. Eis porque os poetas se preocupam tantas vezes com a procura da expressão mais forte, mais peculiarmais incisiva. Não é para outra coisa senão para se aproximarem ainda da realidade.
Carlos de Oliveira, 1952

Portuguese Literary & Cultural Studies 11 (2007): 257-67.

Em data não especificada, mas seguramente depois da sua publicação em 1940, no nº 10 da *Revista de Portugal* e na colectânea *Eu, Comovido a Oeste*, Eugénio de Andrade ouviu uma famosa *diseuse* desses tempos, Manuela Porto,[1] declamar o poema de Vitorino Nemésio "Pus-me a contar os alciões chegados" (*Poesia e Prosa* 423). A referência a essa audição e ao efeito que nele teve surge numa entrevista incluída em *Rosto Precário* e vem a propósito da importância de um primeiro contacto com um autor:

> O primeiro contacto com um autor é muito importante, basta muitas vezes um só poema para revelar um poeta. A mim aconteceu-me isso várias vezes. Lembro-me do primeiro poema do Nemésio que ouvi à Manuela Porto: 'Pus-me a contar os alciões chegados ...' Ainda hoje me parecem ser os seus versos mais secretos. (*Poesia e Prosa* 423)

Tudo leva a crer que Eugénio de Andrade terá ouvido a interpretação do poema de Nemésio por Manuela Porto, não muito depois da sua publicação, o que significará que era muito jovem (17, 18 anos) quando teve a revelação da poesia de Nemésio. Ao sortilégio dessa poesia, e particularmente ao texto que lhe propiciou o seu conhecimento, permaneceu ele fiel ao longo dos anos, como teremos ocasião de ver neste trabalho, que irá centrar-se fundamentalmente na análise do epitáfio com que Eugénio de Andrade homenageou em 1983 a memória de Nemésio (*Homenagens* 36-37), e no qual se aludia aos alciões do poema nº 17 de *Eu, Comovido a Oeste*, um texto que, dezasseis anos depois, não deixaria de figurar entre os que seleccionou de Nemésio para a sua *Antologia Pessoal da Poesia Portuguesa* (*Antologia Pessoal* 417).

Quem era esta *diseuse* citada em diversos testemunhos de autores a quem ela deu a conhecer nomes e textos fundamentais da moderna poesia portuguesa, ou cuja poesia, nesse mesmo âmbito, ajudou a difundir? Perdoar-se-me-á que um pouco me alongue a este propósito, mas será bom não esquecer a relevância destes agentes mediadores no processo da comunicação literária, dando origem, a partir de um acto de comunicação, a outros actos de comunicação (Silva 322). Está por fazer, que eu saiba, um estudo sobre o importantíssimo papel que Manuela Porto* (1908–1950), por intermédio de quem, como vimos, Eugénio de Andrade teve, na juventude, a revelação da poesia de Nemésio, terá desempenhado na difusão da moderna poesia portuguesa, a avaliar por vários testemunhos de que dispomos sobre o impacte dos seus recitais. João Gaspar Simões, no *retrato* que de Pessoa traçou em

Retratos de Poetas que Conheci, refere-se, a certo passo, a uma conferência que fez em 1938, em Lisboa, na Casa das Beiras, e onde contou com a colaboração de Manuela Porto, que recitou a "Ode Marítima" de Álvaro de Campos:

> Pessoa, que em 1988 terá o seu primeiro centenário, já em 1938 estava a ser evocado pela primeira vez na Casa das Beiras por Manuela Porto, a primeira a recitar em Público a 'Ode Marítima,' obra que eu teria a honra de explicar a um auditório, que em boa verdade por completo ignorava quem fosse Fernando Pessoa ... (86-87)

Através de um outro testemunho, o de Mário Dionísio, dado a público alguns anos antes (1966, data da 1ª ed. de *Poesia Incompleta*), ficamos a saber, além de outras coisas, o título da conferência de Gaspar Simões e a data exacta em que teve lugar:

> A talho de foice, lembrarei que foi, de certo modo, através do Casais de *Sempre e sem Fim* que vim a saber de um tal Álvaro de Campos, cuja revelação inteira fiquei, todavia, a dever à voz de Manuela Porto, nessa noite inesquecível em que ela recitou, na íntegra, a 'Ode Marítima,' após a conferência de Gaspar Simões, 'Defesa da poesia moderna contemporânea': 16 de Abril de 1938 ... (*Poesia Incompleta* 22)

Este mesmo autor, na nota que escreveu para a reedição de *O Riso Dissonante*, de 1950, em *Poesia Incompleta*, volta a referir-se a Manuela Porto, a "cuja arte de dizer" e à de uma outra declamadora dos anos 40, Maria Barroso, a sua poesia deveu uma certa "projecção," para salientar que as dedicatórias com que homenageou uma e outra na 1ª edição daquele livro e uma outra eram as únicas que mantinha na sua nova publicação:

> Compreenderão ainda ... que ... abra três excepções, que se referem ao poema 25, dedicado a minha mulher, e aos que têm os números 13 e 36, dedicados, respectivamente, a Manuela Porto, tragicamente desaparecida pouco antes de o livro ter sido publicado, e a Maria Barroso—duas artistas excepcionais, a cuja arte de dizer, tantas vezes e perante públicos tão variados, a minha poesia deveu, desde o princípio, uma projecção que porventura não merece e uma riqueza de tonalidades que certamente em si mesma não tem. (*Poesia Incompleta* 182)

O autor anónimo de um breve "In Memoriam" incluído no fim do volume *Doze Histórias sem Sentido*, publicado pouco depois da sua morte pelo Centro Bibliográfico, não deixa de mencionar os recitais que se constituirão em obrigatório *leitmotiv* dos textos dedicados a Manuela Porto: "Da apaixonada devoção pela Poesia, que sempre teve, restará muito tempo na memória de quantos lhe escutaram os recitais uma viva recordação" (173). Nesse mesmo sentido vai Carlos de Oliveira que, também nesse ano, por ocasião da passagem do segundo aniversário da sua morte, lhe dedica um breve texto nas páginas da *Vértice* em que, depois de destacar, entre as múltiplas facetas da sua personalidade artística, a sua acção enquanto recitadora, escreve:

> A grande declamadora foi apurando pouco a pouco, de recital em recital, de público para público, um sonho realmente digno da artista excepcional que era: arrancar os versos às páginas das tiragens exíguas, pouco lidas, e deixá-los a viver no pensamento e no coração dos auditórios. (341-342)

Nas suas memórias, em meados dos anos 60, José Gomes Ferreira chamar-lhe-á, muito ao gosto da sua escrita transfiguradora, "a inesquecível ateadora da Poesia de labareda em voz alta" (*A Memória* 111). Um desses autores de "Poesia de labareda," à qual a sua voz deu particular ressonância, Manuel da Fonseca, escreverá em sua memória uma comovida elegia: "Como búzio que ecoa/ rumores do mar distante,/ nossa saudade guarda/ a tua voz ausente.// Na névoa da miragem/ que as lágrimas estremece,/ velado como em sonhos/ teu rosto transparece.// ..." (153-155). E Fernando Lopes Graça, compositor de uma área ideológica e estética afim, homenageá-la-á com "Pranto à Memória de Manuela Porto" (Boléo 83).

Ao longo dos anos, não perdeu Eugénio de Andrade, em entrevistas ou depoimentos, a oportunidade de salientar a alta conta em que tinha a poesia de Nemésio, com óbvio lugar de destaque no seu cânone literário pessoal do século XX em Portugal, que ele foi um dos que, mais insistentemente, considerou o nosso Século de Oiro. Sirvam de exemplo os depoimentos prestados a *A Phala Edição Especial—Um Século de Poesia (1888-1988)* e, dez anos volvidos, à revista *Cadernos de Serrúbia*, nº 3. No primeiro caso, Nemésio faz parte da "meia dúzia" de poetas que, a par de Pessoa, autoriza a que se veja na centúria há pouco encerrada o nosso Século de Oiro:

> Ao lado de Luís de Camões, na verdade, não podemos pôr mais ninguém que em português tenha escrito …, mas junto de Fernando Pessoa podemos alinhar sem forçar a nota meia dúzia de nomes: Pessanha, Pascoaes, Sá-Carneiro, Nemésio, Jorge de Sena. (*A Phala* 177)

No segundo caso, o nome de Nemésio integra-se, dentro da mesma linha argumentativa, num conjunto, um pouco mais alargado, que justifica que se considere o século transacto um notável século de poesia:

> Um século que nos deu Pessanha, Pascoaes, Sá-Carneiro, Pessoa, Régio, Nemésio, Torga, Jorge de Sena, Sophia de Mello Breyner, Carlos de Oliveira, Ruy Belo, Herberto Helder, e outros, é com certeza um grande século de poesia. O nosso Século de Oiro, chamei-lhe um dia. (*Cadernos* 13)

Por outro lado, questionado pouco depois da morte de Nemésio sobre o que pensava da sua poesia, não hesita em declarar: "Entre o *Orpheu* e a geração a que pertenço, não vejo em português de Portugal outra poesia que nos seja tão próxima, quer pelo ofício quer pela fundura das águas que remove" (*Poesia e Prosa* 444).

Mas voltemos ao poema de *Eu, Comovido a Oeste* que Eugénio de Andrade ouviu dizer a Manuela Porto:

> Pus-me a contar os alciões chegados
> (Minha memória era água, água …).
> Fez-me mal aquela alta tristeza
> De bicos vagabundos,
> Mas não chorei os alciões desterrados.
> Sempre gostei de aves e de lágrimas.
> Lágrimas, agora, não podia,
> Mas podia os alciões
> —E dei-lhes meus olhos para ovos
> (Que as fêmeas estavam cansadas
> E vinham de terra fria).
> Firme e condescendente,
> Fechei as pálpebras pesadas
> De contradição e de poesia.

—E um mundo novo, de alciões novos,
Esse era o meu quando as abria. (Nemésio 241)

O que o terá levado, segundo afirma na entrevista publicada em *Rosto Precário*, ainda no momento em que fala, a ver no poema de Nemésio "os seus versos mais secretos" (*Poesia e Prosa* 423)? Por que foi esse "primeiro poema" ouvido de Nemésio "decisivo" para a "imagem" que do poeta construiu (*Poesia e Prosa* 423)? Não há, naturalmente, uma resposta cabal para estas perguntas. Podemos, no entanto, ensaiar hipóteses. E uma delas, independentemente dos valores que a leitura excepcional da célebre *diseuse* certamente realçaria nos textos, segundo pode deduzir-se dos comentários entusiásticos dos que tiveram o privilégio de assistir aos seus recitais (por exemplo, Mário Dionísio, já citado, deixará escrito a propósito da sua interpretação da "Ode Marítima," num outro texto, vindo a lume num número da *Vértice* que lhe é, em grande parte, dedicado, o seguinte: "Só uma artista na verdade extraordinária conseguiria que nunca mais alguns dos seus leitores, pelo menos, voltassem a ler muitos passos de Fernando Pessoa, sem inevitavelmente ouvirem de novo, desprendendo-se das páginas, a voz da sua intérprete" (198), terá a ver com o que há, no texto, de sortílego no tratamento da camada fónico-rítmica por parte de Nemésio, e isto aos ouvidos de um poeta que, desde cedo, se irá distinguir precisamente pela atenção prestada a essa mesma dimensão do trabalho poético. Por outro lado, e não é por acaso que o que Eugénio de Andrade valoriza de modo particular no poema 17 de *Eu, Comovido a Oeste*, é a sua qualidade *secreta, misteriosa*, convém não esquecer que estamos perante um poeta para quem "o acto de criação é de natureza obscura" (*Poesia e Prosa* 391) e, por aí, sensível ao que, na poesia de Nemésio, há de um "lirismo exposto às águas fundíssimas e amargas de deus" (*A Phala* 177) ou que na "fundura das águas que [ela] remove" reconhece uma das razões maiores da sua *proximidade* (*Poesia e Prosa* 444).

O que há de *ambíguo* e, admitidamente, da ordem da "contradição" no texto, resulta, desde logo, da ambivalência que é a das "aves" que estão no seu centro, já que, para o poeta, elas são simultaneamente as aves reais que chegam (o martim-pescador) e, na sua memória cultural, as aves fabulosas da mitologia, de canto plangente, que os gregos consideravam de bom augúrio porque passavam para fazer o ninho no mar, quando este estava calmo (Houaiss 143). Por outro lado, a contradição está na própria ave mitológica, porque, não obstante a "tristeza" do seu canto, é uma ave de bom augúrio. O poema, no seu desenvolvimento, vai explorar estas contradições, com o pronunciado gosto que é o de Nemésio pelo inesperado dos jogos associativos, e que levou frequentemente a crítica a falar a seu respeito de surrealismo, para, no fim, pela aproximação feita entre "contradição" e "poesia," celebrar o poder inventivo e acolhedor da poesia, criadora de "um mundo novo, de alciões novos," nascido da superação dos contrários.

Como vimos, os alciões não deixam de fazer a sua aparição na elegia fúnebre com que, em 1983, Eugénio de Andrade homenageou Nemésio, e em que nos iremos, agora, deter:

> Ninguém te lê os versos, tão admiráveis
> alguns, e a prosa não tem muitos leitores,
> embora todos reconheçam, mesmo os que
> nunca te leram, que é magnífica.
> A moda é o Pessoa, coitado: dá para tudo;
> e a culpa é dele, com aquela comovente
> incapacidade para ser ele próprio.
> De nada lhe serviu ter dito e redito
> que a fama era para as actrizes.
> Que vocação de carneiro têm as maiorias:
> não há fúfia universitária ou machão
> fardado que não diga que a pátria
> é a língua ou a puta que os pariu.
> Não, contigo isso não pegou. Durante anos
> e anos arrumaram-te na prateleira:
> eras o *Cavaleiro das Tristes Figuras.*
> Conversão ao catolicismo, fretes ao estado
> novo, prémios do sni não ajudavam muito
> a que te lessem, além de haver outros poetas
> a festejar, por sinal bem medíocres, mas 'democratas
> convictos,' coisa que dizem que não foste.
> Isto de morrer pela pátria não é para
> todos e tu, decididamente, para a morte
> não tinhas nenhuma inclinação. Afinal,
> além dos alciões a quem davas os olhos,
> só tinhas versos, e alguns bem maus,
> coisa aliás de pequeníssima importância,
> como exemplarmente, depois de morto, provou

> Pessoa, que está, como se sabe, no paraíso.
> Coitado, pensava ter tempo para pôr ordem
> na arca, mas a morte veio antes da hora.
> Contigo ao menos isso não aconteceu,
> bebias menos, pudeste arrumar a casa.
> Nada disto te importa já, e de resto
> que lêem esses que lêem quando lêem? (*Homenagens* 36-37)

No poema, dedicado, alguns anos depois da sua morte, à memória de Nemésio, escrito, pois, em sua homenagem, sobressai, de acordo, aliás, com a retórica do louvor, a ideia da *reparação* de uma *injustiça.* Segundo o poeta enunciador, Nemésio, passados cinco anos sobre a sua morte, estaria a sofrer daquele obscurecimento que, frequentemente, atinge os escritores depois da notoriedade maior ou menor que terão conhecido em vida. Não importa, agora, avaliar da justeza ou não das palavras de abertura do poema, embora dificilmente possa esquecer-se que não faltam testemunhos sobre o excelente acolhimento dispensado à poesia de Nemésio ao longo dos anos 70 e nos começos do decénio seguinte, nomeadamente por parte de poetas da geração que então se afirmava (Magalhães 13-19). Poder-se-á objectar que o que está em causa na asserção com que abre o poema não é a recepção dos poetas, que o sucesso que essa determina, de alguma forma, nunca lhe terá faltado, mas a do *público,* de um público, digamos, mais alargado. Não reside, porém, aí o âmago da questão: o louvor que, no poema, se faz, tem no *topos* do poeta *esquecido, injustiçado* um dos seus fundamentos maiores, e a escrita do texto corresponde a um acto de reparação, movido pela indignação. O destinatário da homenagem é vítima de uma injustiça: o esquecimento. Mas não apenas no presente da enunciação; também no passado, numa outra conjuntura política, teriam sido poucos os que o leram. Dentro da argumentação desenvolvida pelo enunciador, não deixam de ser apontados os factores que, de alguma forma, contribuíram para a obscuridade do homenageado num e noutro momento. A moda de Pessoa, então no seu auge, fornecerá parte do quadro explicativo, no primeiro caso; a relação de Nemésio com o Estado Novo durante um certo período ajudará a explicar as reservas de alguns para que lhe não dessem a atenção a que tinha direito, no segundo caso. Curioso é que, no contexto da referência a Pessoa, se fale de "culpa," é certo que em relação a algo diferente: o ser o criador dos heterónimos, afinal, o responsável por dar "para tudo." Mas a presença da palavra naquele passo da argumentação do poeta enunciador dificilmente impedirá o leitor de a associar ao poeta objecto de injusto *apagamento*. A verdade é que, aos olhos de muitos poetas portugueses de então, Pessoa, na vertiginosa ascensão da sua fortuna internacional, aparece como o grande *culpado* pelo desconhecimento da poesia que veio *depois*. Interessante também é que, num poema que, para além de *homenagem* como vimos, é igualmente um *lamento* pelo destino que a posteridade recente estaria a reservar à poesia de Nemésio, não a lendo, se lamente Pessoa, indirectamente apontado como obstrutor do conhecimento da poesia do homenageado, com o recurso, e por duas vezes, a uma palavra ("coitado") insistentemente repetida numa celebrada passagem de um dos mais conhecidos textos de Álvaro de Campos (Campos 222-224). De resto, não são esses os dois únicos momentos em que a avassaladora *sombra* de Pessoa tem reflexos a nível da própria convocação do intertexto pessoano, como o mostram os passos em que se alude à sua visão da celebridade como um "plebeísmo" (Pessoa 502-503) ou ao famigerado aforismo de Bernardo Soares sobre a língua portuguesa, abusivamente subtraído pelos que o citavam ao seu contexto (Soares 254-255).

Mas, por mais importantes que estas alusões sejam, estão longe de apagar a que remete para o destinatário das palavras que o enunciador, em tom de fala próxima e desataviada, foi alinhando ao longo do poema. O verso "além dos alciões a quem davas os olhos," memória viva do poema que, para Eugénio de Andrade, desde que na juventude o ouviu dizer a Manuela Porto, "amiga e Anjo da Fama dos poetas" (Ferreira, *Imitação* 73), ficou sendo a emblemática sinédoque da poesia de Nemésio, vem lembrar que o poeta, suscitador de *mundos novos*, não tem mais do que os "versos" com que os constrói, a esses mundos. E o poema encerra, em jeito de sabedoria que só a morte pode garantir, com a proclamação da confiança da poesia em si mesma, na sua força, para além dos acidentes, acertos ou cegueiras, das leituras que com ela venham a confrontar-se.

Notas

[1] Personalidade multifacetada, contista, novelista, crítica teatral, conferencista, tradutora, actriz, encenadora, declamadora, Manuela Porto nasceu em Lisboa, a 24 de Abril de 1908, e em Lisboa morreu, a 7 de Julho de 1950. Da sua obra no domínio do conto e da novela, destacam-se: *Um Filho Mais e Outras Histórias*, 1945; *Uma Ingénua: a História de Beatriz*, 1948 e *Doze Histórias sem Sentido*, 1952. As entradas referenciadas no *Índice de Autores (1942-1986)* da *Vértice* (210-211), organizado por Carlos Santarém Andrade, em 1987, permitem aquilatar da presença assídua de Manuela Porto nas páginas da revista coimbrã, no período entre 1947 e 1950, enquanto atenta cronista da actividade teatral em Lisboa. De uma célebre conferência que

fez em Janeiro de 1947 sobre Virginia Woolf (*Virginia Woolf: O Problema da Mulher nas Letras, Cadernos da Seara Nova*, Lisboa), dispomos presentemente de uma edição fac-similada, feita no âmbito da Exposição "Mulheres do Século XX: 101 Livros," 2001. O seu labor enquanto tradutora incidiu sobre obras de, entre outros, Virginia Woolf, Katherine Mansfield e Tchékhov. A sua acção na direcção do Grupo Dramático Lisbonense, onde encenou autores como Gil Vicente, Camilo, Pirandelo e Théchov, é salientada por vários dos seus contemporâneos. Mas é enquanto excepcional declamadora que decisivamente contribuiu para o conhecimento e imposição da moderna poesia portuguesa que, como acima se diz, a sua memória mais fortemente perdura.

Obras Citadas

Andrade, Eugénio de. *Poesia e Prosa (1940-1980).* 2nd ed. Porto: Limiar, 1981.

______. Resposta a Inquérito ("A Phala dos Poetas"). Org. Fernando Pinto do Amaral et al. *A Phala Edição Especial—Um Século de Poesia (1888-1988).* Lisboa: Assírio & Alvim, 1988.

______. *Homenagens e Outros Epitáfios.* 8th ed. Porto: Fundação Eugénio de Andrade, 1993.

______. Resposta a "Inquérito sobre a Poesia Portuguesa do Séc. XX." *Cadernos de Serrúbia* 3 (1998). Lisboa: Fundação Eugénio de Andrade.

______. *Antologia Pessoal da Poesia Portuguesa.* Porto: Campo das Letras, 1999.

Boléo, Luiza Paiva. "Textos que em Nós se Fazem." *Catálogo da Exposição "Mulheres Século XX: 101 Livros."* Lisboa: 2001.

Campos, Álvaro de. *Livro de Versos—Edição Crítica.* Introd., transcrição, org. e notas de Teresa Rita Lopes. 2nd ed. Lisboa: Estampa, 1994.

Dicionário Houaiss da Língua Portuguesa. Rio de Janeiro: Editora Objetiva, 2001.

Dionísio, Mário. "Num Mundo Enorme e Vazio." *Vértice* X- 83 (1950).

_______. *Poesia Incompleta.* 2nd ed. Lisboa: Europa-América, 1982.

Ferreira, José Gomes. *A Memória das Palavras ou O Gosto de Falar de Mim.* Lisboa: Portugália, 1965.

_______. *Imitação dos Dias: Diário Inventado.* 2nd ed. Lisboa: Portugália, 1970.

Fonseca, Manuel da. *Poemas Completos.* Pref. Mário Dionísio. 3rd ed. Lisboa: Portugália, 1969.

Magalhães, Joaquim Manuel. *Os Dois Crepúsculos.* Lisboa: A Regra do Jogo, 1981.

Nemésio, Vitorino. *Obras Completas.* Vol I. *Poesia.* Pref., org. e fixação do texto de Fátima de Freitas Morna. Lisboa: Imprensa Nacional-Casa da Moeda, 1989.

Oliveira, Carlos de. "Manuela Porto e a Poesia." *Vértice* XII-107 (1952).

Pessoa, Fernando. *Obras em Prosa.* Org., introd. e notas de Cleonice Berardinelli. Rio de Janeiro: Nova Aguilar, 1976.

Porto, Manuela. *Doze Histórias sem Sentido.* Lisboa: Centro Bibliográfico, 1952.

Silva, Vítor Manuel de Aguiar e. *Teoria da Literatura.* 4th ed. Vol. I. Coimbra: Almedina, 1982.

Simões, João Gaspar. *Retratos de Poetas que Conheci.* Porto: Brasília Editora, 1974.

Soares, Bernardo. *Livro do Desassossego.* Ed. Richard Zenith. Lisboa: Assírio & Alvim, 1998.

Fernando J. B. Martinho é licenciado em Filologia Germânica e doutorado em Literatura Portuguesa pela Faculdade de Letras da Universidade de Lisboa. Foi Leitor de Português nas Universidades de Bristol (1970-71) e da Califórnia, em Santa Bárbara (1974-1977). O seu trabalho como estudioso tem incidido principalmente sobre a poesia portuguesa do século XX. É autor de, entre vários outros livros e numerosíssimos ensaios, *Pessoa e os surrealistas* (1988), *O que foi e o que não foi o movimento da Presença* (1995) e *Tendências Dominantes da Poesia Portuguesa da Década de 50* (1996). Poeta, entre os seus vários volumes de poesia contam-se *Resposta a Rorschach* (1970) e *Razão sombria* (1980).
Email: fmartinho@mail.doc.fl.ul.pt

De futuros amantes e de sábios vãos: A propósito do *Caderno de Caligraphia e outros poemas a Marga*

Monica Figueiredo

Resumo. Algumas considerações sobre o *Caderno de Caligraphia e outros poemas a Marga.* A poesia nemesiana frente a uma nova perspectiva: a experiência erótica dos corpos em linguagem. De corpos maduros e de amores possíveis: o percurso de um poeta que ousou enfrentar o "limite de idade." Sobre a difícil relação de criação: o poeta, o crítico e o leitor. O texto como tecido infinito.

Não de afobe, não
Que nada é pra já
O amor não tem pressa
Ele pode esperar
Num fundo de armário
Na posta-restante
Milênios, milênios
No ar... .
Sábios em vão
Tentarão decifrar
O eco de antigas palavras
Fragmentos de cartas, poemas
Mentiras, retratos
Vestígios de estranha civilização.

Portuguese Literary & Cultural Studies 11 (2007): 269-89.

Não se afobe, não
Que nada é pra já
Amores serão sempre amáveis
Futuros amantes, quiçá
Se amarão sem saber
Com o amor que eu um dia
Deixei pra você
(*Futuros Amantes.* Chico Buarque)

Se bem me lembro..., a primeira vez que ouvi falar nos poemas de Vitorino Nemésio dedicados a Marga, estava nos Açores, num auditório da Universidade,[1] tendo diante de mim Luiz Fagundes Duarte que, como um menino que descobre uma caixa de doces que nenhum de nós sabia onde estava, revelava ao público o percurso, de certa forma *épico,* que o levou a *descobrir* um conjunto de poemas da autoria do renomado autor de *Mau Tempo no Canal*, dedicados a sua amante, Margarida Victória Borges de Souza Jácome Correia, ou antes, Marquesa de Jácome Correia, mas para o poeta apaixonado, simplesmente "Marga," "Marquesinha," "Filha de Ayres Correia," "Poldra," "Cadela" e, definitivamente, "Macaca de Fogo." Confesso que ao ouvir "Macaca de Fogo" alguma coisa de incômodo despontou em mim, pois a alcunha parecia-me um tanto estranha quando se tem como parâmetro de comparação toda uma tradição literária que nos costumou a aceitar retratos femininos que sempre oscilavam entre a "mia Senhor" e a "Dona Fea" dos cantares trovadorescos. É claro que a "Vénus" camoniana—para só citar um exemplo—já nos tinha ensinado que os extremos acabam sempre por se encontrar, mas ainda assim, a "Bárbara" e a "Dinamene" estão longe de receber qualquer nomeação que carregue um grau tão insólito de adjetivação. Por isso, naquele momento, "Macaca de Fogo" foi para mim um susto e um indisfarçável estranhamento. Anos mais tarde, encontro Luiz Fagundes na Bahia[2] e, por um acaso, acabei por me sentar à mesma mesa em que ele almoçava, onde mais uma vez falava dos poemas de Vitorino Nemésio dedicados a sua Marga. À primeira menção à "Macaca de Fogo," vi que o meu estranhamento persistia, agora de perto aumentado pela paixão incontida com que Fagundes Duarte falava de sua pesquisa, das histórias por ele ouvidas da própria Margarida Victória e das agruras que envolviam a publicação de tais poemas. Realmente, havia ali algo de muito esquisito: dois homens que sempre considerei exemplos de seriedade e de bom-senso, *apaixonados* por alguém que orgulhosamente se deixava alcunhar por "Macaca de Fogo"! Era preciso investigar.

"Mudam-se os tempos," mas nem sempre "mudam-se as vontades" e, por uma outra sucessão de acasos, no início deste ano, caiu em minhas mãos o *Caderno de Caligraphia e outros poemas a Marga*,[3] finalmente editado. À posse do livro, juntou-se o gentil convite de Francisco Cota Fagundes para integrar esta homenagem em papel a Vitorino Nemésio. Para mim, de saída, havia uma certeza: tinha chegado a hora de *pessoalmente* descobrir o que havia por detrás da *incômoda* "Macaca de Fogo." Restava apenas saber se o tema seria do interesse daquele que me fez este honroso convite. Confesso que foi timidamente que escrevi ao Cota Fagundes tentando sondar a sua opinião sobre minha intenção de transformar os poemas dedicados a Marga em objeto de estudo e, para minha surpresa, descobri outro seríssimo profissional das letras *apaixonado* pela poesia, cuja musa inspiradora era aquela que respondia pela alcunha de "Macaca de Fogo." Humildemente tive de admitir que só mesmo alguém muito especial seria capaz de seduzir, a um só tempo, o intelectual, poeta e escritor como foi Vitorino Nemésio, o filólogo renomado e político de sucesso como é Luiz Fagundes Duarte, e o professor catedrático e reconhecido tradutor Francisco Cota Fagundes. Estava na hora de assumir a minha *inveja*,[4] render-me ao poderoso fascínio desta mulher e tentar descobrir, através da leitura dos poemas de Nemésio, o que Margarida Victória tinha para me ensinar, pois se o leitor é "livre, maior, independente," "seu objetivo é menos compreender o livro do que compreender a si mesmo através do livro; aliás, ele não pode compreender um livro se não se compreende ele próprio graças a esse livro" (Compagnon, *O Demônio* 144).

Em primeiro lugar, era preciso *lavar meus olhos* do que até aqui havia lido *de* e *sobre* Vitorino Nemésio, pois estava claro que estes poemas trariam uma outra face do escritor até então pouco visível, onde o apelo sensório—agora de ordem sexual—e o humanismo—agora concretizado no desejo dos corpos—ganhavam uma nova dimensão, ou quem sabe, em verdade, voltavam à origem, pois, libertando-se do *limite de idade*, o poeta que cantou a angústia vivida entre o *pão e a culpa* redescobria um tempo primitivo e primordial, onde a linguagem encontrou no corpo da mulher amada o seu abrigo.[5] Para mim, estava claro que estes poemas eram, afinal, o derradeiro *oeste* descoberto pelos sentidos de um poeta *comovido* e apaixonado, que procurou vencer a *morte* através do *verbo*.[6] Tentando *reaprender* Vitorino Nemésio, tive a certeza de que:

> Quando lemos, nossa expectativa é em função do que nós já lemos—não somente no texto que lemos, mas em outros textos—, e os acontecimentos imprevistos que encontramos no decorrer de nossa leitura, obrigam-nos a reformular nossas expectativas e a reinterpretar o que já lemos, tudo que já lemos até aqui neste texto e em outros. A leitura procede, pois, em duas direções ao mesmo tempo, para frente e para trás, sendo que um critério de coerência existe no princípio da pesquisa do sentido e das revisões contínuas pelas quais a leitura garante uma significação totalizante à nossa experiência. (Compagnon, *O Demônio* 148)

Dos poemas compilados por Luiz Fagundes Duarte, somente dois já haviam sido publicados ainda em vida por Vitorino Nemésio: "Pedra de Canto" e "Alarme nas Ilhas."[7] Não é objetivo deste trabalho discutir os critérios utilizados pelo filólogo para a edição dos poemas dedicados a Marga, uma vez que me ponho, de saída, no lugar do leitor que está somente à procura de "reformular [suas] expectativas e de reinterpretar o que já [leu]." No entanto, não pode passar despercebido que é com "Alarme nas Ilhas" que o livro se abre, poema que tem como pano de fundo "os Açores e sobretudo o ambiente inquieto e de violência latente, com surdos movimentos independentistas, que durante algum tempo se viveu nas ilhas, sobretudo São Miguel, no período pós 25 de Abril de 1974" (Duarte, *Caderno* 26), ambientação esta, aliás, que reaparece em outro poema, o de número 93—"Margarida e Natália falam-me de Lisboa, de urgência." Juntos, eles apontam para a existência de um *tecido* poético que sabe que os corpos amantes estão inexoravelmente atados a um contexto social que embora sirva de *tela*, ainda assim é presença constante. Em verdade, há uma forte presença do cotidiano, marcado pelos sinais do tempo histórico não só português, mas também europeu e, é claro, açoriano, o que mostra que os poemas estão longe de construírem um refúgio ideal para os amantes, porque o mundo invade, sabota, interrompe e atrapalha, seja através de ligações telefônicas cortadas, de telegramas que atrasam, de dívidas que exigem pagamento, de falências financeiras irremediáveis, de esperas em aeroportos por vôos perdidos, seja, afinal pela condição clandestina do amor que une desejos, separando corpos: "Faço greve de zelo:/ Nas palavras poupadas,/ Nos amores escondidos,/ Na graça do que é teu,/ Mãos dadas que Deus nos deu." (vs. 22-26; 34).[8]

Neste poema de abertura, a cidade é reconstruída pela palavra poética e surge como um território de propriedade feminina: "Ponta Delgada é tua" (v. 6; 33). Mas não se pode esquecer de que a relação mantida entre o corpo feminino e a cidade não é fenômeno recente. No século XIX, com o estabelecimento do modelo burguês, as mulheres, mais do que nunca, emblematizaram o imaginário citadino, figurando como representações decorativas do espaço urbano que sempre foi lugar de ação e de privilégio masculinos. No poema, o que temos é a subversão do lugar cedido ao corpo feminino, que aparece aqui não como um enfeite ou referência, mas antes como uma superfície onde a paisagem está toda contida: "Mas quem te deu assim pronome a estas paragens?/ Quem separa estas ilhas?/ Quem nos tira as viagens,/ (...) Placidez açoriana/ Nos teus olhos de china,/ Argolas de cigana: Passam-lhes cabos os baleeiros:/ Um pouco de amor a mais... e a borda guina!" (vs. 7-9 e 11-14; 33).

E se há exotismo na paisagem da ilha, ele também está presente no corpo feminino que é marcado pelos "olhos de china" (v.12); pelas "argolas de cigana" (v.13); pelos cabelos *ardidos* por sua cor de fogo (vs. 19-20). Dona absoluta da paisagem, esta mulher assinalada pela diferença induz à liberdade, sendo inclusive capaz de injetar no poeta amante o desejo de revolta que toma a forma de um ansioso grito por independência. Para Gerárd Lebrun, a paixão é sempre provocada pela imagem de *algo* que leva o sujeito a reagir de maneira intempestiva, pois "ela é o sinal de que vivo na dependência permanente do Outro" (Novaes, *Os Sentidos* 18): "Fumas, se queres!/ Na cinza parda o vento verde esconde as bombas/ ...Deves? O quê a quem?/ Um monte nos chega, a terra nos tem" (vs. 27-28, 33-34; 34). Sabe o poeta apaixonado do poder desta mulher—"E a liberdade o que seria/ Sem essas mãos de lança / E esse ar de Santa Maria/ Que tens, de barro, desde criança?" (vs. 35-38; 34)—, como sabe também que a *santidade* da mulher amada é feita de barro, produto da terra, e por isso está afastada de qualquer forma de *divindade* que não seja capaz de erguer o seu altar numa concretude carnal e humana. O corpo feminino empunha uma "lança," tem um coração fortalecido "pois nunca rebentou de tanto amar"(v. 51; 34), o que garante que nada pode ameaçar o poeta, protegido como está pela virilidade feminina que enfrenta a violência histórica que cerca os amantes: "Um tiro. Não ouves?/ Contigo ao pé, não foi nada." (vs. 41-42; 34). O poeta é enfim um herói apaixonado que sofre mais do que qualquer herói revolucionário, pois, como lembra Renato Janine Ribeiro:

> ...talvez seja ainda mais trágico o herói apaixonado. Porque o revolucionário de algum modo ainda compactua com o mundo, com a sociedade que pretende

> salvar ou criar. Já o apaixonado está em conflito direto com a sociedade, com qualquer sociedade—conflito ainda mais grave porque sua arma é a indiferença, o descaso face aos poderes. Vivemos numa sociedade de *cant*, diz Stendhal, valendo-se da palavra inglesa que designa hipocrisia, mentira; quem libera a energia que possui; quem tenta vivê-la o quanto ela merece, supera a palavra com suas mentiras, mas com isso também se desliga da vida social, que assenta em discurso; escolhe a morte social, a morte de suas honras e riquezas, às vezes a própria morte. E no entanto, nesse destino difícil, o apaixonado é o mais feliz dos homens. (Novaes, *Os Sentidos* 433)

Se o poeta apaixonado tem como arma "a indiferença, o descaso face aos poderes" isto não quer dizer que ignore a sua existência, pois não tratamos aqui de alienação, mas sim da negação que produz um isolamento consciente, que jamais deve ser confundida com ignorância ou desconhecimento. Portanto, não se pode desprezar que Vitorino Nemésio tenha escolhido este poema para publicar em vida, deixando-o de fora dos *Cadernos* dedicados a Marga; bem como é sintomático que Luiz Fagundes Duarte o tenha usado para a abertura de uma compilação que reúne poemas erótico-sentimentais, funcionando como pórtico, ou antes como uma espécie de significativa epígrafe capaz de nortear a leitura daquilo que virá depois:

> Sozinha no meio da página, a epígrafe representa o livro—apresenta-se como seu senso ou seu contra-senso—, infere-o, resume-o. Mas, antes de tudo ela é um grito, uma palavra inicial, um limpar de garganta antes de começar realmente a falar, um prelúdio ou uma confissão de fé: eis aqui a única proposição que manterei como premissa, não preciso de mais nada para me lançar. Base sobre a qual repousa o livro, a epígrafe é uma extremidade, uma rampa, um trampolim, no extremo oposto do primeiro texto, plataforma sobre a qual o comentário ergue seus pilares. (Compagnon, *O Trabalho* 80)

A intenção política é aqui ecoante. Se, por um lado, Nemésio insere no corpo da mulher amada a paisagem dos Açores conturbada pela agitação política, por outro, Luiz Fagundes Duarte destaca este e não outro poema para logo mostrar que o erotismo—até então tema tão pouco explorado pela poesia e pela crítica nemesianas—é também um discurso político que, a seu modo, luta pela independência e pela experiência plena da liberdade que sempre passará duplamente pelo corpo: primeiro pelo da pessoa amada e depois pelo corpo da escrita.[9] Partindo das considerações de Quintiliano, Antoine

Compagnon traduz com destreza a proximidade existente entre estas duas formas de *superfície*:

> As coisas, os argumentos são os "nervos" do discurso, e as palavras, os ornamentos são a roupagem. Ora, em um corpo são, fortificado pelo exercício, o vigor e a beleza andam juntos, pois a verdadeira beleza é a expressão viril da força. É preciso que seja também assim no discurso: o cuidado com a frase, com a toalete do corpo, leva a preferir os ornamentos viris às afetações femininas, a clareza e a concisão à afetação verbal; é preciso que as palavras, como uma pele, colem-se às coisas. (Compagnon, *O Trabalho* 55)

Se Luiz Fagundes Duarte pretendeu inscrever um Nemésio *outro*, aquele que é chamado por ele de mais "humanal,"[10] rasurando assim a fachada sisuda de um intelectual completo com a qual o autor de *Mau Tempo no Canal* comumente é revestido, é justo que também se pense que foi de forma insistente e até obsessiva—haja vista os percalços que o filólogo teve de superar para que esta face da poesia de Vitorino Nemésio chegasse até nós—que pretendeu igualmente inscrever uma outra possibilidade de existência poética para uma obra tão pouco associada às questões do erotismo e do corpo. Se o erotismo está presente sem que se precise por demais procurar na poesia de um Eugénio de Andrade, de um Jorge de Sena, ou de um David Mourão-Ferreira, a poesia nemesiana carecia, talvez, de mais este rosto. Mas, ao contrário do que até agora se poderia crer, este erotismo em Nemésio ganha forma e corpo justamente num tempo em que *os frutos sabem a verme*,[11] num tempo de corpos maduros, mas ainda de amores possíveis, de certa forma, constituindo um contracanto ao que um dia o poeta considerou ser o seu "Limite de idade." Sobre o livro de 1972, afirma Maria Vitalina Leal de Matos:

> A humildade constitui, aliás, a nota que melhor caracteriza a imagem que Nemésio dá de si mesmo enquanto personagem lírica: humildade que consiste em aceitar-se tal como é, na sua limitada medida, na sua fraqueza, que obriga a aceitar todos os condicionamentos fisiológicos, genéticos, a saber-se matéria e por isso perecível. (Gouveia 481)

Rejeitando qualquer limite, ultrapassando a importância do *átomo* e a *crise do Homem*,[12] Vitorino Nemésio, através de seus poemas a Marga, recusa a face hibernal que há muito vem sendo colada à fase final de sua produção, até então justificada pelas desilusões e dificuldades experimentadas nos últimos anos de sua vida. Mas, se alguns críticos vêem nesta etapa de sua produção "uma juvenil resposta que deu aos seus setenta anos," marcada de perto pela "microbiologia e pela física atômica, embora ainda reduto de superior lirismo e humor" (Coelho 6), não há como negar que, como "um *clown* de Deus," este mesmo humor pode ser lido como uma "voluntária máscara de afogado em vida à espera de passar são e salvo para a outra margem." (Lourenço 21).

> É este outro rosto revelado que sabe que há mais de uma forma de se *morrer* porque descobriu que Eros e Thanatos estão em busca de uma mesma coisa, ou seja, a recuperação de um momento primordial já vivido e que ficou na memória do sujeito como uma experiência plenamente prazerosa. Esta *coisa* que se busca e que envolve dialeticamente amor e morte é aquilo que afinal move a vida, é aquilo que diz que *estou vivo porque desejo*. E assim, para Maria Rita Kehl, nasce a poesia, não aquela produzida pela "frustração da paixão, mas a poesia da paixão," capaz de transformar "os desejos que não podem se concretizar na paixão amorosa, no desejo de uma outra coisa que a poesia (no sentido lato, não apenas no sentido da produção de poemas) pode realizar" (Novaes, *Os Sentidos* 484).

A atividade sexual não é apenas uma ocupação de corpos, de certa forma ela é uma linguagem, uma investigação, uma criação de significados e uma troca simbólica: para além do aspecto orgânico, ela é *desejo de saber*. Por isso, importante será lembrar que o primeiro poema que abre o *Caderno de Caligraphia* (nº 1; 39), se estrutura em negativa, e recusa a "noite aziaga"—na contramão da negativa garrettiana[13]—para virilmente assumir um amor que consome, esgota, mas que ao final, acende a chama que responde pelo nome da mulher amada. O poeta é aqui aquele que *atesta* o seu *desejo saber*:

> Não cantarei tal noite aziaga. Falo
> Apenas do que tenho, do que sou
> Com ela, como o vinho no gargalo
> Do frasco em que me bebe e me esgotou.
> … … … … …… … …. … …. …
> Que só meu próprio amor acendo. E atesto
> A chama da Victória que me deu
> Na margarida branca o mundo todo.

É, pois, pelo poder do amor que o sujeito lírico se transforma e não desiste de querer saber. Ao experimentar a ausência do outro—"Altas horas da noite acordo, e vejo/ Que não tenho nos braços mais que a mim,/ E apenas pela força do desejo/ Lhe aperto o corpo em nada, e a tenho assim" (nº 2, vs. 1-4; 40)—, a voz masculina que fala, feminina se declara, porque espera milagrosamente feminizado, e "um homem não é feminizado por ser invertido sexualmente, mas por estar apaixonado, (Barthes 28). Desestabilizando o lugar que a tradição poética reservou ao masculino, o poeta é aquele que espera ser colhido como uma frágil flor, num tempo em que já vislumbra o crepúsculo: "Margarida do campo, vem colher-me/ Como se eu fosse o pálido jacinto/ Que o ocaso da tarde já te deu" (nº 2, vs. 5-7; 40). Aqui, "Margarida," ainda que contaminada pela sugestão de seu nome de flor, garante para si a condição de agente, concretizada por um substantivo que, tornado próprio e maiúsculo, faz dela a baliza da *realidade desejada* sem a qual não há verdade possível: "Ah, sem ela nem sono ou mar, só minto.../ Mas pescador de pérola sou eu." (nº 2, vs. 9-10; 40).

E como um inusitado "pescador de pérolas"—com vivência possível só mesmo no espaço criado pelo poema – o poeta apaixonado é também dotado de um outro olhar. Como Barthes já havia ensinado, o amor não é cego, ele "arregala" os olhos e faz do amante um "clarividente" que diz ao amado: "Você tem todo o poder sobre mim, mas eu tenho todo o saber sobre você" (197). Sabendo do outro, mais do que de si mesmo, o sujeito lírico perscruta a amada, revelando sua origem primeira. Ao longo destes poemas, Margarida Victória é "poldra ruiva" de "crina, ardente palha," "seu dedo é olho de tigre," tem "largos olhos verdes/ da cadelinha" ("A Poldra" 43). Mas é como "Macaca de Fogo" que na memória do poeta esta mulher ficará para sempre gravada, ela é uma "filha do sexo" capaz de submeter as forças da natureza, a ponto de, "diante dela," "um fauno perd[er] sua flauta," restando ao poeta a difícil tarefa de possuir aquela que não permite apropriação nenhuma[14]: "E eu, que a tanja!/ Eu que me dane/ Enquanto gane/ Uma cadela!" (nº 57; 125). Fica claro que, em inúmeros poemas, o corpo feminino é metamorfoseado, ganhando sempre uma representação ligada às forças da natureza, onde prevalecem as imagens referentes aos animais. Estamos diante de um bem acabado efeito de transgressão que não teme desvelar o que há por detrás da imagem civilizada, onde freqüentemente gostamos de nos mirar:

> Vivemos em pânico com relação a nossas origens, tememos nossa natureza animal como se ela nos pertencesse, como se ela fosse um predador capaz de furtar nossa humanidade quando apagamos as luzes… . Nosso desespero em distinguir-nos do restante do reino animal é tão violento que algumas pessoas lêem essa sentença e franzem o cenho ao ouvirem a si mesmas descritas como animais. A idéia é insuportável. Surge que a vida humana é irracional, selvagem, desregrada. Lutamos para provar a nós mesmos que não somos "simples" animais, que nenhuma hiena está à espreita no espelho do banheiro, que não reverteremos ao animal interior. (Ackerman 387)

A mulher amada é dotada de um poder demiúrgico com o qual submete o poeta apaixonado. No entanto, "o nosso amado é a nossa carência," pois "o amado não é um outro, mas uma parte de nós mesmos que recentra o nosso desejo" (Nasio 60). Ameaçado constantemente pela saudade das Ilhas, este poeta fez do corpo da amada a paisagem de que carecia. Instaurando um estilizado *locus amoenus* só para si, ele recupera os valores arcaicos das tradições pagãs, e o corpo feminino ganha a representação das formas e das forças da natureza, graças aos poderes conferidos pela linguagem poética:

> Araucária ramo a ramo
> (Teimo na araucária de ilha
> E faço da mulher que amo
> Meu anel e gargantilha)
>
> Plantei-a nos versos toda,
> Copou na minha linguagem
> Já que não tivemos boda
> Tenhamos esta coragem
>
> De trepadeira à janela,
> Uma araucária no chão,
> E saibam todos que é ela
> A araucária e a paixão. ("A Araucária," vs. 85-96; 51)

Mas, para o homem civilizado, este corpo natural, ainda que amado, é por vezes assustador. Metonimicamente, a concretude do corpo feminino está igualmente atada à cor, à textura e ao volume de seus cabelos. Trabalhoso seria reunir a quantidade de referências feitas aos cabelos de Marga que estão presentes na maior parte dos poemas, chegando mesmo a servirem de mote para alguns deles: "No cabeleireiro *chic*" (nº 117; 251); "Esse teu cabeleireiro" (nº 127; 263); "Mudaste de penteado," (nº 129; 266), para só citar alguns exemplos. São os cabelos ruivos, mais do que qualquer outra parte do corpo, o ponto estratégico da geografia erótica. Tornados fetiche pelo poeta apaixonado, guardam a memória do fogo que incendeia a imaginação e o desejo do amante. Repetindo um caminho que a sedução feminina vem trilhando há séculos, os cabelos de Marga são talvez a explicação cabível para o fogo que acompanha a sua adjetivação, porque:

> Quando os amantes descrevem o ente amado, de modo geral, mencionam a cor e o comprimento dos cabelos. Pode-se amar a pessoa inteira, tanto corpo como espírito, mas os cabelos tornam-se o fetiche do amor. Suaves, flexíveis, suntuosos e vivazes, decorativos e bamboleantes, eles convidam o enamorado ao toque. (Ackerman 242)

Mas o objeto do fetiche é sempre o senhor de uma escravidão, por isso, "em épocas mais supersticiosas, todavia, as pessoas associavam o horror aos cabelos das mulheres" (Ackerman 246), conferindo a eles poderes desagradáveis e destrutivos. A verdade é que desde sempre tem-se medo do feminino, temem-se os mistérios que envolvem a fecundidade e a maternidade e, segundo Marilena Chauí, a História comprova que ao longo dos séculos a mulher foi duramente acusada de haver trazido para a terra o pecado, graças ao terror provocado por sua "fisiologia cíclica, lunática, pelo asco de suas secreções sangrentas e do líquido amniótico, sempre úmida e cheia de odores, por isso, ser impuro, para sempre manchada" (Novaes, *Os Sentidos* 38). Reunindo em si o poder ancestral das antigas deusas e a magia das feiticeiras perseguidas, é no precário corpo do poeta apaixonado que a mulher amada será capaz da mais completa transfiguração, fazendo ressurgir nele: "A haste,/ O homem,/ A chuva." Senhora de poderes (re)conhecidos, Marga é aqui uma Eva redimensionada que, ao invés de trazer consigo o castigo e a expulsão, devolve ao corpo do amante a virilidade perdida:

> E de repente ajudas-
> —Me a velhice em teu punho.
> Diziam tanto mal
> Do casto movimento!
> Mas teus dedos são sábios,

Delicados no alento
Como fusos de buxo
Fiando seda epidérmica:
Na tua cama de luxo
À cautela escondeste
Uma garrafa térmica...
E nua como Eva apareceste. (no 6, vs. 7-18; 46)

Estamos diante de um amor que se quer imemorial, pois transita entre tradição das cantigas trovadorescas—"Margarida vai à fonte/ Vai encher a cantarinha/ Enche-a de pranto o Nemésio/ Por isso não vem sozinha ("Margarida vai à fonte," vs. 80-84; 196)—; entre os cantares folclóricos nos poemas dedicados às Ilhas; entre os antigos "rimances" de inspiração épico-bucólica como são os poemas que formam o "Romance da Filha de Ayres Correia"; entre as novelas de cavalaria; entre os poemas que perpassam a tradição poética portuguesa—como aquele de *apropriação* anteriana: "MORS-AMOR, Morse-amor teleguiado," (105)—; e visita a tradição européia através da criação, por exemplo, de um "Goethe Victorino," (nº 44, vs. 38-39; 112); até ser fragmentado, através de um discurso amoroso que investe nos códigos cifrados e nas rupturas abruptas que referenciam as estratégias da modernidade:

Oh! Esta loucura Morse
Com tracinhos dos teus dedos
E pontos das tuas unhas!
A saudade se reforce
Nos eléctricos segredos
Para a matarmos melhor

Sou tão feliz! Nem supunhas:
Sei o telegrama de cor.
Diz: "A Macaca de Fogo
Não pode passar sem ti.
Vem depressa."—Volto logo.
"Saudades de ripipi."
... ...
Stop. No *explicit* Morse

Está "Macaca" e "ripipi"
Para que o espanto reforce
Tudo o que me vem de ti. ("O Telegrama" 55-56)

Esta presença feminina que atravessa tempos e tradições é capaz também de sedimentar seu lugar. Para além do corpo, é como casa que a concretude carnal de Marga se firma como um verdadeiro abrigo. Rebelando-se contra o seu destino de homem maduro, o poeta não aguarda a chegada do tempo que fará da terra a sua derradeira morada. Ao contrário, como um jovem noivo, desfruta da casa-corpo da mulher amada, onde encontra o "remédio" necessário a suas dores, o carinho de um "chá forte," o vigor do "leite grosso" e a magia que mantém a vida pulsando até mesmo no improvável, ou seja, na imobilizada memória aprisionada por quadros e retratos: "Farmácia chamo à tua colecção de vidros/ Onde, à margem de planos e de somas/ Tenho remédio para os meus alvidros./ O chá é forte e adstringente,/ O leite grosso sabe à ordenha,/ E até nos quadros vive gente/ À espera que a dona venha" (nº 41, vs. 10-16; 106). A "dona" da casa é, portanto, uma construção erguida pelas palavras—"Teu só sossego aqui contigo ausente/ Na casa que te veste à justa de paredes,/ Tenho-te em móveis, nos perfumes, na semente/ Dos cuidados que deixas ao partir," (vs. 1-4;106)—; que guarda a solidez e a permanência necessárias ao abrigo da suscetível "Mnemósine": "A doce estância toda povoada/ Dos mínimos sinais, dos sapatos de plinto/ Que te elevam, Terpsícore ou Mnemósine,/ Como uma estátua fiel ao labirinto" (vs. 5-8). Lugar de alegria e de descanso, a casa-mulher é fundamentalmente o sítio daquele que espera, porque o poeta enciumado sabe que "a espera é um encantamento: *recebi ordem de não me mexer*," pois a identidade fatal do enamorado não é outra senão esta: "sou aquele que espera" (Barthes 95):

À espera que a dona venha.
Porque tudo nos tectos é coroa,
No chão as *traînes*, os passinhos salpicados...
Por isso um pouco de fogo
Bate sangüíneo em meu pulso,
Pois o amor de quem espera
É uma graça a vencer.
Uma casa sem hera
É como gente sem viver. (vs. 16-18; vs. 24-29; 106)

"Se a manutenção de um desejo é a manutenção de uma fala" (Novaes, *O Desejo* 372), o poeta não poupou palavras para continuar a desejar. Mas o percurso do amor não abre mão da aprendizagem da dor, é ela a sombra que acompanha a trajetória dos apaixonados, sinalizando, a todo momento, que aquele que ama é o que está irremediavelmente condenado à falta. Como já se disse, muitos são os poemas em que o amante sofre pela ausência da mulher amada, no entanto, mais do que sofrer apenas pela falta do outro, o poeta sofre porque sozinho perdeu qualquer sentido de direção, tornando-se um transeunte incapaz de dirigir seus passos, estando perdido em sua própria perdição: "Durante todo o passeio./ Levado pela mão, mesmo ao longe, o teu cego/ É uma fogueira de receio/ Que só se apaga ao teu sossego/ ... Vê lá, pois, se me perdes! (nº 53, vs. 4-7, v. 11; 128).

No inconsciente masculino, o feminino é capaz de despertar a inquietude e a insegurança, não só porque a mulher é afinal a juíza de sua sexualidade, mas porque o homem a imagina "insaciável, comparável a um fogo que é preciso alimentar incessantemente, devoradora como um louva-deus" (Delumeau 313). De perto assustado com a decrepitude e com a falência que comprometem a sua auto-imagem—não só física, mas também no que tange à representação social—, muitas vezes, o poeta verbalizará seu temor de forma pessimista e melancólica. Como a deixar revelar o rosto saturnino deste amor, o amante revela seu corpo marcado pela humilhação e pelo peso dos anos, invejando a juventude e a beleza que vê na amada como traço de intransponível superioridade: "Fui hoje à Caixa, Marga, receber/ A pensão de reforma./ Coxo e doido, Marga. Muito!/ Duro é ser velho, e, então, de ossos a arder?/ A minha tíbia engole facas./ Fui hoje à Caixa receber/ O troco das pernas fracas." (nº 100, vs. 1-7; 222).

> Mas se o rosto sombrio de Saturno muitas vezes recobre a face deste poeta enamorado, Marte também injeta-lhe o anseio bélico que reclama pela posse exclusiva do corpo da mulher. Aturdido pelo ódio, o amante enciumado é capaz de se deixar levar pelo despautério, pela virulência, pela ironia que profana a tradição poética, como acontece no poema de no 101 (224-225) que, de forma transgressora, recupera D. Dinis, misturando-o a circunstâncias biográficas que possivelmente acompanharam o processo de publicação do livro de memórias de Margarida Victória15:
>
> —Ai, flores do verde pino, ai eu coitado
> Como vivo enganado,

Suspira o editor da Cadelinha
Dependurado
No corno auricular do telefone
E pensa, conformado
Como o tronco ao seu cone:
—Ao menos foi com D. Dinis,
Que é rei de mata , amigo de veado… (vs. 27-35)

Segundo Juan-David Nasio, "a dor só existe sobre um fundo de amor" (18), e será o grito amoroso que muitas vezes precipitará o discurso poético, revelando a face dum poeta desesperado pelo ciúme, que sofre "por ser excluído, por ser agressivo, por ser louco e por ser comum" (Barthes 47). Está-se diante da mais antiga forma de sofrimento, inerente a todo amador que teme, mais do que a tudo, perder o objeto que encerra o seu amor. Talvez o ciúme, ao lado da alegria, seja a sensação mais verbalizada por estes poemas, e exaustivo seria arrolar todos aqueles que fazem dele o seu tema, ou simplesmente o usam como argumentação poética: "Eu tinha esperança, mas quem ma dá?/ Já nesta insónia sou antigo,/ Sinto de ferro um fogo a inferno/ Com doze ou mais demónios idos/ Que me escarnecem na sucessão/ Só por me dizerem:—Sabes, foi nossa:/ Seu cheiro a rosa não é só teu:/ A rosa Marga é sol de todos,/ Maldito seja o que a escondeu!" (nº 39, vs. 24-32; 104). Abalado pela possível perda da exclusividade, irado a ponto de convocar forças demoníacas, enlouquecido pela certeza da perda, reduzido por não ser **o** escolhido, mas apenas mais **um**, só resta ao poeta o doloroso grito. É ainda Juan-David Nasio, no entanto, que confirma:

> Mas o que é um grito, senão a expressão mais fiel da nossa impotência? Nossos gritos sempre uivam a nossa ira por estarmos submetidos aos nossos limites e a nossa franqueza para superá-los. Assim, poderemos dizer que, se o grito exprime a impotência original do ser humano, também exprime a fonte primeira de todos os motivos morais. (151)

Mesmo contaminado por "pequenos ciúmes que tomam conta do sujeito apaixonado quando ele vê o interesse do ser amado captado e desviado por outras pessoas, objetos ou tarefas que se tornam a seus olhos rivais secundários" (Barthes 126), o poeta ainda é capaz de perceber que a mulher amada excede aos limites morais e preconceituosos do tempo que circunscreve os amantes – "*É alcunhada de louca/ A mulher que o amor procura:/ Beija o homem tanta boca/ E o mundo nada murmura!*" (nº 14, vs. 1-4; 66). Usando a palavra poética para abrir um lugar na diferença, o poeta não poupará o uso das variações de registro lingüístico, nem o uso de várias línguas que acabam por compor um discurso que não quer a estabilidade do reconhecimento imediato, antes aventura-se pelo imprevisível, fazendo da leitura um exercício de genuíno descobrimento: "Mas eu não quero esquecida/ A testa dos meus versos:/ A festa dos meus testos/ (Nem sei como isto se escreve,/ Se textos, se testos:/ Há critérios diversos:/ São duas coisas diferentes,/ A igualá-las quem se atreve?/ Atrevo-me eu)" (nº 90, vs. 5-13; 209). Assim, como sujeito apaixonado, o poeta sabe que o desejo de escrever o amor é o desejo de "enfrentar a *desordem* da linguagem: essa região tumultuada onde a linguagem é ao mesmo tempo *demais* e *demasiadamente pouca*" (Barthes 93), e por isso decide:

Já não escreverei romances
Nem contos da fada e o rei
Vão-se-me todas as chances
De grande escritor. Parei.
Mas na chispa do verso,
Com Marga a aquecer-me,
Já não serei disperso
Nem poderei perder-me.
Tudo nela é verbo e vida;
Xale, cílio, tosse, joelho,
Tudo respinga e acalma.
Passo, óculos, nada é velho:
Quase corpo, menos que alma.
Já não lavrarei novelas,
Ultrapassado de ficto:
A vida dá-me janelas
A toda a extensão do dicto.
Mas sem elas, mas sem elas
(As suas mãos) fico aflito. (no 96; 217)

Esta mulher que é "verbo e vida" torna o poeta *obsceno*, porque na contramão da opinião moderna, o sujeito apaixonado assume a sentimentalidade do amor "como uma forte transgressão, que o deixa sozinho e exposto; por uma inversão de valores, é pois essa sentimentalidade que faz hoje o obsceno do amor" (Barthes157). Despudoradamente exposto em linguagem, o poeta assume a sua busca—"O poema em que te busco é a minha rede,/ Bem mais de borboletas que de peixes,/ E é o copo em que bebo: morro à sede,/ Mas ainda és margarida e não-me-deixes" (nº 85, vs. 1-4; 201)—e, usando a sua *língua natal*, se regozija de ter sido ele, afinal, o verdadeiro escolhido:

> Sabei, senhores. Nesta história
> Houve só uma Vitória
> Que merece fado e hino:
> Margaridinha bordando
> Chinela de velho e amando
> Na Fajã o seu Vitorino. ("Margaridinha Costureira," vs. 67-73; 254)

Enfim, não posso esquecer que "escrever *com* pressupõe escrever *outro*, apoiado numa memória que faculta o poder de penetrar o passado e inaugurar o futuro," o que por outras palavras quer dizer: "traição, tradução: criação" (Cerdeira 262). Assim, para finalizar, volto a minha epígrafe, tentando *inaugurar* para obra poética de Vitorino Nemésio, quem sabe, um *outro* futuro. Por sorte e com muita persistência, Luiz Fagundes Duarte trouxe de um "fundo de armário" "o eco de antigas palavras" que agora já são o registro de uma história de amor que "esperou" por muitos anos até poder *dizer*. Mesmo que para alguns este registro não passe de "vestígios de estranha civilização," quero crer que para muitos, como eu, ele ficará como a certeza de que "amores serão sempre amáveis," porque "o amor não tem pressa/ ele pode esperar," e "futuros amantes, quiçá/ se amarão sem saber" com o amor deixado por Vitorino Nemésio para sua Margarida. A nós, "os sábios"—*traidores, tradutores, criadores*—resta a estranha sensação de que "em vão" tentamos "decifrar" o que as palavras antes de *dizer*, simplesmente, quiseram *sentir*.

Notas

[1] *Seminário Internacional de Estudos Nemesianos* (Universidade dos Açores, Ponta de Delgada, 1998).

[2] *II Seminário Internacional de Estudos Nemesianos* (Universidade Federal da Bahia: Salvador, 2000).

[3] Luiz Fagundes Duarte, ed. *Vitorino Nemésio. Obras Completas*, vol. III (Lisboa: INCM, 2003).

[4] Segundo Renato Mezan (Novaes, *Os Sentidos* 124) "o que importa compreender é que o invejoso começa por atribuir ao outro um estado ou uma condição de que se imagina privado—este é o *objeto* da inveja—, para em seguida vincular este estado à posse de um "algo" …, e este "algo" é o suporte da inveja."

[5] A leitura que aqui será proposta para estes poemas está intimamente atada à condição biográfica do poeta e de sua musa. Margarida Victória nasce em Ponta Delgada em 31.03.1919 e falece em Lisboa em 21.06.1996. Vitorino Nemésio nasce em 19.12.1901 na Praia da Vitória e falece em Lisboa em 20.02.1978. Havia entre eles, portanto, uma diferença de dezoito anos e é importante destacar que os poemas dedicados a Marga são escritos entre 28.03.1973 e 14.05.1977, ou seja, Nemésio tinha 72 anos quando começa a compor a poesia dedicada a Margarida, o que fará até pouco antes de sua morte, aos 77 anos. Margarida Victória tinha 54 anos quando os poemas começam a ser escritos e 59 anos quando o poeta falece.

[6] Os itálicos aqui utilizados dão conta da apropriação de alguns títulos da obra poética de Vitorino Nemésio: *Limite de idade* (1972); *O pão e a culpa* (1955); *Eu, comovido a Oeste* (1940); *O verbo e a morte* (1959).

[7] "Pedra de Canto" (*Colóquio Letras* (1997): 59-60) e "Alarme nas Ilhas" (*Sapateia Açoriana. Andamento Holandês e outros poemas. Arcádia* (1976): 17-18).

[8] Os poemas aqui utilizados serão indicados pelos títulos—quando houver—ou pela numeração estabelecida pelo Editor. Seguem-se os versos em destaque e o número da página da referida edição.

[9] Segundo Octávio Paz: "O amor tem sido e é a grande subversão do Ocidente. Como no erotismo, o agente da transformação é a imaginação. Mas, no caso do amor, a mudança se dá em relação contrária: não nega o outro nem o reduz a sombra, mas é a negação da própria soberania. Essa autonegação tem uma contrapartida: a aceitação do outro" (112).

[10] Cito: "[os poemas] eles poderão contribuir para enriquecer, aligeirando-a, pelo menos na perspectiva "humanal" (palavra muito usada pelo Autor), a imagem um pouco sisuda que hoje se guarda do homem que um dia, em 1961, Salazar convidou para integrar a Câmara Corporativa (coisa que Nemésio, polidamente, recusou), ou do Autor de *A Mocidade de Herculano*, de *Mau Tempo no Canal* ou, mesmo, dos programas televisivos *Se bem me lembro...*" (Duarte, *Obras Completas* 25).

[11] Transcrevo a primeira estrofe de "Campo de Flores," poema de Carlos Drummond de Andrade dedicado a Lygia Fernandes, a amante vinte e cinco anos mais jovem que o poeta, que o acompanharia até a morte numa relação falhadamente clandestina: "Deus me deu um amor no tempo de madureza, /quando os frutos ou não são colhidos ou sabem a verme./ Deus—ou foi talvez o Diabo—deu-me este amor maduro,/ e a um e outro agradeço, pois que tenho um amor" (*Claro Enigma*, 1951).

[12] Faço aqui uma clara alusão à *Era do Átomo/Crise do Homem* (1976), livro de crônicas onde os conhecimentos da Física, da Química, da Biologia e da Genética ganham grande destaque.

[13] Em Garrett, a figura feminina, através da metáfora, é adjetivada como "aziaga," e é vista como a responsável pela *destruição* do poeta apaixonado, o que faz com que ele *tente*, sem

conseguir, superar a amada e o amor: "Não te amo. És bela; e eu não te amo, ó bela./ Quem ama a aziaga estrela/ Que lhe luz na má hora/ Da sua perdição?" (*Não te amo*)

14 Cabe ressaltar que a própria trajetória de Margarida Victória ratifica a sua singularidade e o seu caráter inquieto, ainda mais se lembramos das circunstâncias sociais e políticas em que viveu. Em 1976, ela publica, com a ajuda de Vitorino Nemésio, o primeiro volume de *Amores da Cadela Pura: Confissões*. Acho interessante neste momento, transcrever um trecho de seu prefácio: "Este livro é a verdade da minha vida, com personagens romanceadas. Hesitei um pouco em publicá-lo. Não sou literata, nem intelectual, mas uma simples mulher que sofreu profundamente, acorrentada a uma sociedade de preconceitos implacáveis. Apesar da evolução atual, tenho recebido confidências tanto de homens como de mulheres que se vêem em situações idênticas às minhas. (...) Tenham coragem de cortar as amarras do meio em que vivem, se não lhes convier. Sigam o vosso destino. O essencial é realizarem-se" (1976, Prefácio).

15 Deslocando a idéia de Francisco Cota Fagundes que defende que "traduzir é interpretar e interpretar é traduzir" (Pires, *Seminário* 351), acredito que igualmente na leitura poética, "há momentos em que é possível seguir o que cremos serem as intenções e os significados do autor; há momentos em que temos de fazer valer a nossa interpretação, não excluindo de todo aquilo que, em passagens particularmente herméticas do texto, não hesitaria em chamar adivinhação" (Pires, *Seminário* 348).

Obras Citadas

Ackerman, Diane. *Uma História Natural do Amor*. Rio de Janeiro: Bertrand do Brasil, 1997.

Andrade, Carlos Drummond. *Reunião*. Rio de Janeiro: José Olympio Editora, 1969.

Barthes, Roland. *Fragmentos de um Discurso Amoroso*. Rio de Janeiro: Francisco Alves, 1985.

Cerdeira, Teresa Cristina. *O Avesso do Bordado*. Lisboa: Caminho, 2000.

Chaui, Marilena. "Sobre o Medo." *Os Sentidos da Paixão*. Org. Adauto Novaes. São Paulo: Companhia das Letras, 1989. 35-75

Coelho, Jacinto do Prado. "Nemésio: uma Espécie de Humildade." *Colóquio/Letras* 42 (1978).

Compagnon, Antoine. *O Demônio da Teoria. Literatura e Senso Comum*. Belo Horizonte: Editora da UFMG, 2003.

_______. *O Trabalho da Citação*. Belo Horizonte: Editora da UFMG, 1996.

Cristovão, Fernando. "Nemésio: uma perspectiva crítica do Brasil." *Colóquio/Letras* 48 (1979): 23-31.

Delumeau, Jean. *História do Medo no Ocidente*. São Paulo: Companhia das Letras, 1993.

Duarte, Luiz Fagundes, ed. *Vitorino Nemésio. Obras Completas*. Vol. III. *Caderno de Caligraphia e outros poemas*. Lisboa: Imprensa Nacional/Casa da Moeda, 2003.

_______. "De Carne e Pedra." *Vitorino Nemésio. A Rotação da Memória. Catálogo da Exposição Comemorativa do Centenário do Nascimento*. Lisboa: Biblioteca Nacional de Lisboa, 2001.

Fagundes, Francisco Cota. "Traduzindo *Mau Tempo no Canal* para o inglês: *Stormy Isles: Na Azorian Tale*." Org. António Manuel Machado Pires. *Vitorino Nemésio Vinte Anos Depois. Seminário Internacional de Estudos Nemesianos*. Lisboa: Ed. Cosmos, 1998. 342-376.

Garcia, José Martins. *Vitorino Nemésio: Obra e Homem*. Lisboa: Arcádia, 1978.

Gouveia, Maria Margarida Maia. *Vitorino Nemésio. Estudo e Antologia*. Lisboa: Ministério da Educação e Cultura, 1996.

Kehl, Maria Rita. "A Psicanálise e o Domínio das Paixões." Org. Adauto Novaes. *Os Sentidos da Paixão*. São Paulo: Companhia das Letras, 1989. 468-496.

_______. "O Desejo de Realidade." Org. Adauto Novaes. *O Desejo*. São Paulo: Companhia das Letras, 1990. 368-389.

Lebrun, Gerard. "O Conceito de Paixão." Org. Adauto Novaes. *Os Sentidos da Paixão*. São Paulo: Companhia das Letras, 1989. 17-34.

Lopes, Óscar. *Entre Fialho e Nemésio. Estudos de Literatura Portuguesa Contemporânea*. Vol. II. Lisboa: Imprensa Nacional/Casa da Moeda, 1987.

Lourenço, Eduardo. *Mitologia da Saudade seguido de Portugal como Destino*. São Paulo: Companhia das Letras, 1999.

_______. "Nemésio, *clown* de Deus. Glosa Lírica a *Limite de Idade*." *Colóquio/Letras* 48 (1979).

Lucas, Antônio, org. *Críticas sobre Vitorino Nemésio*. Lisboa: Bertrand, 1974.

Matos, Maria Vitalina Leal de. "*Limite de Idade*: Experiências do Limite." Ed. Maria Margarida Maia Gouveia. *Vitorino Nemésio. Estudo e Antologia*. Lisboa: Ministério da Educação e Cultura, 1996.

Mezan, Renato. "A Inveja." Org. Adauto Novaes. *Os Sentidos da Paixão*. São Paulo: Companhia das Letras, 1989. 124-140.

Morna, Fátima de Freitas. "Vitorino Nemésio: A Rotação da Memória." *Vitorino Nemésio. A Rotação da Memória. Catálogo da Exposição Comemorativa do Centenário do Nascimento*. Lisboa: Biblioteca Nacional de Lisboa, 2001.

_______. "Vitorino Nemésio: Aspectos da Poesia e da Prosa." *Voz Lusíada* 17 (2002): 210-231.

Nasio, Juan-David. *O Livro da Dor e do Amor*. Rio de Janeiro: Jorge Zahar Ed., 1996.

Novaes, Adauto, org. *Os Sentidos da Paixão*. São Paulo: Companhia das Letras, 1989.

_______. *O Desejo*. São Paulo: Companhia das Letras, 1990.

Paz, Octávio. *A Dupla Chama: Amor e Erotismo*. São Paulo: Siciliano, 1994.

Pires, António Machado. "Nemésio e os Açores." *Colóquio/Letras* 48 (1979): 5-15.

_______, org. *Vitorino Nemésio Vinte Anos Depois. Seminário Internacional de Estudos Nemesianos*. Lisboa: Ed. Cosmos, 1998.

Ribeiro, Renato Janine. "A Paixão Revolucionária e a Paixão Amorosa em Stendhal." Org. Adauto Novaes. *Os Sentidos da Paixão*. São Paulo: Companhia das Letras, 1989. 417-435.

Sant'anna, Denise Bernuzzi, org. *Políticas do Corpo – Elemento para uma História das Práticas Corporais*. São Paulo: Estação Liberdade, 1995.

Victória, Margarida. *Amores da Cadela Pura: Confissões*. Lisboa: Bertrand, 1976.

Vitorino Nemésio. A Rotação da Memória. Catálogo da Exposição Comemorativa do Centenário do Nascimento. Lisboa: Biblioteca Nacional de Lisboa, 2001.

Monica Figueiredo é professora de Literatura Portuguesa na Faculdade de Letras da Universidade Federal do Rio de Janeiro. Possui trabalhos publicados no Brasil e no exterior, onde se destacam estudos sobre a narrativa século XIX e sobre diversos autores da Literatura Portuguesa dos séculos XX e XXI. A Dissertação de Mestrado (1995)—*De volta a casa: a aventura da escrita em tempos de novas viagens*—abordou a questão da emigração, a importância da imagem da casa e a identidade açoriana/portuguesa dentro da obra de João de Melo. A Tese de Doutoramento (2002) - *No corpo, na casa e na cidade, a ficção ergue a morada possível*—propôs a leitura temática do corpo, da casa e da cidade através da narrativa contemporânea portuguesa, privilegiando a conflituosa relação com o espaço, partindo de *O Primo Basílio* de Eça de Queirós, até chegar ao romance dos anos 90: *Pedro e Paula* de Helder Macedo, *O Vale da Paixão* de Lídia Jorge e o *Ensaio sobre a cegueira* de José Saramago. Presentemente, lidera um grupo de pesquisa junto aos alunos da UFRJ, onde averigua importância das personagens femininas na obra de Eça de Queirós. Seu projeto de pesquisa atual, inscrito no CNPq é: *E[ç]as Mulheres: um estudo da presença feminina na obra de Eça de Queirós.*E-mail: mfig@terra.com.br

Vitorino Nemésio's *Corsário das Ilhas*: Travels in his Homeland[1]

Onésimo T. Almeida
Translated by Miguel Moniz

Abstract. This essay is an attempt to show how Vitorino Nemésio's *Corsário das Ilhas*, a collection of travel writings based in the Azores during successive return trips to his native land, brings to mind the old debate in the social sciences about the validity of travel literature as a way to understand a society, since Nemésio himself is simultaneously an insider and an outsider. Weber's concept of *Verstehen* (empathetic understanding) as a fundamental element in the process of depicting the whole of culture is also marvelously exemplified in the writings of this master of words and of descriptions.

Exemplified in the writing of Vitorino Nemésio is a case that completely confounds the debate over which is the more trustworthy perspective from which to view a society or a culture—the view from the inside or that from the outside. By extension, this debate is also revelatory of broader questions in examining the nature and objectives of the social sciences themselves, a discipline whose diverse philosophical traditions are concerned with the search for distinct conclusions, even as those within the discipline also deal in disparate possibilities. Theoretical discussions in the post-Max Weber period have long debated the classic use of the Weberian term *Verstehen* to signify the act of simultaneously understanding both the intention and context of human action.[2] In Weber's use, *Verstehen* has multiple, interrelated meanings: cap-

Portuguese Literary & Cultural Studies 11 (2007): 291-301.

turing and understanding the nature of things and the meaning of this knowledge itself; it is related to gaining the profound knowledge that comes from close contact of extensive experience; and (in an important aspect of the Weberian concept) it is about empathetic knowledge, that is, a sense of a genuinely positive identification with the known object.[3]

Ethnographers and anthropologists have extended the discussion of the limits of knowledge to include knowledge of a culture.[4] In this context, travel literature figured as an appendix located somewhere between fiction and impressionistic observation that, although perhaps not as methodologically rigorous, could nonetheless contribute to the "understanding" of a culture, ultimately one of the objectives of the social sciences.

Over a number of years, thanks to the enthusiasm surrounding the emerging social sciences and the position that work in the discipline would effect social transformation (here I am reminded of Althusser announcing that Marx had fomented a revolutionary transformation of history into the social science *par excellence*), travel literature was relegated to a minor, often disparaged, place.

More recently, thanks to a generalized recognition of the explanatory limitations of the social sciences, travel literature has been rehabilitated as an important source and potential contributor to the broader understanding of a culture. Beginning with the premise that understanding is necessarily fragmented, and recognizing that in its contemporary formulation "the real" is infinitely multivariate and never entirely able to be grasped, it is theoretically logical that travel writing is able to contribute insights into a particular culture.[5]

It is apparent that the intellectual barriers that privilege the validity of "scientific study" of a society, when compared to travel literature accounts, are weakened once it is understood that the theoretical presuppositions of approach and methodology separating the two discourses have less of a foundation.[6] As these previous assumptions have been challenged, there has been a renewed understanding of the explanatory validity of past travel literature narratives.

Even recently, in a study about the ethnologies derived from travel writing (focusing on those written during the Renaissance period), Joan Pau Rubiés notes:

> Some roots of early modern "natural and human history" have been taken for granted. Travel literature not only created an empirical ground which, by its sheer massive presence, imposed itself in the thinking of seventeenth-century theolo-

> gians and philosophers: it also prompted debates about methods of exposition, induction and comparison.[7] (xi)

In the cultural history of the Azores there is a diverse and rich plethora of documents that are useful in evaluating the contribution of travel literature and the deeper understanding of Azorean culture and society that such writing provides. Within two of the most accomplished works of Azorean travel writing rests a departure point for comparisons of two paradigms that exist in texts examining the archipelago through travel literature. The first case is presented by a non-Azorean outsider, Raul Brandão, who wrote the classic *Ilhas Desconhecidas* based on a trip he took to the islands in the 1920s. The indisputable *sine qua non* of the other paradigm (comprised of works that are generated by views from within) is Vitorino Nemésio who, through both his fiction and non-fiction writing, provides a virtual x-ray of insight into the archipelago and his fellow Azorean islanders.

In this essay I will limit myself specifically to Nemésio's paradigm, examining it through his work *Corsário das Ilhas*, a series of collected travel *crônicas* written during two return trips to the Azores in 1946 and an additional trip made later in 1955. Born and raised in the Azores, Nemésio was deeply familiar with Azorean insular life. He was born in Terceira, where he lived for years, then left for Faial, where he was a student before leaving the islands to study for many years in Coimbra, where he later also taught. The "travels" that provided the data for *Corsário das Ilhas*—given that Nemésio undertook them after having lived abroad for some time—constituted a kind of return of the insider. Although he was raised in the islands, his many years of absence from them also gave him a perspective that can at times be contemplated as one from the point of view of an outsider.

In an essay about the book *Era do Átomo, Crise do Homem*,[8] I made note of Nemésio's unlimited curiosity (in his own words: "Only a man who is curious about everything can adequately dignify the space that life has given him to fill" [*Sob os Signos* 130]).[9] In the same essay I also remarked on his profound spirit of observation and his disposition to empirical attention that seemed always to find Nemésio's gaze cast to the ground, combing the Azorean earth with his fingers in search of the smallest discoveries, the better to illuminate the soul of that land where his feet trod. With this spirit, Nemésio's writing links together an intricate latticework of data and detailed observations ("my writing is fluid like the ocean" [*Corsário* 67]) that usually arrive at a penetrating and incisive understanding of his and our universe. Since his childhood, Nemésio was fascinated with nature and was attached to his native islands like a barnacle to a ship, describing the archipelago and its inhabitants in colorful swaths of writing—today seen as classic works on Azorean cultural identity. In one of these (albeit brief) treatments, he penetrates into the character of the Azorean soul. "Geography for us has as much value as history... Like the mermaid we have a dual nature: we are flesh and stone. Our gaze is drenched by the wet of the ocean" (Némesio *Ínsula*).

Based on this insight, Nemésio points out that in the development of Azorean culture, physical geography has played a pivotal role in the history of the archipelago. If one hopes to fully understand that history, then one must pay attention to the geographic factors that have shaped the development of social life in the islands. Nemésio beautifully captures what scholars in contemporary studies of cultural identity phenomena commonly refer to today as the displacement of identity brought on by geographic dislocation. Furthermore, the character of Azorean geography and the nature in which the islanders have been both created and dislocated is also an important factor in the Azorean psychological make-up.

The presence of the Azores in Nemésio's prose was duly treated in two notable studies. One was the book *Açorianidade na Prosa de Vitorino Nemésio,*[10] by Heraldo G. da Silva, and the other is the introduction to the second and third edition of *Corsário das Ilhas*, by António M. B. Machado Pires.[11]

Nemésio himself referred to *Corsário das Ilhas* as a "travel journal" and Machado Pires called it part collection of *crônicas* and part travel diary. Clara Rocha saw it as a "journey to the deepest part of memory" and "to the deepest part of himself" (479). Urbano Bettencourt said of Nemésio that "he makes of the island the magnetic pole from which radiates a universe of relations—serendipity, encounter, and discovery—and in which the same space that provides the point of departure also provides the arrival point, which is at once both the center and the periphery" (27).

In these trips of his to the Azores, "whose austere beauty escapes those hurried travelers who are preoccupied with the search for blushing indigo skies and colored, Eden-like panoramas" (*Corsário* 48),[12] Nemésio experiences the islands after a number of years of absence from them, allowing him to experience the Azores as if it were, in a way, for the first time.

Although with his prodigious memory, even after so much time away, it is difficult for him not to experience the islands as his own: "a native of a particular place is like a criminal, always returning to the scene of the crime" (101), or as Nemésio also says, "the most important thing in the memory of the searching pilgrim, is that grieving place within, which the heart blames for its existence upon the traveler remembering the transplantation" (101).

The basaltic rocks of his islands "gave them an apocalyptic feel, in the profuse vegetation, rich in a range of greens, softly draped in intimacy" (49). "The ash-hued sky softly melds where the clouds meet the rocks, softening one's perspective of the view. There grows a vague torpor from the accentuated atmospheric pressure, and the sweaty humidity—disemboweled from the lava—gives the earth a living smell" (51). Always paying attention to detail, Nemésio was a thoughtful empiricist familiar with the islands' vegetation:

> Other species of Australian and Japanese flora have been introduced into the island ecology, supplanting indigenous species, which sought refuge in the remote, humid and sterile lands of the interior. There isn't a garden in the islands that does not have one or two sprigs of camellia, that does not possess two or three shady trees, which islanders will assimilate with the nomenclature of the familiar *louro* [bay leaf tree], for the rounded aspect of its leaf. But the leafy respiratory organs of these shady shelters, imported from Australia and Japan, are infinitely more ample and fleshy than the indigenous louro, as they burst forth with fruits both polished, coarse, and smooth, which the boys, not being able to eat, turn into toys with which to play. (176)

The islands have "a temperate Atlantic climate, which hibernates softly and late as it touches one like a woman's skin" (51). But the volcanoes and earthquakes do not leave the islanders in peace. It is a "land with its own entrails, pulled out by the rumblings and eruptions," "churning and transforming the land at least once a century" (62). Because of this, Azoreans feel what "is vulnerable and fragile about being both an island and, with more good reason still, an islander." The climate, the weather, colors the life of the islanders, grey is the hue most frequently shaping the rhythm and tone of the days—"our melancholy is born from these sad, low, dumb skies, is it not?" (110). The fog

> is a mass of water mist dispersed in veils, draped over the rounded forms of mountains of pumice stone, scattered about the island gathered in striation—sometimes unstable, sometimes static—creating suddenly a kind of campanula over the island. This cover, a lid on a tureen, can suffocate us for days or merely for a morning or

> afternoon. It can yet shrink away receding to cover only a swath of the environment, to finally completely dissipate leaving in its place a broad celestial blue, cut with opal tones, which some one or another milky and evaporating cloud comes to scar. (189)

The ocean, "our lamb and our wolf" (80), is a determining presence in insular identity:

> Separating us from the world is that thin line of salt at the rim of the land that rises incorruptible, the arc of the horizon... There is movement and power; at other times tranquility and dumb stillness... . Extension ... extension ... (And no matter how much we detest ellipses, which are typographic spasms, the thing is just like that. We have to express ourselves in the right proportion of exaltation and limited syntax). (60)

Because of this, "everything for the islander is summed up in longitude and separation" (58)—"our insular sensibility is defined by loneliness and limit" (62). "The radical attitude of the islander is to arrive at the door of the house and interrogate the ocean"; because there is a "type of motto guiding the destiny of the islander—which is to watch, and to hold vigil" (62).

The metaphors tumble like water over a fall in Nemésio's writing and drain into a labyrinth of associations. Nemésio had a "wanderer's imagination" (68) and so was a sort of "pilot and explorer of metaphor" (83). "I am not a mariner, but I am an islander and therefore a seafarer of sorts" (121), "I fancy myself a corsair and a merchant" (72), a corsair arriving "in those first days of the islands, that is what I mean, when they arrived in this alien land on board a ship, full of wonder, and set foot on *terra firma* without anyone expecting their arrival" (183).

His descriptions of the settlements and the cities are interwoven with perceptive psychological observations. "It is in the center of this radial geometric rose that the small Azorean cities make their nest, full of a maritime sensibility, full of reclusive and calm work, full of communion with others even through the isolation and longitude" (81). His island is "embroidered with homes along the route that runs at the ocean's edge" (87), a road "sown with rows of white houses" (97); it is an "abundant land, permeated everywhere by the smell of lava and calfskin" (88). At times he brandishes a painter's flourish in his depictions, a single brush producing a striking description of his native village. "Praia, for me, is summed up in the clock tower of the Town Hall—sedate and inert" (127).

Around "the good natured and cunning tongues of Angra" (112) he feels at home with friends—"this is the calming *tertúlia*,[13] the objective *tertúlia*, the *tertúlia* of lost time… . One finds for oneself here the serenity of the grave" (113).

Less familiar with Ponta Delgada, he notes of the city's pace "above all else, this old, calm, urban, and labored rhythm, which I do not know how to define, is composed of modesty, solemnity, and efficiency… . There is a rhythm here in the balcony windows, in the green shutters, in the ox-drawn carriages, as the various ropes trailing back from the ox's horns slowly waggle … in the plazas and streets animated by workers, where everything is regulated by the clock tower in the church of the *Matriz*[14] and by the melancholy hum of the siren from the packet boat in the harbor" (214).

Even in his descriptions of this urban environment, one is yet aware of the sensation of insularity. There is always present in Nemésio's writing about the port and the ocean in which it is enveloped a contemplation and understanding of the insular trope. It is present, for example, in the following passage, where, once again, Nemésio's preoccupation with the theme returns in the simple attempt to situate (or perhaps, to anchor) the island in the world.

> It was only the presence of the ships at anchor in the small beach ports that gave to us any certainty that there was a wider world settled beyond us: they brought with them the excitement and existence of other longitudes. We could live at 38º 38' 33" N. lat. and 27º 12' 48" W. Long. (Greenwich). From there, Brest is 1147 miles away; Southampton, 1237; Hamburg, 1802; Stockholm, 2539; Leningrad, 2835; Genoa, 1914; Constantinople, 2444; Boston, 2020; Port-Said, 3087; Aden, 4355. The longest distance calculated was that to Sydney, in Australia: 14,822 miles via Cape Horn; if by way of the Cape of Good Hope, the route would shorten by 2889 miles, not a small thing.

The desire to leave and explore the world began for him with his return journeys to his islands. Once more, he reveals his preoccupation with the theme of isolation in another swath of writing in which he attempts to situate himself even as he is jumping from one island to the other:

> I undertook then my first true navigation—land behind me, land to my front—but without time or distance to lose the view of the one side after waving goodbye to the lighthouses and the shade of the other. From Angra to Santa Cruz da Graciosa, 45 miles and the launch of the Coast Guard. To Calheta, São Jorge, 39

> miles and the Guarda Fiscal in military dress. To Lajes do Pico, 52 miles and the whaling boats. Finally, to Horta, 71 miles and the first coal dump and cable armory. Is this or not a summary of Twenty Thousand Leagues Over the Sea? (122)

Hence, from the sea, one could never be certain if "the island is a cloud, or if a cloud is the island" (110). Later, he saw it as "the teasing illusion of an island from the distance," "a sly look behind at the other island" (110).

Cited in this paper are but a few examples of Nemésio's quilted text, embroidered as it were with elements of ethnography, geography, anthropology, sociology, and social psychology. All are written in a humanist narrative with landscapes rendered human and gentle by the presence of the islanders or at least the presence of one islander—the author—an islander tenderly impassioned about his native land. Nemésio's *Corsário das Ilhas* is a rich example of the *Verstehen* discussed by Max Weber in the way it presents an empathetic view of a reality that he knew from the inside; but is also a view taken from a relative distance—as the author had left the islands for the outside.

Given Nemésio's relation to the islands in this way, the subject of his observation is at times affected as in a Gestalt switch. Indisputably, it is difficult to find in the work a systematized conjunct of themes, and although filled with empirical elements, they are not rigorously collected and analyzed; the work, however, does provide a deep and acute penetration into the intimate reality that he describes. The reader is lifted by the hand of the observer and shares his empathy with the object under consideration, this microcosmos that Nemésio hopes to understand and hopes to make better understood.

It is this "universe of relations," as Urbano Bettencourt calls it, that Nemésio so eloquently captures. Yet, the universe of relations described by Nemésio extends not only to the islands he explicates with his magical prose but to his own personal relation to the islands. It is Nemésio's unique relation to the islands as both insider and outsider (if one would use such words in his case) that, as has been pointed out throughout this essay, shapes his descriptions. It is Nemésio's unique relation to the Azores, and the particular way this relationship situates him within them, that make his descriptions of his *terra natal* such rich resources for understanding both the course of island life and, through them, furthers the discussion of the explanatory validity of travel literature and the debates over insider and outsider claims to explicatory knowledge.

The images in the labyrinthine mind of the writer/observer emerge in the words and empirical data that are vested in Nemésio's metaphors, which boil in an almost anarchical cauldron. Ultimately, he leaves the reader with a profound sense of pleasure. It is the pleasure that Nemésio has from his travels in his *terra.* The reader experiences the pleasure that Nemésio feels, while taking his own pleasure in the islands that live through Nemésio's verbal genius—something that could be accomplished only by a veritable *corsário* of words.

Notes

I wish to thank Miguel Moniz for the translation of this paper from the original Portuguese, especially considering the numerous quotations of Nemésio's prose, whose translation is no easy task. I also want to thank him for his most helpful editorial suggestions.

[1] A *corsário* is a corsair, a wandering explorer.

[2] The debate is one that has previously been taken up in philosophy, before the social sciences, such as with its treatment by the German J. G. Droysen, who postulated the possible objectives of knowledge stemming from three different scientific methods: the philosophical, searching for knowing; the physical, searching for explaining; and the historical, understanding.

[3] See Weber's *The Methodology of the Social Sciences.*

[4] See for example Peter Winch's classic, *The Idea of a Social Science and Its Relation to Philosophy*, along with his equally classic essay "Understanding a Primitive Society." A good study about the dual tradition in philosophy, applicable even today, is by Georg Henrik von Wright, *Understanding and Explanation.*

[5] Marshall Sahlins leaned heavily on travel literature in forming the arguments presented in *Islands of History* and in putting to rest Gananath Obeyesekere's (1992) attempted criticism of the work in his book-length response: *How Natives Think.* The debate between the two anthropologists is situated in the same theoretical imbroglio taken up in this essay.

[6] There are a number of examples of recent ethnographic studies that have taken the form of fiction, and a theoretical discussion of this dual approach has received many interesting contributions on the part of anthropologists. See, for example: Ruth Behar, *The Vulnerable Observer*; Alma Gottlieb and Philip Graham, *Parallel Worlds*; and also Laurel Richardson and Ernest Lockridge, *Travels with Ernest.* Various additional examples are notable in this regard coming from the area of autoethnography. One recent example is found in the doctoral thesis of Anne P. McClard, "Nested Tales," about an ethnographic experience on the island of São Jorge, Azores. The author combines an ethnographic narrative with the fictional genre so that she can provide the experimental reality she presents with greater fidelity.

[7] See, also by McClard, "New worlds and Renaissance ethnology" and "Instructions for Travellers."

[8] "Nemésio, o humanista-ponte entre as 'duas culturas.'" I should make note here of another work that has a more global objective: José Martins Garcia's *Vitorino Nemésio—A Obra e o Homem*, and also Urbano Bettencourt's introduction to two books of "Azorean" stories by Nemésio in the *Obras Completas, Paço do Milhafre e O Mistério do Paço do Milhafre.* English-language readers will also find some excellent data in the introduction to the English translation of *Mau Tempo no Canal* by Francisco Cota Fagundes.

[9] There are numerous references to Nemésio's vast curiosity. I would especially call attention to the philosopher José Barata Moura's "Nemésio, 'Pensador.'"

[10] This book is a tract about the Azores directly based on Nemésio's writing.

[11] Written for the edition put out by Bertrand, in 1983, it was also included in the *Obras Completas* edition (vol. XVI).

[12] From this point forward all quotations from Nemésio refer to this work.

[13] A *tertúlia* is a type of intellectual salon—well-organized or spontaneous—where issues both large and small are discussed and debated.

[14] The central church of a religious jurisdiction.

Works Cited

Almeida, Onésimo T. "Nemésio, o humanista-ponte entre as 'duas culturas': uma revisitação de *Era do Átomo, Crise do Homem.*" *Nemésio vinte anos depois.* Lisbon/Ponta Delgada: Edições Cosmos/Seminário Internacional de Estudos Nemesianos, 1998. 535-541.

Behar, Ruth. *The Vulnerable Observer: Anthropology that Breaks your Heart.* Boston: Beacon, 1997.

Bettencourt, Urbano. Introduction. *Paço do milhafre e O mistério do paço do milhafre.* By Vitorino Nemésio. Lisbon: Imprensa Nacional/Casa da Moeda, 2002. 9-27.

Garcia, José Martins. *Vitorino Nemésio—A obra e o homem.* Lisbon: Arcádia, 1978.

Gottlieb, Alma, and Philip Graham. *Parallel Worlds: An Anthropologist and a Writer Encounter Africa.* Chicago: U of Chicago P, 1994.

McClard, Anne P. "Instructions for Travellers: Teaching the Eye to See." *From Travel Literature to Ethnography.* Eds. J. Stagl and C. Pinney. Spec. issue of *History and Anthropology* 9 (1996): 139-90.

———. "Nested Tales: Gendered Representations of an Azorean Festival Cycle." Diss. Brown University, 2005.

———. "New worlds and Renaissance ethnology." *History and Anthropology* 6 (1993).

Moura, José Barata. "Nemésio, 'Pensador.'" *Nemésio, Nemésios – Um saber plural.* Eds. Fernando Cristóvão, M. Idalina R. Rodrigues, M. Lúcia Lepecki, and Fátima Freitas Morna. Lisbon: Colibri, 2001.

Nemésio, Vitorino. *Corsário das ilhas. Obras Completas.* Vol. XVI. Lisbon: Imprensa Nacional/Casa da Moeda, 1998.

———. *Ínsula* 7-8 (Jul.-Aug. 1932).

———. *Sob os signos de agora. Obras Completas.* Vol XIII. Lisbon: Imprensa Nacional/Casa da Moeda.

———. *Stormy Isles: An Azorean Tale.* Trans. Francisco Cota Fagundes. Providence: Gávea-Brown, 1998.

Obeyesekere, Gananath. *The Apotheosis of Captain Cook: European Mythmaking in the Pacific.* Princeton: Princeton UP, 1992.

Pires, António M. B. Machado. Introduction. *Corsário das ilhas. Obras Completas.* Vol. XVI. By Vitorino Nemésio. Lisbon: Imprensa Nacional/Casa da Moeda, 1998. 11-28.

Richardson, Laurel and Ernest Lockridge. *Travels with Ernest: Crossing the Literary/Sociological Divide.* Lanham, MD and Altamira: Rowan and Littlefield, 2004.

Rocha, Clara. "*Corsário das ilhas*: uma 'etimologia íntima.'" *Nemésio vinte anos depois.* Lisbon/Ponta Delgada: Cosmos/Seminário Internacional de Estudos Nemesianos, 1998.

Rubiés, Joan-Pau. *Travel and Ethnology in the Renaissance: South India Through European Eyes, 1250-1625.* Cambridge: Cambridge UP, 2000.

Sahlins, Marshall. *How Natives Think: About Captain Cook for example.* Chicago: U of Chicago P, 1995.

———. *Islands of History.* Chicago: U of Chicago P, 1985.

Silva, Heraldo G. da. *Açorianidade na prosa de Vitorino Nemésio.* Lisbon: Imprensa Nacional/Casa da Moeda/Secretaria Regional da Educação e Cultura dos Açores, 1985.

Weber, Max. *The Methodology of the Social Sciences.* Glencoe, IL: Free Press of Glencoe, 1949.

Winch, Peter. *The Idea of a Social Science and Its Relation to Philosophy.* London: Routledge and Kegan Paul, 1958.

———. "Understanding a Primitive Society." *American Philosophical Quarterly* 1 (1964).

Wright, Georg Henrik von. *Understanding and Explanation.* Ithaca: Cornell UP, 1971.

Onésimo T. Almeida is Professor of Portuguese and Intellectual History and Azorean Studies at Brown University. Recently he has written on José Saramago, Vergílio Ferreira, Natália Correia, J. Martins Garcia, António Sérgio and Teixeira de Pascoaes, José Rodrigues Miguéis and Antero de Quental, D. João de Castro, and Francisco Sanches, as well as about the debate on national identity ("National Identity–a revisitation of the Portuguese debate, "NUI Maynooth Papers in Spanish, Portuguese, and Latin American Studies, 2002). He has also written on humor in Portuguese literature, and published *Onze Prosemas (e um final merencórico)* (2004). E-mail: onesimo_almeida@brown.edu

Miguel Moniz is an anthropologist and a Senior Research Fellow at the Centro de Estudos de Antropologia Social at ISCTE in Lisbon where he holds a Fundação para a Ciência e a Tecnologia grant to conduct a project examining migration, nationalism, and the power of thc statc to dcfinc bclonging. Most rcccntly, Moniz was thc translator of Micaclcnsc author Fernando Aires's *Rosto da Festa* [*Images of a Feast Day*] (2006). E-mail: Miguel_Moniz@netcabo.pt

O *Corsário das Ilhas* ou a consciência dos Açores

Carlos Reis

1. No conjunto da produção literária de Vitorino Nemésio, o volume *Corsário das Ilhas* ocupa um lugar ao mesmo tempo singular e exemplar. Singular, pela sua posição relativa no concerto global dos títulos nemesianos; exemplar, pela tonalidade testemunhal que domina os seus textos, uma tonalidade em que ecoam aspectos fundamentais da escrita de Nemésio, sobretudo no campo da criação poética, mas também no da ficção narrativa e até no do ensaio crítico e historiográfico.

De um modo geral, o *Corsário das Ilhas* constitui um campo privilegiado daquilo a que desde já chamarei, em termos ainda genéricos, *representação do eu,* quer dizer, o registo da intensa relação do sujeito com o mundo, naquilo em que essa relação assume uma dimensão de aberta projecção pessoal; e isto sabendo-se mesmo que essa projecção, neste e em qualquer caso, surge inevitavelmente matizada pelo viés dos sistemas de modelização que intermedeiam a tal relação do sujeito com o mundo. Observemos desde já os elementos de referência discursiva (e mesmo metadiscursiva) que no *Corsário das Ilhas* podemos surpreender.

Refiro-me aqui àquilo que está nos lugares de afirmação do chamado *código bibliográfico,* na advertência prévia, em diversos componentes da economia global da obra enquanto *macrotexto* e em referências metadiscursivas disseminadas ao longo dos textos do *Corsário.* Assim, o título *Corsário das Ilhas* e tudo o que neste lugar estratégico do livro desde logo por ele é sugerido (voltarei a este ponto) aparecem completados pela expressão

Portuguese Literary & Cultural Studies 11 (2007): 303-317.

"Jornal de Vitorino Nemésio[1]; não estando isenta das conotações que nela são mais audíveis (remetendo para o registo *jornalístico,* que o escritor também cultivou), a fórmula deve ser entendida sobretudo numa acepção próxima do termo francês. Não parece sequer necessário lembrar aqui a familiaridade de Nemésio com a língua e com a cultura francesas, não só como professor e investigador, mas também como poeta autor de uma recolha em francês, *La Voyelle Promise* (1945); para além disso, os termos em que o volume se organiza—com datação precisa dos textos e registo de experiências diárias—remetem desde logo para o *journal* entendido na acepção de *diário,* cuja dimensão de intimidade (a do *journal intime* francês) aqui deverá ser devidamente ponderada. Com efeito, na "Advertência" que abre o volume, pode ler-se que, sendo o resultado de viagens aos Açores (o que abre uma outra linha de demarcação genológica), o *Corsário das Ilhas* aceita bem a designação de jornal por ter sido "escrito e publicado periodicamente" (Nemésio, *Corsário* 33); a isto acrescenta-se que "as datas mencionadas são geralmente as que correspondem à publicação dos respectivos trechos, principalmente no *Diário Popular,* de Lisboa, e ao microfone da Emissora Nacional de Radiodifusão, pois o Jornal que o autor mantém há muitos anos também é jornal falado."

Decorrendo de experiências em que a vivência pessoal está fortemente ancorada ao desenvolvimento do diário de viagem e provindo também de memórias, os textos do *Corsário das Ilhas* são jornalisticamente incorporados, no sentido (digamos) técnico do termo. E contudo, eles transcendem o jornal diário *apenas* escrito, dado que foram também comunicados radiofonicamente, pela própria voz do escritor. Quem se lembra disto e do que foi a inesquecível passagem de Nemésio pela televisão pode bem confirmar a impressiva marca de pessoalidade (com forte acentuação histriónica, no caso do televisionado *Se bem me lembro)* que o escritor transmitia ao seu testemunho. E assim, no caso do *Corsário das Ilhas,* ressoa com nitidez a subjectividade que é própria do diário literário e paraliterário, ao mesmo tempo que lhe é desde logo retirada a privativa intimidade (não raro meramente retórica) que é própria dos casos mais radicais do género diarístico.

Mas a escrita do *Corsário das Ilhas* não se deixa encerrar nos limites ainda assim, como se viu, muito fluidos do jornal-diário ou do diário-jornal, como se preferir, alargando-se ao amplo domínio do que pode chamar-se o "espaço autobiográfico" de Vitorino Nemésio (cf. Rocha 211-216). Excedendo aquilo que por esses limites é difusamente estabelecido, o *Corsário* exibe ainda outras linhas de força discursivas (cf. Pires, *Corsário* 13): ele é tributário da *memória* (memória da infância, das origens açorianas, dos espaços revistos, das pessoas reencontradas, etc.), do mesmo modo que se estabelece em parte como *roteiro* e como *relato de viagem*, em conjugação com os procedimentos do *diário de bordo* e até da *crónica*. Alguns exemplos bem expressivos: a 7 de Agosto de 1946, enunciando um presente vivenciado que como tal é muito significativo, Nemésio declara: "Atiro-me de alma e coração a este roteiro tanto tempo sonhado e só agora empreendido. É uma viagem banal, dez vezes feita e desfeita nos seus dois rumos monótonos, precedida das mesmas expectativas e seguida de iguais recordações" (*Corsário* 67); mais adiante, o viajante declara-se "autor de roteiro, obrigado a uma certa informação" (*Corsário* 99); noutro passo, o cunho pessoal do relato estabiliza-se como inevitável eixo da representação: "Como oficial de escrever e de falar, tenho de me agarrar ao pronome antipático e ostensivo: "eu," "eu" a torto e a direito… Como o bom carpinteiro não larga a plaina da mão, o escritor, mais que a pena ou o teclado da máquina de escrever, não pode largar o 'eu'" (*Corsário* 102); num outro momento, o reencontro de uma figura vinda do passado desperta o impulso do cronista: "Que mundo de sombra e ninharia acorda o banheiro velho num cronista do mar!"; e logo depois sobrevém uma evidência anti-épica, a seu modo não isenta da autenticidade pessoal que aqui se assume como valor fundamental: "Uns pobres pescadores de longo curso dão muitas vezes melhor a vivência do Mar Tenebroso do que as mais sábias e exactas reconstituições de roteiros e as narrativas empoadas de uma grave e estilística impostação" (*Corsário* 142); e já perto do fim pode ler-se: "Este meu diário de bordo, sem fim, todo por alhetas e amuras, notando pouco mais que algum peixe voador ou bóia cega, faz-me lembrar a ambição marinheira dos poetas da nossa terra…" (*Corsário* 225).

Para além de tudo isto, o *Corsário das Ilhas* assume-se como resultado e como consequência discursiva da estreita relação entre viagem e escrita que na nossa cultura e no nosso imaginário tem a representatividade que bem se conhece:

> Eu—que parado não aturo a pontualidade pedida por um caderninho pessoal de efemérides e reflexões—logo que me ponho em andamento, tanto por mar como pelo ar, ou mesmo nalgum pobre comboio de via reduzida e suburbana, apetece-me fazer transunto do que vejo e em que cavilo. O ponto é ter à mão um canhenho para isso. (171)

2. Vejamos agora como se organiza o *Corsário das Ilhas,* enquanto *macrotexto.* E recordemos antes de mais o que a expressão implica, no que respeita, por um lado, a intervenção autoral de incidência *editorial* e, por outro, aos efeitos e consequências que, no plano *receptivo,* essa intervenção pode suscitar.

Conforme é geralmente reconhecido, entende-se por *macrotexto* o resultado da agregação de vários textos, normalmente de feição idêntica em termos de género, numa unidade mais ampla, a que se pretende atribuir uma certa coerência; é para atingir essa coerência que aponta o carácter editorial do trabalho do autor, no sentido em que ele busca uma organização e uma economia global que favoreçam um certo trajecto de leitura, sendo certo que outros elementos (o título do volume ou os títulos dos textos) podem induzir ou reforçar a pertinência daquele trajecto de leitura. E é assim que faz sentido dizer que, no âmbito do macrotexto, "cada texto mantiene en general autonomía y cohesión internas, pero queda después comprendido en una autonomía y en una cohesión más amplias" (Segre 49). A unidade mais ampla que é o macrotexto pode configurar-se então como *obra literária,* eventualmente reforçada, nessa sua condição, por elementos de enquadramento paratextual (título, prefácio, posfácio, etc.).

Relativamente ao *Corsário das Ilhas* e para além daquilo que já aqui foi dito acerca da advertência enquanto texto prefacial, importa chamar a atenção para a função de disseminação semântica do título. À primeira vista, a expressão que nele podemos ler remete para uma designação técnica, de localização histórica relativamente precisa: em linguagem marítima, o corsário era aquele que fazia o *corso,* entendido como ataque a navios mercantes, com autorização e apoio político de um Estado, ou seja, sem o propósito de pilhagem e de destruição sem regras, conforme era próprio da pirataria. Num passo do *Corsário das Ilhas,* é esta acepção técnica que aflora, abrindo lugar desde logo a outras e mais peculiares acepções: referindo-se à Vila do Porto, na pequena ilha de Santa Maria, Nemésio explica que ela foi construída pela "gente de Gonçalo Velho [primeiro capitão donatário de Santa Maria e de São Miguel], temendo os assaltos da pirataria argelina—e talvez de corsários como eu ..." (76).

Se falei em *disseminação semântica* do título foi por pretender significar que nele são sugeridos outros sentidos, que vão para além da acepção técnica e histórica própria do termo *corsário;* assim se insinua desde logo uma conotação de *açorianidade* que o segundo termo (*das Ilhas*) justifica. Em vários passos da obra, alude-se a esses outros sentidos, à sua maneira veiculando uma expressividade bem característica da saborosa singularidade dialectal açoriana, hoje cada vez mais diluída da dinâmica uniformizadora que a televisão arrasta consigo. No tempo do Nemésio "corsário das ilhas," "as palavras "*corsairinho*" e "*corsaira*," cada uma em seu extremo semântico de ternura e aviltamento, ainda lá estão, no vocabulário dialectal" (70); do mesmo modo, o jovem Armando Ormonde Machado, protagonista de um episódio de fuga clandestina para os Estados Unidos, é "um verdadeiro corsário—como se diz na ilha Terceira a rapazes travessos" (183). O que parece sugerir uma curiosa fractura semântica, em termos de género e de inerente juízo de valor: se o masculino envolve algum carinho e tolerância pela transgressão, o feminino *corsaira* é claramente depreciativo.[2]

Constituindo um *macrotexto,* este *Corsário das Ilhas* organiza-se em cinco partes. Uma delas é "Intróito a Madeira e Açores"; outras três são corsos propriamente ditos: "Primeiro corso (1946)," "Segundo corso (1955)" e "Corso errático (1954)"; em lugar central no volume, estão as "Histórias de Mateus Queimado" a que naturalmente voltarei. Entremeadas nos textos, encontram-se fotografias da autoria de Rodolfo Brum, "sobre tomadas de vista do autor"; o que significa que tais fotografias não são ilustrações dispensáveis no todo da obra, mas antes lugares, figuras e situações selectivamente escolhidas pelo olhar de Nemésio e bem articuladas com os textos que acompanham. Justifica-se, assim, que António Machado Pires tenha recuperado essas imagens (e também a da capa) na terceira edição do *Corsário das Ilhas.*

Curiosamente, a estrutura interna do volume, organizado em função das cinco partes que mencionei, retoma a questão do género, ao mesmo tempo que sugere um curioso movimento de miscigenação, da ordem daquilo a que chamarei *passagem discursiva.* Note-se que se as expressões que aludem à actividade do corso sugerem o movimento da viagem e implicitamente do roteiro e do diário (com expressa datação dos textos), já as "Histórias de Mateus Queimado" permitem entender uma tal designação num sentido relativamente popular, que é o que remete para o universo dos contadores de histórias e também, como é evidente, para a figura daquele narrador no contexto do universo ficcional nemesiano; e é assim que as histórias que Mateus Queimado conta ou (supostamente) inspira se aproximam do estatuto do conto de tradição oral e de origem popular. Falo, assim, em movimento de *passagem* reportando-me à presença parasitária do conto em textos que em princípio não têm que ver com ele; em textos cuja lei, no sentido derridiano da expressão (cf. Derrida), é transgredida por um efeito de contaminação, determinando o trânsito de um género em princípio não literário e até não ficcional (como é o caso do diário, do relato de viagem ou da crónica) para um género literário e ficcional (como é o caso do conto). E isto reconhecendo-se embora que diário, relato de viagem e crónica podem ser entendidos como géneros a que usualmente chamamos *paraliterários,* por força de uma sua relação com a literatura que é vagamente da ordem da cumplicidade institucional, da afinidade funcional e mesmo, por vezes, de uma certa e indecidida ambiguidade, no que toca ao estatuto da ficcionalidade.[3]

3. A tendência para a miscigenação de géneros narrativos, tanto literários como paraliterários, em função de uma dinâmica de passagem discursiva, sintoniza com componentes importantes da *biblioteca do autor,* quero dizer, com o elenco de textos de referência que enquadram o universo literário nemesiano. Por assim dizer, da família daquele impulso para a hibridização é a literatura de um escritor tão importante neste contexto (e no da transição da literatura portuguesa do século XIX para o século XX) como Raul Brandão. Analisada já de forma circunstanciada (cf. Pires, *Raul* 11-36), a presença de Brandão em Nemésio e, pelo que aqui importa, no *Corsário das Ilhas,* revela-se antes de mais por uma certa cumplicidade de trajectos e de fascínios: o viajante d'*As Ilhas Desconhecidas* (1926) é evocado a propósito da cidade do Funchal (22); reaparece mais adiante, na lembrança da "viagem de Julho de 1924, com Raul Brandão empenhado no seu inquérito às Ilhas Desconhecidas, e a impressão de grandeza telúrica e de tristeza insanável que se tirava dali" (76); por fim e a propósito do modo de vida de uma recôndita povoação terceirense, é evocado o conhecido desabafo que podemos ler no *Húmus:* "Estamos aqui todos à espera da morte!" (195).

Note-se, aliás, que, pelo que toca à influência do impressionismo literário de Raul Brandão, é também a lição desse texto capital que é o *Húmus* (1917) que difusamente comparece no *Corsário das Ilhas.* Penso naquela dimensão impressionista, anti-racionalista e post-positivista de que *Húmus* é um testemunho admirável, já em tempos de emergências modernistas; e surpreendo o seu eco longínquo nos textos do *Corsário,* por aquilo que neles assinalei de eclectismo genológico, como resultado do labor de uma memória em fluxo constante, da tendência para (apenas) esboçar personagens, do culto do fragmento narrativo, da diluição de fronteiras temporais (não raro em contraciclo com a datação dos textos[4]), da dinâmica evocativa e radicalmente subjectiva que condiciona e filtra componentes de natureza social, económica e geográfica observados no decurso da viagem.

Sendo assim, compreende-se que outros escritores, até mesmo de nascimento açoriano, sejam mencionados quase só de passagem (Antero de Quental, Alfred Lewis, florentino de nascimento e autor de *Home is an Island)* ou tendo em atenção a singular conjugação de um impulso poético sofisticado com a obscura e isolada condição de vida açoriana: é o caso de "Roberto de Mesquita, que, escrivão da Fazenda, alternava a leitura aturada de Verlaine e a revisão das matrizes prediais com o ensaio de primeiro-clarinete na filarmónica local ..." (52).

4. Recordo e sublinho: o *Corsário* é *das Ilhas.* Ou seja, enquanto viagem, registo e *corso* pessoal, ele remete para uma pluralidade de espaços e, no quadro dela, para singularidades que importa ter em conta. Antes de mais, convém lembrar que o *Corsário das Ilhas* abre com o "Introito a Madeira e Açores" que já assinalei; nele fica logo sugerida uma primeira distinção (Madeira *e* Açores) e, graças à morfologia da toponímia, uma segunda distinção, entre o que é singular (Madeira) e que é plural (Açores). Isto significa que o colectivo das ilhas se define, nestes dois arquipélagos, em termos distintos; como quem diz: há um colectivo que o é mais expressamente do que o outro.

Repare-se no significado do *incipit:* "A Ilha... As Ilhas... É ilhéu... E ficava-se nisto, arredondadamente, sem mais aprofundar" (37). Não fica claro (de propósito?) o que quer dizer aquela espécie de vacilação entre o singular e o plural. Mas é bem possível que nela se sugira uma certa *diferença* que se vai insinuando ao longo do *Corsário das Ilhas,* quase como sentido estruturante do macrotexto. Um pouco mais adiante, essa diferença clarifica-se, quando, na abertura do capítulo II, lemos:

> Os Açores são humanamente mais novos que a Madeira cerca de um quarto de século. Em vez de uma grande ilha pletórica que reduz Porto Santo a uma relíquia, como acontece no grupo insular madeirense, pontuado pelas Desertas, dos Açores já se disse que são como um porta-aviões de seiscentos quilómetros, tantos quantos separam Santa Maria do Corvo. (45)

A diferença fundacional entre a Madeira e os Açores associa-se à também diferente correlação das ilhas entre si: além de "humanamente mais novos que a Madeira," os Açores transformam em extensão e coesão o benefício de um maior equilíbrio entre as ilhas. Assim se dilui a fatalidade do isolamento que a condição da ilha implica, sem que se perca de vista a marcação da distância e da localização. Aquela notação inicial, a propósito da posição geográfica da Madeira ("Paralelo 33. A menos de mil quilómetros de Lisboa, menos de mil às Canárias, menos ainda à África (Cabo Branco)" 39), assinala um lugar e insinua proximidades que os Açores não vivem. Nestes, o que é característico é não apenas a quase equilibrada pluralidade das ilhas, mas também uma certa e irredutível lonjura: por isso a viagem passa pela Madeira (cap. I) e só depois se estende aos Açores (cap. II). Sabem-no bem, de resto, os açorianos que, em tempo de transporte marítimo como era ainda o deste corsário, eram obrigados a navegar primeiro para sul, escalando a Madeira, para só depois virarem a noroeste, a caminho dos Açores. Quase uma semana de viagem, dia por dia.

Há, pois, um sentido de espacialidade que, combinado com o da diferença em relação à Madeira, incute ao universo açoriano que o *Corsário das Ilhas* revisita a sua especificidade, marcada também na relação com o espaço continental: "'o Continente,' como diz todo o ilhéu, fazendo ressoar neste nome aquilo que ignora e que não é capaz de tirar aos seus horizontes movediços" (57). Como quem diz: para o açoriano, o espaço de Portugal continental é claramente um espaço *outro,* ao mesmo tempo ausente e presente, distante e enorme na sua vastidão.[5] De tal modo que o adjectivo "continental" ganha estatuto de substantivo (o "continente"), como se os Açores ocupassem um lugar indeciso que, não sendo ainda o da América, já não é inteiramente o do continente *europeu.*

Vai-se, deste modo, configurando um espaço que se desvela aos olhos do corsário-viajante, em regime de reencontro e de re-conhecimento. Para que tudo fique claro, esse espaço tem coordenadas geográficas exactas. "E posso precisar," diz o viajante quando fala da Ilha Terceira: "Latitude N. 38º 38' 33." Longitude W. (Greenwinch) 27º 12' 48""; e logo depois: "Tudo, para o ilhéu, se resume em longitude e apartamento" (58). Mas isto não basta. Indo mais longe, num plano que inevitavelmente lembra a condição e o trabalho académicos de Vitorino Nemésio, as informações que acerca de história natural se encontram no "Intróito a Madeira e Açores" são atestadas por um erudito açoriano, o Tenente-Coronel José Agostinho, conforme pode ler-se em nota (51).[6]

As coordenadas geográficas e os elementos históricos do povoamento dos Açores não dispensam, entretanto, uma observação que há-de remeter para um outro e fundamental componente açoriano que a viagem e o seu registo privilegiam. Quando reencontra Angra do Heroísmo, o viajante observa como está "tudo intacto":

> A ilha perpetuamente redonda e cinzenta no horizonte (verificação de bordo); os montes, carnudos e cínzeos, embrulhados num eterno pano de névoa; e os campos, quietos, agora da cor da palha que o Verão amadureceu, talhados aos quadradinhos nas achadas e nos vales. (109)

E além desta, uma outra "constância," lembrando a divisa da cidade, cunhada por Garrett ("Muito Nobre, Leal e Sempre Constante"), e que é a da "estrita fidelidade guardada ao tempo e ao filho pródigo [que] é a das pessoas, a dos hábitos, a das coisas e casas." O que sugere uma conclusão quase inevitável, como se o viajante regressasse ao cerne de um modelo de vida respeitável e respeitado: "Nada aqui se alterou" (109).

Percebe-se, evidentemente, que esta espécie de *síndrome do mesmo* envolve as suas ambiguidades e favorece juízos de valor que, em princípio, poderiam ser afectados por uma apreciação negativa. Mas se o *mesmo* pode ser conotado como aquilo que é estático, até mesmo estagnado e irredutível à mudança (como a *mesmice* que Carlos da Maia observa em Lisboa, no final d'*Os Maias,* depois de dez anos de ausência), ele pode ser também identificado com o sentido positivo da autenticidade e daquela antiga lealdade a matrizes identitárias que nada parece perturbar. E quando "chegaram os navios-tanques, as gruas e os estorroadores das Potências" (143) para, nas imediações da Praia da Vitória, construírem uma base militar, a reacção do nativo, ainda identificável com o Adão de um Éden agora em risco, é sintomática: ameaçado no seu sossego e ancestral autenticidade, aquele Venâncio de que nos fala Mateus Queimado numa das suas histórias desliza para o caricato de uma notação de *estrangeiramento* no poema que laboriosamente consagrava a uma musa praiense:

> Tinha um soneto encalhado no primeiro terceto: "...*amei.*" Talvez seus azares de Adão da ilha dos Corvos Marinhos viessem da caneta de dez réis que ensopava na tinta de campeche, com que já seu pai escriturava os potes de vinho do lagar e as cartas de amor a mamã. Era urgente salvar um coração ameaçado pelos estorroadores

das Potências. "Acrisolado?" "acerbo?" "dilectíssimo?" Puxou da caneta blindada que lhe tinham dado na Câmara (para chave de oiro, aparo do mesmo metal) e fechou: "*Meu coração acerbo e dilectíssimo... O.K.!*" (146)

5. De forma reiterada e segura, a viagem nemesiana do *Corsário das Ilhas* revela uma figura que a pouco e pouco se insinua, por entre episódios pícaros, tipos humanos e configurações mentais e espaciais. É o *açoriano,* essa entidade fundamental do imaginário de Nemésio (o imaginário ficcional, o paraficcional e mesmo o poético), que aqui se vai esboçando, não raro em estreita associação com uma dimensão telúrica do cenário açoriano, traduzida em "uma ou duas catástrofes [sísmicas] com vítimas de morte," vividas no "cenário majestoso do seu solo e [num] certo sentido do 'mistério'" (50)[7]; ou então, por entre "o perfil austero das rochas e dos tratos de lava [que] alterna com a feracidade das pastagens e terras de cultura," surge o *açoriano*: "Sob um clima propício e numa natureza pródiga, que o mar modela retumbando em falésias e furnas cheias de pombos bravos, o açoriano é festeiro, acolhedor, feliz" (50).

Para além destas características idiossincráticas, outros traços, estes de ordem histórica e sócio-cultural, caracterizam o açoriano, dando-lhe uma feição universalista que está nos antípodas da condição insular e do isolamento que essa condição determina. E assim, "o açoriano, embora comedido e pausado nos seus gestos, como quem ainda há pouco não tinha o tempo racionado, civilizou largamente as suas ilhas e ainda teve vagares para ajudar a fazer a terra alheia, sobretudo o Brasil e a América" (51).

Na decorrência directa de notações humanas e da observação genérica de atitudes temperamentais, como que premonição de personagens em embrião, sucedem-se, no *Corsário das Ilhas,* as histórias mais ou menos pícaras, mais ou menos acidentadas. Como a daquele "corsário dos ares," a que já antes me referi, "um garoto de catorze anos, vizinho do aeródromo das Lajes" (181), que, tendo-se clandestinamente esgueirado para dentro de um avião C-124, só parou no Eldorado norte-americano—de onde depois foi, evidentemente, devolvido à procedência. A lembrança deste corsário aéreo ultrapassa, contudo, o plano da simples evocação anedótica, o que num livro como este já seria alguma coisa, e atinge o nível de uma transcendência por assim dizer *açoriana,* pela dimensão histórica e simbólica que nela se revela, em conexão directa com temas e motivos como a emigração, a partida, a viagem ou a atracção exercida pela terra americana. Como se de uma personagem *densa* se tratasse, o jovem Armando Ormonde Machado ostenta um nome que só por si é já um destino de vida: como explica Nemésio, aquele Ormonde tem na sua origem "um velho apelido anglo-saxónico, DRUMMOND" (183), que, de corruptela em corruptela (ou, noutro enquadramento, viajando das origens até aos Açores), veio a dar no tal Ormonde. A conclusão da história—a do "corsário dos ares" e do nome que dele faz personagem—é a seguinte:

> Assim, pois, como os Drumondes vieram, creio que da Escócia, primeiro para a Madeira e depois daí para a Terceira, assim Amadeu Ormonde resolveu zarpar para a América. Tinha aliás outros exemplos: os dos navegadores portugueses que da própria Terceira rumaram no século XV a Nordeste aflorando costas ou, pelo menos, sargaços da América, quando ainda ninguém lá pensava em transportes aéreos, a não ser algum peixe voador... . (183)

6. Neste mundo de gentes, espaços e mitos tão característicos destaca-se uma figura das mais sugestivas e também de certa forma enigmáticas que povoam o universo nemesiano: a figura de Mateus Queimado. Provindo de outros momentos e manifestações da obra de Nemésio,[8] este Mateus Queimado esboça uma personalidade que a si mesma se define como "caçador de saudades," incapaz, por isso, de "mandar grãos de chumbo ao peito de codornizes" (154).

Não é tanto como caçador falhado (num universo em que a caça traduz uma primordial relação do homem com a terra e com a prolífica abundância da sua vida selvagem: coelhos, codornizes, pombos, etc.) que Mateus Queimado aqui se diferencia; ele vale sobretudo como repositório da memória, como evidência de uma vocação para contar histórias que é, em si mesma, factor de sobrevivência (às vezes quase obsessiva) de episódios burlescos, de aventuras infantis e de lugares atravessados pela nostalgia de quem partiu. Significativamente, a presença de Mateus Queimado no *Corsário das Ilhas* está assinalada com destaque na terceira parte do volume, que expressamente se intitula "Histórias de Mateus Queimado." Para além disso, os aparecimentos desta figura de estatuto indecidido estão muitos vezes associados a expressões declarativas e similares, expressões em que justamente memória e pulsão narrativa se interligam: "Uma cabrinha de barro—(escreve Mateus Queimado)" (57); noutro passo: "Deixemos a tartaruga (escreve Mateus Queimado)" (119); e depois: "Conta Mateus Queimado" (143, 149 e 153). Assim se reforça a dinâmica de narratividade que atravessa as crónicas de *Corsário das Ilhas,* como se essa dinâmica fosse a matriz discursiva e modal que congraça a diversidade de géneros narrativos que o volume encerra.

Sendo assim, Mateus Queimado, directamente relacionado com aquele Monsieur Queimado de que Nemésio falara numa conferência de 1940[9], não se define exactamente como uma personagem ficcional, no mesmo sentido e dimensão em que falamos de personagem a propósito de Margarida Dulmo ou do João Garcia de *Mau Tempo no Canal*; mas Queimado também não é um narrador totalmente autonomizado em relação ao autor empírico Vitorino Nemésio, mesmo quando dele se diz que é "um fato justo no corpo do autor" (Lopes 751); o seu estatuto está seguramente próximo da condição do *alter ego* (cf. Fernandes), num lugar precário e por assim dizer transitório que é o que conduz à plena autonomia de uma figura heteronímica, com identidade, voz, estilo e pensamento próprios, às vezes até opostos (mas não seguramente neste caso) à voz ortonímica que com essa figura *outra* dialoga. Esse lugar precário e por assim dizer oscilante e fluido envolve uma espécie de *posição corporal* de íntima proximidade e de adivinhada cumplicidade, que o não impede de ser o "estratagema" de sabor tardo-modernista que Nemésio evoca de maneira expressiva, em plena navegação:

> Tudo é frustrado e torto neste 1946, Julho 25, em que Mateus Queimado me pede a pena emprestada, e se põe a falar por cima do meu ombro como um títere de barraca de lona. Cabeça de pau! Pedaço de bonifrate pseudo-cosmopolita, que perdeu a metrópole e o microcosmo não sei onde... Estratagema! Estratagema! (69)

7. A condição de "estratagema" que Vitorino Nemésio atribui a Mateus Queimado (e fá-lo naquele tom exclamativo que tanto conota a descoberta súbita de um modo de ser como o reconhecimento *à contrecoeur* daquilo que já se adivinhava) consagra, por fim, um procedimento ou um conjunto de procedimentos que dominam a construção do *Corsário das Ilhas*. Transcendendo o estatuto da mera reportagem, sem rasgo nem ousadia, o *Corsário das Ilhas* é algo mais do que o relato meramente circunstancial de duas viagens aos Açores. No seu intertexto ressoam vozes e textos outros, marcos exemplares que remetem para modos similares de o sujeito em trânsito se relacionar com o espaço visitado (ou revisitado) e com a memória que o acompanha. Por exemplo, as *Viagens na minha terra,* incontornável paradigma, no nosso imaginário cultural, de uma viagem eminentemente plural e poliédrica; também, como já ficou sugerido e pelas razões aduzidas, *As*

Ilhas Desconhecidas, de Raul Brandão; num outro plano, o ensaio *Por tierras de Portugal y España,* de Unamuno, sendo sabido que o grande escritor espanhol e figura cimeira da chamada geração de 98 foi uma referência fundamental na vida cultural de Nemésio, sobretudo na juventude.[10]

A todos estes junta-se ainda a personalidade que ocupa o lugar estratégico da dedicatória: Luís da Silva Ribeiro. Tendo morrido no ano anterior (1955) à primeira edição do *Corsário das Ilhas,* Silva Ribeiro (nascido em 1882 e autor de uma extensa obra que incide sobre a história, o património, a cultura e a vida social dos Açores) abre, como dedicatário, o *Corsário das Ilhas,* instituindo-se nele como figura quase tutelar, não apenas por força do seu desaparecimento (então) recente, mas também por sugerir aquilo que, para além de roteiro, diário, relato de viagem, crónica e memória, esta recolha quer ser e Vitorino Nemésio trata de sublinhar: "alma e consciência da nossa ilha e dos Açores."

Notas

[1] Na série de obras de Nemésio publicadas pela Imprensa Nacional-Casa da Moeda, o "Jornal de Vitorino Nemésio," coordenado por A. M. B. Machado Pires, inclui os seguintes títulos: *Ondas Médias* (1945), *O Segredo de Ouro Preto e Outros Caminhos* (1954), *Corsário das Ilhas* (1956), *Conhecimento de Poesia* (1958), *O Retrato do Semeador* (1958), *Viagens ao Pé da Porta* (1967), *Caatinga e Terra Caída* (1968) e *Jornal do Observador* (1974).

[2] Uma nota pessoal, confirmando o que fica escrito: no exemplar do *Corsário das Ilhas* que pertenceu a um meu familiar, Vitorino Nemésio escreveu a seguinte dedicatória, com data de 1 de Outubro de 1966: "Ao Isidro Alves da Costa, querido e velho amigo, dos tempos felizes da "corsairada" angrense."

[3] Analiso estas questões, tanto do ponto de vista conceptual, como no que concerne à sua manifestação em textos de Eça de Queirós, num artigo a inserir em *Portuguese Literary & Cultural Studies,* num número que reunirá comunicações apresentadas no colóquio *The Other 19th Century* (Univ. of Wisconsin-Madison, 21 a 23 de Abril de 2005).

[4] Convém lembrar que, conforme Nemésio declara na "Advertência", as datas que abrem os textos não são as do tempo da viagem ou da vivência do que nelas ocorre, mas "geralmente as que correspondem à publicação dos respectivos trechos."

[5] Noutro passo, Nemésio nota: "Nós não temos medo de que o mar nos alague ou de que a terra nos falte: —temos sempre presente, como salutar advertência, a sensação de que o Mundo é curto, e o tempo mais curto ainda" (46). E a propósito do modo como outrora (e talvez ainda hoje) a gente da Praia da Vitória se referia a Angra do Heroísmo, Nemésio lembra que, "na Praia, dizíamos—"a Cidade"—por não conhecermos outra (o ilhéu não vê senão o seu palmo de chão e o mar que tudo envolve, transfigura e adivinha)" (134).

[6] O Tenente-Coronel José Agostinho (1888-1978) foi um naturalista e historiador quase autodidacta, que dedicou parte da sua vida de militar reformado ao estudo dos Açores; tendo sido, além disso, um dos co-fundadores do Instituto Histórico da Ilha Terceira, foram muito populares as suas palestras aos microfones do Rádio Clube de Angra, nos anos 50 e 60 do século passado, numa época em que a rádio era importante meio de comunicação num universo ainda sem

televisão. Num admirável poema de Emanuel Félix ("Lília ou o ciclo da terra," in *A Viagem Possível)*, encontra-se esta sintomática referência: "Lília era lúcida e clara como a ideia da fonte/... o seu primeiro nome foi Sizígia/não era nome de mulher/muitos pensaram que era nome de estrela/e o coronel José Agostinho/disse nos jornais que era o novilúnio." Acerca da Madeira, Nemésio apoia-se em informações de geografia humana colhidas no eminente geógrafo Orlando Ribeiro.

[7] Note-se que este "mistério" deve ser entendido aqui numa acepção ambígua, em que se percebe também o sentido que nos Açores é dado às extensões de lava solidificada e pedregosa (também chamada "biscoito"), muitas vezes estendidas até ao mar.

[8] Designadamente, n'*O Mistério do Paço do Milhafre,* recolha de contos em cujo texto prefacial pode ler-se: "Tenho mais saudades das minhas pobres e avulsas leituras de infância (escreve Mateus Queimado) do que de todos os livros doutos e graves que li depois" (Nemésio, 2002: 151). E em vários dos contos ("O passarinho morto," "O espelho da morte," "Cabeça de boga," "A lição de solfa," "O navio pirata," "A burra do Lexandrino") reencontra-se o testemunho narrativo de Mateus Queimado, a par de um tal John Derosa, "súbdito norte-americano," de presença bem mais fugaz, noutros dois relatos.

[9] No catálogo da exposição *Vitorino Nemésio. 1901-1978, A Rotação da Memória* (2001), encontra-se descrito o dactiloscrito desta conferência (nº 293), depois publicado em Nemésio, 1940. Num texto consagrado a esta conferência e à figura que a motiva, António Machado Pires nota que "o mito de M. Queimado é, afinal, o mito explicativo das origens, o mito das origens elas mesmas, do início *ab ovo* do *homo açorensis*" (Pires, *Vitorino* 61).

[10] Um testemunho muito significativo da relação de quase discipulato que Nemésio manteve com Unamuno encontra-se no epistolário português de Unamuno (cf. Marcos de Dios 237-259); vejam-se também diversas entradas (24, 30, 253, 312, 322, *passim)* do catálogo *Vitorino Nemésio. 1901-1978. A Rotação da Memória* (2001).

Obras Citadas

Derrida, J. "La Loi du genre/The Law of Genre." *Glyph. Textual Studies* 7 (1980).

Fernandes, A. A. "'Quatro prisões debaixo de armas': a açoreanidade nemesiana em testemunho." *Máthesis* 11 (2002): 351-369.

Lopes, Ó. *Entre Fialho e Nemésio. Estudos de Literatura Portuguesa Contemporânea.* Lisboa: Imprensa Nacional-Casa da Moeda, 1897.

Marcos de Dios, Á. *Epistolario Portugués de Unamuno.* Paris: Centro Cultural Português/Fund. Calouste Gulbenkian, 1978.

Nemésio, V. "Le mythe de monsieur Queimado: une expérience humaine des Açores." *Bulletin des Études Portugaises* 7 (1940).

________. *Corsário das Ilhas. Jornal de Vitorino Nemésio* 3. Lisboa: Imprensa Nacional-Casa da Moeda, 1998.

Pires, A. M. B. Machado. *Raul Brandão e Vitorino Nemésio. Ensaios.* Lisboa: Imprensa Nacional-Casa da Moeda, 1987.

________. "*Corsário das Ilhas* ou os Açores revisitados." Prefácio a Nemésio, 1998.

________. *Vitorino Nemésio. Rouxinol e Mocho.* Praia da Vitória: Câmara Municipal da Praia da Vitória, 1998.

Rocha, C. *Máscaras de Narciso. Estudos sobre a Literatura Autobiográfica em Portugal.* Coimbra: Almedina, 1992.

Segre, C. *Principios de análisis del texto literario*. Barcelona: Crítica, 1985.

Vitorino Nemésio. 1901-1978. A Rotação da Memória. Lisboa/Angra do Heroísmo: Biblioteca Nacional/Direcção Regional da Cultura, 2001.

Carlos Reis (n. em 1950) é Reitor da Universidade Aberta. Professor catedrático da Universidade de Coimbra e especialista em Literatura Portuguesa dos séculos XIX e XX, sobretudo no domínio dos estudos queirosianos. É autor de cerca de quinze livros, publicados em Portugal, Brasil, Espanha e Alemanha e ensinou em diversas universidades na Europa, nos Estados Unidos e no Brasil. Coordena a Edição Crítica das Obras de Eça de Queirós (nove volumes já publicados) e a *História Crítica da Literatura Portuguesa* (seis volumes já publicados). Entre 1998 e 2002 foi Director da Biblioteca Nacional. Outros cargos: Pró-Reitor para a Língua e Cultura Portuguesa da Universidade Aberta (1989-1997); presidente da Associação Internacional de Lusitanistas (1999-2002); Presidente da Comissão Nacional do Centenário da Morte de Eça de Queirós (2000-2001).

Viagens de Vitorino Nemésio pelo Brasil: uma "lição de história entre sombras propícias," *ma non troppo...*

Maria de Fátima Maia Ribeiro

Resumo. Considerando a intensificação de trânsitos culturais entre Portugal e Brasil em meados do século XX, interessa-nos perscrutar o discurso de Vitorino Nemésio acerca das relações luso-brasileiras, conjugado aos entornos geopolíticos e aos imaginários culturais da época. Examinam-se as 'lições de história' que o Brasil lhe sugere e, até certo ponto, desenvolve nas crônicas de *O segredo de Ouro Preto e outros caminhos* e de *Caatinga e terra caída*, assim como as "sombras propícias" e adversas entrevistas, analisadas em cotejo com textos ensaísticos e epistolares.

> Viajar pelo Brasil não é só conhecer a maior fundação de Portugal a distância e um país novo e imenso que originalmente se afirma sem renegar tais raízes: é criar uma nova perspectiva da pátria, no regresso.
> Vitorino Nemésio

Em *O segredo de Ouro Preto e outros caminhos* e *Caatinga e terra caída*, Vitorino Nemésio empreende uma singular leitura da história e da cultura brasileiras, que se desdobra em ensaios diversos, lições acadêmicas e em matérias de jornais, rádio e televisão portugueses. As fontes mais próximas radicam nas inúmeras viagens que realizou ao Brasil na década de cinqüenta do século passado, a par de informações veiculadas nos órgãos de comunicação social e

Portuguese Literary & Cultural Studies 11 (2007): 319-38.

na correspondência com intelectuais brasileiros, sobremodo concernentes ao intercâmbio cultural luso-brasileiro à época.

Enquanto literato, professor e publicista, Nemésio aglutina vários tipos do intelectual clássico ou tradicional, a que se reporta Bobbio. O historiador, o homem das letras, o "homem de cultura," o "homem de idéias," o humanista— o pensador e o especialista, que se esforça por desvencilhar-se da condição de *expert* ou perito, mas igualmente investido à maneira dos "promotores de consenso"—são facetas exemplarmente construídas nos dois livros de crônicas.[1] Em se tratando de crônicas de viagens, em especial atentas à cultura e à história, poder-se-ia pensar resultarem de turismo cultural desenvolvido além-mar, sem qualquer objetivo ou motivação subjacente, o que Nemésio procura consignar no tom casual e no gênero adotados. Em *Caatinga e terra caída*, as imagens de "turista" e "etnógrafo amador" reiteradamente cunhadas para si, enquanto viajor e cronista, corroboram a idéia, indiciada na denominação de "jornadas" adotada para *O segredo de Ouro Preto*. Não obstante apresentarem-se em tempos diferentes, tais figuras entrelaçam-se à de "peregrino reinol da América," com que ali se definira, compondo um perfil misto de itinerância, que configura um meio-termo entre peregrinação e turismo, sustentado pela idéia de missões a cumprir, como também o lugar de onde fala: o ilhéu, o reinol, o estrangeiro, em trânsito, consciente de um trabalho por realizar, que extrapola a crônica de fatos vividos, a mera reportagem ou as inclinações ficcionais.

As posicionalidades assumidas imbricam-se nas circunstâncias das viagens de 1952 e 1958 e no grau de aderência dos textos de Nemésio às demandas políticas, urgentes então, quanto aos lugares ocupados e pretendidos por Portugal e pelo Brasil no mapa-múndi dos poderes da época, que suscitavam diversos agenciamentos em torno das relações entre os dois países. Em tempos de Guerra Fria EUA-URSS, face à política de blocos desencadeada entre os países europeus, a exemplo do Mercado Comum, a contrastante situação periférica comum a Portugal e Brasil apontava a aliança por saída no sentido de visibilidade internacional e apoio. Apoio sobremodo estratégico para Portugal diante da coetânea condenação mundial do colonialismo, que lhe custara reiterados vetos ao ingresso na ONU e pressões, internas à organização, para que reconhecesse oficialmente o sistema a que agonicamente se aferrava.

Nemésio, para além da cronotopia atribuída por Bakhtin à literatura, ainda mais evidente em crônicas e ensaios na indiciação de tempo e lugar, perfilha nesses textos a defesa correlata do estreitamento das relações entre

Portugal e o Brasil, bem como contempla interesses de difusão das culturas brasileira e portuguesa, sob o prisma da internacionalização e da modernização, que os respectivos governos almejavam. Nesses contexto e subtexto, podemos enquadrar as "lições de história" acerca do Brasil em suas relações com Portugal e os fluxos de favorecimento e dissonância, sobremodo referentes à colonização, à emigração e ao intercâmbio cultural coevo.

Tais conexões acentuam-se considerando-se as circunstâncias de patrocínio das duas viagens, de que resultaram as crônicas sobre o Brasil, não obstante o empenho de Nemésio em deslocar ou minimizar esse ponto de partida, mantendo-o na sombra ou dele abstraindo apenas índices favoráveis, procedimento prevalecente nos textos. Por sua vez, os fatos oferecem-nos a oportunidade de uma leitura em suplemento, retirando das sombras mais uma lição da história recente do Brasil, se não desenvolvida plenamente por Nemésio, articulada a partir da sua obra e da sua presença no país.

Na viagem de 1952, de que resulta *O segredo de Ouro Preto*, Nemésio integrava a "missão cultural" enviada pelo governo português ao Brasil, sob os auspícios do Secretariado Nacional da Informação e da Propaganda, em que se destacavam o ex-ministro de Salazar, Daniel Barbosa, o historiador oficial do regime, João Ameal, e o escritor Aquilino Ribeiro. Não obstante a contestação de redutos de oposição ao salazarismo situados à esquerda do espectro político brasileiro e da comunidade portuguesa quanto à legitimidade da representação—representariam aqueles intelectuais a cultura portuguesa ou o regime em vigor?—, divisando-lhe propósitos e ação propagandísticos, à exceção de Aquilino Ribeiro, Nemésio nega pretensões políticas ao grupo e direciona a viagem à conta do interesse pela cultura brasileira—vetor que atravessa o livro de crônicas e fornece as questões de ponta dos textos—, a par da divulgação da produção portuguesa atual:

> apenas, estreitar, cada vez mais, os laços de cultura tradicionalmente existentes entre Portugal e Brasil. A nossa missão não tem qualquer sentido político, pois o que desejamos é apenas entrar em contacto com o que o Brasil tem de mais precioso: a sua cultura. Ao mesmo tempo mostrar, através de conferências, o que também estamos fazendo.[2]

A aproximação cultural luso-brasileira e a difusão do presente português coadunavam-se na formação de consenso favorável junto à sociedade e à administração pública brasileiras, como o Itamaraty, divididas entre vertentes pró-lusitana, europeísta-francófila e pan-americana em termos de aliança e apoio. Na tradução da viagem em crônicas divulgadas na mídia portuguesa além de editadas, o dispositivo desdobra-se sobre a sociedade portuguesa, marcada à época por fundas clivagens ideológicas, conferindo consistência às palavras de Thomas Skidmore, também ele viajante estrangeiro interessado pelo Brasil:

> Uma das fontes mais valiosas para a história das relações internacionais … são os escritores eminentes que interpretam a importância de outros países para os seus concidadãos. Por meio de seus argumentos, provocam debates e assim iluminam o pensamento de sua sociedade—ou de sua elite. (33)

A viagem de 1958 vinculou-se ao convite da Universidade da Bahia, para permanência em Salvador, segundo a praxe de cursos e conferências do intercâmbio cultural da época, que propriamente se configura como missão cultural, mediante subsídios oficial e privado. As crônicas de *Caatinga e terra caída* estão inequivocamente atreladas à viagem a outros estados brasileiros do Nordeste e do Norte, financiada pela cadeia midiática dos *Diários Associados*, de propriedade de Assis Chateaubriand, então embaixador do Brasil na Inglaterra. Diferentemente de *O segredo de Ouro Preto*, Nemésio já não mantém reservas quanto ao patrocínio da viagem, definindo-a enquanto "viagem de convite" em que reconhece o desiderato de "ver para contar," objetivado na produção dos textos, sob uma espécie de encomenda contida nas expectativas:

> Isto do ver para contar dá a hóspede e anfitrião, quando bons camaradas, a naturalidade ideal da viagem de convite… A cadeia dos *Diários Associados* de Assis Chateaubriand recobre o essencial dos itinerários troncais do Brasil. Os seus animadores, num alerta de postos, que tanto podem estar em Salvador da Bahia como na sede carioca, como na Embaixada de Londres, duplicam assim com forasteiros a vigilância aos movimentos do grande país em surto. (*Caatinga* 41)

As iniciativas articulavam-se, então, aos investimentos governamentais para conferir visibilidade e reconhecimento internacionais ao Brasil sob a política nacional—desenvolvimentista de Juscelino Kubitschek, que ampliava as alternativas pelas quais—conforme constata Skidmore—"[e]stados modernos gastam grandes quantias de dinheiro para saber como outros países os vêem"

(33). Nemésio não se mostrará alheio ao quadro, suscitando questões relacionadas com a eficácia simbólica e política de ritos de instituição e discursos, conforme trabalhada por Bourdieu.[3] Por sob a ambigüidade prevalecente em seu discurso, apresenta os fatores em causa incorporando-lhes a ambivalência. Exprime a anuência à contrapartida esperada, sublimando-a em termos de hospitalidade e fraternidade: "como há-de calar-se o estranho a quem uma hospitalidade fraterna abriu de par em par algumas das portas mais aferrolhadas do 'mundão'?" (*Caatinga* 41). Ao retomar, em outra crônica, o fato, desvela o utilitarismo, ao tempo em que legitima as intenções traduzidas por generosidade, sob viés conciliatório das antigas relações coloniais: "Tudo no Brasil hospitaleiro se abre generosamente ao emboaba, muito mais se é homem para vir contar o que viu" (196). A superação de propósitos políticos de fundo configura-se como estratégia discursiva de Nemésio, assinalando a assunção de uma propedêutica pessoal de nobilitação do pragmático, assentada na lógica do espírito e da cultura.

Marcas de deslocamento e de denegação dos vínculos com a missão oficial de 52 disseminam-se em *O segredo de Ouro Preto* e outros caminhos e imprimem-se na tópica da peregrinação, em que o escritor afirma perseguir objetivos exclusivamente iluministas da ordem das "humanidades." Nesse livro, Nemésio considera as viagens entre São Paulo e Bahia como "andadas evocativas" e "jornada lusa" com expectativa de incorporação e apreensão do que lhe é estranho, assim como as crônicas atinentes, registro de "impressões pessoais," de uma "visão sentimental do mundo," especialmente afeitas a estabelecer correlações entre Brasil e Portugal (323-80). Afasta-se da sobredeterminação política em nome de projeto existencial em que as preocupações nacionalistas impregnam-se de fluxos pessoais e culturais.

O distanciamento aprofunda-se em *Caatinga e terra caída*, por meio da reiteração obsessiva dos caracteres turísticos e etnográficos das viagens e crônicas, embora Vitorino Nemésio exponha o mecanismo utilitarista que as suscitara. A peregrinação cede lugar ao turismo e ao olhar antropológico, sem de todo excluírem-se. É curioso observar que, já em *O segredo de Ouro Preto*, Nemésio falava, em ao menos uma passagem, de incursão turística, mas como "fervor turístico" associado ao que denomina "a revelação da Baía" (273), enquanto, em *Caatinga e terra caída*, há uma ocorrência também isolada de "peregrinação" (184). No segundo livro, a ênfase recai no aleatório dos escritos com relação ao financiamento da viagem, dirigidos pela curiosidade intelectual pela paisagem humana e física à sua volta, mantida a especial atenção pelas notações da presença de Portugal no Brasil. A independência do escritor consigna-se, afinal, na produção intermitente das crônicas, escritas, conforme as datas que as acompanham, entre 1958 e 1968, ano da publicação.

Da leitura dos dois livros, uma particular articulação entre a "ética da convicção," postulada por Weber, e uma "ética da aventura," a que refere Silviano Santiago (227), projeta-se enquanto eixo sobre o qual se move Nemésio, que desloca a questão da responsabilidade nas relações da *intelligentsia* com os poderes instituídos, de inexeqüível univocidade (Bobbio 96-7). Enquanto intelectual, Nemésio orienta-se em conformidade com princípios cujas afinidades com os imaginários iluminista e lusitano, de incontroverso matiz colonial, continuamente explicita. Ao assumir-se como intelectual português diante do Brasil, uma vez confrontado às demandas históricas do seu país no presente, Nemésio reivindica através do senso de aventura—palavra usada em *Caatinga* (199), assim como "aventuras culturais" definem-lhe os trânsitos, em carta a Hélio Simões de 1974—ausência de compromisso, a par da identificação com os antigos navegadores, cronistas e bandeirantes da América Portuguesa, a um só tempo evocando e exaltando os trabalhos de "descoberta," conquista e ocupação da terra, desdobrados na imigração portuguesa no Brasil.

Para quem declara a sua resistência ao diário—e esses dois livros de crônicas constituem-se também em diários de viagens—, em virtude de considerar o discurso em primeira pessoa uma expressão narcísica (*Segredo* 273-74), a adoção do gênero justifica-se pela importância dos aspectos e questões trazidos à cena, que acaba por neutralizar a banalidade das viagens, ou a inanidade sugerida por Valéry Larbaud, "*o vão trabalho de ver vários países*" (Nemésio, *Caatinga* 101), com que parece advertir os seus leitores:

> Estas coisas [...] só têm perdão, contadas, quando a substância delas suscite um interesse geral. E eu não sei de experiência mais funda, para quem é português, que contactar com um largo troço da terra e da história brasileiras, que os nossos maiores fizeram desdobrando-se num povo de incomensurável futuro.
>
> Tudo ali nos confirma e exalta a nossa esperança. É o que se tem dito e redito em termos de palpite e instinto histórico; mas, no vivido, é muito mais. (*Caatinga* 41)

A sua postura assenta numa específica concepção de história atrelada ao conceito de história universal, tão em voga em meados do século XX e de evidentes conotações coloniais, que, como bem assinala Silviano Santiago, "gloriosamente [...] surge com o expansionismo europeu" (226), do qual as viagens marítimas portuguesas foram o pródromo. A história por que se orienta está marcada pelas noções de continuidade e de harmonia, com que se diluem os conflitos e neutralizam-se as diferenças. Para Nemésio,

> A grande ilusão do europeu e do próprio americano é supor que a América é total e inexoravelmente "Novo Mundo." [...] A história é um processo subtil e homogéneo que se ri da visão antitética que dela tem o homem, desde Hegel. Onde nos convém metodicamente ver contrastes, ela cultiva, afinal, a continuidade e a harmonia. (*Segredo* 362-3)

A sua posição traz à cena as palavras de Marilena Chauí acerca do discurso uniformizador da cultura: "O discurso sábio e culto, enquanto discurso do universal, pretende unificar e homogeneizar o social e o político, apagando a existência efetiva das contradições e das divisões" (52). Não sendo essa a intenção, dá-se como tal o efeito alcançado.

Em *O segredo de Ouro Preto*, Nemésio modula-o através de uma constante "busca de correspondências essenciais," "espécie de 'correspondência' baudelairiana de resposta e eurritmia" entre cidades européias e brasileiras, mais precisamente cidades portuguesas e brasileiras (362-63). O olhar nemesiano sobre as capitais e cidades históricas visitadas prende-se sobremaneira a aspectos que percebe e destaca em termos de similitude, à guisa da continuidade de Portugal no Brasil, não obstante admita diferenças, no mais das vezes consideradas adaptações.

Já em *Caatinga e terra caída*, por sob o foco da emigração portuguesa, o dispositivo alarga-se através da desmedida atenção aos topônimos brasileiros que evocam cidades lusitanas em terras de além-mar, pela repetição ou pela afixação de "Novo/nova" ao nome familiar, a exemplo da expressão Nova Lusitânia. A toponímia converte-se em um dos motivos temáticos mais recorrentes, acompanhada quase sempre do elogio à "largueza de visão" do Marquês de Pombal pelo incentivo à difusão da língua portuguesa na América, sem, no entanto, em momento algum creditar-lhe o fato de a ter tornado língua oficial, mediante decreto, em 1857. Os nexos políticos oficiais, na sombra, em favor de efeitos.

Segundo Nemésio, a história apresenta-se ainda como a conjunção de heroísmo, amor e pragmatismo (*Segredo* 124), elementos pelos quais procura tanto legitimar a conquista e a ocupação, atualizando-as nos nexos de continuidade, como demonstrar a viabilidade de aproximação com base nos aspectos do passado, de que destaca a língua. Por sob o suporte lingüístico, desvela-se o *leit-motiv* dos livros de crônicas e das próprias viagens: "Seus nomes castiços me bastam para a continuidade do fundo luso-brasileiro que por toda a parte sondo," declara Nemésio, referindo-se a imigrantes portugueses que conhece no Ceará (*Caatinga* 111). No afã de perscrutar índices de continuidade, que promove "a ênfase nas origens, na tradição e na intemporalidade [como base de uma] identidade nacional representada como primordial" (Hall 53), o discurso de Nemésio sobre o Brasil torna-se em discurso sobre Portugal, em termos do prolongamento da cultura nacional no continente americano. Afinal, ambos os périplos são apresentados com base na afirmação da persistência desse "fundo lusíada no recesso americano" (*Segredo* 373), apontado como "o segredo" dos vários caminhos percorridos ou intuídos, pelo qual define o Brasil na primeira obra.

Em *Portugal e o Brasil na História*, texto publicado no Brasil em conexão com a primeira viagem, Nemésio trabalha a questão, projetando-a sobre as relações entre os dois povos e países:

> não há um brasileiro criado e formado por um "marinheiro" reinol, senão nuclearmente um português que a América transforma em brasileiro dando-lhe terra e vida, ensinando-lhe a humanar no sangue primitivo [...] Não há um pai português e um filho brasileiro, mas um mesmo homem histórico que meio milénio de viagens, de plantações, de minas, de lucro, de doutrina, de guerra, teto e amor, praticamente entregou a um destino próprio e pessoal, e que em nome do *fiat* do Deus uno encarnado no extremo ao *mare nostrum* para o gesto de "*ite et docete*," estará, creio eu, sempre aberto aos europeus que cá [no Brasil] cheguem e queiram viver e procriar à lei das "terras da tarde." (28)

À sua posição contrapõe-se diretamente Eduardo Lourenço em ensaios e artigos das décadas de 80 e 90 a respeito do Brasil e das suas relações com Portugal. Nos tempos anedipianos de hoje, que abalam conceitos e verdades absolutas, a sua escolha se faz pela tese do "parricídio simbólico," precisamente a imagem e a perspectiva literalmente rejeitadas por Nemésio: "o Brasil parece assim cometer um parricídio, mesmo inconsciente, vivendo-se, como realmente se vive, nos seus textos, nos seus sonhos, nas suas ambições planetárias, como uma nação sem pai" (*Nau* 136).

O confronto com as posições de Vitorino Nemésio é flagrante. Curiosamente, Lourenço emprega expressões já utilizadas por Nemésio, para, no entanto, negar propriedade ao fato que encerram, o que nos sugere ocupar-se Lourenço, nos anos 80, com estabelecer diálogo com Nemésio através da releitura da obra, a que responde, embora não o cite textualmente. As marcas de dissensão multiplicam-se e vêm ao encontro das questões em tela. Para o ensaísta português, "[a] comunidade luso-brasileira é um mito inventado unicamente pelos Portugueses. Não é minimamente vivida do outro lado do Atlântico, como pôde sê-lo a *Commonwealth* ou até o conjunto formado pelas antigas colónias espanholas e a Espanha" (158). Nemésio, ao defender a idéia de Portugal e Brasil constituírem "uma única nação expressa em dois Estados," associa-os ao mesmo dispositivo político e cultural: "já agora como que numa só Commonwealth" (*Problemas* 21). Voltaremos ao assunto, mas por ora concentremo-nos em Nemésio.

Oscilando entre as concepções de "uma única nação expressa em dois Estados" e de "dois países que sempre formaram uma só pátria histórica" ("Brasileiro"), por onde passa e para onde olha, Nemésio verá traços da sua terra e da sua gente. Institui um regime especular marcado pelo que chama "o milagre da parecença" (*Segredo* 364), atenuado, em *Caatinga e terra caída*, pelo reconhecimento da imaginação "excitada pelo que trazemos submerso e ameaça sempre aflorar," a redundar em fórmulas do tipo "lembra-me" ou "diria que," diante de 'paisagens parecidas com as suas' (122-61). A especularidade, no entanto, se mantém.

Uma longa passagem de *Caatinga e terra caída* pode ser tomada como emblemática da posição nemesiana:

> Chamarei sempre "Estrada da Nazaré," luso-brasileiramente, ao que as placas da esquina me querem obrigar a dizer—"Avenida da Independência." Quem, no Pará ou algures, não depende de quê ou de quem? Parafraseando, embora para efeitos diferentes, o artigo *Nós, os portugueses* de Raquel de Queiroz no *Cruzeiro*, direi—*Nós, brasileiros*—sempre que estiver no Brasil, mesmo que seja no Pará e não goste de assaí [sic] ... Mais ricos que os lusos são vocês, brasileiros, que não precisam pôr pé em Portugal para poderem ser e dizer-se, acumulando ou alternando: *Nós, portugueses; nós, brasileiros.* Tudo é um.
>
> Não há prova melhor dessa unidade transatlântica que esta Belém do Grão-Pará e ele mesmo ou o seu crisma: Amazónia. Tudo aqui fala de um povo que se

> bifurcou há séculos e que há duzentos anos atrevidamente estampou a fraca dimensão do Tejo na imensidão do Amazonas. Mais uns dois ou três dias de familiaridade com Belém (tenho Bragança e Soure a poucas horas do hotel [...]) e estará urdida a trama de conspiração afectiva—, brasileiros portugueses com portugueses brasileiros. Os que me fazem subir o rio heróico. Qual? Ao longo de Almeirim e Santarém diria que subo o Tejo; Oriximiná e Parintins lembram-me que estou no Amazonas. Na língua que falo e aqui oiço, qualquer nome me serve. Estou em minha casa. (193)

Curiosamente, o Brasil construído por Nemésio suscita uma irônica relação com os termos de teorias contemporâneas acerca da nação. Se podemos ambiguamente situá-lo entre as noções de "comunidade imaginada" e "comunidade imaginária" de Anderson, acentua-se o caráter fictivo contido na expressão "etnicité fictive," por que Balibar define a "forme nation," produzida por uma "communauté de langue" e uma simbólica "communauté de race," que ressignifica os aportes nemesianos, para a afirmação de uma identidade nacional à distância, traduzida por transnacionalidade, através a construção de narrativas em que falar do Brasil torna-se em oportunidade, pretexto e corolário para falar de Portugal em sua permanência dilatada no mundo.

Para Nemésio, os nexos de unidade e desdobramento de uma essencialidade lusitana no Brasil encontram ancoragem em substratos históricos e lingüísticos, a alargar-se na esfera das relações pessoais calcadas na afetividade. A intercorrência dos léxicos português e indígena desperta-lhe familiaridade e estranhamento, que procura deslocar ao tornar a diversidade lingüística irrelevante face ao sentimento de 'estar em casa,' em termos também territoriais, devido à "unidade transatlântica" aventada, sentimento esse retomado de *O segredo de Ouro Preto*.

Em *Caatinga e terra caída*, o "sentir-se em casa" articula-se com "a sensação de despaisamento," que provisoriamente enfatiza enquanto padrão comportamental de portugueses em trânsito pelo Brasil, desconstruindo-o à medida que envereda pelas cidades brasileiras, ganha familiaridade e, sobretudo, se reconhece na paisagem e na população brasileiras. A expectativa de um sentimento de desterritorialização, plausível em qualquer viajante, está em Nemésio associada à experiência pessoal anterior, da qual retém sobretudo traços de similaridade relativos às cidades de acento lusitano mais ostensivo: "Para o português de visita ao Brasil creio que há uma espécie de lei de despaisamento em latitude, um certo sentimento de solidão crescente de sul a norte. Mas só da Bahia para cima. Bahia e Rio de Janeiro dão a impressão de estarmos em casa. É certo que Santos também [...]" (157).

A partir de uma "geografia imaginária," cujo lastro anterior o escritor localiza no aprendizado na Universidade de Lisboa e, mais remotamente, no imaginário português sobre a antiga colônia, Nemésio constrói para si um Brasil imaginado—que, aliás, a idéia de nação comporta, como mostra Benedict Anderson e o relativizam, em sentidos diferidos, Homi Bhabha e Edward Said, por exemplo—, ponte entre um "Brasil vago e lendário dos portugueses modernos" e um "Brasil consciente," da aprendizagem formal: "A minha Baía ainda é mais remota e utópica que o Rio imaginário com que cheguei da Europa. Mas é talvez mais profunda no mistério entranhado em que a imaginação ma compõe" (*Segredo* 121-22).

A experiência empírica de 1958 prolonga a componente imaginária, porém modifica a avaliação inicial. As diferenças percebidas redimensionam as 'semelhanças sonhadas' de *O Segredo de Ouro Preto*, estendendo-as ao Norte e Nordeste brasileiros, ao tempo em que lhes imprimem um viés mais distanciado e, por vezes, crítico.

Consciente, talvez, do inusitado da sua atenção extreme em estabelecer correlações entre Brasil e Portugal, Nemésio já antes procurara atenuar fantasmagorias coloniais e minimizar a própria pessoa e situação, no terreno contumaz da afetividade: "Mas eu não sou nenhum exactor de quintos: sou um pobre peregrino da América que o Brasil hospedou, fraterno" (*Segredo* 264). À revelia das negativas, prevalece em *Caatinga e terra caída* a posição nemesiana de sentir-se a prolongar as viagens marítimas e terrestres do passado pela América Portuguesa. "Tomando a sério e a fundo o meu papel de tal ou qual sucessor dos exploradores pombalinos, mobilizei cadernos de notas e livros de iniciação no trajecto. Só não levo bússola e quinino [...]" (217), diz Nemésio, com o humor característico. Humor que se mostra exemplar em uma associação ainda mais remota:

> Cúmulo da presunção ou descaramento aventureiro—penso que a minha sensação diante das canoas avançadas no sítio das barracas amazónicas me iguala aos pilotos do Infante rodeados de almadias no Zaire [...] Se hoje é tão fácil ser descobridor brevetado quando se dispõe de um motor fluvial feito na Holanda, a óleos pesados! (236)

As associações do presente com o passado atravessam os dois livros de crônicas sobre o Brasil. Nemésio anuncia-o desde a identificação com Pero Vaz de Caminha, escrivão e viajante como ele, tomado como parâmetro para os trabalhos do presente, conforme sugerido em *O segredo de Ouro Preto*, às associações que estabelece com as entradas e bandeiras em *Caatinga e terra caída*, interpondo-lhes as necessárias ressalvas:

> É cerca de metade desses itinerários heróicos que o mísero de mim vai fazer em prosa correntia, depois de a ter feito comodamente num pequeno paquete brasileiro [...] Tamanha distância vai entre um explorador de selvas ou um pobre e afoito emigrante da era dourada da borracha e um mesquinho turista sequioso de passar por coisas grandes com pequena despesa do seu corpo [...] (195-96)

Na assunção das identidades de turista e "etnógrafo amador" de *Caatinga e terra caída* (66-308), adensa-se o distanciamento com relação ao entusiasmo e à empatia do livro anterior, e em simultâneo o acusar e o desnudar das ilusões de percurso tornam-se objeto de diversas crônicas. Eco, talvez, da postura etnográfica que afirma adotar, a "consciente ilusão consoladora" face ao que considera continuidade e unidade entre Portugal e Brasil no primeiro livro cede lugar a uma série de "ilusões européias" em que reconhece o etnocentrismo e procura de imediato desfazer, em termos do factual. O cronista, que nos adverte da "fácil emoção de explorador de fresca data" e que afirma que "os meus vagares de pseudo-explorador tinham-me levado o prisma" (204-32), entrega-se a um trabalho intermitente de acusar equívocos de leitura e de expectativa, no sentido da impropriedade das suas deduções e do desconhecimento acerca do país que percorre.

À cartografia imaginária que traça, ao longo do distendido roteiro, pontuado por descrições de paisagens e figuras humanas, bem como pela evocação da ação colonizadora dos primeiros portugueses e açorianos que haviam participado da construção daquelas cidades, Nemésio interpõe correções às falácias ditadas pela imaginação pessoal tanto quanto pelo imaginário nacional português associado ao Brasil. O caráter etnográfico que Nemésio ressalta em *Caatinga e terra caída* responde pela percepção de "uma nota humana e radicalmente brasileira [que] convida a moderar o ânimo empolado de história que nos arrasta ..." (119). Podemos relacioná-lo ao afã com que o cronista relativiza a sua visão do país: "É um mundo novo e virgem que se estende sem fim; a sua uniformidade empolga-nos e engana. Se tudo parece igual à vista do avião planando, o contacto de terra ensina-nos o especial e o diferente" (121).

As crônicas desse livro entreabrem-se a reavaliações diversas, sobremodo concernentes a clichês e estereótipos sobre o Brasil, muito correntes, então, se não ainda hoje:

> As próprias plantações de cana [...] podem ao longe dar a ilusão europeia de campos de pão em fins de Abril, ou ... dos arrozais portugueses de Alcácer do Sal ou de Maiorca.
>
> Mas não comparemos o incomparável. Só festejo com isto o fim da minha falsa ideia de que tudo na pele do Brasil seja o coqueiral sem fim de certas praias do Leste, ou o ralo capim que mal disfarça a imponência cristalina das montanhas mineiras, a que eu reduzia até há pouco a minha experiência paisagística no Brasil. (61-2)

O rigor que demonstra nas descrições e na rememoração histórica de fatos da ocupação da América Portuguesa, apresentados pelo crivo dos êxitos alcançados e da celebração reiterada dos nomes ilustres, conhecidos ou não, coaduna-se com a recorrente admissão de desconhecimento com relação ao Brasil. Nemésio, sem excluir o chiste, assinala o seu caso pessoal, mas torna-o extensivo aos seus conterrâneos, enquanto tendência geral, associada ao descompasso entre ação expansionista e conhecimento conseqüente:

> Este Brasil imenso, tentacular, não se deixa reduzir assim facilmente a esquemas, a zonas disto e aquilo [...].
>
> Eu quis pôr uma certa ordem geográfica nos meus ablativos de marcha sobre o Nordeste e o Norte brasileiros: esclarecer os meus ouvintes sobre dias amenos e dias tórridos [...]. Não passei do termômetro!
>
> Nós, portugueses, sabemos tão pouco do mundo que ajudámos a crescer! Bragança, Soure, Óbidos, Santarém, na Amazónia! Que quer isto dizer?—Quer dizer que Pedro Teixeira chegou de Belém do Pará a Quito—, e que eu vou a Belém do Pará mas não como ovos de tartaruga [...]. (*Caatinga* 54-5)

A despeito da facécia final que parece diluir a importância do assunto, em consonância à trivialidade que procura imprimir às crônicas junto aos receptores, Nemésio atribui à questão um valor nuclear. Da consciência pragmática das dificuldades apostas ao conhecimento de um país, onde melhor divisaríamos limites epistemológicos, Nemésio aponta por censurável o desconhecimento português sobre o Brasil, por vincular-se à história lusitana em seus áureos tempos, inclusive aceitando a não contrapartida brasileira:

> O português não traz a história do Brasil em dia, como o brasileiro em geral pouco sabe da nossa. Mas tais casos não têm a mesma gravidade. Se o homem do Brasil se afasta das suas raízes históricas, talvez alegue que a fronde já lhe dá bem "o que fazer." O de Portugal não tem desculpa, pois que o Brasil é em larga parte o seu feito; e, quanto ao achamento e primeiras devassas, sua obra capital. (*Caatinga* 149)

Nesse sentido, o cotejo com Eduardo Lourenço mais uma vez se impõe ao leitor de hoje e torna flagrante a diferença dialógica dos posicionamentos. Segundo Lourenço, "Contam-se pelos dedos de uma só mão os portugueses que sabem até que ponto o Brasil é um país para quem Portugal é um ponto vago num mapa maior chamado Europa, ou vaga reminiscência escolar do sítio donde há séculos chegou um certo Álvares Cabral" (*Nau* 135). Em textos nos quais examina "imagens e miragens da lusofonia' em termos de ressentimento, disparidade de discursos e unidade lingüística, acusa uma "espessa—e, na aparência, escandalosa—rasura da nossa [portuguesa] existência e da nossa 'importância' na consciência do brasileiro comum" (135), atitude que estende a parte da intelectualidade brasileira no discurso cultural sobre Portugal, atribuindo-a a demandas identitárias amplificadas. Pelas lições e testemunho de Nemésio, em meados do século passado esse quadro talvez não se evidenciasse, e a cena da época ainda comportava o dispositivo inverso, objeto de uma leitura talvez demasiado compreensiva quanto aos brasileiros.

Em *Caatinga e terra caída*, o desconhecimento acerca do Brasil será continuamente trabalhado por Nemésio, com relação a diversos estados brasileiros, como Ceará e Maranhão, e conjuga-se a enganos de uma visão preestabelecida e fundada em lusitanidade e uniformidade, que seria contraditada pela diversidade física e cultural à sua volta:

> Cheguei a São Luís do Maranhão com a minha "ideia feita"; mas não acertou bem. Aqui, a "ideia" era vigorosamente uma imagem, uma vista prévia da terra, que só faltava conferir para me situar.
>
> Mas a gente, sem querer, arredonda o que desconhece. Fiz desses tópicos de turismo um cromo de fachadas amplas e enramadas de loiça azul, um postal de urbanismo evocativo dos chamados "tempos que não voltam." E aí é que me enganei!

> As cidades vivas não são os puros museus de estilo que o abuso da cultura nos leva a configurar. Mesmo quando são terras mortas, no nobre sentido de conservarem os traços vetustos com resoluta indiferença à febre de mudar, acabam por deixar-se moldar por necessidades e caprichos, inscrevendo afinal mil variantes do gosto e da pressão económica. Assim São Luís do Maranhão. (133)

Assim também, diríamos, o Brasil. Sob a pressão de necessidades e mudanças várias, os postais evocativos da ação colonial que Nemésio nos oferece atualizam-se na leitura da emigração portuguesa para este país, secundada pela tópica das relações culturais luso- brasileiras à época. Por intermédio das suas palavras, como num ecrã, episódios da história de Portugal na América reencenam-se diante dos receptores e entrelaçam-se à recente história do Brasil independente, no testemunho *in loco* da presença diaspórica de portugueses nos mais diversos e distantes rincões brasileiros. Marquês de Pombal, Martim Moreno, Pedro Teixeira, Caetano Brandão, Mendonça Furtado, Mota Falcão somam-se a recentes imigrantes e companheiros de jornada, na rememoração que, além de vencer o plausível esquecimento, torna presente em portugueses e brasileiros a relevância dos esforços empreendidos e por desdobrar-se no campo das relações internacionais.

No tratamento reservado ao movimento migratório, a perspectiva celebratória e sublimada persiste, em sintonia com a apologia subliminar do estreitamento dos vínculos históricos no presente. Nemésio ressalta, dentre os imigrantes lusos e descendentes com que se defronta, os contatos com homens do povo e figuras proeminentes na terra de adoção, destacando a um só tempo o trabalho cotidiano das comunidades e as iniciativas de vulto que alcançaram sucesso aquém-mar, com o foco na contribuição dada ao desenvolvimento local:

> Com o Cônsul vinha uma velha figura da colónia, o Comendador Dias Pais, agente consular também de umas duas repúblicas limítrofes e incansável cicerone de portugueses arribados. A sua casa comercial, lembrando o trato marítimo do nosso Cais do Sodré, entremostrava o que fora o nosso papel de fomento no porto de Belém, depois que estancara a ocupação pombalina ao longo da bacia amazónica. A dele, português do termo de Sintra, e as de outros castiços obreiros ainda presentes no esforço luso-brasileiro para rotear a Amazónia. (196-97)

A consciência desses esforços parece obliterar os sacrifícios em nome dos resultados ou dos sentimentos de continuidade e unidade entre os dois povos. Ilustra-o à larga a passagem em que constata que "o Minho também se dessangrou até aqui"—o verbo adquirindo dois sentidos—, desloca a questão para a supremacia dos vianeenses em Pernambuco, para finalmente concluir com um "Pois se somos todos um!" (*Caatinga* 125-26).

Os constrangimentos vivenciados pelos imigrantes portugueses restringem-se a enfoques transversais. Em *O segredo de Ouro Preto*, limitam-se à rejeição do emigrante pelo português de casa (129), enquanto *Caatinga e terra caída* apresenta flagrantes, a bordo, de uma "sub-humanidade emigrante," soma de desterro, pobreza e ambição (287-89), sem distinção de origem, pontuados pela intuição das privações e provações vivenciadas, entre o "evocar fundões históricos de uma vida que já os aguilhoava e premia" e o pedir "ao Deus das selvas um pouco de paz e segurança na sua imolação à cobiça" (204).

Em contraponto a esse movimento de marginalização e diferença, persiste a noção da continuidade, que Nemésio assinala ao afirmar que "o imigrante português continua o papel pombalino do demarcador pioneiro" (*Caatinga* 224), com o que procura resgatar a perda do protagonismo dos tempos coloniais. Apesar de reconhecer a decadência dos antigos focos migratórios, a par da pobreza da vida nessas localidades, Nemésio escolhe advertir os seus receptores em tom peremptório: "A corrente de emigração, se afrouxou, não se estanca" (225). O discurso de Nemésio busca "[equilibrar-se] entre a tentação por retornar a glórias passadas e o impulso por avançar ainda mais em direção à modernidade," procurando contornar "o elemento regressivo, anacrônico, da estória da cultura nacional" (Hall 56) através da translação espacial da categoria da transnacionalidade, por que intenta atualizá-la pela afirmação da sua inserção no presente da cultura outra, em simbiose tal que exalta perspectivas de vitalidade, modernidade e prosperidade em termos da aliança valorada.

A frase com que qualifica a fixação portuguesa no Pará estende-se ao resto do país, ao tempo em que exprime o sentimento pessoal de Nemésio com relação ao Brasil: "O luso chega ao Pará, toma a montaria, prospera, às vezes encanta-se, e fica" (224). A simpatia e empatia que externa em seu discurso tornam-se correlatas desse encantamento, em parte atenuado face à leitura comovida e entusiástica realizada em *O segredo de Ouro Preto*, à medida que o tédio, o desconforto e o afastamento urbano aproximam-se da saturação, ainda assim encontrando ânimo para converter as sombras do percurso em cenas de filmes dignos, como ele próprio afirma, de Walt Disney (228), ainda que relativize o quadro, advertindo que "[n]em tudo é o paraíso a technicolor que as minhas descrições acusam" (299).

Nemésio mantém-se em especial no campo da afetividade e do interesse quando as suas reflexões ocupam-se das relações entre os dois países, diretamente ligadas ao intercâmbio cultural que protagoniza. Em *O segredo de Ouro Preto,* Nemésio registra o extraordinário incremento que se verifica nos anos cinqüenta, envolvendo "intelectuais e homens de acção," sob o prisma do convívio social e humano:

> O convívio entre portugueses e brasileiros nunca foi, ao mesmo tempo, tão intenso e menos prevenido do que é hoje. Refiro-me sobretudo às relações entre escritores, cientistas e técnicos—ou sejam os homens que, por antecederem os contactos pessoais de presença com trocas de escritos e planos calmamente pensados, objectivos, têm melhores condições para virem a encontrar-se num terreno de trato desbravado. (29)

Na avaliação da cena cultural perscruta um "idílio que parece começar," em contraponto aos entraves existentes. Ao reconhecer notas dissonantes ao imaginário luso-brasileiro da época—"O aumento das relações de cultura entre Portugal e Brasil põe problemas prementes que, paradoxalmente, encontram soluções imediatas contrárias ao espírito de aliança," afirma Nemésio na crônica "As resistências" (*Segredo* 67)—, o escritor, a par da enumeração dos problemas alfandegários e cambiais irremovíveis de imediato, propõe modos de enfrentamento no campo acadêmico, mediante a incorporação, na historiografia lusitana, da história do Brasil e, no ensino da língua portuguesa em Portugal, da literatura brasileira.

Nesse mesmo período compromete-se no apoio a iniciativas de aproximação entre os dois países, dentre as quais avultam os colóquios internacionais de estudos luso-brasileiros, corolário do projeto e pedra de toque da comunidade luso-brasileira perseguida por segmentos da intelectualidade de ambas as margens do Atlântico. Nemésio emprestará sua voz à divulgação do IV Colóquio, realizado em 1959 em Salvador, assim como se reportará ao primeiro evento da série ocorrido em Washington em termos elogiosos pela contribuição que prestavam às relações bilaterais em cena.

Sintomaticamente, no início da década de sessenta, em meio à produção das crônicas de *Caatinga e terra caída*, Nemésio dará testemunho da interrupção do projeto transnacional que o norteara. Na carta a Hélio Simões do "dia do Natal 1961," o entusiasmo com que se entregara às missões culturais—e o distingue no estoque de discursos culturais portugueses sobre o Brasil—cede à recordação nostálgica, que dá conta do cancelamento: "Este ano de 58, graças a si, foi dos melhores da nossa vida. Sossego, companhia fraterna, as "entradas" do Nordeste brasileiro e as "montarias" do Amazonas. Foi o meu canto de cisne glob-trotter [...]."[4]

O desalento pessoal que externa estende-se ao abalo das coordenadas de força em Portugal, com a deflagração das guerras de libertação na África e a perda de Goa para a União Indiana de Nehru:

> Q^{do}. aparecen p^{r}. cá ? A pergunta é quase absurda, dados os tp^{s}. q. correm. A velha Lusitânia é golpeada a toda a orla do orbe ... Primeiro, Angola; agora, p^{a}. sp^{re}. Goa. Eu sei q. são contra-golpes da História niveladora. Mas, pelo menos, o modo como a Comunidade se esboroa doi à nossa criação numa utopia q., decididamente, só poderá subsistir num saudosismo livresco.[5]

Para quem se mostrava especialmente afeito a aspectos da cultura e 'história do Brasil que o tocavam e comoviam' sob a perspectiva de uma "nova e comum Lusitânia," a ponto de pedir "Não estraguem o meu sonho pessoal da Nova Lusitânia!" (*Caatinga* 135-58), as ameaças ao império português somadas à retirada do apoio brasileiro com a política externa independente do Governo Jânio Quadros significavam, para além do suposto nivelamento histórico, o encerramento de um ciclo nos anos cinqüenta, cujo perfil permite designá-los como "a 'década-síntese' da relação especial" entre os dois países (Menezes 36).

Em sua obra, Nemésio, como poucos, oferece-nos um painel dessa época e dos modos pelos quais as relações entre Portugal e Brasil encontraram momento de maior ressonância, a que o escritor prestou dúplice contribuição, enquanto protagonista e observador, a flagrar e exprimir com intensidade, empatia e virtuosismo exemplares. À altura das suas qualidades de poeta e ficcionista, Nemésio configura-se como referência obrigatória aos estudos correlatos a ambos os países em meados do século XX, pelo que revela dos trânsitos culturais e do imaginário português sobre o Brasil, por entre lições de história carregadas de sombras propícias e adversas, projetos, dilemas e resistências, ambigüidades e ambivalências, que ainda hoje fazem valer sua força além e aquém-mar.

Notas

[1] Utilizamos a tipologia proposta por Bobbio, tomando-lhe as expressões, nomeadamente pelo que sustêm de convergência com o imaginário acerca dos papéis do intelectual que se pode flagrar na época e no discurso de Vitorino Nemésio. Cf. em especial, 67-90; 109-39.

[2] *Inteligência*: 521-22. Para o estudo da polêmica deflagrada pela Sociedade Paulista de Escritores e pela revista *Anhembi,* em eco ao jornal *Correio da Manhã*, do Rio de Janeiro, contraposta à receptividade dos meios acadêmicos mais à direita, com a explicitação dos questionamentos, cf. ainda o editorial Militarismo: 415-18.

[3] Para as questões em tela, cf. em especial, a parte II "Linguagem e poder simbólico": 89-147.

[4] Carta 1961, material de arquivo. Apesar das palavras de despedidas, Nemésio ainda visitará por várias vezes o Brasil, assim como outros países, conforme consabido e documentado na mesma correspondência depositada no Arquivo Hélio Simões, prolongando as aventuras do globe-trotter até próximo à morte.

[5] A transcrição do excerto da carta, já referencializada na nota anterior, procura registrar o formato original, com abreviaturas e rasuras, à exceção da forma "q.," linhas 1, 3 e 4, abreviada no manuscrito por um pequeno traço mantido em suspenso, que não podemos reproduzir por falta de recursos gráficos.

Obras Citadas

Anderson, Benedict. *Nação e consciência nacional.* Trans. Lólio L. Oliveira. São Paulo: Ática, 1989.

Bakthin, Mikail. "Formas de tempo e de cronótopo no romance—ensaios de poética histórica." *Questões de literatura e de estética (a teoria do romance).* São Paulo: UNESP/Hucitec, 1990.

Balibar, Etienne. "La forme nation: histoire et idéologie." *Race, nation, class: Les identités ambiguës.* Ed.Etienne Balibar and Immanuel Wallerstein. Paris: La Découverte, 1990. 117-43.

Bhabha, Homi K. *O local da cultura.* Trans. Myriam Ávila, Eliana L.L. Reis e Gláucia R. Gonçalves. Belo Horizonte: Editora da Universidade Federal de Minas Gerais, 1998.

Bobbio, Norberto. *Os intelectuais e o poder: dúvidas e opções dos homens de cultura na sociedade contemporânea.* Trans. Marco A. Nogueira. São Paulo: Editora da Universidade Estadual Paulista, 1997.

Bourdieu, Pierre. *O que falar quer dizer: a economia das trocas lingüísticas.* Trans. Wanda Anastácio. Algés: Difel, 1998.

Chauí, Marilena. *Cultura e democracia: o discurso competente e outras falas.* 6ª ed. São Paulo: Cortez, 1993.

Hall, Stuart. *A identidade cultural na pós-modernidade.* 4ª ed. Trans. Tomaz T. Silva e Guacira L. Louro. Rio de Janeiro: DP&A, 2000.

"Inteligência portuguêsa e salazarismo." *Jornal de 30 dias. Anhembi* 18 (1952): 519-26.

Lourenço, Eduardo. *A nau de Ícaro seguido de Imagem e miragem da lusofonia.* Lisboa: Gradiva, 1999.

Menezes, Pedro Ribeiro. "As relações entre Portugal e Brasil—uma perspectiva pessoal." *Via Atlântica* 1 (1997): 28-39.

"Militarismo, fuzilamentos, racismo e inteligência portuguêsa." *Editorial Anhembi* 18 (1952): 409-18.

Nemésio, Vitorino. "O 'brasileiro.'" *Panorama* 6 (1957).

______. *Caatinga e terra caída: viagens no Nordeste e no Amazonas.* Lisboa: Bertrand [1968].

______. Carta a Hélio Simões. Lisboa, 25 Dezembro 1961. Arquivo Hélio Simões. Associação de Salvador, Brasil. AHS-CA, doc. 1329, pasta 031.

______. Carta a Hélio Simões. Lisboa, 20 Novembro 1974. Arquivo Hélio Simões. Associação de Salvador, Brasil. AHS-CA, doc. 1338, pasta 031.

______. *Portugal e o Brasil na história.* Rio de Janeiro: Ministério da Educação e Saúde, 1952.

______. Problemas universitários da comunidade luso-brasileira: oração de sapiência pronunciada na sessão solene de abertura das aulas da Universidade de Lisboa em 16 outubro de [1956?]. *Anuário da Universidade de Lisboa* 1954-55: 5-21.

______. *O segredo de Ouro Preto e outros caminhos.* Lisboa: Bertrand [1954].

Said, Edward. *Orientalismo: o Oriente como invenção do Ocidente.* Trans. Tomás R. Bueno. São Paulo: Companhia das Letras, 1990.

Santiago, Silviano. "Por que e para que viaja o europeu?" *Nas malhas da letra.* Rio de Janeiro: Rocco, 2002. 221-40.

Skidmore, Thomas. *O Brasil visto de fora.* Trans. Susan Semler *et al.* São Paulo: Paz e Terra, 1994.

Maria de Fátima Maia Ribeiro é Professora Adjunto de Literatura Portuguesa da Universidade Federal da Bahia. Mestrado em Letras, área de concentração Teoria da Literatura; Doutorado em Comunicação e Cultura Contemporâneas, Faculdade de Comunicação da UFBa, com a tese "IV Colóquio Internacional de Estudos Luso-Brasileiros: relações culturais, identidade, alteridade." Atividades de ensino e pesquisa vinculadas às literaturas de Língua Portuguesa, no campo da Literatura Comparada, com ênfase nos Estudos Culturais e no trabalho com acervos documentais. Responsável pela organização e guarda do Arquivo Hélio Simões (espólio particular) e do fundo Documentação do IV Colóquio Internacional de Estudos Luso-Brasileiros (UBa/UNESCO, 1959). Publicações em livros e periódicos nacionais e estrangeiros acerca das relações culturais entre Brasil, Portugal e os países africanos de língua oficial portuguesa na contemporaneidade, assim como sobre as literaturas portuguesa e angolana. Vice-presidente do SIEN (Seminário Internacional de Estudos Nemesianos) para o Brasil, entre 2000 e 2003. E-mail: fatimari@ufba.br

Picturing Vitorino Nemésio

Student Identification Card.
University of Coimbra. 1923.
National Library, Lisbon. Esp. E. 11/cx. 97

UNIVERSIDADE DE COIMBRA

FACULDADE DE DIREITO

BILHETE DE IDENTIDADE

Do aluno Vitorino Nemésio Mendes Pinheiro da Silva

Secretaria da Universidade, 9 *de* Janeiro *de 19*23.

O SECRETÁRIO, Manuel da Silva Gaio

Nemésio receiving an honorary doctorate from the University of Montpellier, 1960. National Library, Lisbon. Esp. E11/cx. 81

Nemésio riding the horse, Bombito.

Terceira, Azores, 1961.

National Library, Lisbon. Esp. E. 11/cx. 117.

A J.-B. Aquarone:
o seu amigo fraterno
Nemésio
(I.ª Terceira,
1961)

Nemésio at the home of Francisco de Lacerda,
São Jorge, Azores. 1969.
National Library, Lisbon. Esp. E. 11/cx. 117.

JAN • 70

Interview with Nemésio. *Flama* A. 29, Number 1308 (30 March 1973): 30-33.

Entrevista de FERNANDO CASCAIS/Fotos de CARLOS GIL

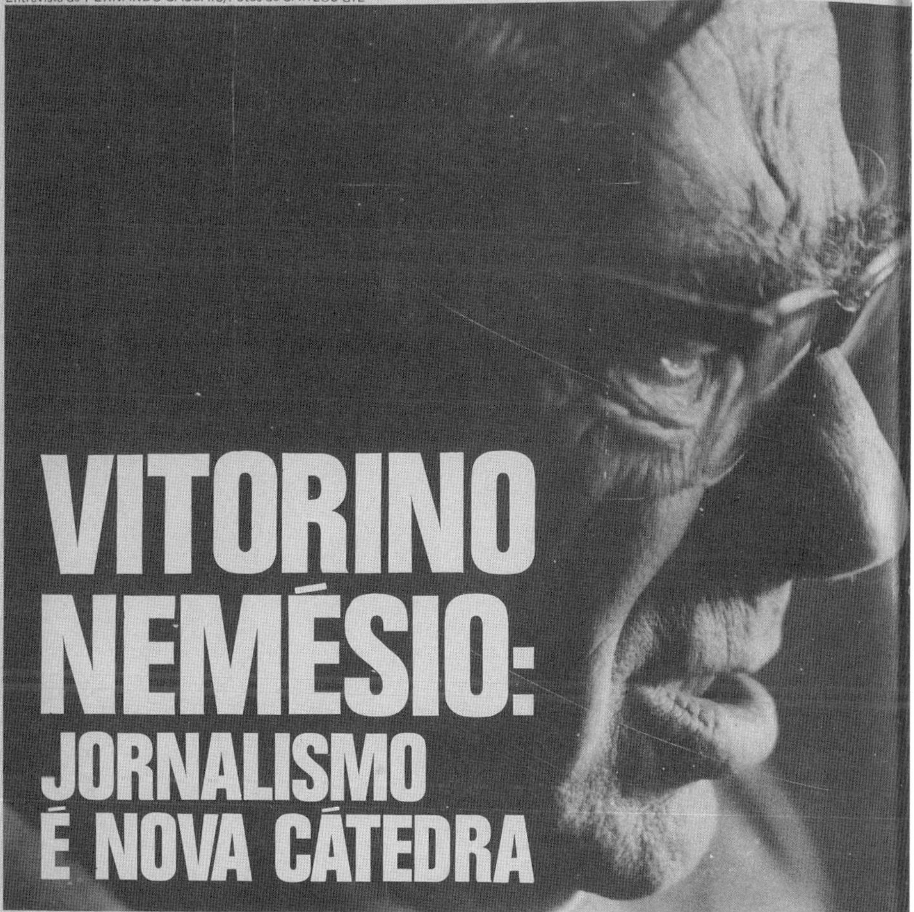

VITORINO NEMÉSIO: JORNALISMO É NOVA CÁTEDRA

Há muitos anos — se bem nos lembramos... — o professor Vitorino Nemésio assinava um folhetim de rodapé na edição da noite do jornal ''O Século''. Agora, o seu nome aparece de dia e, do rodapé, subirá em breve para o cabeçalho do mesmo jornal, actividade nova para quem é ''um homem de certa idade e experiência''. Abandonada a cátedra da Faculdade de Letras de Lisboa, em Dezembro de 1971, mas assoberbado por solicitações editoriais (antologias, reedições de obras, inéditos de poesia), solicitado para conferências, imerso num vasto correio, assediado por consultas telefónicas (''há quem ligue para perguntar se cozinha se escreve com um *z*...''), Vitorino Nemésio debruça-se sobre a responsabilidade de funções a exercer num bem circunscrito ''aqui e agora''. A Informação, a Imprensa, o Jornal, foram os temas centrais da entrevista que nos concedeu antes de tomar posse do cargo de director de ''O Século'', ''com um sentimento de fragilidade, confiando na boa fé dos outros'' e certo de ir entrar num todo colaborante. Em casa, no seu ambiente de trabalho, Vitorino Nemésio, enquanto procurava arrumar a secretária, dizia: — ''Vivo rodeado de papelada. Todos os dias luto com isto''. O ''isto'', na ocasião, era — curiosamente — um recorte de jornal (uma das suas diversas colaborações) no meio dos livros de erudição, de leitura ou consulta diária: filosofia, história da ciência... Agora, também passa a viver rodeado, não de recortes, mas de jornais inteiros.

SEGUE

Interview with Nemésio. *Flama* A. 29, Number 1308 (30 March 1973): 30-33.

The Poetry of Vitorino Nemésio: A Bilingual Anthology

Translations by Kelly Washbourne
Statement by the Translator

My criteria for the selection of Vitorino Nemésio's poetry[1] for translation followed a methodical hierarchy of considerations: 1) the greatness or fame of the poem; 2) its potential effect in English; 3) its representativity within his oeuvre; 4) its intertextual or generational place in Portuguese letters; 4) chronological variety; and 5) the balance of poem lengths, forms, and thematics. Methods are always impositions, however; I confess my personal affinity for Nemésio's *Áspera Vida* sequence, for example, and so it is amply represented. Some poems are simply prohibitive for a translation project (e.g., "Cantigas À Ilha Terceira…" from *Festa Redonda*), in part because their *portuguesidade* is tied so intimately to the mode of expression; their poetry lies *in* the word rather than resulting *from* it. In the case of the Heideggerian "Casa Do Ser" (from *O Verbo E A Morte*), a major poem that might have been included, several drafts simply failed, appearing labored where the Portuguese is spontaneous, and it is my belief that even when translation is of the so-called *overt* variety, in which a work calls attention to its own status as a translation, a translator should take pains not to sound deliberate or mechanical. This holds especially for Nemésio's poetry—poetry of dynamic, tidal, transformations. In the selections below, I above all strove to represent a full palette of Nemésio's tonalities—oceanic ode, moody threnody, metapoetic ars, searching epic; the literary and the oral, the intimate and the declamatory, the mythic and the local. When he is at his most vigorous is when he

Portuguese Literary & Cultural Studies 11 (2007): 353-419.

lends himself most to translation (rhythm is rhythm in all languages; rhythm exists *before* language). It is in those works in which his power lets itself be felt that we are witnessing a strong poet's command not just of language but of its ties to emotion, its hypnotic potential, a phenomenon common to all sacred texts, be they profanely sacred—poetry—or religious.

A translator of Nemésio is an actor "playing" Nemésio; the actor exists for the authorizing presence behind his performance. Some in the audience will see and hear comparatively, "stereo-optically," to use Marilyn Gaddis Rose's term; others must suspend disbelief and hear the interpretation phenomenologically—as it manifests itself to the senses or the intellect. It is always, though, one of many possible readings. This is the melancholy truth of the craft and, too, the law of its perpetual existence: the definitive version is always out of reach, as it is, perhaps, for poets themselves: In Nemésio's poetry the quest for this "definitive version" takes the form of his desire to reconcile *thing* to *word*, even to finally inhabit language, *to resolve his existence into it.* Evidence of this urge spans from "Another Will and Testament" ("This well-worked skeleton I leave behind in lines: / My civil death will be street theater; / Words, lands where I live, / I will never leave you"), to the Adamic "I Name the World," to the later poem, "Requiescat" (1971) ("My pay is a trifling coin, / Fruit of my labors, and I pay for the bread owed to me, / I buy the silence that is my due / For having kept my word, / Toiled in words, / And through them earned the right to an effortless earth").[2]

Notes

[1] Sources for primary texts: Vitorino Nemésio, *Obras Completas* (Lisbon: Imprensa Nacional/Casa da Moeda, 1989-[2000]) and Vitorino Nemésio, *Poesias de Vitorino Nemésio* (Lisbon: Ed. Comunicação, 1983). We gratefully acknowledge the publishers for granting permission to reproduce the poems.

[2] "Retiro uma moeda de nada, / Fruto do meu suor, e pago o pão que se me deve, / Compro o silêncio que se me deve / Por ter cumprido a palavra, / Trabalhado nas palavras, / E por elas merecido a terra leve."

Kelly Washbourne (PhD, University of Massachusetts Amherst) is a poet, translator from Spanish and Portuguese, and Assistant Professor in the Institute for Applied Linguistics at Kent State University in Ohio. His forthcoming publications include *After-Dinner Conversation*, a critical translation and introduction of *De sobremesa* by Colombian writer José Asunción Silva, the first *fin-de-siècle* novel from Spanish America to appear in English (in press, University of Texas Press's Pan American Literature in Translation series). Though he has worked predominantly from Spanish, he has translated and annotated the Brazilian epic poem *Cobra Norato* by Raul Bopp for the journal *Brasil/Brazil*, cultural theory by Roberto Schwarz, and Amazonian poetry for *Amazonian Literary Review*. He has done research in Amazonia and is a graduate of the Monterey Institute of International Studies. Email: rwashbou@kent.edu

O Canário de Oiro

Se deixo entrar este canário de oiro
Que me espreita e debica
(Eu que sou ossos, a gaiola,
Débil passarinho loiro!
Eu, professor, como um menino de escola!)...
Pois sim: Canta. Fica.

E então, para que tudo em mim se honre e execute
(Voz, penas e dejectos
Do canário),
Dou-lhe, seus passeadores, os meus afectos,
As minhas veias duras para grades:
Dentro delas, contrário,
Ele se embeleze e lute.

Ah, que o canário é o meu sangue talvez!

Mas então isto que é? Que violino engoli?
Que frauta rude aveludou a minha noite?
Em que prato de cobre bateu o nó do açoite?
Tão exacto, meu Deus, só vibrado por ti.

Musical, todo fogo, em mim me vou e expando;
Cada lágrima cai de mim como harmonia:
De quatro em quatro, vão a minha dor jogando
Essas lágrimas vãs no tapete do dia.
Que sérias são estas coisinhas de soar,
Poetas que vos is,
Soldados velhos,
Escolhendo na morte uma farda e um lugar!
Somos aqueles imbecis
Desenvolvidos nos espelhos,
Ai, nos espelhos paralelos
Da sala onde um de nós é sozinho a cantar!

The Golden Canary

If I let in this golden canary
Who spies on me and pecks
(I who am bones, cage,
Feeble little yellow bird!
I, a professor, like a schoolboy!)…
So be it: He sings. He stays.

And so, so that everything in me is honored and carried out
(Voice, feathers and feces
Of the canary),
I give him perches, my affections,
My hard veins for bars:
Within them, otherwise,
He would preen and fight.

Ah, perchance the canary is my blood!

But then, what is this? What violin have I swallowed?
What crude flute has velveted my night?
On what copper plate did the whip's tip strike?
So true to the mark, my God, if only sounded by Thee.

All afire and musical, I set out into myself, expanding;
Each teardrop falls from me like harmony:
In 4/4 time my pain is shedding
These vain tears in the meadow grass of day.
How serious these tuneful things are,
Poets that you are,
Old soldiers,
Choosing in death a uniform and a place!
We are those idiots
Matured in the mirrors,
Ah, in the parallel mirrors
Of the sitting room where one of us sits singing all alone!

Estamos fumados, amarelos,
De tanto ler e delirar.

Inúteis fôssemos, poetas.
Quero dizer: como as cascas cor de laranja ou alvas de ovo,
Que não são laranja nem ovo:
Ainda se havia de ver
Se as podridões quietas
Não são o sal e o renovo.

Que águia trouxe do céu meu diapasão de ferro?
Que milhafre criou minha carne em seu bico?
A mão qual foi que me rasgou no erro,
Mulher, o coração que te dedico?

Quem era aquele de quem tirei o sangue forte,
Esta pequena música corrente?
A veia mamou-a a morte,
Que engorda à custa da gente.

Quem era aquela mulher de branco
Que tinha os seios fortificados
E o ventre puro de onde arranco
E os altos olhos separados?
A de fogo e de fel, reclusa e encordoada?
A que nunca toquei, porque estava selada?

E o anjo bravo, só lume, o outro sujeito,
Em que chama tocou sua asa desabrida?
Que maçarico foi que lhe platinou o peito
E o deixou em ferida?

Perguntaria,
Se esfinges mais houvesse,
Em que sal se tornou a que se deu por Maria
E me prometeu o que eu quisesse?

We have gone up in smoke, yellowed,
From so much reading and raving.

We were useless, poets.
I mean: like orange rinds or egg whites,
Which are neither orange nor egg:
It still remained to be seen
If unmoving rot
Are not salt and new growth.

What eagle brought down from the sky my iron diapason?
What falcon brought forth my flesh in his beak?
What hand, in error, woman,
Rent my heart that I devote to you?

Who was that from whom I drew this hardy blood,
This trickle of music?
Death suckled on the vein,
and fattened up at man's expense.

Who was that woman in white
With the buttressed breasts
And the pure womb whence I emerged
And the eyes set high and far apart?
She of fire and of bile, cloistered and sullen?
She whose strings I never played on, for she was closed up tight?

And the lion-hearted angel, pure light, the other fellow,
In what flame did he dip his haughty wing?
What kingfisher coated his breast with platinum
And left him wounded?

I would ask,
If there were more sphinxes,
What pillar of salt did she who took the false guise of Mary turn into,
She who promised me my heart's desire?

Ah, aves de parabólica plumagem,
Anjos de matéria nenhuma e de toda a arrogância,
Mulheres e homens de que sou a última viagem
Começada no mar que me salgou a infância!

Ah, ovo que deixei, bicado e quente,
Vazio de mim, no mar,
E que ainda hoje deve boiar, ardente
Ilha!
E que ainda hoje deve lá estar!

Ah, Sete Espadas, minhas primas,
Estrelas nítidas e diversas,
Piões, pombas, baraças, e até as Sr.ª Simas
Todas quatro alteando as suas toucas perversas!

Onde? quando? já? outra vez? ou ainda não?

O tempo gasta a minha voz como se fosse o seu pão.

É ele, é ele o que tem tudo escondido,
Ele o que A desviou e A violou no vento,
Ele o que fez de mim o menino perdido
E me deu a navalha com que me fiz violento!

Ele leva para o alto as cordeiras e come-as,
Ele esconde no vale os lobos reduzidos,
Ele pede-nos as coisas emprestadas e some-as,
Ele gasta-nos a voz, os olhos e os ouvidos.

Tempo, ladrão, dá-me conta do fardo:
As saudades pràli! as promessas pràli!
O que te vale é o escuro: Eu ainda ardo;
Minhas estopas são embebidas por ti.

Ai, a cordeira preta, a do velo maior,
Um palmo de gemido, onde a terias posto?

Ah, birds of parabolic plumage,
Angels of no substance, all of arrogance,
Women and men of which I am the final journey
Embarked upon the sea that salted my early days!

Ah, egg I left behind, pecked and warm,
Empty of me, in the sea,
And that must be bobbing even now, burning
Island!
And that must even now be there!

Ah, Seven Swords, my cousins,
Assorted shining stars,
Toy tops, doves, cords, and even the Simas ladies
All four lifting their perverse bonnets!

Where? When? Now? Again? Or not yet?

Time gnaws away at my voice as if it were its bread.

He, he is the one who has everything hidden,
He who led Her astray and ravished Her in the wind,
He that made of me a lost boy
And gave me the knife with which I turned violent!

He leads the ewes on up and eats them,
He hides in the valley the wolves wasting away,
He borrows things from us and loses them,
He wears down our voice, our eyes and ears.

Time, thief, tell me of the burden:
Longings on the left of me! Promises on the right!
What is good for you is darkness: I still burn;
For you my wicks are drenched.

Ah, the black ewe, she of the fullest fleece,
A hand-span of bleating, where could you have put her?

Tinha os galhinhos entre a lã: é melhor
Desenriçá-los do meu desgosto.

Tempo, molde de todos os lugares,
Pegada de quem desaparece,
Esquema de bocejos e de esgares,
Frio de tudo o que arrefece.

Tempo que levas meu Pai morto,
Com catorze cavalos, todos de músculo solar,
E, para o ano, quinze! e crescendo! e ele absorto!
E os cavalos cada vez mais empinados! Morto…
Com que jarrete ou asa o hei-de eu alcançar?

(*O Bicho Harmonioso* 136-39)

She had little horns all caught in her wool: You'd better
Untangle them from my grieving!

Time, pattern of all places,
Footprint of the vanished,
Design of yawns and grimaces,
Chill in all that grows cold.

Time who carries off my dead Father,
With fourteen horses, solar-muscled all,
And by year's end, fifteen! And counting! and he enraptured!
And the horses ever haughtier! Dead…
With what hamstring or wing shall I ever reach him?

O Sonho Vivo

No silêncio da noite, apertado,
Na sua matéria exausta e baixa
(Nem a memória a corrompe,
Nem uma única fosforescência arde... uma estrela
Que seja, no seu fundo!
De vivo—apenas o ávido poço inconsciente),
A mão do meu dormir—rompe,
Tacteia e acha.

E de experiências inacabadas,
E de visões que à luz rasgam toda a evidência,
Levanta o corpo de Ela,
Sente-lhe as mãos numa vaga humidade sanguínea,
Numa resistência que é só um pouco de frescura e talvez o ar
[da noite
Que resolveu pulsar,
Mas que me faz de longe o esperado sinal: —Aqui estou.
... ...
E agora, meu Pai, porque é que vens tu mesmo,
Quando eu sei que tu és mais impossível do que Ela,
Aparecer-me também,
Assegurar-me que o pesadelo é só pesadelo porque pesa
E me faz doer as fontes porque o agravei com palavras?
Pois não é verdade que viste as mãos de Ela nas minhas,
Como as lapas de corpo ondulante nas conchas que eu punha
[a secar
E de que tirava depois, como de castanholas,
Um som qualquer para acordar e desentorpecer os caminhos:
Lapas, conchas e caminhos da nossa Ilha, meu Pai?
Pois não é certo que a sua cabeça é como a vaga do alto
E que o seu cabelo tem o sopro e o cheiro e a lonjura dos
[ventos que batiam
Nas nossas janelas, nas noites de inverno, corridos do mar?

The Living Dream

Into the gathering silence of the night,
Into its spent and lowly matter
(Not even memory taints it,
Not a single phosphorescence shone… a star
Perhaps, in its depths!
Only the impassioned well of the unconscious stirs),
The hand of my sleep—breaks out,
Feels around, and finds.

And from unfinished experiences,
And from visions that in the light of day destroy all evidence,
It raises up Her body,
It feels in Her hands the faint dampness of Her blood,
With resistance that is but a bit of balmy energy and perhaps the night air

That was given to throb,
But that gives me the awaited sign from afar: *Here I am.*
… … … … … … … … … … … … … … … … … … …
And now, my Father, because you yourself have come
—When I know that you are more impossible than She,—
To appear to me too,
To assure me that the nightmare is only a nightmare because it weighs me down
And it makes my temples pound because I stung you with words?
For it is not true that you saw Her hands in mine,
Like the limpets with heaving bodies in the shells I had put out to dry
And from which I later made, as if from castanets,
A random noise to rouse and revive the roads:
The limpets, shells and roads of our Island, my Father?
For is it not true that Her head is like a wave from on high
And that Her hair has the hint and the smell and the farawayness
Of the winds whipping off the sea, beating against our window panes on
[winter nights?

E que os seus olhos são como as poças azuis dos baldios
E como as estrelas que lá se reflectem e que os novilhos, ao
[beberem, enfiam nos cornos vagarosos
(Uma centelha verde que se acendia e apagava—e tão bonita!—
[era da baba dos bois ou da estrela?),
E que na sua boca há uma violenta humidade
De que os filhos antigamente não podiam falar a seus pais,
Mas que agora vemos ambos corajosamente húmida
E não podendo mais com um beijo que cresce e rebenta
Como esta última lágrima em que te dissolvo sem querer?

Ah! Estas coisas vêm com certeza guiadas
Por uma mão que se move no escuro e que as não há-de perder.

Montpellier, 1935

(*O Bicho Harmonioso* 160-61)

And that Her eyes are like the azure pools of wastelands
And like the stars that are mirrored high above and that the steer, when
[they drink, tie to their sluggish horns
(A green light that flashes on and off—and so beautiful!—was it from the
[oxen's slaver or was it from a star?),
And that in Her mouth is there a wild wetness
That children in former times could not talk of with their parents,
But that now we both see boldly wet
And unable to endure a kiss that swells and bursts
Like this final tear in which, unwitting, I dissolve you?

Ah! These things surely are guided
By a hand moving through the dark that shall not lose its grip.

Montpellier, 1935

Ode Ao Mar

Vejo-me só, de pêlo e pele, numa ilha negra.
Meus irmãos homens desertaram
Com os documentos em regra
Nos barcos que me roubaram.

Sim, porque eu era o rei da ilha em questão.

Aí nascera.
Lá, uma vaga dera
Uma pancada rara
(A vaga minha madrinha),
Não sei com que força ou vara:
Sei que a pancada vinha
Direita ao meu coração,
Que ainda hoje a reproduz.

Minha Mãe deu-me de mamar.
Santo nome de Jesus!
Eu vinha sujo da viagem,
Vinha na ponta da vara
(Que a vaga lá brandiu
Com sua ampla coragem
Em minha Mãe, cara a cara)
Como um bichinho do mar,
Uma coisinha de nada
Que a vaga arrancou, cobriu
E trouxe, a vaga do mar.

Nas praias me criei
Dos peixes e das lotas,
Comendo o podre e o fresco,
Ensinado das gaivotas,
Que são o meu parentesco.

Ode To The Sea

I see myself alone, only hair and skin, on a dark island.
My fellow men deserted
With their papers in order
On the ships they stole from me.

Yea, for I was the king of the island in question.

There I had been born.
There a wave had
Crashed unusually hard
(My godmother wave),
I do not know under what power or on whose authority:
I know that the blow was coming
Right for my heart,
That I relive it over and over even today.

My mother suckled me.
Holy name of Jesus!
I arrived dirty from the voyage,
I caught a sea creature
(For the wave
With great boldness
Shook my Mother, face to face)
On the sharpened tip of a stick,
A trifling little thing
The wave plucked up, engulfed
And rendered up, a wave out on the sea.

On the beaches I was raised
By the fish and the fish auctions,
Eating the rotten and the fresh,
The disciple of gulls,
Who are kin to me.

Aí me criei e recreei;
Aí—conchas, tons, nudezes e mergulhos.
Metiam na pele do rei
Pedrinhas de sal e porcarias
Para ele lavar os seus orgulhos:
E eu—sujo, sujo, todos os dias!

Nítido, azul até à exactidão de uns olhos,
Ou verde como uma boca desgostosa,
O mar enchia-me de amor:
Eu descia directo, a ele, que em mim subia—
E tomava-me a sua rosa,
A sua grande rosa de sal e de amor.

Amplo, cheio, sufocado,
Vestido de um azul viril que me bebia,
Dentro do mar fui proclamado
Rei, e ali logo embalsamado
Por causa das dúvidas que havia.

Ah, súbditos fiéis que viestes,
Peixes de cor tremendo em círculo e coroando-me,
Sereias levando-me as veias para cabelos,
E o baobá de coral, lá do reino de Orestes,
Puxado pelos Seis Tritões do Cabedelo!

Movimento do mar que te coaste por mim,
Sabor do mar que estalaste a tua língua em mim,
Salgadas extensões imperiais que eu herdo,
Gota que atravessaste o Atlântico Norte
Só para vires luzir no meu mamilo esquerdo!

Aresta e rolo sem impulso
Que tudo isso me atiraste
E que, menino, em mim cresceste e em mim pegaste
Levantando-me a pulso,
Oh mar!

There I was raised and there I played;
There—seashells, sounds, nudity and plunges.
They stuck grains of salt and filth
To the king's skin
So he would wash off his pride:
And I—dirty, dirty, every day!

Clear, blue with a blue-eyed blue,
Or green like a discontented mouth,
The sea filled me with love:
I would descend right into it, and it would rise in me—
And I laid hold of its rose,
Its great rose of salt and love.

Broad, full, drowning,
Clothed in a manly blue I was drinking down,
In the sea I was declared
King, and then anointed
Due to doubts that surfaced.

Ah, faithful underlings in attendance,
Fish of fantastic colors circling, crowning me,
Mermaids making off with my veins for hair,
And the coral baobab, from Orestes' far-flung kingdom,
Drawn by the Six Tritons of the Sandbank!

Motion of the sea, you distilled yourself for me,
Savor of the sea that burst on your tongue in me,
Briny imperial expanse to which I am heir,
Drop of water that crossed the North Atlantic
Only to wind up glistening on my left nipple!

Edge and urgeless breaker
For all this you hurled at me
And when I was a child you grew in me, you took hold of me,
Making my heart race,
O sea!

Água súbita, rente e transparente nexo
Urdido por aqueles peixinhos por criar,
Que, vendo-me de papo ao ar, sóbrio em minha colunas,
Vinham picar-me o sexo!

(Oferendas leais, meu mar, delicadas como estas,
Mestre, tinham de ser tuas filhas e alunas).

E assim os madeiros rolados, cheios de furos e de frestas—
Brutalidades flutuantes,
Utilidades manifestas—
Cobertos de lágrimas e bicos duros
De tetas antigas e funestas
De certas sereias honestas:
E nós impuros, e nós impuros!

Mar, amplo como o Aro de ti mesmo,
Estirado como aquele que dá com a nuca no chão,
Alto como o respingo inviolável,
Profundo, doce e arável
Como terra de pão!

Mestre de angústia, mar! como uma pedra no peito
(E só água!);
Mestre de coragem—diante a terra, ali direito!
(E tudo isto, com água!);
Mestre de limpeza—o sujo de todos os vestígios
Que vai, com o peito exposto e de cristal cortado,
Desafiando os prestígios
Provocando os prodígios
E atirando às vezes por desprezo à terra um afogado!

E depois—mar parado, neutro, fosco...
Uma tenaz qualquer, de pedra—e eis a bacia;
Aí está íntimo connosco.
Ali é pobre: até se via

Sudden water, close at hand, transparent link
Forged by the little fish to feed from,
They who, seeing me idling,
Simple on my columns
Came to bite at my sex!

(Loyal offerings, my sea, tender as these,
Master, these females had to be your daughters and students).

And thus the rolling logs, full of holes and cracks—
Water-borne brutalities,
Useful things made manifest—
Covered in tears and the hard nipples
Of the ancient, dismal teats
Of certain virtuous sirens:
And here we are impure, impure!

Sea, wide as your own environs,
Stretched out like the man lying face-up on the shore,
High as the inviolate spray,
Deep, fresh and arable
As the breadbasket fields!

Master of anguish, sea! like a rock to the chest
(And only water!);
Master of courage—land ho, hard ahead!
(And all of this, with water!);
Master of cleanliness—the dirt of all the traces,
Who, with chest laid bare and made of cut crystal,
Defying prestige,
Provoking prodigies,
And now and then casting up some drowned man out of scorn for land!

And then—motionless sea, inactive, darksome…
Outcropping jaws of rock—and behold the calm little cove!
There it is feeling close to us.
There it is poor: one could even see

O seu espumante andrajo
Na triste pedra em que o batia.

Ali o conheço e o viajo,
Eu, o Rei da Ilha Negra, o das águas tocado,
O coroado de peixes
Que vêm sobre ele à uma,
E que te pede a ti, Pai Mar, que o deixes
Viver na imitação da tua espuma.

(*O Bicho Harmonioso* 194-197)

Its foaming tatters
In the sad stone battering it.

I know it there, I travel over it,
I, the King of the Dark Island, by the waters touched,
Crowned by fish
Who engulf him as one,
And who ask you, Father Sea, to let him
Live in imitation of your foam.

Outro Testamento

Quando eu morrer deitem-me nu à cova
Com uma libra ou uma raiz,
Dêem a minha roupa a uma mulher nova
Para o amante que a não quis.

Façam coisas bonitas por minha alma:
Espalhem moedas, rosas, figos.
Dando-me terra dura e calma,
Cortem as unhas aos meus amigos.

Quando eu morrer mandem embora os lírios:
Vou nu, não quero que me vejam
Assim puro e conciso entre círios vergados.
As rosas sim; estão acostumadas
A bem cair no que desejam:
Sejam as rosas toleradas.

Mas não me levem os cravos ásperos e quentes
Que minha Mulher me trouxe:
Ficam para o seu cabelo de viúva,
Ali, em vez da minha mão;
Ali, naquela cara doce…
Ficam para irritar a turba
E eu existir, para analfabetos, nessa correcta irritação.

Quando eu morrer e for chegando ao cemitério,
Acima da rampa,
Mandem um coveiro sério
Verificar, campa por campa
(Mas é batendo devagarinho
Só três pancadas em cada tampa,
E um só coveiro seguro chega),
Se os mortos têm licor de ausência
(Como nas pipas de uma adega
Se bate o tampo, a ver o vinho):

Another Will and Testament

When I die leave me naked in the ground
Like a pound sterling or a root,
Give my clothes to a young woman
For the lover who loved her not.

Do beautiful deeds for my soul:
Scatter coins, roses, figs.
Giving me hard restful earth,
Trim my friends' fingernails for them.

When I die send the lilies on their way:
I'm going naked, I don't want to be thought
Pure and precise surrounded by sagging tapers.
Do bring roses; they are used to coming
Into just what they wish for:
Suffer the roses.

But do not bring me the crude and sensual carnation
That my Wife brought me:
They shall adorn her widow's locks,
There, in place of my hand;
There on her sweet face…
They shall serve to irritate the unwashed
And I shall exist, for the illiterate, in that fitting irritation.

When I die and am arriving at the cemetery,
At the top of the sloping roadway,
Send a reliable gravedigger
To check, gravestone by gravestone
(But knocking nice and slow,
Only three knocks per stone,
And a single gravedigger should suffice)
If the dead have the draught of absence
(Like in the casks in a wine cellar
If you strike the top to see the wine):

Se os mortos têm licor de ausência
Para bebermos de cova a cova,
Naturalmente, como quem prova
Da lavra da própria paciência.

Quando eu morrer…
Eu morro lá!
Faço-me morto aqui, nu nas minhas palavras,
Pois quando me comovo até o osso é sonoro.

Minha casa de sons com o morador na lua,
Esqueleto que deixo em linhas trabalhado:
Minha morte civil será uma cena de rua;
Palavras, terras onde moro,
Nunca vos deixarei.

Mas quando eu morrer, só por geometria,
Largando a vertical, ferida do ar,
Façam, à portuguesa, uma alegria para todos;
Distraiam as mulheres, que poderiam chorar;
Dêem vinho, beijos, flores, figos a rodos,
E levem-me—só horizontes—para o mar.

(*O Bicho Harmonioso* 204-05)

If the dead have the draught of absence
For us to drink from grave to grave,
Naturally, like one who tastes
Of the fruit of their own long-suffering.

When I die…
I'll die there!
I'll play dead here, naked in my own words,
For when I am moved even the bones sound rich.

My house of sounds, to the man in the moon,
This well-worked skeleton I leave behind in lines:
My civil death will be street theater;
Words, lands where I live,
I will never leave you.

But when I die, just for geometry's sake,
Setting free the vertical one, grieved by the air,
Bring joy to all, in the Portuguese style;
Keep the women entertained, lest they cry;
Keep the wine and kisses, flowers and figs all flowing,
And carry me off—nothing but horizon—to the sea.

[Poema] 10.

Aquela rosa tocada
Pela hora de morrer
Fecha-se um quase nada,
E aquilo faz-me doer.

Dói-me—não por agora,
Mas por um tempo mais triste
Em que outra rosa fora
Da minha vida existe:

Uma que me tocou,
Alta e vaga, de uns dedos
Que eram cera e arrogância.
Essa rosa ficou
Toda na minha infância.

Agora, reflectida
Nesta que perto morre,
Sua carne perdida
Só em saudade ocorre.

Lá, de seu pé molhado
Já se não sabe aonde,
Seu cheiro imaginado
Por ela própria responde.

Mas não sei ir buscá-la
Por minhas mãos saudosas…
Parece que não tenho sala,
Que já não gosto de rosas!

10.

A rose touched
By its time for dying
Shuts, and then is barely there:
It pains me to think of it.

I'm hurting—not for now,
But for a sadder time
In which another rose,
Now out of my life, lives still.

One that touched me,
Tall and idle, with fingers
all of wax and pride.
That rose was there
My childhood through.

Now, mirrored in this rose
Not long for the earth,
Its ruined flesh
Lives on but in longing.

There, its moistened foot
Planted where none can say,
Its perfume, in the mind,
Answers in its stead.

Where to find it, I do not know
For my craving hands…
It seems I have a parlor no more,
For I have lost my fondness for flowers!

Eu gosto de flores, ó vida,
E até as faço de mim,
Que é toda a terra que tenho.
—Pobre e estéril jardim
Que seca tudo o que amanho.

(*Eu, Comovido a Oeste* 232-233)

I like flowers, O life,
And even grow them in myself,
For it is all the soil I have,
—a dirt poor, barren garden
That shrivels all I sow.

[Poema] 12.

Lembro o que perco. Estranho
Que meu regaço vá vazio.
Já enche o monte o meu rebanho
E, chega o inverno, tenho frio.

Se o mar que tive o sal me nega,
Como me posso conservar?
Minha saudade só despega
Quando não vê para cavar.

Abri agora o meu piano.
Que imprópria música desprende!
Mofo e tristeza de ano
Seus tendõezinhos prende.

Mas toco. Junta-se gente:
Sãos os retratos da sala,
Que o ar da noite acentua.
A minha mão lhes fala
Da sua vida ausente
Naquela parede nua.

Que exacta, a minha mão
No seu mover, chamando
A música remota!
Sérios, os mortos vão
Seus lugares retomando
Enquanto a noite se esgota.

(*Eu, Comovido a Oeste* 235)

12.

I remember what I lose. Strange
How my heart is empty.
My flock now fills the mountain,
Winter's upon me and I am cold.

If the sea that was mine denies me salt,
How can I be preserved?
My longing only works loose
When it cannot see to work the soil.

Then I opened my piano.
What unfit music it releases!
Year-old must and mournfulness
Arrest its poor little strings.

But I play. People gather:
They are the portraits from the hall,
Which the night air brings out.
My hand speaks to them
Of their departed lives
On that bare wall.

How flawless was my hand
As it moved, calling up
The forgotten tune!
Slowly, gravely the dead
Retook their rightful places
As the night died away.

[Poema] 33.

A voz que se ergue no ermo
Dá uma torre às coisas,
Obriga-as devagar ao unido da coroa e do firmal.
Quem pensa no horizonte é que é fronte cingida;
Que fácil rei em cada qual!

Este poder cantar, só sinal de ave ou de homem,
Que utensílio na vasta mão direita!
—As coisas, tão ceguinhas, que nos tomem
Em sua calma perfeita.

Que um deus imprimir ousa
O cunho do silêncio e do disposto puro
A quem, fechado em casa, é o cheio de uma cousa,
Como a pedra de escuro.

(*Eu, Comovido a Oeste* 257)

33.

The voice that rises in the wilderness
Builds a tower to things
Forces a union, slowly formed between crown and seal.
He who ponders the horizon has the regent's brow;
A king unto himself does he become!

This gift for song—a sign but of bird or man,
What a tool in the vast right hand!
Things—how blind they are!—let them receive us
In their perfect calm.

May a god dare to stamp
The mark of silence and of pure determination
On the housebound soul who is the fullness of a thing,
Like a stone in the dark.

Áspera Vida

Intróito

Áspera vida,
Senda pobre,
Deuses remotos,
Homens perdidos.

Quanta energia
Erma no sonho,
E o casto vento amotinado
E a chuva calma em terra aberta
À nossa mente descoberta!

Triste poema
Da hora de espera,
Submisso e pronto no pensamento,
Leva-me todo ao tempo intacto
Que uma palavra pura atinge,
E, já conexo em mente e alma,
Dura no eterno retornar.
Só tu comoves o alto enigma:
Nós não sabemos decifrar.

(*Nem Toda a Noite a Vida* 65)

Austere Life

Prelude

Austere life,
Poor path,
Remote gods,
Lost men.

Such lonely
Energy in the dream,
And the chaste, mutinous wind,
And the warm rain in open country
On our unprotected minds.

Sad poem
Of the waiting hour,
Humbled and quick-thinking,
Take me away to the unbroken time
That a pure word reaches,
And, linked now in mind and soul,
Endures in the eternal returning.
You alone can move the great enigma:
We don't know how to decipher it.

Áspera Vida

I

Ah! A saudade dessas milhas salgadas, sem corpo,
E a névoa e extensão que elas mesmas criavam!
O desejo de ser o lado de lá de tudo isso,
Muito mais que horizonte—e ali sempre pregado!
Ali, orla de mim, termo de mim comigo!
Ali, eu osso, e areia o resto, e longe o resto!
Ali, eu sangue, posição e olhos compridos!
O mar formado ali, no sal dos meus desejos,
Rasgado pelas naus que eu fui, de mim fugindo,
Pesando nos fundões que deixei, lá submerso:
Eu, dejecto de estrela e desperdício de anjo,
Coisa sem fim no pequenino,
A esta hora talvez já mar, só de saudade;
Talvez feito um bocado para onda,
Só de o meu peito se lembrar de outrora,
Um outrora que é água nos meus olhos—
Não que nenhuma lágrima se prenda
A estes meus verdadeiros cílios secos,
Linhas da minha vida em meu olhar:
Mas porque ele mesmo, o olhar, é um pouco de água
Transtornada de humano sentimento,
Prolongada no ver pelo pensar.
Esta saudade é uma maré que eu sou;
Esta tristeza é já meu mar rolando,
Meu vento levantando-se na voz,
Minha contiguidade separando
Seus bocados inermes e sem área,
Seu percorrido igual em todos os navios,
Seu movente e parado eirado frio
Que se aquece nos reinos de coral
E quer quebrar-se em praias—mas que é delas,
Se não são minhas secas desistências
No inútil desenho de alguns passos?

Austere Life

I

Ah! The longing for those shapeless, salty miles,
And the fog and expanse they themselves would sire!
The desire to be the *beyond* of all that,
Much more than horizon—and set there, unmoving, forever!
There, edge of myself, limit where my self meets my self!
There, I a bone, and sand the rest, and the rest distance!
There, I blood, prestige, and long-waiting eyes.
The sea formed there, in the salt of my desires,
Torn from the ships as I was, fleeing from me,
Heavy in the solitary reaches I left behind, sunken:
I, excreta of a star, the waste of an angel,
An endless thing in the smallness,
At this hour that is perhaps already sea, purely longing;
Fit now perhaps to be a wave,
Only my heart remembering days past,
Bygone days that are water in my eyes—
Not that a single tear will attach
To these true, dry lashes of mine,
My life-lines in my line of sight:
But because my gaze itself is partly water,
Troubled by human feeling,
Water whose sight is extended by thought.
This longing is a tide that I am;
This sadness is now my rolling sea,
My wind picking up in my voice,
My contiguous form breaking up
Into defenseless fragments now spaceless
Its travels alike on every ship,
Its cold, moving, unmoving shore
That warms itself in the coral kingdoms
And wants to break into beaches—but it is one with them,
If not, are they my dusty castoffs
In the vain design of a few steps?

De onde em onde uma luz—mas nem parece,
De apagada e perdida nos socorros,
De intermitente ao vento que já sou...

Assim corto, descalço, a extensão do meu ser.
Vou eu, sou eu o que regressa enxuto
Apesar destas águas cá choradas.
Ó líquida distância em que eu fundava
Tanta esperança viva,
Hoje sem fundo nem âncora nenhuma,
Só lembrança direita e atravessada
Por mim, sem pé nem tábuas!
Minha alma cinge túnica de grave,
Calça tristeza como a enxada terra,
Fecha-se já por dentro do meu rosto,
Desce na minha carne e aos ossos fala,
Entende-se com eles de vida e morte,
Em sua árvore branca amadurece
E, bebendo de mim o que perdura,
De seu rijo tutano come e esquece.

Minha alma está vestida de chorar.
Já seus dedos procuram na cabeça
A coroa brava que os caminhos deram.
Ah! mas é tudo abstracto na cabeça!
Nem o espinho, se há dor, faz lá o seu furo,
E, se ainda assim existe, é então o sangue
Que veste a alma virgem de rubor...
Meu ser, quem te descora
E só tinge no mar a noite e a barca fria?
Navega e lava a tua forma ao longe,
Aprofunda a vontade de chorar
No vestido de lágrimas que levas,
Esconde os teus motivos mais secretos
No pique frio de uma estrela olhada,
Aviva o teu perfil no gume exacto
Do vento da manhã:

Here and there a light—hardly do they seem so,
Dimmed and lost in the cries for help,
Blinking into the wind that I now am…

Left to my own devices thus, I narrow the range of my nature.
I go, it is I who returns dry
Despite these waters cried all around.
O liquid distance on which I placed
So many ardent hopes,
Today, without the least depth or anchor,
Only my memories lived in the flesh,
With neither feet nor planks.
My soul dons a ceremonial robe,
Wears sadness like tilled land,
Now it closes off behind my face,
It descends to my flesh and speaks to my bones,
It makes life-and-death deals with them,
In its white tree it ripens
And drinking from me the part that abides forever
It eats of its harsh marrow and forgets.

My soul is clad in tears.
Its fingers are seeking out on the head
The wild crown the roads had rendered.
Ah! But everything's abstract in and on the head!
Not even the thorn, if there is pain, can bore its hole there,
And if it still exists, it is the blood then
That clothes the virgin soul in ruby red…
My being, who fades you
And only colors the night and the cold ship out on the sea?
Sail on and wash your form farther on from here,
Sink your urge to cry
In the suit of tears you don,
Hide your most secret motives
On the cold pike of an evil-eye star,
Sharpen your profile on the very knife-blade
Of the morning wind:

Mas que esse seja
O irrespirado, o que espreitava o dia
Já guardado nas âmbulas do mar
E ainda fresco nas ilhas estendidas
Lá no simples adeus em que as deixaste,
Ainda cheio do íntimo suspiro
Com que em terra os meninos acordavam,
Mas já molhado de águas sem começo,
Puro outra vez de tanto procurar-te,
Cego da espuma que preenche a noite,
Curvo como o tecido do Oceano,
E assim, de seu vagar só carregado,
No bafo sucessivo espere a hora
Em que teu vulto altere os horizontes
Para ele crescer e se estrear no humano.

Minha respiração, noiva do vento,
Tu, que trazes ao fundo do meu sangue
Toda a livre largura conhecida,
Diz-me de que países encobertos
Meu coração é só rochedo baço
E que vara saudosa pra lá tange
Estes tristes rebanhos do que eu faço.

(*Nem Toda a Noite a Vida* 66-68)

But let it be
The unbreathed, what the day spied
Once it was concealed in the amphoras of the sea,
And still fresh in the sprawling islands
There in the simple farewell in which you left them,
Still full of the heartfelt sigh
With which children on land would rouse from their sleep,
But wet now with waters without beginning,
Made pure again from so much searching for you,
Blind with ocean spray filling the night,
Wavy like the weave of the sea,
And thus, bearing only your gaze
With every passing breath of wind, wait for the hour
In which your form changes the horizons,
For it to grow and make its debut as a human.

My breath, bride of the wind,
You, who bring to the depths of my blood
All the known free expanse,
Tell me from what hidden lands
My heart is only dark-brown cliffs
And what yearning staff drives there
These sad flocks of which I'm part.

Áspera Vida

II

Quando a manhã já cinge a estrela Vésper
Anulando a distância a noite e dia
Ficamos siderados de alegria.

Tão puros somos no esplendor rosado,
Que o antigo humano mundo carregado
Já se aparta da nossa companhia.

O instante é uma centelha.
O dia sobe; a flor carrega a abelha
Do necessário mel que lhe cabia.

Quantos séculos conto e a este momento
Que me faz leve e límpido no vento?
Que idade tem a Terra na poesia?

Não podemos deixar nossa alma antiga,
Os males alheios prendem-se nos meus,
Todo o peso do tempo nos obriga.

Ó dourada manhã do róseo adeus!
Que sonho não sonhado nos fatiga?
O que é perto no Mundo é longe em Deus

Acordado na flor, o orvalho é breve,
Tomou-o a nuvem toda:
Sangue de rosa deu vinho de boda.

Alguém sem mãos isto me escreve.
No mar, no mar o peixe vi
(Alto mistério) e não morri!

Austere Life

II

When morning girds the evening star,
Breaking down the distance between night and day,
We are awestruck with stellar joy.

So pure are we in the rosy splendor,
That the burdened human world of old
Is parting ways with us.

The instant is a spark.
Day rises; the flower loads the bee
With all the needed honey he can bear.

How many centuries can I count up to this moment
Which makes me light and limpid in the wind?
How old is the Earth in poetry?

We cannot leave our old soul behind,
Others' ills are fastening to mine,
The full weight of time is saddled on us.

O golden morning of the roseate farewell!
What undreamed dream is tiring us?
What is close in the world is far in God.

Awoken in the flower, the dew is brief,
The whole cloud made off with it:
The blood of the rose gave wedding banquet wine.

Someone without hands is writing this to me.
In the sea, in the sea, a fish I saw
(The height of mystery) and I did not die.

Uma história de mortos conto aos vivos,
A minha língua é esta existência herdada:
Com a face nas mãos, olho os cativos.

Vi a florinha acesa e o tronco escuro;
Em minha alma dolente e enlameada
Planta o Senhor novo cuidado puro.

Que isto só dure o instante de dizê-lo,
Ainda assim me comove e transparece
Como em barco nocturno último apelo.

A seiva represada reverdece,
Ante a cólera o amor empalidece,
A terra é uma cóscora de gelo.

Meu Portugal de linho e de espinheiro,
Que é da onda de Sagres e a nocturna
Curva lunar do teu perfil primeiro?

Dormem Afonso e os Sanchos numa cripta,
Já o corvo de Vicente entra na furna
Que langue e cara asa de pega agita.

Ah! pudera seu bico piedoso
Catar-lhe a pulga de ouro langorosa
Que faz o filho pródigo gozoso!

Gaivotas concitadas nas Colunas,
Que grito novo em vossas *collerettes*
Inclina o vento à popa das escunas?

Épica fúria vã, tu me acometes
Já na idade da estéril cobardia.
Coração, coração, no que te metes!

A story of the dead I tell the living,
My tongue is this inherited existence:
With my face in my hands, I look upon the captives.

I saw the little burning flower and the dark trunk;
In my muddy, suffering soul
The Lord sows pure new sorrow.

Though this may last but the instant of the telling,
Even so it moves me and shines through
Like a distress signal to a ship in the night.

The dammed-up sap runs anew,
Love pales in the face of wrath,
The earth is a crust of ice.

My Portugal of flax and bramble,
What is first from the wave of the Sagres
And the nocturnal lunar curve of your profile?

Afonso[1] and the Sanchos[2] lie slumbering in a crypt,
Vincent's[3] crow flies in the cavern
And shakes his kindly, languid magpie's wing.

Ah! Would that its godly beak
Could unearth the feeble golden flea
That delights the prodigal son!

Excited gulls on the Columns,
What new cry in your little flocks
Bends the wind astern the schooners?

Vain and epic fury, you fly at me
In a time of barren cowardice.
Heart, what are you getting yourself into!

Não mais a confiança na alegria
Nem a ousada maneira ao Trinca-Fortes
Faça triste figura de poesia.

Atravessei sozinho o Rio das Mortes,
Bordo a matiz uma âncora pensada
E, assim, minha alma não descobre nada.

Só um pouco de vário pensamento
Acomete o castelo da Ilusão.
Um petroleiro entrou a Barra, lento.

Em vez de vinho ou flores, óleo no chão;
O Mundo agora é um vasto pavimento
Que rola a pneus a pressa em seu cachão.

Vem todavia, ave de prumas grises,
Musa dos homens, andorinha aérea,
Dar-me novas dos rápidos países,

Vem pressentida, cuidadosa e séria!
Eu saberei calar o que me dizes:
Não é dom de mortais dádiva etérea.

Se me falas do Céu, pouco te entendo;
Se da Terra, esmoreço de sabê-lo,
Que da vida nem sei se me defendo.

Sonho umas coisas, vivo gestos, passo
Como o peixe que dobra o cabedelo,
E em minhas próprias redes me embaraço.

Leve falua corta os mares sonhados
No espesso repetir da onda marinha
Que alevanta meus sonhos e pecados.

Faith in joy no longer
Nor make a sad countenance of poetry
In the daring Trinca-Fortes way.

All alone I crossed the River of the Dead,
I weave a many-colored anchor in my mind
And so my soul discovers nothing.

Only a bit of wavering thought
Assails the castle of Illusion.
An oilman came into Barra, slow.

Instead of wine or flowers, oil lies on the ground;
The World now is a vast rolling highway,
A cataract of rushing tires.

But come, grey-feathered bird,
Muse of men, airborne swallow,
Bring me tidings from the hurried countries,

Come suspicious, cautious, somber!
I will know to keep quiet what you tell me:
A high-flyer's gift is not a mortal's lot to share.

If you speak to me of Heaven, I will understand but little:
Of Earth, I will lose heart to hear of it,
For I know not if I can hold my own against life.

I dream some things, I make gestures, I go by
Like the fish who rounds the sandbank,
I am entangled in my own nets.

A fleet sailing vessel cleaves the seas of fancy
In the thick recurrence of the ocean's waves
That buoy up my dreams and sins.

Era um outro bater na meninice,
De sol e lua vinha a onda cheia
Na palavra de espuma que me disse.

Eu a houvera entendido, que outro fora
E, lobo, não andava na alcateia
Que é o anho da minha alma a quem devora.

Mas já do tempo o bronze fende o erro,
Não convoca ninguém a badalada,
Banha o remorso as plagas do desterro.

Arde, alma comburida em tua lenha,
Que é só pura lembrança desviada
No cuidado mortal que te mantenha!

E não voltes aos peixes, não conheças
A lânguida alegria de durar.
Pede a Deus que das trevas amanheças,

Que te apague qual vela em vão ardida,
Te humilhe na velhice sem luar
E, como roupa seca recolhida,
Possas a um pobre tua vida dar.

(*Nem Toda a Noite a Vida* 69-73)

It was another strike against childhood,
From sun and moon came the wave broad and full
In the word of foam you spoke to me.

I would have understood it, had I been another
And, a wolf, not ran with the pack
That is the lamb of my soul, devoured.

But now the bronze of time rends the error asunder,
The bell tolls for no one,
Remorse washes over the plagues in the wilderness.

Burn, soul consumed in your firewood,
For it is only sheer memory gone awry
in mortal care that preserves you!

Do not return to the fishes, nor know
the languid joy of enduring.
Pray to God you awaken from the darkness,

That he snuff you out like a candle uselessly lit,
That he debase you in your moonless old age
And that, like dry clothes gathered,
You may donate your life to the poor.

[1] Afonso I of Portugal, "the Conqueror," first King of Portugal (12th century). —Trans.

[2] Sancho I, successor to Afonso I, succeeded by his son Alfonso II; Sancho II, who ruled 1223-1248. —Trans.

[3] St. Vincent, patron saint of Lisbon, said to have been led there by a crow. —Trans.

Áspera Vida

VII

Ao clarão de uma Lua apunhalada, passo
Tortos atalhos de uma aldeia irreal
E embebo-me na noite pensativa,
Tentando ser, eu, o que penso, a esquiva
Ave deste silêncio natural.

Vou semeado e lêvedo de coisas,
Corpo pesado, leve pluma em mente,
Sozinho e, no entanto, cheio de gente.

Acordou n'alma o carrilhão submerso;
A lesma de uma vida soçobrada
Inchou, alou-se no meu verso.

Lua! Quantas esteiras adiantas,
Nos terraços, aos pares enfim sozinhos?
Que frestas de casebres pintas de oiro
E que sombras apartas nos caminhos?

Caçadeira de trevas espantadas,
Tu, que as nossas guitarras encordoas
Desgrenhando em silêncio as namoradas
E serenando as leoas,

Diz-me por que condão teu disco frio
Assim exalta os choupos encharcados
Na hesitação do rio?

Breve e enevoada, enfeitas a montanha,
Erma apareces, finges de mulher
E, grata ao triste, o que não és infundes,
Pois nem seios nem boca tens sequer.

Austere Life

VII

By the light of a knife-wounded moon, I move along
Crooked byways of an unreal town
And am absorbed into the night lost in thought,
Trying to be what I think: the elusive
Bird of this natural silence.

I am sown and leavened with things as I go,
Heavy of body, a light quill in mind,
All alone and full of people the while.

In my soul the sunken bells come awake;
The snail of a foundered life
Swelled and rose in my poem.

Moon! How many courses you help along,
Of the couples alone at last on the terraces?
What window frames in hovels do you paint gold,
What shadows do you turn away from roads?

Huntress of darkness put to flight,
You, who string our guitars,
Tousling the sweethearts in silence
And serenading the girls in their finery,

Tell me by what magic power does your cold orb
Glorify the flooded poplars
Where the river waters waver?

Short-lived and snowy, you trim the mountain,
Solitary you look, you disguise yourself as a woman;
A comfort to the sad, you infuse all that is not you,
And neither breasts nor mouth do you have.

Louco transtorno é a alma dos humanos,
O sentido da noite e o olhar da vida!
Meu coração parece o escasso vulto
De uma pessoa querida.

O sabugueiro em flor já passa às pedras
A alvura da saudade em que se movem,
E até ralos e portas de tabernas
Creio que se comovem
No estrato virtual das coisas ternas.

Oiço passos; os galos se combinam
Como ginetes para cavalgar,
E vão, de espora fita na cabeça,
Cantando até que amanheça
No galope lunar.

Que taciturna estase adiante os gestos
Da paisagem solene e reflectida!
Os troncos firmes são honestos,
Castas as flores apodrecidas.

Se eu pudesse tirar da Lua louca
Os olhos da Madrinha ao adormecer
E a *Ave-Maria* morta em sua boca!
Mas já não pode ser...

Andarei sem o bibe que me punha,
Crescido na consciência que tomei:
Que, se a unha me cresce, eu corto a unha;
Ao remorso não sei.

Atalho à estrada. Os calhaus brotam vivos
Dos bêbedos e coxos que pasaram
A rua da amargura que regaram.

Mad confusion is the human soul,
The meaning of night and the gaze of life!
My heart is like the insufficient form
Of a loved one.

The elder tree in bloom passes to the stones
The whiteness of the longing in which they move,
And even crickets and tavern doors
I think are moved
In the mind's-eye realm of poignant things.

I hear footsteps; the roosters group
Like cavalry to ride,
Their spur fixed on their heads,
They go off singing until dawn
In a lunar gallop.

May reticent ecstasy hasten the gestures
Of the solemn, reflected landscape!
The staunch tree trunks are honest,
The rotten flowers, chaste.

If I could pull from the mad moon
The eyes of Godmother when she sleeps
And the Hail Mary dead on her lips!
But it can no longer be…

I'll make my way without the bib they used to put on me,
Grown in awareness I've gained:
For, if my nail grows, I shall cut it;
Remorsefully? I do not know.

A shortcut to the road. The stones bloom with life
From the drunkards and the lame that passed
Down the street of bitterness they watered.

Tudo o que digo em verso finge a sede
E, se falo de fomes verdadeiras,
Saltam peixes poéticos na rede!

Ó lânguida palavra possuída
No orgasmo do ledo vagabundo,
Recolhe-te, envergonha-te da vida!

Fingida, murcha em mim a alma do Mundo.

(*Nem Toda a Noite a Vida* 81-83)

Everything I say in verse feigns thirst,
And if I speak of real-life hunger,
Poetry-fish jump into my net!

O, languid word possessed
In the happy rambler's climax,
Take cover, be ashamed of life!

In disguise, the soul of the world shrivels up inside me.

Lição de Coisas

A exactidão serena de uma flor
Aconselha-me em vão
A encher de paz e sem amor
O revolto e impreciso coração.

Ó luz tão verdadeira,
Que dás o verde tenro e o branco puro,
Eu dava a vida inteira
Para ser monte ou muro!

Mas ao homen não valem
Desejos minerais:
Aves, flores, que se calem!
Hei-de ser como os mais.

Nem florido no orvalho como a rosa,
Nem azul como o monte arredondado.
Ó imaginação, só tu és dolorosa!
O maior mal ainda é o imaginado.

(*Nem Toda a Noite a Vida* 103)

Material Lesson

The cool precision of a flower
Counsels me in vain
To fill with peace and dispassion
My stormy, equivocating heart.

O light of ultimate truth,
bringer of mild green and purest white,
I would give my whole life
To be a mountain or a wall!

But mineral urges
Are of no use to man:
Birds, flowers, let them hold their tongues!
I shall be like the wicked.

Neither flowery like the dewy rose,
Nor blue like the round mountain.
O imagination, only you are painful!
The greatest ill yet is the imagined one.

Anjo da Guarda

Anjo da Guarda potente,
Andai sempre adiante...
Velha oração

A noite é o pólen do mar,
A terra o sémen do dia,
O céu é este voar
Sem alegria.

Ave que fui na Ilha,
Não voltarei ao ninho:
Perdi a asa e a anilha
Pelo caminho.

Deus disse ao Anjo: — "Guardarás
Esse menino desviado;
Aspas de luz acenderás
No escuro chão que o traz cercado.

"Cobre teu rosto sem perfil
Com tuas mãos de metilena
Quando ele levar para o redil
A ovelha imbele alva e serena.

"Não queiras ver seus gestos dúplices,
Ou dá-lhes fogo de doer;
Ata de azul os braços súplices
Quando se esboça o arrenpender."

Ó lumes que só conheço
Das orações esquecidas,
Que sono torvo!
Na guerra, desde o começo,
As minhas carnes vão podridas,
Meu coração bicou-mo um corvo.

Guardian Angel

> Mighty guardian angel,
> Always lead the way…
> *Old prayer*

The night is the pollen of the sea,
The earth, the semen of day,
The sky is this joyless flying.

Bird that I was on the Island,
I shall not be homing to the nest:
My bonds slipped, my wing perished
En route.

God said to the Angel: "Thou wilt watch over
This wayward boy;
With crosses of light thou shalt illuminate
The dark path that closes in around him.

"Cover thy face that casts no shadow
With thy wood-spirit hands
When he leads the peaceful white sheep
Unto the pen.

"Blind thy eye to his false gestures,
and visit not the lash of fire upon them;
Tie his prayerful arms in blue
At the faintest sign that he repents."

O, fires I only know
From forgotten prayers,
What a dreadful dream!
At war, from the beginning,
My flesh rotting, rotting,
A raven has pecked out my heart.

Anjo que foste de meu Pai,
Que te rezava (estou a vê-lo!),
Nossa inocência preservai.
E quando Eva esconde o seio
Na seda larga do cabelo,
A espada (é tarde?) estende ao meio.

O negro a fogo se esvai.

(*Nem Toda a Noite a Vida* 152-53)

O angel of my Father that once you were,
Angel to whom I prayed (how clearly I can picture you),
Preserve our innocence!
And when Eve hides her breast
In her long silken locks,
The sword (too late?) is drawn to cleave.

The darkness is swallowed into flame.

Nomeio o Mundo

Com medo de o perder nomeio o mundo,
Seus quantos e qualidades, seus objectos,
E assim durmo sonoro no profundo
Poço de astros anónimos e quietos.

Nomeei as coisas e fiquei contente:
Prendi a frase ao texto do universo.
Quem escuta ao meu peito ainda lá sente,
Em cada pausa e pulsação, um verso.

14 de Setembro de 1959

(*O Verbo e a Morte* 313)

I Name the World

Afraid to lose it, I name the world,
Its quantities and qualities, its objects,
And so resonant and rich is my sleep
In the deep well of anonymous stars at rest.

I named things and grew happy:
I tied the sentence to the text of the universe.
If you listen to my heart you can feel it there still,
In every pause and pulsation, a verse.

14 September 1959

Regresso

Ao Coronel Sacadura

Cavalo e cavaleiro o vento adornam
Com uma pata e uma pluma;
À tarde unidos tornam,
Um estame de sangue numa rosa de espuma.

Tanta pressa, afinal, para coisa nenhuma.

(*O Verbo e a Morte* 343)

Return

Horse and rider adorn the wind
With a hoof and feather;
Night falls, they join as one,
A stamen of blood in a rose of foam.

So much haste, in the end, in vain.

Three Short Stories by Vitorino Nemésio[1]

Translated by Kelly Washbourne
Revised by
Francisco Cota Fagundes

Fishhead

When Abílio went to Brazil (Mateus Queimado relates), his mother made him heaps and heaps of shirts and long johns. I remember that very well. There were a few of us: Abílio, me, Fausto, Hemetério, Francisco da Segunda, Tiàzé. But the latter two did not have dinner or spend evenings with us, swaddled in bibs or held by the hand of a servant, like Chinchinho did. They smelled of fish, and when the mucous built up, they would wipe it off on their coatsleeve and swallow the rest, whimpering.

Francisco da Segunda was small and lively as quicksilver; Abílio, serene and sluggish. Hemetério had the body of a greyhound and stuttered a little; Fausto was ahead of everyone in school and was short-sighted. If someone wanted to get him angry, they would stick a stone in his pocket or stealthily pull on the brim of his hat when he was studying. Both at the same time, orchestrated by Francisco da Segunda (who gave the sign by winking his eye), made him crazy. He would turn really red, lower his head and attack. Then we would all take off; and when Segunda, light as a monkey, would provoke him, a wild chorus of hooting would go up:

"Fausto's a stupid girl! Fausto's a stupid girl!"

Portuguese Literary & Cultural Studies 11 (2007): 421-39.

Abílio avoided taking part in these mischievous persecutions, being kindly and fat. He thought only of playing cards and a five-year-old little brother he had at home who had been born prematurely: Pirrilha. If necessary, Abílio would run a hundred meters in one breath and not even Segunda could catch up with him: he would squeeze his lips together tightly, and would let loose such an explosive slam with his feet at the finish line that the earth seemed to shatter! But if he ran a lot, he would sweat. He would sit down on the school steps and needed to catch his breath for several minutes. Then he would wipe off the big drops of sweat and be rendered powerless, while Tiàzé himself would manage to spit on his nose without danger of getting belted in the jaw.

Some time before, we had made up that masterful way of picking up the gauntlet. At the slightest quarrel—a bet, a disputed spinning top—the strongest or most fearless would issue the challenge:

"That a lie? That a lie? Touch my nose!"

The other would spit on the tip of his finger, and if he touched, you'd hear the sound of a slap, until the first genuine blow scored a knockout on some nostrils.

But Abílio, who was somewhat gloomy and noble, did not like fights. The challenges went mainly to those who had fishermen fathers, who were used to the jabbering at the grocery until all hours, the profanity during the hauling of the nets, the terrible oaths uttered by the mothers calling one another bitches at the public washes, until one rumpled another's hair or turned her butt to her, conveying by the slapping of her own buttocks something about being purer than thou. Their husbands would come make peace or end the episode at the foot of the wall, razors in their fists. We, "the sons of the soil," would play at other things. Our parents had offices or stores; our mothers had large rooms with console tables, silver ferns and begonias. We were a different breed...

My mother, for example, liked Senhora Claudina a lot. She was Abílio's mom. She'd always say:

"I seldom go over to Senhora Rosinha's house, but we're friends, that we are! So my Abílio and Matesinho are hand in glove with each other..."

My mother would tease us when she saw us:

"There goes the blind man and his dog."

If we were to take the saying at face value, the blind man would be Abílio, God help him. Everything I wanted. To the sand to cut reeds? To the sand to cut reeds! Let's make pan-pipes! He preferred a rifle and a sword—with which he looked amusing, a long piece of string measuring his girth. But I'd say: "Shall we make pan-pipes?" and then we'd actually make two, and I'd keep the one with the better skin. And "dum…dum…dum…" we'd prove my mother's saying about the "blind man and his dog."

We were growing up. At noon, Teacher rang the chime, and we went calmly and directly to the stair rail; afterward, whoever had the longest legs would be the first one to the street. From the school railing one could see the rolling sea. In the winter it was always thick and green, as if it had been spit. The beach—shorter. Giant walls of cast-up foam leapt over the fishing-net shed. And if the wind and rain picked up, it was virtually always a trifling drizzle, a light rain heading northeast, with screeching seagulls gathering by Pexinho's grocery. In the schoolyard we played flea-or-louse and it stunk of human effluvium…

But after the fogs, the sky over the islands would open, Teacher would come to the window to smoke, hiding it the while. Off in the distance, there were already reasons for Teacher to keep mum: floating harbor porpoises, and the sails of the crew of the Velhinho, which last winter perished at sea. We'd then go take a swim, leaving our clothes and shoes hidden in the reed hedges.

One day, Abílio and I found it funny that what God gave us was full of goose bumps when we came back from swimming. Our skin, yellowed from the noonday sun, was dripping. More than an hour in the sea (we played hooky from school that day) made our teeth chatter. We dried off by rolling in the sand. Then, still naked and sitting, Abílio threw a fistful of sand at my belly.

"Knock it off!"

Abílio spit at me a little below the belly button.

"Knock it off!"

Smack!: a bit of fishing-net float in exactly the same spot. We were dry, both with taut skin; far off one could hear the chucka-chucka of the flour mill and the hee-hawing of Trajela's donkey. It was low tide, and so you could hear its far-off, sluggish gurgling. So with sticks, we would measure each other and talk about our things. Despite the dead silence of the place, we hardly listened to one another. Our agreed upon interest in nudity was from an even more serious and isolated world, beyond that enclosure of smooth hot sand.

I said that our maid, Malagrida, would blow on the coals as the chiming of our church bells summoned people to prayer. My mother—out.

"What about you?"

"Standing right behind her…"

Each one of us would dig his own hole in the sand with the measuring sticks. We would look sidelong at one another. I saw the whites of Abílio's eye, wet with a gummy sheen:

"Well I…"

"Spill it!"

"I don't have anything to tell. I'm, uh, going with Lucinda." I had not seen him so serious; he had his hand inside the hole, rounding the bottom. Since I said nothing, he threw sand and said: "I have to go to Brazil to earn the money for the ticket for her to join me there."

"So is it good?"… I asked, still stuck on the memory of Malagrida's skirt as she bent down to blow on the coals.

Abílio furrowed his brow and said, facing me fearfully:

"Is *what* good?!" Pause. I felt ashamed! Perhaps happy at the stupid gravity that could probably be read on my face, he then allowed: "We, uh, only when we're married… You want to be my best man?"

We buttoned our suspenders and became friends like never before.

II

In the second grade exam, I scored a pass with honors; Abílio scored a bare pass. How sad! He turned up in long pants, white vest, dona Claudina's *châtelaine* serving as a watch band. Since he bit his nails, the watch was a rest to fill a minute of his ignorance when flustered by "Who was the king who ordered the Leiria Pine Forest planted?"

Mr. Fontes, the teacher from Cinco and member of the examination committee, muttered: "D. Dinis … D. Dinis!" Abílio, however, who was crazy about bulls, had piped up with "Dom Afonso Quarto, the Brave"—and escaped flunking by a hair's breadth.

Outside, my father and his waited for us alongside Teacher, who said not one word to me; but he did not let Abílio go:

"Fishhead here is going to blow the results for me!"

Abílio's father was ashamed of his son, angry at him, angry at Teacher, feeling sorry for himself and for his son:

"You little scamp! (Look how you have that shirt collar!) And you made me spend a mint, only to see this!"

"Fishhead here is a blot on my record!" the teacher persisted.

Abílio's father had squatted down a bit to wipe away his tears, but pressed the handkerchief and forced him to blow his nose, without his needing it:

"Hard! … The darned fool, who was head of the class in decimals! (Come on, boy, don't cry, Teacher's in charge in school, but *I'm* in charge of you!)."

But Abílio was crying in pain, his eyes bloodshot. When they announced the results, Teacher softened.

"Abílio Cardoso de Aguiar, pass. Mateus Queimado Gomes de Meneses, excellent."

My father gave Abílio a kiss before kissing me. Abílio's father solemnly shook my father's hand:

"Ah, senhor Meneses! How heartening to have such a son!"

We were all fairly embarrassed; only Abílio stopped crying. No one knew whether because he was spared from flunking, or for some other reason. In a sudden impulse that consumed him he grabbed my arms and said:

"Lucky for us, eh, Mateus!"

And it was in his eyes that I felt I had passed with honors.

III

From that day on at the Aguiar's only underwear for Abílio was made, with so much care and the gathering of the friends and neighbors of dona Claudina, his mom, that (stupid memory!) it just seemed like the chore of chopping onions (even by the mother's tears!) the night before slaughtering a hog.

I got a tutor for my first year of secondary school; Abílio had started in his father's shop, measuring out oil and wine. But it was not for long: he was going to Brazil to take up with an uncle. In the evenings, if I came into the store, senhor Aguiar would get choked up and let his son off:

"Go run around with Matesinho! Since you didn't have the smarts for school, maybe you've got the back for carrying coffee…" And changing his tone, "You just wait, your uncle won't spare you…"

But Abílio—so grieved by everything, so fond of his father—had become hardened, indifferent, as if cynical. He was much paler, his lips whiter; but the jugular veins in his neck were stiffer, and all along the streets of the village, during our walks, he would sigh and look at me with those eyes in which I had read my true distinction.

It seemed to me, however, that something was now turning our Abílio into "pass with honors" and me into "pass"—and hurray for the old man! I didn't know what it was, nor if it was so: I knew that the uncle from Brazil was his uncle, his name was Garrão and he had a butcher shop in Rio. Abílio showed me his calling papers, a portrait of his uncle with his curly mustache and the scrambled egg on his waistcoat, and the letter-case his mother had given him for him to put his passport and a scapular of the Sacred Heart. It was held by an elastic band; it was brown and it creaked. Abílio asked me for a *Written Testimony: Token of your devoted friend Mateus Queimado Gomes de Meneses.* And it was then, when he was going to stick my keepsake in the letter-case, that I saw a picture of the girl and—*Heaven above! The Heart of Jesus is with me!*—it was his Lucinda.

IV

That year we grew for the many in which we had only played and gotten into mock fights. My mom rarely went to see dona Claudina; but whenever she did, she would take me, and we would have to see the long johns being made for Abílio. In short, he seemed like a bride the night before tying the knot.

So: we went to their house again, the varnished steamer trunk was already in the hall. I remember clearly that it was yellowed with flea-colored scratches, and I had seen it the night before when it was carried on his back by Augusto Escanchado, who used to carry the caskets that way. Dona Claudina was bathed in tears as she packed long johns. It smelled of starch and of the lemons used to alleviate seasickness.

It was when dona Claudina handed them to my mother so she'd see how heavy they were that senhor Aguiar's footsteps could be heard on the doormat. He bid us good evening. The oil lamp shone sadly in the back of the dining room.

"Did you bring the rope?" dona Claudina asked. Senhor Aguiar silently produced a coil of it. "Won't that be too small?"

"To secure the trunk, it'll do. You just need to tie it crisscross."

Now began the work of packing the immigrant's trousseau in that coffin. Senhor Aguiar lay hold of the lamp; my mother kept putting in layers of clothing, which dona Claudina would compress.

"There's what comes of not being too bright, dona Rosinha…"

"Aguiar! Can't you shut up even today?! Remember that this time tomorrow, our precious angel will be out to sea!"

Aguiar, unflinching, grabbed the lamp:

"He knows full well I have done my duty as a father. But to claim that he's an eagle, when he's just a fishhead, like that smart pants of a teacher had the gall to say to my face… Where is the boy, anyway?"

He thought we were both out in the yard. But Abílio, in the room where he slept next to his little brother (and you could hear everything through the door), was counting leftover buttons from his button game to give to me. Once, by a fingernail's difference on the slab stones, he had lost to Tiàzé at the end of an unlucky evening, and wound up pulling the buttons off his pants, just to make good on his word! What a beating he got!...

Then he grabbed the old pocket knife (his mother had given him one, with a new blade, for the journey) and insisted I take it. I didn't want to.

"Take it! It's the last thing I'm giving you."

"Your brother could use it..."

"Pirrilha is still too tiny to play with knives. Look at his little hand..." Pirrilha was sleeping with his mouth open, fist clenched. Abílio's eyes, those pure and suddenly responsible eyes, filled with tears. "Did you hear what my father said?... Take this. It's the last thing old 'fishhead' is going to give you..."

He hid for a second the line of his eyebrows on his wrist, looked at Pirrilha's brow and took me to the kitchen. He was completely colorless, like a bit of smile stuck to a corner of his mouth. But out in the yard, I saw that his lips were trembling and that his thirteen-year-old face was covered in bitterness.

The moon was shining as if it were day, a lively, sonorous moonlight from the formless mass of the sea. The yard was large, with thick-stalked cabbages, and in the back, a Bermuda cedar. We talked for a while...: Francisco da Segunda would fall and hit the water belly first: I began to insist that Tiàzé would go farther in swimming; and Abílio: he insisted that Estoiro was the freestyle champion and could hold his breath longer under water and come up for air without coughing up water. One fond memory after another, we talked about everything: about school and the reed hedges. Abílio had the urge to answer nature's call ("to go on your feet," as they used to say on the island). So as to not break off our talk, he dropped and went right there, in a hole at the foot of the cedar.

"So do you always want me to be your best man, Abílio?"

He wiped himself on a handful of lemongrass leaves and said with an air more pensive than sad:

"Lucinda dumped me when I scored a pass..."

I'm very well, thank you!

João Cachalote spends the evenings sitting at the kitchen window, relaxing. He goes from there to Adrião's general store and the sea. Adrião's store has a sky-rocket laid across the doorway as an advertisement, and in the most wind-blown winter evenings, a closed half-door. It is on these very days that João Cachalote's daughters do not let him go out, and being at the window feels better to him.

"I'm going out for a minute to Adrião's store; be right back…"

"Oh, father! You make yourself comfortable right here! With the weather like this! …"

Who is speaking this way to João Cachalote, master whaleman, known from the Reef of Newfoundland to the Islands of Baixo, who can plunge the tip of a harpoon behind a mosquito's ear, or grab a bushel of salt by force and hurl it in the face of anyone who calls him a liar?! "Oh, those infernal nags!" João Cachalote thinks, dragging himself to the middle of the kitchen as he leans on his jacaranda walking stick with half an ivory tooth on the tips, and is already struggling again toward the window, undecided whether to keep up the fight and go out anyway or to curl up in the chair at the cat's feet.

There he is, Rise-and-Fall, using the still-warm shawl that the old man had left on the chair, and with his belly running like the motor of the first boats that dared to outdo paddles and rigging… João Cachalote struggles to steer near the cat's domain and never takes his eyes off him. Rise-and-Fall's peacefulness argues for resignation. At first he drives him out amicably; but the cat yawns and lingers, and the old man, remembering that he did not hold his ground sufficiently with his daughters, lets loose one of his hollers like the ones he used to do. The cat slinks off, low to the kitchen floor, and João Cachalote, shawl around his knees, sits down.

The girls are right: it is windy. Every wind-lashing in the street is the power of God! Good Lord! … A sand-bearing cloud comes to try out the window pane. And how huge the surf is at the fortress when the big cresting waves formed far out can hold no longer, and break! There, sitting under the nice, dry blanket, one is much more comfortable. Besides, the dirty tangled mop of clouds in the sky is threatening rain, a sky João Cachalote knows only too well. At the door of Adrião's store they always asked him:

"Safe weather, João?"

"The wind's coming down east-northeasterly… a bad sign! We got a storm brewing. 'Less that patch there to windward clears up…"

Today is one of those days: sad, steamy, thick. (And João Cachalote flings his jacaranda cane against the wooden floor.) He grimaces with an expression he seems to pull out of his pocket like a mask for just such occasions: annoyance, with his droopy mustache, yellow at the tips from pipe burns, the pipe with which he talks to people sometimes—but deep down he feels in fine spirits and enjoys himself. The sea is there with all its foamy crests, greenish, and from time to time the pounding roar of its waves, arid and unfailing. It is just how he likes it. He reclines in his chair and confirms the outline of the fortress (to see it, look out that way…): kapow!—another wave breaks. The old man's happiness is so secret and large, that although never a word is heard from him, he seems to be applauding: Hurray!

But from Adrião's store comes a whiff of a human throng, a hint of gambling and sugar-cane brandy. It is hardly perceptible. Now it's the old lady who keeps the shawl around her head and comes out of there with a half a bar of soap wrapped up and a glass flask hanging from her little finger, with whisky for her husband. And then peglegged Adrião who comes to the door, spits into the road and turns back inside. João Cachalote stirs in his chair, plans another attack. No, let the girls get angry. "The girls" are three: Teresa, Joaquina and Rosa. The mother, also named Rosa; but the mother has already passed on, regrettably. This is not something that is called by the name of the living nor is it a topic broached in the company of those three young things who do not let him prosper: "Now, father, the black grouper isn't good for you! …" "Now, father, take your hood, you're going to catch a head cold!" "Now, father, turn up the collar of your coat, mind your throat!" The old man becomes proud, and wriggling in his chair, he imitates each of his daughters in turn; he looks askance to see if any of them are coming; he is all but bellowing, in retaliation for all the vexation: "To hell with you three and all your henpecking!"

Joaquina tiptoes in, watches him attentively for a while, and asks:

"Did you say something? Are the pains in your leg acting up again?"

The old man turns onto his left side, snorts angrily—and the issue is dropped.

Joaquina, "my middle one," runs the house. She molds the bread, cooks, does the wash. Every week she runs a polishing cloth with sweet almond oil over the household articles. Doralice, a thirteen-year-old washerwoman, the niece of their neighbor, Cacória, and Rosa's goddaughter, "my youngest," does the small errands and already has the same arguments as the older ones. Joaquina dared take on the "messy business" of impeding João Cachalote when, at bedtime, she went to the room to put the marble-tipped walking cane into the corner with the spittoon. It must be put behind the door of the dining room, without fail, with the daughters' three parasols!

José da Praça, who comes into Adrião's store… He noticed him standing at the window; he laughed; he gestured with his head as if to say:

"So, not coming to the store a while today?…"

He replied with a vague gesture, a wave of the hand at the window toward the clouds, as if by way of reply:

"Thanks; but I don't feel like going out, with the weather like this…"

The fact is, he can't… Why can't he at least think honestly? They won't let him! "The girls" scold him. And João Cachalote hears the loud laughter of José da Praça, his best friend, now that both are old and infirm.

They spend hours on end in Adrião's store, talking of courage and "profits." With the weather like it is today, the conversation begs for tales of the sea, trials among the crew on account of downed masts: an Englishman named Jack who took João Cachalote to the red-light district, in St. John's of Newfoundland, and two ladies of the evening sat, one on each of his knees, pulling on his mustache and singing. José da Praça listens to him, wearily, with his large, ugly butcher's hands resting on his kidneys.

Today, let hear whomever wishes to hear, and to hell with the others! He lives all alone with an unmarried son, Quincas, on the Main Square. That is why they call him José da Praça—José of the Square—where he has a house and his butcher shop. But he spent more than twenty years in Bahia, set up in Caquende, and made some good money. He brought his short, half-mulatto son, with his capoeira walk and a little mark on his face, a kind of overripe grape. The girls are crazy about him. What could they see in him? João Cachalote does not know, nor does he care. What he does know is that Quincas hung around his door, waddling, his ox-eye viscous above the overripe grape. João Cachalote—on the lookout… From inquiry to inquiry, he caught Rosa flushed with embarrassment quickly leaving the window. He needed nothing else to act…

"Senhor Quincas, I'm a good friend of your father's, but if you don't sweep the street in front of the house I'm going to bust your snoot!"

Quincas sized up the old man: João Cachalote got around hunched over, supporting himself step by step on his little jacaranda walking stick mounted in marble. He had wrinkled skin and crow's feet around his eyes. But the line from his brow to his chin—"I'll bust your snoot!"—was a sign he would really do it. Quincas remembered his father; he remembered his beloved

Joana from Travessa do Ourives; he remembered that his bones were still intact, and gradually backed off, grudgingly... Rosa got really thin, but little by little forgot Quincas's overripe grape. Naturally! That's the way of it.

These things pop into João Cachalote's head once in a while, there in front of Adrião's store. In the distance the fortress can be seen, with the cannon serving as cornerstones, cannonbreeches on up. Buried in the sand-and-balsam-covered clay, full of rock barnacle and blight, they no longer look like real cannon, from the time of the Coast Guard! On the high wall that runs down the dock—the big old ring to which they tie up the luggers. It was there he moored the American sloop's dinghy to take it aboard to escape conscription. With the guard nearby, Broca (wearing a frown, quarrelsome over the tax on fish...), how could he climb aboard without them seeing him? It was then that he came up with the plan to go down the searock with a bundle of clothes on his back, hurling himself from the Amoreira fountain into the water—and voilà! He would swim to the dinghy that had cunningly changed direction. He would leave behind the bluff of the pine-covered island. There on a cliff-top, on a little bypath—his father's form, waving goodbye...

The evening is growing darker. It is on account of the weather, becoming overcast; but daylight can still fall farther down the chromatic scale before sunset. Behind the house, Rosa is singing:

I went out on the high seas,
I made it halfway, and stopped...

Dratted cat! Won't you believe that while he seems to be caressing his master with its paw, he's actually sharpening its claws on his hand?! João Cachalote licks a wound on his thumb, a scratch of trifling blood. That is the finger he uses to grasp his cane, for the trip from his house to the store. In the old days, his thumb had a different use, that's for sure: to get a firm grip on the whaling spear, to aim and sink it. A road of blood united the sperm whale to men, attentive to the line tub, fearing a kink. He smelled his sweaty shirt and the burning line:

"Hard astern!"

Ah! Time and fingers! Good-for-nothing whalemen! ("Shoo, cat!")

Just then they lit the little Espartel lighthouse. Lighthouse!... A propped-up candle that every day drinks a sip of kerosene! The lighthouse was the one on the northern end of Betefete,[2] which shone its flashing light on the vast reef, the great white broom that would sweep away the cutter's hull...

"How do you feel this morning?"

"I'm very well, thank you, you son of a bitch!"

The question and reply were in English.

João Cachalote longs for America and for the car that took him from New England to California. He hears rifle shots in the night from his chair. He has the shawl up over his knees—and it is as if he were shaking the placer from the lode in a skimmer, when he was in the gold mines. Now, he does not even sift the hard-shelled wheat he gets from Trunqueiras, from the country of his holy mother, who is with God.

Teresa, "my oldest girl," is there with Joaquina and Rosa's little goddaughter panning in the grain storage room. Where is Rosa? (he suddenly remembers Quincas' swaying caipira):

"Rosa!" he cries, in a complaining tone.

His voice carries, further than necessary.

"Father… ?" sings a voice from the sky.

And a wispy young girl of twenty comes lolling in, all dressed Carmo-style as if she were taking vows. Ah! … (João Cachalote thinks behind the folds of his forehead): this one no longer needs a cane to defend her from Quincas and the like, with that belt around her waist, run through the bone belt-loop.

"Did you wish to see me?" the daughter asks, after a silence in which the measure of each is taken: she smilingly, he cunningly.

"To *see* you?! I want you to get this shawl off my knees—all it does is make the cat make me nervous…"

Rosa leaves with the shawl folded and a maternal smile on her slender face.

She looks more and more like her mother, God preserve her! She spends her mornings in the church listening to the priest and singing, from under her hooded veil:

In heaven, in heaven, in heaven
I will see you all one day!

Later, with the church empty, she fills with the dampness of the shrines and places white lilies all around the saints. Her skin is like the queen-of-Hungary roses from the backyard orchard. There will not be a nose in this world to smell it, God willing!

João Cachalote is no poet, and he hardly knows how to sign his name on the dotted line; but truly he dotes on "his youngest!" And he stopped to think that, if he has Rosa and some modest blessings, it was the other Rosa, whom God took, who gave him everything. Blessings and three daughters, God knows. If only they let him go a while to the store…

Now night has fallen, wholly and deep. The cat escaped; and since there still is no lamplight in the house, things are perceived more clearly, things that by day or with the wicks burning are not heard from: roaches, loose floorboards, a seed that a hasty rat left behind in a hole. João Cachalote no longer can see if the sea is green or if it has foaming crested waves, but he feels its great salty pulsing and just now saw its intense phosphorescence. In Adrião's store they have just lit the acetylene burner. They are playing cards. The old man sees only a beam of light that sweeps the doorstep; but he knows they are in a card game; he feels the pressure of a queen hidden in his left hand; an ace of hearts leading a hand explodes in his ear.

On board the *Free Town* play was heavy—half a dollar. Jack, to his right, would cut; the one who had the touch was the black man from Kentucky, a kitchen worker. The man discarded diamonds; the game proceeded. In the last cards played—the manille of hearts falling from the black man's hand! João Cachalote feels as though he's being lifted up on the prow of a whaler, and he's busting the Kentuckian in the chops with the full force of his fist. A knife flashed:

"Shut up! Son of a bitch!"

Jack gave the man a blow to the head, until Captain Matthew's whistle and smack broke it up.

Bolstered by his good memory, João Cachalote sat upright. Despite the jacaranda cane, which he never let go of, his steps are unsteady: he is staggering somewhat … sailing close to the wind until reaching the hallway … from the hallway to the door out, which he opens and closes behind him.

In St. John's of Newfoundland they played "best," at the house of some girls from one of the port's hidden streets. Once he went there and Jack placed two of them on his lap, one sitting on each leg. The girl on his right knee (and the old man goes down a step) was a tough redhead, well built, freckled…The girl on his right knee…

A tremendous din on the stairs: a body falling, and a stick, tumbling in a jumble.

"Rosa! Rosa!" Teresa and Joaquina cry at the barn door. "Come here, Father was going to the store and fell down the stairs!"

Gold! Gold!

The emigration of the Rosas, my family, to America (John Derosa, an American subject, relates) is tied to the discovery of gold in the mines of California in the long-ago month of January, 1848. Only when a great urologist whom I consulted in Paris discovered that I had a bit of cystic sand could I feel within me, by a strange association, the emotions felt by James Marshall, the New Jersey carpenter, when he saw, glittering among veins of quartz in the flanks of the Sierra Nevadas, the first mysterious nuggets. From that day on, when I suffer a relapse, I call to mind the Edenic times in which John Sutter was the undisputed king of the lonesome spaces of the Far West, at Sutter's Fort, receiving the homage of workers and fortune-seekers and hearing the bleating of millions of stray rams crowned with wool and antlers. Marshall was overseeing the construction of a mill on an affluent of the American River when the first veins of gold burst up at his feet. How amazing! The Puritans were still living in pairs back in New England way and California's sprawling acres were strewn with flowers. Without rails, or the drunkenness of machinery; only a magnificent, harsh natural silence. The Sacramento Valley stretched out in a dizzying panorama like a fathomless thickness which only a few chosen souls dared explore. How I would have liked to see that pedant Chateaubriand go in there!

But the news of gold traveled fast. San Francisco (slightly larger than Horta) emptied out. No one wanted to hear about lowly jobs, about life measured out in tasks that paid a pittance. So shepherds, surgeons, peaceful, fussy judges hastened to go dig over the gravelly deposits of the backwater.

At first no one wanted to believe the hearsay of sorts that spread from the Pacific shore to an astonished Baltimore; but soon they saw that the riverbed sands were a-glitter, and their hands began to tremble and contract. Gold! Gold! …

After the Rocky Mountains let the good news through, early American adventurers and the crews of ships voyaging on the east coast sped west. It was this horde that people today see in films breaking pitch-pine chairs in saloon fights, and which Abraham Lincoln kept in line with a knock on the head and a blow. The crew would revolt. And around Cape Horn, across Panama, from all compass points, California filled with gold-hungry miners.

My concern with this exodus, as the American great-grandson of penniless Portuguese, is not its sudden explosiveness, nor its picturesque rarity, but the great expectations of those who were headed there and the resistance they were met with from wild animals and the snow that crowns the Rockies. Most of these wretches wound up face down in the mountains with the early symptoms of cholera, and all of them sunk in a sea of greed and despair, the lure destiny baited so that these regions might be settled. Only a precious few would strike upon an ingot of gold mixed in with the blood of entrails—and they would never let it go!

That was the lot of my great-uncle on my father's side, António Machado da Rosa, a carpenter in his beginnings. I came to find here, on my visit to Terceira, a nearly ninety-year-old man, Ti João Fura-Olho, who met my uncle when he returned from his travels. He described him to me in stammers, all gums when he spoke, but colorful and expressive. My uncle was a herculean, ill-tempered man, who had been born in Vila da Praia in 1821. He was eight when a gang of adventurers from Havre and Plymouth came to settle on the island—roughly around the time of our first train tracks on the Baltimore line, and the rise of Andrew Jackson to President of the United States.

They were—from what Fura-Olho told me and from what I could glean from some pamphlets backing the cause of a certain D. Miguel—a down-and-out people, Freemasons of the Scottish rite and—I imagine—involved in the July Monarchy conspiracies and other actions by the French Jacobins in Lafayette's party. They agitated for a Constitution and an idle Queen, filling the island villages with desolation and dread. My uncle, then eight, saw a naval attack on Vila da Praia by ill-armed cutters; and with other boys his age, after the squadron's defeat, would amuse himself by rolling iron cannonballs through the streets and forming battalions with reed sabers and old tin cans. Thus did Miguel de Unamuno write biography in Bilbao during the Carlist wars.

The only serious effect of that political adventure was to bring ships more frequently and fan the flames of the young boys' desire to emigrate. But strict laws forbade leaving the island before the age of recruitment, and my uncle António Machado, at twenty, had to flee in a barrel in an American sailboat used for contraband and sperm whale hunting. He spent two years as a deck-hand between Terra Nova and Portsmouth, eating ship's rations and catching lashings from the captains. If the ship took up fresh water in a Portuguese port, my uncle would hide out in the hold, and would only emerge from his burrow when they would put off, dripping with the salty brine, his skin all cracked.

Ti João Fura-Olho told me that my uncle had tried several times to leave the crew; but the lugger's captain, a hard, cynical slave trader, told him he was beholden three years of service without pay for having gotten caught on board, thus spared from paying with his life.

My uncle would tell terrible stories of pirates and traffickers from the Gold Coast, who hovered around the on-board conversations, and it happened that, hearing them from the mouth of the old man at third or fourth hand, they seemed to me at the same time experienced by the specter of António Machado da Rosa, by slaves in my reminiscences from books, by Fura-Olho and by me. The most entertaining held an authentic liveliness from my uncle's experience: they were his adventures when the ship would take up fresh water.

The vagabonds disembarked. My uncle was the object of special surveillance by a repulsive, drunken Canadian behemoth. His name was Jack. And as he would go down the squalid streets, he would terrorize the poor women with his brutal lust and his colossal size.

They were anchored off St. John's of Newfoundland when the rumor of gold in California spread. Jack had not gotten as drunk that day; and, at my uncle's prompting, as they regrouped on board, he bound the slaver's hands and feet and set a course for Halifax. Having distributed the contents of the ship's strongbox equally among the fierce crew, they penetrated into the American wilds toward El Dorado.

Ti João Fura-Olho tells these tidbits with a great store of details and effusion, which are reflected in my tale. But the integrity of his memory, his kind little eyes and his thumb flat as a leaf (which accompanies things held in high regard and is raised to show intention), do not seem to belong to someone who never went net-fishing beyond Ilhéu da Mina.

He has a store in Porto Novo. It is what he calls a shop, "American style," a little greengrocery open in the very hovel in which he lives, with a junk pile out front and a dyer's weed wood pyre. The chimney looks like it was made with two playing cards—and, in fact, it seems some gambling sometimes goes on in there. In the evening he smokes a grey tangle of roast dried stickleback; and on the oven's two or three slabs, scaled mackerel is dried on cane mats. A balsam fig props up the sticks in the air.

Ti João lives off the wine and whiskey he pours at ten or twenty *réis* down the throats of the local fishermen. He has his tavern stock put aside in a raised platform in the middle of the house, which a thin whitewashed partition separates from the dark alcove. Sheets of tobacco hang from the ceiling and a bunch of hobbles. There he lives and works.

The old man is an early riser ("I rise to my feet early," as he says). He eats a dried stickleback with a chunk of corn bread, he swigs a bit of wine, and stretches out a handful of rushes in front of him, braiding long ropes that he sells to the winegrowers' fruit press operations there in that region of lava beds. Then he helps with the nets in the shallow in exchange for a handful of bristling sardines, and he himself cuts the collard greens for dinner, which he cooks in a big pot used to boil albacore.

Every few days he goes to Vila to fill the whiskey jug. On the way back, there are the customers curled up in the stack of dyer's weed, waiting for their dram of booze. Ti João would dig out from deep in his pants a big key strung on with a length of string with a conch shell. The door to the shack squeaks on its hinges and snaps off. The bar fills with the noise of voices and the stubborn fumes of cigarettes and alcohol. Then the stories come out.

Another time, when talking about my uncle António's adventures in California, he said to me:

"Wait a minute."

He opened a trap door that leads to a hole in the foundation of the hovel—exposing the island's broken, tortured ground—and disappeared down it a moment. He popped his head back out, clutching a piece of cardboard:

"This picture," he said, wiping the iodized stain with his finger, "was given to me by Mr. António Machado da Rosa, one afternoon when he came into my shop. It's from his shiftless free-roaming days, afore he had the cattle ranch forty-five miles outside Los Angeles."

I took it from his hand eagerly. He was a massive figure, a hulking, powerful man with bootlegs up to the knee, stitched vest, revolver in his waistband and cowboy hat. In the back of the portrait, grimy from contact with Fura-Olho's fingers, the following could be read:

> Antonio Machado da Rosa, head of the team that camped in the county of Lower Lake during the munth of August 1850. He extends this to his friend João as a token of his friendship. Ribeira Secca, Ilha Tesayra, Assores.

I looked away from the aureole around the daguerreotype and closed my eyes, somewhat disturbed. I recalled the Lakeport hotel, the capital of those distant lands where I spend the second night with Helen after the kidnapping… I had just covered the distance from Lovetown to Lakeport on a cowboy's sorrel. Fearful, moved, I squeezed her waist and the pistols hanging in their holsters and indifferently felt the purity of Helen's haunches in the deer-antler butts of my weapons and the cold hardness of the holsters against my love's flesh.

The horse rode almost unbridled and we had to ride at full bore for six hours before reaching Lakeport. Night fell over the dense forest, and great black cumulus clouds threatened to burst on us. I dismounted at a stop on the toll road to adjust the curb-bit of the bridle and noticed one of the horseshoes was clattering, held on by a single nail. How could we go on? We then saw in the distance a giant bonfire that bloodied the horizon. Could it be a ranch working late, or a camp of gangsters?

Helen, trembling, asked to turn back; the horse, frothing, sweat running off him, opened and closed his nostrils. Wrenching off the horseshoe and the last nail in the hoof, I headed for the signal in the direction of the torchlight, ready for anything; and as I dismounted with my sacred cargo, I came upon a gang of hunters squatting around a campfire, where they were roasting the head of a buffalo, throwing the bones to a pack of hounds. The slough from the animal's horns, dripping fat and blood, smelled of burnt shavings. A cowboy, risking tearing out the buffalo's nails while still hot, scorched the bristle-wool that was coming undone from his shirt. In short, we were in a real halfway house—a true outpost in the lonesome spaces of California. I—or my uncle António Machado da Rosa, pioneer of the Far West? … Oh, time!"

"Ti João," I said suddenly to Fura-Olho: "Did my uncle António spend much time in that way of life?"

"You know he did, sir… with a fearsome rifle! Yer uncle would tell that he'd got his from a Kentucky rancher, tobacco country. But the best 'uns were the Mexicans' from Texas, which had horn inlay designs burnt into 'em. With a powder-flask, you know? Not a buff'lo nor a goat all around Califo'nia that didn't jump when that scoundrel would take aim at it!"

"Can Ti João lend me this picture?"

"But don't lose it on me, for Pete's sake! I'd sooner lose a ransom in gold! A poor man like me is worth more than merely what he can grab, God knows!" And glancing at the shack, his throat tightening, he continued: "These straw mats, the whiskey, this junk… ? Things you buy and sell! … That's all! … Now the reputation, respect, a person's influence, that's something else! Wow. And friends like Mr. António Machado da Rosa, men of importance, nowadays. Go see for yourself! Every one a good-for-nothing! Am I right or not?!" And a furtive tear ran down Fura-Olho's cheek.

Giving him assurances I would return the picture after having it copied in the city of Bico de Pena, I asked him for a ten-*réis* shot of whiskey for the two of us and for him to sit with me in the doorsill and enjoy the cool air. It was an afternoon with sooty skies, an easy, lazy island day. Ilhéu da Mina, to the south, looked like a fish-pie cut with a shovel. To the northeast, the white shoals of Forte da Ponta do Cavalo. A girl ran by on the toe-tips of her clogs, and asked:

"Do you sell tallow, Ti João?"

"Go get it at Faísca!"

And, letting my gaze follow that sandy little breast, which called to my mind that of Helen fainted in my arms during our escape—I plunged into the silence of the sea and of the suddenly wise old man, as if they were the very source and root of what I had come there to find.

Notes

[1] These three stories, in the order in which they are included here, are based on the edition: *Obras Completas*, Vol. VII, *Paço do milhafre, O mistério do paço do milhafre* (Lisbon: Imprensa Nacional/Casa da Moeda, 2002). We gratefully acknowledge the publisher for copyright permission.

[2] Azorean whalemen's term for New Bedford. —Trans.

Kelly Washbourne (PhD, University of Massachusetts Amherst) is a poet, translator from Spanish and Portuguese, and Assistant Professor in the Institute for Applied Linguistics at Kent State University in Ohio. His forthcoming publications include *After-Dinner Conversation*, a critical translation and introduction of *De sobremesa* by Colombian writer José Asunción Silva, the first *fin-de-siècle* novel from Spanish America to appear in English (in press, University of Texas Press's Pan American Literature in Translation series). Though he has worked predominantly from Spanish, he has translated and annotated the Brazilian epic poem *Cobra Norato* by Raul Bopp for the journal *Brasil/Brazil*, cultural theory by Roberto Schwarz, and Amazonian poetry for *Amazonian Literary Review*. He has done research in Amazonia and is a graduate of the Monterey Institute of International Studies. Email: rwashbou@kent.edu

Antero de Quental in English

George Monteiro

Abstract. "Antero Quental in English" makes two contributions. First, it provides a selection of assessments and commentaries in English by critics and translators beginning with Edgar Prestage in 1893 and ending with Ana Maria Almeida Martins in 2003. Secondly, it offers a comprehensive list of translations of Antero's work (mainly poetry) into English.

Sonnet to Antero de Quental

Chaque suicide est un poème
sublime de mélancolie.
Balzac

He did not find the Unknown God he sought;
The pure Ideal escaped him to the end,
And bold to champion Truth, hot to defend
Freedom and Right, he fell where he had fought.
Rebel to all but that which Beauty taught,
He served her cause in every line he penned;
To her laws only did his proud heart bend
To render homage in his work and thought.
Serving the Beautiful, he never knew

Portuguese Literary & Cultural Studies 11 (2007): 441-64.

That Beauty is Truth, that he had found the True,
But sought his Unknown God till his last breath,
And only found the Ideal in his breast
In that proud poem which ends his hopeless quest,
The melancholy epic of his death.
—Leonard S. Downes,1947[1]

This two-part collection of English-language materials relating to Antero's work offers a selection of assessments and commentaries in English by critics and translators, ranging from Edgar Prestage and Aubrey Bell to S. Griswold Morley and Ana Maria Almeida Martins, followed by a checklist of English-language translations of Antero's work.

I. Commentary

Anonymous (1888)

To be sure, every one talks about Russia; all the French magazines are full of her literature, but he [Don Juan Valera] believes it would be time much better spent if Quintanna, Espronceda, Alarcon, the Duque del Rivas, Tamayo and many other of the Spanish writers were to replace Turgeniéf, Dostoyevsky[,] Puschin [*sic*], and Tolstoï, or the lyric poets, the novelists and historians, of Portugal, Teófilo Braga, Latio Coelho, Oliveira Martins, Antero de Quental, Tomás Ribeiro, and many others both living and dead *de no menor nota que los rusos.*

—"Present Literary Currents in Spain." *The Literary World* 19 (1888): 9.

Anonymous (1893)

Mr. Edgar Prestage writes to the London Academy to complain of the neglect of Portuguese literature by English students. To say that Portugal has produced but one author of the first rank—Camoëns—is a statement as absurd, in his opinion, as "that England has produced no great poet with the exception of Shakespeare." He calls particular attention to three great writers of the present century—Almeida Garrett, Anthero de Quental, and João de Deus—saying of the latter that he is "without doubt, the greatest lyric poet now living."

—"Chronicles and Comment." *The Dial* 15 (1893): 7.

Edgar Prestage (1893, 1894)

Of Quental the philosopher mystic, Dr. Storck, his German translator, has much to say, and no doubt our critics will in time, with their usual submissiveness to the dicta of their cousins, accept his verdict.

"English Neglect of Portuguese Literature." *The Academy* 27 (1893): 506. [Reprinted as "O Desprezo inglês pela Literatura portuguesa." Trans. Ana Maria Almeida Martins. *Estudos Anterianos* 5 (2000): 37-38.]

Anthero de Quental, the Philosopher-Mystic, is one of the three distinguished poets that Portugal has produced in this century—the others being Almeida Garrett and João de Deus—and his Sonnets are, excepting those of Camoens, the finest in the language... The time has not yet arrived, nor is this the place, for a critical estimate of the value of his work, but it may safely be said that he will rank with the foremost poets of the nineteenth century, of Heine and Leopardi.

—*Anthero de Quental. Sixty-four Sonnets.* Englished by Edgar Prestage. London: David Nutt, 1894. viii-20.

Anonymous (1911)

Anthero stands at the head of modern Portuguese poetry after João de Deus. His principal defect is monotony—his own self is his solitary theme, and he seldom attempts any other form of composition than the sonnet. On the other hand, few poets who have chiefly devoted themselves to this form have produced so large a proportion of really exquisite work. The comparatively few pieces in which he either forgets his doubts and inward conflicts, or succeeds in giving them an objective form, are among the most beautiful in any literature. The purely introspective sonnets are less attractive, but equally finely wrought, interesting as psychological studies, and impressive from their sincerity. His mental attitude is well described by himself as "the effect of Germanism on the unprepared mind of a Southerner." He had learned much, and half-learned more, which he was unable to assimilate, and his mind became a chaos of conflicting ideas, settling down into a condition of gloomy negation, save for the one conviction of the vanity of existence, which ultimately destroyed him. A healthy participation in public affairs might have saved him, but he seemed incapable of entering upon any course that did not lead to delusion and disappointment. The great popularity acquired, notwithstanding, by poetry so metaphysical and egotistic is a testimony to the artistic instinct of the Portuguese.

—*The Encyclopædia Britannica.* Vol. 22. Cambridge, England: University Press, 1911. 741.

Aubrey F. G. Bell (1914, 1915, 1922, 1925, 1953)

Of all modern Portuguese writers, with the exception of Almeida-Garrett, the name best known abroad is probably that of Anthero de Quental (1842-1891)... He was essentially a man of action. Had he lived in the thirteenth century, says the critic and historian Oliveira Martins (1835-1894), he would have been a follower of St. Francis of Assisi. Perhaps he might have found even this too peaceful. He wished to "fall radiantly, shrouded in the gleam of swords":

> "Cahira radioso, amortalhado
> Na fulva luz dos gladios reluzentes."
> (*Enquanto outros combatem*)

And indeed his famous sonnets are as gleaming swords. They are written *em letra ardente*, and reveal a spirit intense as that of Dante... In other words, his poems were the almost serene and effortless products of a spirit extraordinarily intense, tortured in a vain search after truth—sparks from an inner fire... In their thought and revelation of suffering his sonnets are as those of Baudelaire, but in execution they are less grey, more full of sound and light, and resemble, rather, those of José Maria de Hérédia, although Quental's are less coloured (for he had a horror of picturesque description) and more intense... The life of this man of action was spent for the most part in a mystic forest of dreams... Certainly his life of dreams was not ineffectual, not a life of inaction, but of striving, and striving to some purpose. He can never lose his place among the greater European poets of the nineteenth century.

—*Studies in Portuguese Literature.* Oxford: B. H. Blackwell, 1914. 191-97.

The sonnets of Anthero (many of which have been translated into English by Mr. Edgar Prestage) have nothing to fear from comparison with those of any other nineteenth-century poet. Portuguese in his hands became adamantine and sonorous, and the sonnet a trumpet-call.

—*Portugal of the Portuguese.* New York: Scribners, 1915. 144.

Anthero de Quental (1842-91), the Coimbra student who waved the banner of revolt against a too complacent romanticism in 1865, was that rare thing in Portuguese literature, a poet who thinks. Powerfully influenced by German philosophy and literature, his was a tortured spirit, and when in his sincerity he attempted to translate his philosophy into action the result was too often failure… If his life was ineffectual in the series of broken, noble impulses, there is nothing vague or uncertain about the splendid sonnets of *Odes Modernas* (1865) and *Sonetos* (1881). They are the effect, often perfectly tranquil, of a previous agony of thought, like brimmed furrows reflecting clear skies after rain. His search was for truth, not for words to express it, far less for words to describe his own sensations. Indeed, he was far from considering poetry as an end in itself and destroyed more of his poems than his friends published… Quental's poems owe their strength and intensity to the fact that they had passed through the fire of *tanta luta.*

—*Portuguese Literature.* Oxford: Clarendon, 1922. 328-29.

The agitated thinker Anthero de Quental, the greatest poet of the Coimbra group, although an inspired sonneteer, was not a lyrical poet.

The Oxford Book of Portuguese Verse. Ed. Aubrey F. G. Bell. Oxford: Clarendon, 1925; 2nd ed. by B. Vidigal. Oxford: Clarendon, 1952. xxviii-xxix.

[T]he revolt against Romanticism … was organized by Antero de Quental, a native of Ponta Delgada in the Azores and a student at Coimbra, whose life as socialist and philosopher was never serene and ended in suicide at the age of thirty-nine. His tortured spirit is reflected in the sonnets of *Odes Modernas* and

Sonetos which rank high in the nineteenth-century literature of Europe. Their clearness of vision, agonized strivings, and occasional serene tranquility are conveyed in masterly verse of sure, strong workmanship. Nothing could be in greater contrast to his poetry [the golden sonnets] than the delicate, exquisite spider's web spun by the most lyrical poet of the later time, João de Deus.

—"Portuguese Literature (1) Perspectives of Portuguese Literature." *Portugal and Brazil: An Introduction.* Ed. H. V. Livermore and W. J. Entwistle. Oxford: Clarendon, 1953. 120-21.

George Young (1916)

The unhappy life of this poet of Young Portugal has in it much that is symbolical. It is the story of genius struggling against a *damnosa hereditas* from the past; the genius of Young Portugal oppressed—and in his case—overwhelmed by inherited and incidental ills.

The failure of the Portuguese gentry and upper bourgeoisie to contribute to the development of Portugal as have the upper classes of other countries, can be attributed to their small numbers compared to the claims made on them by the wars of conquest and by colonial adventure. These drained away the fittest and left a depleted stock behind, which degenerated further by inter-breeding. The landed gentry of the Azores were an exaggerated example of this on a small scale. The family of Quental was indeed tainted with lunacy. At the University of Coimbra he associated with other young men of as morbid tendencies as himself; some of whom, like himself, ended in suicide or madness... After the death of several less worthy associates and the defection to monarchical principles of his friend Oliveira Martins, he went into retirement at Villa Conde, where he posed as an oracle and became the object of pilgrimages by Young Portugal. But, though his real poetical genius was only partly clouded by his moral and physical infirmities, and by his ridiculous self-conceit, he was quite incapable of any useful participation in public affairs... His want of instinctive insight and of moral judgment concerning his country is shown, not so much in a cosmopolitanism, which is manifestly cultivated, as in his adoption of the Pan-Iberian ideas to which at this time Portuguese republicans were attracted by the temporary republican régime in Spain... Quental was, after all, enough of a Portuguese poet to be unable to give poetic expression to a Union between Portugal and Spain.

—*Portugal: An Anthology.* Oxford: Clarendon, 1916. 142-43.

S. Griswold Morley (1922)

Connoisseurs are well aware of the high rank attained by Portuguese lyric poetry in the nineteenth century… The poems of João de Deus, Anthero de Quental, and Guerra Junqueiro stand on a level with the very best produced in England, France, and Italy. The Portuguese are endowed with an intensity and profundity of emotion denied to many other peoples and, in addition, they possess the sure sense of form which one usually associates with the French race. Both of these gifts, together with a Germanic penchant for metaphysical speculation, are found in the extraordinary *Sonnets* of Anthero de Quental… The *Sonnets* are conceded to be Anthero de Quental's most enduring work… [They] are nothing else than a diary of Anthero's spiritual progress. Their absolute sincerity is self-evident, and we do not need the writer's testimony that "they follow, as exactly as the notes in a diary, the successive phases of my intellectual and emotional life." [… In] his *Sonnets* may be read "the evolution of European thought in the second half of the nineteenth century." […] He is worthy to be mentioned in the same breath with Leopardi. Both may be ranked as pessimists, but with how great a difference! The great Italian impresses one as all of a piece, consistent, sure of himself; proudly, incisively, and intellectually firm in unbelief, he flaunts his despair like a banner. Anthero is infinitely contradictory, never quite the same on two successive days, humble, friendly, now dejected, now trusting, sometimes a coward, sometimes brave, but always seeking an ideal which eludes him. So, if the bold spirit of Leopardi defies the world and challenges the hereafter, rising above common humanity, Anthero de Quental, despite his superior intelligence, places himself on a level with the humblest.

> "Safe in the faith of humble generations,
> In the communion of our ancient race."

That is why his friends called him an involuntary Christian, and spoke of him among themselves as "Saint Anthero." […] In this marvelous diary of a profound and sensitive soul, one may say that there is a sonnet for every mood of the intellectual man… Technically, Anthero's *Sonnets* approach perfection. The absolute sincerity of the writer's expression is equaled only by his technical mastery. The form is strictly Petrarchan, and the division into quatrains and tercets is preserved with care. The single-moulded line, natural to the Latin tongues, is much in evidence, and, carried over as it necessarily is to some extent into the translations, will appear there rather as a blemish than as a beauty, I fear, for English readers are accustomed to a sonnet of broken rhythms, declamatory in style, like blank verse… In his own words, Anthero considered the sonnet a virginal lyric form, especially suited to the expression of the soul's purest, timidest yearnings. To employ it for objective description is, he says, as unfitting as to wear a maiden's dress in a revelry.

—*Sonnets and Poems of Anthero de Quental.* Trans. S. Griswold Morley. Berkeley: U of California P, 1922. vii *et passim.*

D. N. Lehmer (1923)

They [Antero's sonnets] are something more than a self-picture of a second-rate, sensitive soul out of harmony with itself. It is a grim picture of the struggle of a creature caught in a net. One by one he breaks the cords of superstition only to find himself enmeshed with a thousand others… Even the last sonnet, "In God's Hand," is like a long shaft of light through the stormy clouds at sunset which only reminds us that the night is at hand.[3]

—Review of *Sonnets and Poems of Anthero de Quental.* Trans. S. Griswold Morley. *University of California Chronicle* 25 (1923): 276.

Anonymous (1923)

Guerra Junqueiro, whose body was recently deposited in the Basilica da Estrela in Lisbon, had become an historical figure even before he died. He was the last of a group called "the defeated by life," a constellation of five—the other four being Ramalho Ortigão, Eça de Queiroz, Oliveira Martins, and Antero de Quental—who were the spiritual guides of a generation of Portuguese, a sort of intellectual government of the nation.

—"Life, Letters, and the Arts." *The Living Age* 318 (1923): 476-77.

Richard Franko Goldman (1962)

Antero de Quental (1842-1892), one of Portugal's great men of letters (unknown outside the Peninsula), wrote in a volume significantly entitled *Causes of the Decadence of the Peninsular Peoples* (Porto, 1871):

> [...] this moral death conquered not only feeling, imagination and taste—but, above all, intelligence. In the past two centuries the Peninsula did not produce a single superior man whom one could place alongside the great creators of modern science; there did not issue from the Peninsula a single one of the great intellectual discoveries that are the greatest accomplishment and the greatest honor of the modern spirit. During 200 years of fruitful inventiveness, learned Europe reformed the ancient sciences, and created six or seven new sciences—anatomy, physiology, chemistry, celestial geology. Newton appeared, and Descartes, Bacon, Leibnitz, Harvey, Buffon, Ducange, Lavoisier, Vico—where among these names, and those of the other real heroes of the epic of thought, is a Portuguese or Spanish name! What Spanish or Portuguese name is associated with the discovery of a great scientific law, of a system, of a *facto capital*? Antero de Quental was bitter, and like many Portuguese artists, was a suicide.

—"Another View of Lusitania: Portugal and the Twentieth Century." *Columbia University Forum* 5 (1962): 13.

A. J. Pryor (1969)

Portuguese poet and left-wing intellectual. Born of aristocratic parents, he received a Catholic education, but as a student in Coimbra reacted against his background, becoming a prominent radical, later a Socialist. Rejecting the effete Romanticism of the literary schools then fashionable, he proclaimed the social function of literature and gave vent to his own revolutionary enthusiasm in his *Odes Modernas* (1865). He was also the moving spirit behind the progressive intellectuals known as the Generation of 1870 (or the Coimbra Generation), who attempted to remedy the intellectual stagnation in which Portugal was sunk. The group included Teófilo Braga, Eça de Queirós, Oliveira Martins and Ramalho Ortigão; they organized a series of "democratic lectures" at the "Casino" in Lisbon, to enlighten Portugal about the radical trends in European thinking. Quental gave the first lecture significantly entitled "The Causes of the Decadence of the Peninsular Peoples." He was also associated at this time with the foundation of the Lisbon branch of the First International, and with a vague "iberismo" involving proposals for federating Portugal with Spain. However, amidst this welter of political activity, Quental began to feel intensely disillusioned. The Portuguese working class did not correspond to his idealized concept of the proletariat. He was haunted by a consciousness of his own class origins, and found himself temperamentally in need of some transcendental justification for the phenomenon of life; after his rejection of the Christian God, he became enmeshed in the pseudo-rationalist verbiage of German metaphysics. Even here he could find no lasting escape from his persistent doubts, and his various collections of *Sonnets* document the suffering caused by his striving for a permanent reality. Philosophically, he shows no great originality in his dallying with nihilism, Buddhism, etc., but of his moral nobility there can be no doubt. After gradually withdrawing from public life, he committed suicide.

—*The Penguin Companion to European Literature.* Ed. Anthony Thorlby. New York: McGraw-Hill, 1969. 633-34.[2]

Martin Seymour-Smith (1973)

In 1871 a number of leading members of the Coimbra group—including the poet Antero de Quental (1842-92) and Eça de Queirós—gave a series of lectures. It is symptomatic that the government suspended these as a threat to state religion. It is also symptomatic that Quental, associated with the foundation of the First International in Lisbon, became disillusioned—he could not reconcile Portuguese workers with his notion of an ideal proletariat—and finally committed suicide.

—"Portuguese Literature." *Funk & Wagnalls Guide to Modern World Literature.* New York: Funk & Wagnalls, 1973. 915-16.

William B. Edgerton (1976)

On March 15, 1889, Leo Tolstoy noted in his diary:

> Got up early again, worked a lot. Read Quental. Good. He says he has found out that regardless of any irrefutable proofs (determinism) of the dependence of life upon external causes, freedom does exist—but it exists only for the saint. For the saint the world ceases to be a prison. On the contrary, he (the saint) becomes the master of the world, because he is its supreme interpreter. "Only through him does the world know why it exists. Only he fulfills the purpose of the world." Good.

—"Tolstoy and Magalhães Lima." *Comparative Literature* 28 (1976): 51.

Onésimo T. Almeida (1983)

Antero de Quental (1842-1891) was a great poet of sonnets, deeply concerned with the metaphysical questions of suffering, death, and infinity, where the inheritance of a Romantic tradition and a philosophical pessimism struggle in his mind and life with the fresh air of socialism. With the straightforward look at the bourgeois ideology that the readings of and contacts with Proudhon and Saint-Simon in France had awakened in him, Antero became the ideologue of the literary group known as *O Cenáculo* to which Eça de Queirós belonged.

The Azores were present in his life—he received his elementary and high school education in S. Miguel and returned there at various times to rest and recover from his serious psychological depressions. However, Antero was a universalist. Deeply affected by a prolonged illness of unknown sources, he died in S. Miguel by committing suicide. Although Antero was very Azorean, the Azores themselves are not present in his literature. His poems deal with metaphysical questions and obsessions, and, in his writings, he "posits" Portugal in the wider context of Western Civilization.

—"The New Outlook in Azorean Literature." *Roads to Today's Portugal: Essays on Contemporary Portuguese Literature, Art and Culture.* Ed. Nelson H. Vieira. Providence, RI: Gávea-Brown, 1983. 99-100.

Nuno Júdice (1998)

The conflict between the poet who wanted to be a philosopher and the philosopher who was condemned to being a poet is no doubt a key to the complexity of Antero's thinking.

—"Afterword." *The Feeling of Immortality.* Trans. Richard Zenith. Dublin, Ireland: Mermaid Turbulence, 1998. 167.

Maria Leonor Machado De Sousa (1999)

Antero de Quental (1842-1891), the greatest poet of his generation, translated "The Assignation," which appeared as an anonymous piece in a country newspaper ["A Entrevista" *O Século XIX* (Penafiel, Portugal), Dec. 1864] under the heading "Contos (inéditos) d'Edgar Poe" ["Unpublished stories by Edgar Poe"]... "The Assignation" is the first typical Poe tale to appear in

Portugal, typical in the sense that it combines mystery with the decadence that would mark literature at the end of the nineteenth century. Antero's translation of the poem included in the tale—later printed as a separate poem, "To One in Paradise" (with some modifications)—shows a variation from the original version, which was not included among Baudelaire's translations. Instead of addressing a dead woman, Antero refers to a married woman whose love he had lost, suggesting an episode from his own youth. In addition to this change, he was quite free in rendering the text while keeping some images connected with the sea and Poe's repetition of "no more." This poem, untitled but with the heading "From the English of Edgar Poe," appeared again in Antero's volume of poetry *Primaveras românticas* [*Romantic springtimes*] in 1872.

—"Poet in Portugal." *Poe Abroad: Influence, Reputation, Affinities.* Ed. Lois Davis Vines. Iowa City: U of Iowa P, 1999. 116.[4]

Ana Maria Almeida Martins (2004)

In Vila do Conde, Quental wrote his last sonnets, in which he reflects on the spiritual nature of his life and how it helped him overcome his pessimism. When he wrote poetry, it consisted mainly of sonnets, for which—according to Quental himself—he had an unexplainable affinity. The influence of the Portuguese poets of the sixteenth century, however, especially of Luiz de Camões, was paramount. Quental also read the sonnets of Byron, William Shakespeare, and, most important, Gérard de Nerval. These authors completed what he considered to be his poetic formation.

Around 1886 Antero was pressured by his closest friends to publish a collection of his complete sonnets. He had written close to a hundred by that time, many of which remained unpublished. He finally assented... Quental structured the collection as a poetic autobiography, or a moral and psychological memoir. As stated in a letter to his friends, the book "contains a portrait of my true intellectual and sentimental evolution. If anything of mine remains to be read in Portuguese literature, it will be this little book."

—"Antero de Quental." *Dictionary of Literary Biography.* Ed. Monica Rector and Fred M. Clark. Vol. 287. Detroit: Thomson/Gale, 2004. 246.

II. Translations

Poems

1.

Edgar Prestage. "Translation from the Portuguese: Two Sonnets of Anthero de Quental." *The Academy* 1104 (1893): 31.

"O Palácio da Ventura" ["The Palace of Happiness"]: 31. Reprinted in "Current Notes," *Lippincott's Monthly Magazine* (Feb. 1894): 291, and in Anthero de Quental, *Sixty-four Sonnets*, trans. Edgar Prestage (London: David Nutt, 1894): 79.

"Mors-Amor" ["Mors-Amor"]: 31. Reprinted in Quental, *Sixty-four Sonnets*: 98.

2.

Edgar Prestage. "Two Sonnets of Anthero de Quental." *The Academy* 1120 (1893): 340.

"A Germano Meireles" ["To Germano Meyrelles"]: 340. Reprinted in Quental, *Sixty-four Sonnets*: 12.

"Quia Aeternus" ["Guia Aeternus"]: 340. Reprinted in Quental, *Sixty-four Sonnets*: 103.

3.

Edgar Prestage. "Translation: Two Sonnets of Anthero de Quental." *The Academy* 1130 (1893): 587.

"Nocturno" ["The Nocturnal One"]: 587. Reprinted in Quental, *Sixty-four Sonnets*: 74.

"Sepultura Romântica" ["A Romantic Burying-Place"]: 587. Reprinted in Quental, *Sixty-four Sonnets*: 86.

4.

Anthero de Quental. *Sixty-four Sonnets*. Trans. Edgar Prestage. London: David Nutt, 1894.

“Ignoto Deo” [“Ignoto Deo”]: 57.
“Lamento” [“A Lament”]: 58.
“A Santos Valente” [“To Santos Valente”]: 59.
“Tormento do Ideal” [“The Torment of the Ideal”]: 60.
“A Flórido Teles” [“To Florido Telles”]: 61.
“A João de Deus” [“To João de Deus”]: 62.
“A Alberto Telles” [“To Alberto Telles”]: 63.
“A J. Félix dos Santos” [“To J. Felix dos Santos”]: 64.
“A Germano Meireles” [“To Germano Meyrelles”]: 65.
“Ad Amicos” [“Ad Amicos”]: 66.
“Amor Vivo” [“Living Love”]: 69.
“Visita” [“A Visit”]: 70.
“Pequenina” [“Little One”]: 71.
“Sonho Oriental” [“An Eastern Dream”]: 72.
“Idílio” [“An Idyll”]: 73.
“Nocturno” [“The Spirit of Night”]: 74.
“Sonho” [“A Dream”]: 75.
“Abnegação” [“Self-Denial”]: 76.
“Aparição” [“A Spectre”]: 77.
“Mãe…” [“A Mother”]: 78.
“O Palácio da Ventura” [“The Palace of Happiness”]: 79.
“Jura” [“An Oath”]: 80.
“Enquanto Outros Combatem” [“Whilst Others Fight”]: 81.
“Despondency” [“Despondency”]: 82.
“Das Unnenbare” [“Das Unnenbare”]: 83.
“Uma Amiga” [“A Woman Friend”]: 84.
“Voz do Outono” [“The Voice of Autumn”]: 85.
“Sepultura Romântica” [“A Romantic Burying-Place”]: 86.
“A Ideia, V” [“The Ideal, V”]: 89.
“A Ideia, VI” [“The Ideal, VI”]: 90.
“A Ideia, VII” [“The Ideal, VII”]: 91.
“A Ideia, VIII” [“The Ideal, VIII”]: 92.
“Palavras dum Certo Morto” [“Words of One of the Dead”]: 93.
“A Um Poeta” [“To a Poet”]: 94.
“Mors Liberatrix” [“Mors Liberatrix”]: 97.
“Mors-Amor” [“Mors-Amor”]: 98.
“Anima Mea” [“My Soul”]: 99.

"Divina Comédia" ["The Divine Comedy"]: 100.
"Nox" ["Nox"]: 101.
"Em viagem" ["On the Journey"]: 102.
"Quia Aeternus" ["Quia Aeternus"]: 103.
"No Turbilhão" ["In the Whirlwind"]: 104.
"Ignotus" ["Ignotus"]: 105.
"No Circo" ["In the Circus"]: 106.
"Nirvana" ["Nirvana"]: 107.
"Transcendentalismo" ["Transcendentalism"]: 111.
"Evolução" ["Evolution"]: 112.
"Elogio da Morte, I" ["In Priase of Death, I"]: 113.
"Elogio da Morte, II" ["In Praise of Death, II"]: 114.
"Elogio da Morte, III" ["In Praise of Death, III"]: 115.
"Elogio da Morte, IV" ["In Praise of Death, IV"]: 116.
"Elogio da Morte, V" ["In Praise of Death, V"]: 117.
"Elogio da Morte, VI" ["In Praise of Death, VI"]: 118.
"Lacrimae Rerum" ["Lacrymae Rerum"]: 119.
"Redenção, I" ["Redemption, I"]: 120.
"Redenção, II" ["Redemption, II"]: 121.
"Luta" ["Strife"]: 122.
"Logos" ["Logos"]: 123.
"Com os Mortos" ["With the Dead"]: 124.
"Oceano Nox" ["Oceano Nox"]: 125.
"Comunhão" ["Communion"]: 126.
"Solemnia Verba" ["Solemnia Verba"]: 127.
"O que diz a Morte" ["Death's Message"]: 128.
"Na Mão de Deus" ["In the Hand of God"]: 129.[5]

5.

Poems from the Portuguese (with the Portuguese Text). Trans. Aubrey F. G. Bell. Oxford: B. H. Blackwell, 1913.

"Entre Sombras" ["Shadows"]: 105-107.
"Solemnia Verba" ["Solemnia Verba"]: 109.
"Accordando" ["Awakening"]: 111.
"O Palácio da Ventura" ["The Palace of Delight"]: 113.

6.

Aubrey F. G. Bell. *Studies in Portuguese Literature.* Oxford: B. H. Blackwell, 1914. [Untitled *excerpts* from poems.]

"Enquanto Outros Combatem" [ll. 7-8]: 193.
"Transcendentalismo" [ll. 1-2]: 194.
"Solemnia Verba" [ll. 12-14]: 194.
"Ad Amicos" [ll. 1-4]: 194-95.
"Entre Sombras" [ll. 17, 19-20]: 195.
"Tentanda Via, III" [ll. 1-4]: 195-96.
"Sonho Oriental" [ll. 1-4]: 196.
"A Ideia, VII" [ll. 9-11]: 196.

7.

A. F. Gerald. "A Voice from the Dead." *Portugal* 6 (1915): 171.

The final stanza of "À Europa."

8.

Maria Sophia Machado. "Entre Sombras." *Portugal* 4 (1915): 104.

Untitled, final two stanzas of "Entre Sombras."

9.

Portugal: An Anthology. Ed. and trans. George Young. Oxford: Clarendon, 1916.

"Iberia" ["Iberia"]: 143.
"Decomposição" ["Decay"]: 145.
"Como o vento às sementes do pinheiro" (*Odes modernas,* Livro Segundo, III) ["Growth"]:145.

10.

George Young. *Portugal: Old and Young.* Oxford: Clarendon, 1917. [*Excerpt.*]

"Decomposição" [ll. 9-14]: 260.

11.

S[ylvanus] G[riswold] Morley. "'In Praise of Death': A Sonnet-Sequence by Anthero de Quental. Translated from the Portuguese by S. G. Morley." *University of California Chronicle* 19 (1917): 389-91.

"Elogio da Morte, I-VI." ["In Praise of Death, I-VI"]: 389-91. Reprinted in *Sonnets and Poems of Anthero de Quental.* Trans. S[ylvanus] Griswold Morley. Berkeley: U of California P, 1922. 93-98.

12.

S[ylvanus] Griswold Morley. "Three Sonnets by Anthero de Quental." *Poet Lore* 29 (1918): 626-27.

"Sonho Oriental" ["Oriental Dream"]: 626. Reprinted in Morley, *Sonnets and Poems of Anthero de Quental*: 22.

"Lacrimae Rerum" ["Lacrimae Rerum"]: 627. Reprinted in Morley, *Sonnets and Poems of Anthero de Quental*: 100.

"Na Mão de Deus" ["In God's Hand"]: 627. Reprinted in Morley, *Sonnets and Poems of Anthero de Quental*: 111.

13.

Sonnets and Poems of Anthero de Quental. Trans. S[ylvanus] Griswold Morley. Berkeley: U of California P, 1922.

"Ignoto Deo" ["Ignoto Deo"]: 3.
"Lamento" ["Lament"]: 4.
"A Santos Valente" ["To Santos Valente"]: 5.
"Tormento do Ideal" ["The Torment of the Ideal"]: 6.
"A Flórido Teles" ["To Florido Telles"]: 7.
"Salmo" ["Psalm"]: 8.
"A João de Deus" ["To João de Deus"]: 9.
"A Alberto Teles" ["To Alberto Telles"]: 10.
"A Alberto Sampaio" ["To Alberto Sampaio"]: 11.
"A Germano Meireles" ["To Germano Meyrelles"]: 12.
"Ad Amicos" ["Ad Amicos"]: 13.

"A Um Crucifixo" ["To a Crucifix"]: 14.
"Desesperança" ["Despair"]: 15.
"Amor Vivo" ["A Living Love"]: 19.
"Visita" ["The Visit"]: 20.
"A Sulamita" ["The Shulamite"]: 21.
"Sonho Oriental" ["A Dream of the Orient"]: 22.
"Quinze Anos" ["At Fifteen Years"]: 23.
"Idílio" ["Idyll"]: 24.
"Nocturno" ["Nocturne"]: 25.
"Sonho" ["Dream"]: 26.
"Aparição" ["Apparition"]: 27.
"Acordando" ["Awakening"]: 28.
"Mãe ..." ["Mother"]: 29.
"Na Capela" ["In the Chapel"]: 30.
"Velut Umbra" ["Velut Umbra"]: 31.
"Mea Culpa" ["Mea Culpa"]: 32.
"O Palácio da Ventura" ["The Palace of Delight"]: 33.
"Ideal" ["Ideal"]: 34.
"Enquanto Outros Combatem" ["While Others Fight"]: 35.
"Despondency" ["Despondency"]: 36.
"Das Unnennbare" ["Das Unnennbare"]: 37.
"Metempsicose" ["Metempsychosis"]: 38.
"A Uma Mulher" ["To a Woman"]: 39.
"Voz do Outono" ["A Voice in Autumn"]: 40.
"Sepultura Romântica" ["Romantic Sepulcher"]: 41.
"A Ideia, I-VIII" ["The Ideal, I-VIII"]: 45-52.
"A Um Crucifixo" ["To a Crucifix"]: 53.
"Diálogo" ["A Dialogue"]: 54.
"Mais Luz!" ["More Light"]: 55.
"Tese e Antítese" ["Thesis and Antithesis, I-II"]: 56-57.
"Justitia Mater" ["Justitia Mater"]: 58.
"Palavras dum Certo Morto" ["Words of a Certain Dead Man"]: 59.
"A Um Poeta" ["To a Poet"]: 60.
"Hino à Razão" ["Hymn to Reason"]: 61.
"Homo" ["Homo"]: 65.
"Disputa em família, I-II" ["A Family Dispute, I-II"]: 66-67.
"Mors Liberatrix" ["Mors Liberatrix"]: 68.

"O Inconsciente" ["The Unconscious One"]: 69.
"Mors-Amor" ["Mors-Amor"]: 70.
"Estoicismo" ["Stoicism"]: 71.
"Anima Mea" ["Anima Mea"]: 72.
"Divina Comédia" ["Divine Comedy"]: 73.
"Espiritualismo, I-II" ["Spirituality, I-II"]: 74-75.
"O Convertido" ["The Convert"]: 76.
"Espectros" ["Specters"]: 77.
"À Virgem Santíssima" ["To the Most Holy Virgin"]: 78.
"Nox" ["Nox"]: 79.
"Em Viagem" ["The Journey"]: 80.
"Quia Aeternus" ["Quia Aeternus"]: 81.
"No Turbilhão" ["Upon the Whirlwind"]: 82.
"Ignotus" ["Ignotus"]: 83.
"No Circo" ["In the Arena"]: 84.
"Nirvana" ["Nirvana"]: 85.
"Consulta" ["Consultation"]: 86.
"Visão" ["Vision"]: 87.
"Transcendentalismo" ["Transcendentalism"]: 91.
"Evolução" ["Evolution"]: 92.
"Elogio da Morte, I-VI" ["In Praise of Death, I-VI"]: 93-98.
"Contemplação" ["Contemplation"]: 99.
"Lacrimae Rerum" ["Lacrymae Rerum"]: 100.
"Redenção, I-II" ["Redemption, I-II"]: 101-02.
"Voz Interior" ["The Inner Voice"]: 103.
"Luta" ["Struggle"]: 104.
"Logos" ["Logos"]: 105.
"Com os Mortos" ["With the Dead"]: 106.
"Oceano Nox" ["Oceano Nox"]: 107.
"Comunhão" ["Communion"]: 108.
"Solemnia Verba" ["Solemnia Verba"]: 109.
"O Que Diz a Morte" ["Death's Message"]: 110.
"Na Mão de Deus" ["In God's Hand"]: 111.
"Os Cativos" ["The Prisoners"]: 116-18.
"Os Vencidos" ["The Vanquished"]: 119-22.
"Entre Sombras" ["Amid the Shadows"]: 123-24.
"Hino da Manhã" ["Hymn to Morning"]: 125-30.

"A Fada Negra" ["The Black Fairy"]: 131-32.

13a.
Fourteen of Morley's translations are reprinted in *Sonnets from the Portuguese. A Volume of Translations.* Ed. Silvado Bueno. Recife: Dutch-Alley, 1933.

"A Um Crucifixo" ["To a Crucifix"]: 49.
"Visita" ["The Visit"]: 50.
"Sonho Oriental" ["A Dream of the Orient"]: 51.
"Idílio" ["Idyll"]: 52.
"Sonho" ["Dream"]: 53.
"Despondency" ["Despondency"]: 54.
"Metempsicose" ["Metempsychosis"]: 55.
"Mais Luz!" ["More Light"]: 56.
"A Um Poeta" ["To a Poet"]: 57.
"Divina Comédia" ["Divine Comedy"]: 58.
"O Convertido" ["The Convert"]: 59.
"Ignotus" ["Ignotus"]: 60.
"Transcendentalismo" ["Transcendentalism"]: 61.
"Na Mão de Deus" ["In God's Hand"]: 62.

14.
Translation, Second Series. Ed. Neville Braybrooke and Elizabeth King. London: 1947.

"Nocturno" ["Nocturne"], trans. Harold Morland: 34.
"Na Mão de Deus" ["In the Hand of God"], trans. Harold Morland: 35.

15.
Leonard S. Downes. *Portuguese Poems and Translations.* Lisbon: 1947.
"Tormento do Ideal" ["The Torment of the Ideal"]: 38.
"Sepultura Romântica" ["Romantic Burial"]: 39.[6]

16.
Roy Campbell. *Portugal.* Chicago: Henry Regnery, 1958.
"Hino da Manhã" ["Hymn of the Morning"]: 150-54.
"À Virgem Santíssima" ["The Most Holy Virgin"]: 154-55.

16a.

Campbell's translations appear in his *Collected Works, II: Poetry Translations.* Ed. Peter Alexander, Michael Chapman, and Marcia Leveson. Craighall: Ad. Donker, 1985.

"Hino da Manhã" ["Hymn of the Morning"]: 319-22.
"À Virgem Santíssima" ["The Most Holy Virgin"]: 323.

17.

Modern Portuguese Poetry (Booklet for Album # FL 9915). Ed. and trans. Raymond Sayers and José Rodrigues Miguéis. New York: Folkway Records, 1961. Booklet.

"Na Mão de Deus" ["In the Hand of God"]: 4.
"Tormento do Ideal" ["Torment of the Ideal"]: 4.
"Nocturno" ["Nocturne"]: 4.

18.

Portugal Through Her Literature: An Anthology of Prose and Verse. Trans. Lieut.-Col. A. R. Barter. Glastonbury-Somerset: n.p., 1972.

"Tormento do Ideal" ["Torment of the Ideal"]: 139.
"O Palácio da Ventura" ["The Palace of Fortune"]: 169.

19.

The Sea Within: A Selection of Azorean Poems. Org., intro. and notes Onésimo T. Almeida. Trans. George Monteiro. Providence, RI: Gávea-Brown, 1983.

"Metempsicose" ["Metempsychosis"]: 105.
"O Convertido" ["The Convert"]: 107.
"Sepultura Romântica" ["Romantic Burial"]: 109.

20.

Pessoa Inédito. Org. Teresa Rita Lopes. Lisbon: Livros Horizonte, 1993. Trans. Fernando Pessoa.

"Elogio da Morte, VI" ["He only that fears Not-Being doth start"]: 224.

"Despondency" ["Let her go—her, the little bird whose nest"]: 225.

21.

[5 sonnets, translated by Richard Zenith] *Metre* (Ireland) 5 (Autumn/Winter 1998): 33-36.

"Ignoto Deo" ["Ignoto Deo"].
"Despondency" ["Despondency"].
"Palavras dum Certo Morto" ["Words of a Certain Dead Man"].
"O Inconsciente" ["The Unconscious"].
"Divina Comédia" ["Divine Comedy"].

22.

"Poems—Other Languages (Portuguese): Quental, Anthero Tarquínio de." Trans. James H. Donalson. 2003.
<**http://www.brindin.com/poqueamo.htm**>.

"Mea Culpa" ["Mea Culpa"].
"O Palácio da Ventura" ["Fortune's Palaces"].
"Lamento" ["Lament"].
"A Flórido Teles" ["To Florido Teles"].
"A Alberto Teles" ["Alone! But Hermits on the Mountain's Height—"].
"Amor Vivo" ["Lively Love"].

23.

Eight sonnets, translated by Richard Garnett. Untraced.
["Some of Quental's sonnets have been translated into English by … the late Dr. Richard Garnett" (Bell, *Studies in Portuguese Literature*: 13, note 2). S. Griswold Morley asserts, however, that these eight translations were "never publicly printed" (*Sonnets and Poems* xix). To the best of my knowledge, these translations have not yet been identified.[7]

Prose

24.

Letter, Antero to William Storck (14 May 1887) ["Autobiography," in Prestage, *Sixty-four Sonnets*. 23-52; reprinted as "A Short Autobiography,"

The Feeling of Immortality. Trans. Richard Zenith, with a preface by Nuno Júdice. Dublin, Ireland: Mermaid Turbulence, 1998. 1-11.]

25.

The Feeling of Immortality. Trans. Richard Zenith, with a preface by Nuno Júdice. Dublin, Ireland: Mermaid Turbulence, 1998.

Letter, Antero to William Storck (14 May 1887) ["A Short Autobiography"]: 1-11.

"Arte e Verdade" ["Art and Truth"]: 13-19.
"O sentimento de imortalidade" ["The Feeling of Immortality"]: 21-32.
"Espontaneidade" ["Spontaneity"]: 33-41.
"Bom Senso e Bom Gosto" ["Good Sense and Good Taste"]: 43-56.
"A Dignidade das Letras e as Literaturas Oficiais" ["Official Literatures and the Dignity of Letters"]: 57-76.

"Causas da Decadência dos Povos Peninsulares" ["Causes of the Decadence of the Peninsular Peoples in the Last Three Centuries"]: 77-117.

"Tendências Gerais da Filosofia na Segunda Metade do Séc. XIX" ["General Trends in Philosophy in the Second Half of the Nineteenth Century"]: 119-46.

"O Futuro da Música" ["The Future of Music"]: 147-62.

Notes

[1] Downes 22.

[2] This item appears in a standard reference work of the late 1960s, a date that explains, perhaps, its take on Antero as a failed leftist. A politically neutral entry appears in the *New Columbia Encyclopedia*, ed. William H. Harris and Judith S. Levey (New York and London: Columbia UP, 1975) 2258.

[3] For Unamuno's and Ernest Guerra da Cal's poetic reponses to Antero's "Na Mão de Deus," see Monteiro "Final Poems, Final Things." A book-length study of Antero in English is Fernando M. S. Silva's *Antero de Quental, The Existentialist Poet-Philosopher* (published as well in translation as *Antero de Quental: Evolução da sua filosofia existencialista e do seu pensamento pedagógico*. See also Almeida, "Antero de Quental."

[4] On Poe and Antero, see Alves 132-38; and George Monteiro, "Review of *A Poesia na Actualidade.*"

[5] Prestage writes that nearly all of the sixty-four sonnets he has translated "are here published for the first time, the only exceptions being six reprinted from the 'Academy' and a few others that have already appeared in Portuguese newspapers" ("Preface," *Sixty-four Sonnets* xiii.) I have not attempted to trace those translations published in Portuguese newspapers. It is said that there are additional, unpublished translations of Antero's poems among Prestage's papers at the University of London. *On the Death of Anthero de Quental,* Prestage's translation of Joaquim de Araujo's piece "Na morte de Anthero," was privately printed in 1893.

[6] "Many of these poems and translations have already appeared in 'The Anglo-Portuguese News,'" Downes tells us (8). I am unaware of any attempts to trace these appearances.

[7] In Aubrey F. G. Bell's edition of *The Oxford Book of Portuguese Verse* (Oxford: Clarendon, 1925); 2nd ed., ed. B. Vidgal (Oxford: Clarendon, 1952) 268-73, Antero is represented by the poems (in the original only): "Nocturno," "Sollemnia verba," "O Palácio da Ventura," "Acordando," "Transcendentalismo," "Na mão de Deus," "Redenção," and "Entre sombras."

Works Cited

Almeida, Onésimo T. "Antero de Quental on the Causes of the Decline of the Iberian Peoples: A Revisitation." *Iberia & the Mediterranean.* Ed. Benjamin F. Taggie and Richard W. Clement. Warrensburg: Central Missouri State University, 1989. 131-44.

Alves, José. *Antero de Quental: Les Mortelles Contradictions: Aspects Comparatifs avec Charles Baudelaire et Edgar Poe.* Paris: Fundação Calouste Gulbenkian, 1982.

Downes, Leonard S. "Antero de Quental." *Portuguese Poems and Translations.* Lisbon: n.p., 1947.

Monteiro, George. "Final Poems, Final Things in Antero de Quental and Some Others." *Ecos de uma Viagem: Em Honra de Eduardo Mayone Dias.* Ed. Francisco Cota Fagundes. Providence, RI: Gávea-Brown 1999. 54-72.

______. Review of *A Poesia na Actualidade* by Antero de Quental, intro. Joaquim-Francisco Coelho. *Portuguese Literary & Cultural Studies* 6 (2001): 281-84.

Silva, Fernando M. S. *Antero de Quental: Evolução da sua filosofia existencialista e do seu pensamento pedagógico.* Angra do Heroísmo: Secretaria Regional dos Assuntos Sociais/Direcção de Serviços de Emigração, 1986.

______. *Antero de Quental, The Existentialist Poet-Philosopher, His Philosophy and Educational Thought.* Lisbon: Atelier Gráfico Novotipo, 1970.

George Monteiro continues to teach Portuguese at Brown University. Among his numerous books are translations of works by Portuguese writers, such as Jorge de Sena, Fernando Pessoa, José Rodrigues Miguéis, and Pedro da Silveira. His translation of Miguel Torga's *Poemas Ibéricos* will be published this year by Gávea-Brown. The author of the essay titled "Final Poems, Final Things, in Antero de Quental and Some Others," in *Ecos de uma viagem: em honra de Eduardo Mayone Dias,* edited by. Francisco C. Fagundes in 1999, he is also the translator of the poems in *The Sea Within: A Selection of Azorean Poems,* a pioneering volume organized by Onésimo T. Almeida. E-mail: georgemonteiro23@yahoo.com

"The Ascent of Pico" by Thomas Wentworth Higginson

Edited by George Monteiro

Introduction

Born in Cambridge, Massachusetts, Thomas Wentworth Higginson (1822-1911), was, in his time, a Unitarian minister, a military officer, a poet, translator, literary critic, essayist, and anthologist, a writer of fiction and children's histories, the co-editor of Emily Dickinson's first two volumes of poetry, a champion of women's causes, and an abolitionist.

A graduate of Harvard College and the Harvard Divinity School, he was called, in 1847, to Newburyport Unitarian Church. Three years later, however, he was dismissed, mainly for his anti-slavery sermons. In 1855 he established the "free Church" in Worcester, Massachusetts. The church was so called because it was seen to serve a congregation of "radicals" not entirely broken from the Unitarians. During his stay in Worcester, Higginson continued his involvement in anti-slavery disputes, raising money for the struggle against the extension of slavery to the Kansas territories. When the Civil War broke out, he accepted the command of a black regiment comprised of former slaves. He wrote of his experiences in *Army Life in a Black Regiment* (1876). At Higginson's death he was survived by his second wife, Mary Thacher, who prepared his biography "after the manner of present-day biographical works," it was observed at the time, "composed almost entirely of extracts from Colonel Higginson's letter and journals" (Channing 9).

It was the chronic illness of Mary Channing, his first wife, however, that

Portuguese Literary & Cultural Studies 11 (2007): 465-75.

took Higginson to the Azores for half a year in 1855-56. Aboard the *Azor* the Higginsons had as co-passengers the Dabneys, old family friends who were of considerable prominence on the island of Fayal. During the voyage Higginson "used the opportunity to inform himself on the history, geography, and culture of Fayal," reports his biographer, in preparation for the long season in the Azores.

> The island, when at last it loomed out of the sea, was one of the great delights of his life. He experienced in its full keenness the sense of discovery which even a transatlantic passenger in the twentieth century can know when the shadow on the horizon is clearly seen to be land rather than cloud. And the foreignness of Fayal life enchanted him from his first glimpse of it. The passengers were put ashore in small boats through high surf, Mary and the other ladies being hoisted over the side into the boats in armchairs with American flags covering their laps. The quay when they reached it was crowded with women in dark blue hooded cloaks and with barefooted beggars. Beyond them the town stretched steeply toward Mount Pico, the narrow, cobblestoned streets lined with windowless houses and high stone walls protecting the gardens. The houses had white plaster walls and roofs of red and black tile, and their entrances were through courtyards where donkeys were stabled and in each of which Higginson expected to meet Don Quixote or at least Sancho Panza.

Higginson's high spirits and customary enthusiasm persisted throughout the ensuing winter months.

> He flung himself with characteristic energy into learning the language, climbing Mount Pico, which rose seven thousand feet above the ocean, studying the economy of the island under the Dabneys' benevolent paternalism, and corresponding for the *New York Tribune*. The harbor of Fayal, two thirds of the way across the Atlantic from America to Europe, was always full of ships—merchantmen loading oranges, whalers putting in for supplies and news, men-of-war, Spanish steamships, barques, brigs, and schooners. During the January storms six injured ships took shelter there, and one, bound from Le Havre to New York with a cargo of silks, champagne, and brandy, missed the harbor entrance and was wrecked on the rocky shore. In spite of the heroic efforts of the Dabneys, almost all of her cargo was stolen, even the local parish priest suspending services for three weeks in order to devote himself to systematic pillage. Higginson reported the whole

> affair to the *Tribune*, establishing a connection which was to endure for several years. (Wells 94-95)

During his months in Fayal Higginson continued his study of the Portuguese language, along with the history of Portugal, always with the aim of writing about his experiences. To that end he kept a journal and he wrote long, descriptive letters to his mother. He intended that these would form the basis of articles and reports he would put into publishable shape at a later date. Some of his experiences called for immediate exploitation, however, such as the storms and shipwrecks that he not only took note of in his journals but wrote up immediately for the *Tribune*. His account of "Fayal and the Portuguese," drawing generously on his journals and letters, would not see publication for a decade. His Azorean experience contributed, as well, to "The Haunted Window," his first published short story.

Higginson also saw himself as something of a "scientific" observer. At the request of Louis Agassiz, the Swiss-born American scientist teaching at Harvard, Higginson collected specimens of "corals, starfish, and sea urchins" (Wells 96). Upon his return to America, he presented his hoard to Agassiz, adding notably thereby to the Agassiz Collection, with duplicates eventually finding their way to the Worcester Natural History Museum, of which Higginson had been a founder. The same "scientific" spirit motivated Higginson to climb to the top of Pico, the mountain dominating the island to which it gives its name.

The Ascent of Pico[1]

Wednesday morning, Apr. 7. I sailed for Pico, furnished with shawl, indiarubber sack, & basket of two days provisions;—José d'Oliveira the guide having happened to come over that morning & returning with me. The great boat was filled with returning men women & children, sitting on long thwarts across the open hold which was filled up with merchandise & live stock. There was great jabbering as we pushed off (each having just been carried through the surf on a man's shoulders)—but presently the two great lateen sails were spread, and we shot across the five miles to Arealarga. José sat by me & talked in very imperfect English; the people soon discovered that I spoke a little Portuguese, & also that I was going to make the ascent, both of which were exciting facts to them, & brought a flood of questions from the simple people. When José told them I was a Padre, the surprise deepened. "But he isn't dressed like one," they complained, on which José informed them that American Padres didn't wear any particular dress. "In what language does he say Mass," was the next inquiry. "He doesn't say it at all, American Padres never do," said the experienced José who had once been as far as Sippican, a seafaring place near New Bedford. "Then what do they do"? "O they pray & preach & read out of a big book." The interrogator then turned to me. "Probably the Senhor Padre came here to say Mass every Sunday at the house of Senhor Carl Dabney"? I denied the imputation entirely. Then why did I come? I told them I came with my wife, who has sick. My friend's eyes opened wide, in perfect bewilderment & he turned to José for explanation. Didn't you know, said he with dignity that American Padres were married,—& it's a great deal better they should be (muito melhor)—to which the rest assented with a decision which quite surprised me. After this they gave me a good deal of advice about the ascent, mostly unintelligible, & then I relapsed into a humbler position & they talked & laughed among themselves & showed their purchases & one bright girl, Maria, bandied repartees with old & young & seemed the ruling spirit of the boat. Arrived at the narrow little black cove of Arealarga, it was most picturesque to see the women clustering to meet us old & young in the same picturesque dress—blue jacket, blue or white skirt, white waist with gay handkerchief crossed over the heart, & straw hat with or without a burden on top. Just as the men had staggered through the foam with us, somebody exclaimed, "O barco da casa"! & looking round I saw Sam Dabney's dashing little boat, which had almost overtaken us, & brought Mr. Lothrop to join me, with a basket twice as big as mine, & twice as many cloaks & shawls. These we piled on the tall head of João, our second assistant, & with him & José behind us (who had already partaken of a parting glass of wine & asked me to join them) we walked along the sea road southward. We ate our luncheon as we walked & admired the bare black rocks & white surf, till presently we turned up into the barest & blackest of narrow village lanes, leaving the few white country seats of the Fayal gentry below us. There is nothing in Fayal so ugly as that street, or so picturesque as the women who pass along it. The Pico men, as I have seen them in Fayal, are tall spare straight creatures, with bundles above their little round caps, homespun jackets & trousers, & sandals of raw hide. They have simple rustic faces but no beauty; while a wealth of beauty is lavished on the girls, at which one gazes astonished. Even the complexions have often much bloom & even delicacy, despite their dark hovels, & the eyes, teeth, features & figures are often models for painters. Pausing to rest once, four girls went by us, with baskets on their heads over whose contents I draw a veil, & I thought that we might search through all Worcester & not find four such figures, they were abt sixteen, great as palm trees, full, vigorous, pliant & graceful from head to foot, not a muscle undeveloped, & thus we met them by the dozen, & all just the same, in their pretty dresses with the white parts wonderfully white.

After the village we passed the vineyards, stretching up the hillside & black as coal, the vines now being spread upon the little squares of stone wall by which each is surrounded, till the grapes are almost ripe. We kept before the guides & often had to wait for them. Sometimes our path lay between bands of earth, like those at the Caldeira, overgrown with mosses & lycopodiasm. It was very warm & Pico was cloudless before us, which was more than we had dared expect, as the morning was threatening as to cloud at least, & we came only in a sort of desperation. At 1/4 4, having left at 11 1/4 we came to a wicket gate, the transition from vineyard to the Serra, a wide belt of acres of pastureland containing multitudes of small cattle & still more of long-wooled sheep, of the whitest white & the blackest black. It is very uneven, covered with soft turf, out of which lava occasionally appears, & broken into many small hills, some with craters on the top, & all a great contrast to the region of black walled vineyard below. Halfway across this lay our abiding place for the night—only too near—but first José took us a long detour to see certain caves wh. were indeed remarkable, specimens of those of which the island is full. One was deeper than we dared penetrate without a torch, & when we returned fr. the darkness to the entrance the hanging ferns & mosses looked as if the most gorgeous of illuminations lit them up. This was my first experience of such a cave, & was quite exciting, as also another series wh. I went through alone, obliged to crawl with difficulty sometimes & made to jump quite a height over a little precipice among stalagmites of lava. No stalactites equal to those wh. were given me from another cave. The top & sides of the cave were coated with a singular glutinous matter, in large cells or bubbles, with which the mosses were mingled.

At 5 we reached a little stone building, two storied, with a flight of stone steps, leading us to the second story, of whose door José at last found the key beneath a stone—a singular piece of iron. [A sketch of "The Key."] The lower story was occupied by five small cattle, who were carefully locked in. An upper story was about eight feet square, with an opening, secured by a shutter. It looked rather dark & damp but was very habitable—only we wished to go farther on—but José stoutly assured us that it was the best place we could occupy, that beyond were only huts for the "cow's sons" (calves), with the cow's sons in them, & the other man averred that farther up there was "no shelter but Christ." We thought also of camping out, there being everywhere hills & hollows & protecting hedges of wild myrtle, but it blew strong & cold & the men were very unwilling to do it, so early in the season, & José assured us that 1/4 hour wd. take us to the end of the Serra, & an hour & a half to the mountain top, which was "a mile" he said—all being lies as we knew, but larger than we could have thought possible, & so we staid & lived to regret it.

We had our waterproof cloak spread on the ground behind one of the numerous bits of ledge which protect the ground from the winds & unpacked our basket for dinner: setting our attendants to work to cover the floor of our 2d story with branches of wild myrtle, intending to take our turn afterwards while they dined. But on our return we found the bed made, a pole across the loft decorated with my little indiarubber sack & Mr. L's spare shoes—& a general air of having gone to housekeeping. But when I praised the bed to João, he made the usual Portuguese reply "Paciençia."

The guides had brought as usual their own rations of cornbread, & whatever we gave was extra, especially Mr. L's bottle of wine, wh. they drank & we didn't. While they were busy we ascended a strange little hill, a narrow ridge with deep craters on each side. Here we screened ourselves fr. the wind &

looked around us. The peak on which we turned our backs was still clear, rising with sides much steeper than anything we had yet reached. All below was clear, except that a series of dense purple clouds hung over Fayal, so solid & so deep as about to extinguish the island below, especially as a drift of softer clouds was flitting between us & it, sometimes lifting to show the white houses of Horta, & at other times bringing up Castello Branco into astonishing size & isolation. Of the bank of clouds we saw the upper side; while Fayal saw the lower—it spread beyond the island on each side & in fold on fold across its higher ground. The sun sank behind it, while the long shadow of the island gradually came toward us over the water from the Espelarmarla side. At last the sun set at 1/4 7 leaving Pico behind us still in rosy glow. There were a few moments of stillness, when suddenly a little dome raised itself behind the cloud rapidly—then turned over like a porpoise and went under, while another appeared behind it, & so on. It grew dimmer, the wind blew furiously—below us were hills & small craters, Pico above us, & the Serra around us dotted white & black with reposing sheep.

When we went back I peeped into a cave close by, just large [enough] to admit a man & saw the smiling face of João who had made a bed of wild myrtle boughs, & had curled himself in to sleep. We told José however that they had better come inside, to which he was well agreed. He was however unhappy for tobacco, with which we could not supply him. In fact José was rather greedy, rather selfish & an uncommon liar, even if he is not the same guide unpleasantly characterized in Bullow's book. His English was very imperfect & he never understood anything he did not wish to. Thus when after building a crackling fire of Jamojo boughs (wh. was seen at Fayal) we retired to our two story cowhouse, & when José & João crept in after us in the darkness, it was impossible to make the former understand that we wished the small window left open. At last however after a brief but decided verbal contest he fumblingly agreed [to] it & the two nestled down, with much rustlings & crushings, apparently covering themselves with the husks & boughs wh. strewed the floor. It was a queer night. Clear & cold without, & the wind whistling through the thin walls, supplying abundant ventilation. Within profoundly dark, & I who usually sleep profoundly on all such occasions, was soon put broad awake by an incursion of small insect tormentors, & kept awake by a slight chill, which wd. probably hv. been much less by a fire in the open air, where I never failed to sleep. The floor too was very insecure & Mr. L. & I agreed we should probably find ourselves smashing down upon the cows' sons below, before morning. Fortunately they were very small ones, whose uneducated & youthful lowings sometimes added to the heavy breathing of the guides, or their rustling as they screwed themselves deeper into the couch. But I had some hours sleep, & as for the couch, it was sufficiently comfortable.

Before José went to sleep, we dimly saw him sitting up & when Mr. L. asked why, he indignantly replied that he was praying & then coolly added, "I can pray in English, this way" & then proceeded to repeat, "Now I lay me down to sleep," with some peculiar modifications. We afterwards found this to be one of his regular accomplishments.

We had meant to rise with the dawn, but the window was surreptitiously shut & we slept till four. Emerging then we found a clear cold windy morning, "plenty & cold" José declared. After a slight ablution in a small spring, we breakfasted without milk, which I had hoped to obtain, as the cows are only milked in the mornings. Singularly enough, the clouds over Fayal were almost precisely as the night before, though the bank was narrowed & elongated & there was the same driving land between. We set forth at 1/4 5 & soon saw the early rays light up the white houses of Horta, gleaming beautifully through the mist. The wind blew furiously & it was a wonder how our tall João could stride over stone walls with the large basket on his head. An hour brought us to the end of the Serra, where we ought to have camped. We were then at the foot of the real cone, which it took us three hours to climb.

Two thirds of the way were steep regular crags of black lava rock, overgrown with low bushes & wild thyme, packed closely in among the rocks, & the furious wind (in addition) made it the hardest work I ever did. Repeated pauses were necessary, after some of wh. it seemed almost impossible to go farther. The gale was seldom in our faces, but coming at one side, making a double effort of the knees necessary, to maintain our footing. For the first time, I found a staff useful. Gradually the clouds had collected below us, & whenever we looked down, it was at a glorious spectacle—a vast horizon of perfectly level white cloud, a vast floor, concealing everything below it, except where to the North a tract of ocean was lifted up to a seeming level with the cloud, so that it appeared like an Arctic scene. It was like the scene Thoreau describes above Williamstown, & we thought that no landscape could have been worth this. As we got still higher, there were slabs of lava, a sort of fragmentary pavement, with sometimes a "Mysterio," & sometimes a slide of disintegrated lava. Suddenly we came upon a white ravine—the first snowdrift!

& then others; it was like home to see them, they were white & hard & glittering, with many superficial thawings & freezings, no doubt. We eat greedily of them, nibbling also a little bread or cake, which greatly refreshed us, & instead of feeling any inconvenience fr. the rarified air, found in it the greatest invigoration. Suddenly to our surprise we found ourselves at the edge of the Caldeira! [A sketch of the caldeira appears here.] It is of course small compared to the great Fayal Caldeira, being perhaps 50 feet deep instead of 1500 & half a mile round instead of 5 miles, but on every side was heaped up a glittering snowdrift, almost to the edge, & the wild wind & the cold bleak sun above us, gave to it an impress of strange desolation. Stranger yet, on our right rose far above our heads, a bare black narrow, needle like peak, perhaps 150 feet high, which was the goal of our pilgrimage. The guides however entirely protested. João was a volunteer, since the point where the basket was hidden; he had declared on the way up that he would not for forty dollars hv. come in such a wind, & now that he would not for ten dollars ascend the small peak. José also objected to going declaring that we should be blown off & also frozen; whereupon I told him that I did not care whether he did or not, & walked off expecting him to follow, but he didn't; Mr. L. however did, & reached the top first. We climbed over rocks & cinders, it was perfectly practicable, but for the gale which seemed doubled, & at the very top I really shrank a moment—it seemed like standing in a gale of wind on the apex of a steeple or the mainmast of a frigate, for the top is not large enough for six persons to stand together, & we literally had to hold on by the rocks while we deposited our rocks upon a cairn which is being gradually erected. Before retreating I glanced over the other side, & it looked so warm & sheltered that I climbed over & found an Italian climate: the sun shone warm & vapor curled up from between the stones at the side of a little crater which is formed even there (marked x). Off to the East, moreover, there was open sea & St. George's, but nothing else, no Terceira, only the great flow of white level cloud over all the world. Pocketing the lichens & mosses which grew there, we crossed the airy peak & fronted the tremendous gale again & slid & clambered down. This was nine o'clock; it was too cold to remain long at the Caldeira especially in the uncertain weather & we soon began our descent. We had observed that José took quite a circuit & coming down we proposed to cross the Caldeira & cut it off, but we presently found it was the snow from which they shrank with their sandaled feet so we let them go round and crossed it ourselves—but the sloping drift was so slippery that I had one involuntary slide, after which we made holes with our heels & staves & crossed the drift more carefully. The only thing we missed seeing there was a remarkable cliff, which I shall always regret.

Down we came with long leaps over the steep sides, till our knees & backs were weary; a cloud of mist & drizzle soon swept round us, & the guides lost the way several times, rather to my surprise, for landmarks were always visible. In the Serra it was pretty to see the white sheep gleaming far away, as they nestled in sheltered nooks, & sad to pass where lambs had been killed & half eaten by dogs. Except a few shepherd boys girls & dogs, we saw nothing else till we came down among the vineyards; we attracted much attention as we came down with gaping boots and limping feet; & sometimes stopped the girls in their procession of water jars, to remove the branch of faya which keeps the water cool, & take a drink from the cow's horn, in which they scoop it fr. the shallow wells. We reached the shore in 4 1/2 hours (perhaps 15 miles) & had to answer many questions fr. men at the landing, (as well as fr. the men & women, returning fr. Fayal market-day with pigs & cattle to fatten on the Serra.)—& after a delicious bath beneath an arch of ocean rock, & a nap at the Dabney Priory, we saw a boat fr. Horta dashing over in the gale to meet us, as promised, just as we had given it up. After an exciting trip of only 40 minutes we landed in the Key at 6 P.M.

Three things we had at Pico which no American mountain could have given. 1. The ascent of the whole literal height of the mountain fr. the level of the sea. 2. The aspect of the sea seen in gaps of the cloud that covered all else. 3. The vapor which made the central heat henceforth a reality to us.

Note

[1] Thomas Wentworth Higginson, *Manuscript Journals* (Houghton Library, Harvard University, Cambridge, Massachusetts). Quoted with the consent of the Library.

Works Cited

Channing, Edward. *Thomas Wentworth Higginson.* [Separate from the Proceedings of The Massachusetts Historical Society for April, 1914.] Boston: Massachusetts Historical Society, 1914.

Wells, Anna Mary. *Dear Preceptor: The Life and Times of Thomas Wentworth Higginson.* Boston: Houghton Mifflin, 1963.

George Monteiro continues to teach Portuguese at Brown University. Among his numerous books are translations of works by Portuguese writers, such as Jorge de Sena, Fernando Pessoa, José Rodrigues Miguéis, and Pedro da Silveira. His translation of Miguel Torga's *Poemas Ibéricos* will be published this year by Gávea-Brown. The author of the essay titled "Final Poems, Final Things, in Antero de Quental and Some Others," in *Ecos de uma viagem: em honra de Eduardo Mayone Dias*, edited by. Francisco C. Fagundes in 1999, he is also the translator of the poems in *The Sea Within: A Selection of Azorean Poems*, a pioneering volume organized by Onésimo T. Almeida. E-mail: georgemonteiro23@yahoo.com

O "Complexo de Ítaca" nas literaturas insulares

João de Melo

Os arquipélagos dos Açores, da Madeira e de Cabo Verde têm sido, ao longo de quase toda a sua história, lugares de saída, terras de largada para o "mundo grande" que desde sempre se lhes anunciou do outro lado do mar. Isso, que poderíamos genericamente carcterizar por "movimento de partida" (não apenas físico e social, mas também cultural), acabou por sugerir à alma insular todo um "imaginário da distância," nítido e recorrente na consciência dos seus escritores. Em contrapartida, o tema do regresso às ilhas (desde o simples retorno atè à construção mitográfica de uma nova Ítaca, a outra ilhas de Ulisses perdido no espaço exterior), quando considerado no tempo e no modo das literaturas insulares de língua protuguesa, nunca correspondeu, nem sequer por aproximação, ao motivo da viagem e da partida—o que de algum modo impõe e configura a insularidade como expresão literária por excelência nos referidos arquipélagos. As nossas literaturas são portas de saída da "ilha" para o "mundo"; ao invés, bem pouco essas mesmas portas se fecham sobre os lugares de chegada ou de regresso a casa. Em terras de forte propensão emigratória, perante o "despovoamento" das ilhas, não seria de esperar, da parte dos seus escritores, um "imaginário do lugar" diferente daquele que flui em paralelo com a realidade histórica da vida. Mas talvez haja ainda tempo e voz para um apelo ao mito de uma ideia de retorno ou de regresso à Literatura.

Sair, largar das ilhas para fora, foi tão nececessário à vida dos Açores, da Madeira e de Cabo Verde, como é ainda essencial às suas literaturas. Não

Portuguese Literary & Cultural Studies 11 (2007): 477-85.

sejamos, porém, absolutos nem rotundos na detecção desta lógica literária. Com efeito, ao movimento da escrita sobre a emigração opõem-se outros pequenos, e todavia numerosos, movimentos de sentido contrário. O primeiro desses movimentos, seguramente que é o sentimento da terra como berço e como "residência" (para usar uma expressão do poeta Pablo Neruda); outro, o de resistência ao sonho, à tentação e à necessidade de partir—espécie de recusa do mito de Pasárgada, visto como busca da terra ideal (a América, a África ou a Europa, consoante os casos); outro, o do lirismo na distância que tange como dolência, "sôdade" e "terralongismo" na "morna" de Cabo Verde, dando também substância ao folclore açoriano e madeirense, sem deixar de ser algo como um dobre poético e narrativo de todas as ilhas; outro tema ou moviemto, são as muitas formas de regresso mental ou emotivo à "insula": pela escrita da infância (como o fez o açoriano Cristóvão de Aguiar, na trilogia narrativa de *Raiz Comovida*); pelo recurso aos temas da História e da identidade, e sobretudo por uma espécie de "coita" ou sofrimento que se mitifica na alma do ilhéu e que traduz uma fidelidade à casa enquanto centro do mundo. É o que nos dizem estes versos de Vitorino Nemésio: "A minha casa é concha. Como os bichos / Segreguei-a de mim com paciência // Minha casa sou eu e os meus caprichos." Por sua vez, poeta o caboverdiano Corsino Fortes, em *Árvore & Tambor* (1986), ergue o seu apelo ao regresso à terra, como um "canto geral" de júbilo e de exaltação ao país independente:

> Vem pelo arco-íris
> Antes da chuva
> Quando a enxada é sonho
> na glória dos homens
> e a semente é pó
> na memória da ilha
> Oh frescura
> de ser mãos Entre mãos
> Que levedam
> no rosto da terra
> Oh frescor
> de ser veia Entre veias
> Que tecem no ventre da ilha
> O útero de tal rosto
> Vem!

Pelo músculo de Azânia
e tambor da Namíbia
Vem! Pela lâmina
que vibra a alma de Zimbabwe
Vem!

Mas falo dos que ficam, partem e voltam; falo dos que versam, mais do que o tema da partida, o tema da permanência e do quotidiano; falo do mito grego de Ítaca, sonho de Ulisses do retorno à consciência da ilha: origem, destino, identificação e identidade do homem insular. Refiro-me, ainda, à ideia de ilha como refúgio, cárcere ou prisão (tal como a descreveu o poeta açoriano da ilha das Flores, Roberto de Mesquita, um dos pilares do simbolismo português: "A mágoa dum poeta desterrado / Suspira errante na nortada fria. / Por este Outubro mórbido e fanado / A minha alma respira uma elegia..."); ou ainda, mas num extremo oposto desta visão pessimista, a ilha paradisíaca, reduto do ser, explicação do Homem perdido no espaço exterior (em escritores como Natália Correia, Pedro da Silveira, Vitorino Nemésio, José Agostinho Baptista, Manuel Lopes, Teobaldo Virgílio, Corsino Fortes). Falo de Antero de Quental que se matou em público (e que por isso mesmo dizem que foi para o Inferno!), à vista da sua cidade natal, Ponta Delgada. Falo de uma ideia de ilha que seja também uma projecção mítica e modelar da Literatura e do mundo...

Que eu saiba, nenhum poeta ou romancista açoriano, madeirense ou caboverdiano procedeu à "mitificação" do espaço insular numa obra integralmente dedicada à vida na ilha, partindo de uma situação de regresso a casa—pelo menos em termos de uma aproximação ou da correspondência ao mito heróico de Homero, tal como é idealizado na *Odisseia*. O "*azorean torpor*," de que fala Nemésio num dos seus mais conhecidos peomas, é um misto de meditação e de lamento entediado; "Porque a mais leve luz que se embebeda na barra / Embacia os perfis dos cais e dos navios / Em frente à linha do horizonte que se perde. // E um deconsolo, um não-partir paira nos pios / Das gaivotas sem céu que o vento empluma e agarra / Estilhaçando o arisco mar de vidro verde." Contudo, há poemas que giram ao redor de uma iconografia literária equidistante ao texto grego pagão e ao reeligioso da liturgia cristã, como nestes versos reiterativos de Natália Correia que aludem a um continente lendário, a Atlântida: "Creio nos anjos que andam pelo mundo. / Creio na Deusa com olhos de diamantes, / Creio em amores lunares com piano ao fundo, / Creio nas lendas, nas fadas, nos atlantes" (*Sonetos Românticos*, 1990).

A Madeira está para a poesia do madeirense Herberto Helder, como os Açores estarão para o açoriano Antero de Quental. Ou seja, a expressão da insularidade, nestes poetas, será algo de tão remoto e difuso como um apagamento voluntário, ou mesmo como um desvio da vontade, ainda que não radicalmente assumida como tal. Há apenas uma percepção insular, explícita ou não, mas por vezes obsessiva, por detrás da cortina poética de ambos. De resto, são poetas dos vastos mundos de dentro: os mundos da alma que sobem do espaço para o tempo e que atingem a dimensão cósmica de uma sagração da palavra poética na ideia do espaço-tempo, tal como o definiu o cientista Stephen W. Hawking. Da Madeira, recordo também os poemas órficos e vesperais de José Agostinho Baptista no breve livro de *Canções da Terra Distante*, de 1994. Tudo nele se constrói e destrói em movemtno binário, entre o regresso aos lugares e tempos da infância e o lirismo desse mundo perdido na passagem do passado para o tempo presente: "Quando regresso / todas as portas se fecham. Já não tenho as chaves / de uma vida antiga"). Este é um pequeno mas terrível livro para sempre, um livro de visita que culmina no poema de "O Adeus às Ilhas," do qual se desprendem versos assim: "o amor é apenas uma ilha onde cabe a dor da vida," e sequências tão duras e definitivas como epitáfios:

> Tu não sabes o que eu esqueci, sentado nos alpendres,
> contendo as lágrimas.
> Havia um desespero de náufragos à beira dos mares
> desses dias.
> Há um desespero de gesto quando afago o teu rosto
> porque o teu rosto é o rosto de uma ilha.
> E a ilha é um cais sem fim e eu sou esse cais na
> cidade da ilha.
> E a ilha são lenços brancos, sinos, um cristal húmido
> que amplia o tempo.

Recordo, ainda, trechos do romance de Helena Marques, *O Último Cais*, livro de partidas e regressos, tão belo, tão medularmente insular como nenhum outro até agora escrito acerca da ilha da Madeira, e cuja intriga se baseia numa relação familiar dispersa entre a cidade do Funchal e o mundo, alternando sobre si o peso da permanência com a leveza da ausência. Horácio Bento de Gouveia dá-nos episódios de regresso à Madeira nos romances *Lágrimas Correndo Mundo* (1959) e "Torna-Viagem" (1979), a fechar aventuras de emigração. Os poetas Carlos Fino, José António Gonçalves e Isabel Aguiar Barcelos aludem ao tema, mas de passagem, numa poesia que se motiva na paisagem interior, na infância ou até na contemplação emotiva da terra. Também só por metáfora ou alegoria o regresso aflora às ficções da Ana Margarida Falcão e de Ana Teresa Pereira—ao passo que Helena Marques centra ao eixo de dois dos seus romances (O já citado *O Último Cais*, de 1992, e *Os Íbis Vermelhos da Guiana*, de 2000) tanto o ponto de chegada como o de partida de uma relação insular com o Mundo. Curiosamente, é Ferreira de Castro, um escritor não insular, quem retrata no romance *Eternidade* (1933), uma situação de exílio interior, ponto de volta à ilha natal de Juvenal Gonçalves, viúvo, deprimido pela perda da mulher amada. A Madeira de Juvenal é visto como remédio para esse luto da alma, cura do desinteresse e salvação da consciência social. Daí o seu heróico envolvimento político-sidical pela dignificação dos trabalhadores madeirenses em greve e em manifestação pública (o que era então rotundamente proibido em Portugal) contra a miséria e a fome. Só por esse motivo a Madeira não chega a ser o paraíso para Juvenal. Também Maria Orrico, uma não açoriana de origem, consagra no livro *Terra de Lídia* a paixão das ilhas. É pelos olhos de Lídia e pela astúcia do cego Tomás que perpassa o assombro da paisagem sobrenatural dos Açores, mormento a do Faial e do Pico. A personagem sente-se tangida para uma situação-limite (o desengano dos seus amores em Lisboa), pelo que tenta o esquecimento da própria vida na ilha do Faial. Há, porém, uma revelação de espiritualidade nessa decifração misteriosa da paisagem, a qual eleva a uma quase transcendência do sagrado o corpo e a alma de Lídia. A subida ao alto da montanha do Pico, verdadeira epifania a um universo divino, é a ascensão da personagem a uma dimensão humana próxima do inefável e do olímpico.

Nos Açores, parece visível o florilégio das alusões literárias ao tema do regresso, sob o prisma do real, do simbólico e até do mítico—em Vitorino Nemésio, Natália Correia, Pedro da Silveira, José Martins Garcia, Dias de Melo, Cristóvão de Aguiar, Vasco Pereira da Costa, Álamo Oliveira, Judite Jorge e tantos outros. Em Nemésio, é pelo mar que se cumpre o desejo de regresso aos Açores:

Quando penso no mar
A linha do horizonte é um fio de asas
E o corpo das águas é luar;
Sinto a terra na força dos meus pulsos:
O mais é mar, que o remo indica
E o bombeado do céu cheio de astros avulsos.
Quando penso no mar, o mar regressa
A certa forma que só teve em mim—
Que onde ele acaba, o coração começa. (*O Bicho Harmonioso*, 1938)

Em Natália Correia, há o sentimento do exílio interior na recusa de outros lugares, que não aos Açores: "Não sou daqui. Mamei em peitos oceânicos / Minha mãe era ninfa meu pai chuva de lava! Mestiça de onda e de enxofres vulcânicos / Sou de mim mesma pomba húmida e brava" (*Cântico do País Emerso*, 1961). Mas não conheço, repito, uma obra açoriana integralmente votada ao problema do regresso: só alguns poemas, partes ou capítulos de romance, um outro conto. Onésimo Teotónio Almeida, por exemplo, no seu conto "Torna-Viagem" (do livro *(Sapa)teia Americana*, 1983), relata o caso de um emigrante que só volta à ilha para se vingar de um inimigo da infância, o que não é significativo daquilo de que falamos aqui.

Em Cabo Verde, o assunto nada tem de estranho aos olhos dos poetas e dos prosadores, expressando uma concreta ou indefinida saudade da terra. A sua literatura mais conhecida (e também mais antiga) está pejada de alusões a um regresso ideal, ao reencontro da família, à felicidade que não existe na distância. Mas a grandeza conhecida da Literatura cabovverdiana vem associada à denúncia das injustiças sociais (com os temas da seca e da pobreza em biombo de outras denúncias); faz a apologia da fuga pela emigração, declara o amor e o apego à terra da ilha, vive o dilema dos que ficam querendo partir e dos que partem dsejando ficar, institui a distância como pesadelo do "terralongismo." Acima de tudo, creio ser ela a tradução da vida residente do povo de Cabo Verde, voz e condição da sua humanidade. O romance *Chiquinho*, de Baltazar Lopes, é talvez o livro mais paradigmático desse conjunto de atmosferas e alusões. A personagem move-se entre ilhas como num labirinto de aprendizagem da vida e do mundo; o tempo cerca e move o menino Chiquinho de ilha em ilha e de sonho em sonho, mas também o tempo o leva a partir contrariado para a Améica. O problema da identidade parece central em toda a literatura de emigração, seja ela açoriana, madeirense ou caboverdiana. É-o também nos contos expeditos e apaixonados de Orlanda Amarílis, intitulados *Cais-do-Sodré té Salamansa* (1974), e nos romances dos açorianos José Martins Garcia (*Contrabando Original*, 1987) e Daniel de Sá (*Ilha Grande Fechada*, 1992). Não duvido que seja por um forte sentimento de identidade que as pessoas partem (contrariadas e em sofrimento) nos livros de Baltazar Lopes, Manuel Lopes, Gabriel Mariano, Teixeira de Sousa, Luís Romano e nos livros dos portugueses Manuel Ferreira e Maria Isabel Barreno de tamática caboverdiana. Germano Almeida, no romance *Os Dois Irmãos* (1995) lida de perto, no estilo energético e irónico que o distingue, com o ser, a tradição e a identidade do homem caboverdiano, propondo-os em termos irónicos, não decalcados das gerações literárias que o antecedem. Tomando como pretexto um processo judicial, a descrição romanesca do livro leva um irmão de partida para Portugal e deixa outro em permanência insular; toda a tensão se multiplica em redor de comportamentos e motivos duplos: fidelidade e adultério, amor fraternal e regra de justiça ditada pela tradição, num dilema interior entre o apelo do sangue familiar e o do sangue que deve castigar ou ser castigado. Há também regresso no livro *O Senhor das Ilhas*, de Maria Isabel Barreno, no ponto em que o carácter "peregrinal" do romance associa a história de uma busca do passado insular, na pessoa do pai, ao seu enraizamento nos universos da História e da caboverdianidade. Romance histórico ou familiar, ou simultaneamente as duas coisas, o que o torna singular é mesmo essa branda e suave mistura, escrita com leveza e poesia.

Esta "pungência da caboverdianidade" está para as suas ilhas, tal como uma muito específica insularidade deve estar para as dos Açores e da Madeira. Osvaldo Alcântara e Ovídio Martins podem considerar-se os poetas da recusa do "mito de Pasárgada," mais do que os romancistas Baltazar Lopes (o alter-ego poético de Alcântara), Luís Romano, Teixeira de Sousa, Manuel Lopes e Germano Almeida—e muito mais ainda do que Osvaldo Osório ou Corsino Fortes. Esse mesmo "mito de Pasárgada" ou não exite, ou será dificilmente detectável na poesia açoriana e madeirense. Vitorino Nemésio e Natália Correia cantam os Açores de fora para dentro, com a devoção de uma saudade que mitifica sobretudo a terra, a casa e as pessoas da infância; o grande poeta madeirense Herberto Helder, que faz da escrita uma celebração da palavra poética, só remotamente pode ser considerado um "insular." Mas não há aproximação possível entre a permanência e a condenação à ilha em *Almas Cativas* (1966), de Roberto de Mesquita, e o pendor fortemente alusivo, mas não geográfico, de Herberto:

> Onde estará o mar? Aves bêbedas e puras que voam
> sobre o teu sorriso imenso.
> Em cada espasmo eu morrerei contigo.
> E eu peço ao vento: traz do espaço a luz inocente
> das urzes, um silêncio, uma palavra;
> traz da montanha um pássaro de resina, uma lua
> vermelha. (*Poesia Toda*, 1980)

Igualmente me parece distinto o problema da radicação à ilha, quando posto pelo açoriano da ilha Terceira J. H. Borges Martins, ou pelo madeirense José António Gonçalves. O primeiro é o poeta de uma euforia irónica, algo surrealizante; e também um satírico-metafórico por excelência. O segundo usa de um lirismo absorvente, abúlico e melancólico, no modo como expressa o seu modo de permanência na ilha.

O espírito do tempo e a espiritualização do lugar emergem da obra de um sem-número de poetas açorianos, madeirenses e caboverdianos. Nalguns casos, a expressão da insularidade é mesmo o que a poesia apresenta de mais "poético" e de individualizante. O telurismo, o apelo das raízes, a ilha simbolizadora do mundo, são motivos que comparecem em poetas como Oswaldo Osório ou Arménio Vieira. Oswaldo canta o tempo, o país e o amor; Arménio é um ironizdor da vida quotidiana, na sua rotina e na sua pequenez, como nestes versos de 1971 que dedica à cidade da Praia: "A esplanada teria um leite mais branco / e clientes catitas e empregadas bonitas / e baixaria para uma média razoável o número de pedintes / e caçadores de beatas / e haveria por certo uma clínica ali perto / e remédio para tudo (até para os males sem cura)." O "princípio da realidade," de que fala Lukács, parece aplicável tanto ao "corpus" como ao imaginário das literaturas insulares de língua portuguesa. Ou seja, o real preside à vida e à sua "imitação" pela literatura. O movimento real das ilhas dos Açores, Madeira e Cabo Verde tem sido feito mais para fora do que para dentro delas. Daí que se possa genericamente caracterizar as respectivas literaturas pela expressão "residente" e pelas suas diásporas, e menos pela temática do regresso a casa. A fuga das ilhas, sob mil e um pretextos (sejam eles a emigração, os estudos no exterior, as paixões da vida ou o puro abandono da tera), tem dado azo não apenas a uma "instituição" de literatura, mas à sua divisa principal e a um reconhecimento geral. Aliás, o tema da partida é inseparável não apenas de uma "visão de conhecimento," mas também de uma cosmovisão insular, com tudo o que nisso possa haver de circunstante ou de conceptual: ilha-mãe de todo o destino, ilha de uma quase trágica "peregrinação interior"—com as devidas e reconhecíveis variáveis do estilo, da situação romanesca, da sensibilidade geográfica e mesmo da concepção ideológica do espaço e do tempo.

Onde está, pois, essa nova ilha de Ítaca, terra-lar de Ulisses, esposo de Penélope, pai de Telémaco, rei dos Gregos? Onde se situa essa ilha que todos demandamos como um regresso à casa do ser que em nós continua errante e de partida pelo tempo fora? Chamo-lhe ilha da justiça e da utopia—a única afinal de que se ocupa o mais antigo sonho do Homem; aquela que decerto justifica a existência e a razão de toda a Literatura. Escrevendo, amando a palavra, creando no livro, havemos de encontrar a ilha dos povos e dos escritores. Essa ilha só existe oculta neste tempo das verdades que mentem e das mentiras que ainda dizem a verdade.

(Lisboa, 1998 – revisto em Madrid em 2006)

João de Melo (1949-) nasceu na Achadinha, São Miguel, Açores. Fez a instrução primária na ilha natal. Em 1960, migra para o Continente português, onde obterá a licenciatura em Filologia Românica pela Universidade Clássica de Lisboa. Tem-se dedicado ao ensino secundário e ocupa, desde 2001, o cargo de Conselheiro Cultural da Embaixada de Portugal em Madrid. Romancista, ensaísta, cronista, poeta e antólogo, entre os seus romances mais conhecidos contam-se *O Meu Mundo Não É Deste Reino* (1983) (cuja tradução inglesa, da responsabilidade de Gregory Rabassa, foi editada em 2003 pela Aliform Publishing), *Autópsia de um Mar de Ruínas* (1984), *Gente Feliz com Lágrimas* (1988) e *O Homem Suspenso* (1996). Publicou a colectânea de ensaios *Toda e Qualquer Escrita* (1982). Organizou as colectâneas *Os Anos de Guerra* (1980) e *Antologia do Conto Português,* cuja 3ª edição é de 2002. Editou o livro de poesia *Navegação da Terra* em 1980 e, em 2000, o volume de crónicas *Segredo das Ilhas.* Acaba de lançar um novo romance, *Mar de Madrid* (2006).

Reviews/Recensões

Fernando Cristóvão, Maria Idalina Resina Rodrigues, Maria Lúcia Lepecki e Fátima Freitas Morna, orgs. *Nemésio, Nemésios—Um saber plural.* Lisboa: Edições Colibri, 2003.

Ana Margarida Ramos

O volume *Nemésio, Nemésios—Um saber plural* apresenta-se como a antologia de um conjunto amplo de testemunhos realizados em Dezembro de 2001 a propósito de um seminário de comemoração do centenário do nascimento de Vitorino Nemésio. Demarca-se, contudo, de outras publicações como as actas do Colóquio de Ponta Delgada em 1998—*Vitorino Nemésio. Vinte anos depois*—por não incidir em exclusivo (nem sequer predominantemente) na análise e interpretação literárias da produção do poeta e romancista açoriano. A opção dos organizadores foi pela abertura de perspectivas de leitura sobre a obra e o pensamento nemesiano, envolvendo áreas como as ciências naturais, incluindo a química, a física e a biologia, e as sociais e humanas, com especial relevo para a filosofia, a teologia, a história e a comunicação social. É, pois, neste sentido que se entende a estruturação do volume nas secções de Filosofia, Teologia, Ciências, Arte da Comunicação, Cultura e História.

São também incluídos testemunhos de discípulos que, além de contribuírem para uma visão mais pessoal e humanizada do homem e do professor, permitem o revelar de facetas menos conhecidas e aproximam-no dos leitores actuais, como é o caso dos textos de Maria Idalina Resina Rodrigues, Fernando Cristóvão, António Machado Pires e João David Pinto-Correia. Trata-se, cremos, não do elogio obrigatório em data a assinalar, mas de uma revisitação baseada em memórias afectivas e na herança cultural de que se sentem depositários. Barata-Moura chama a atenção para o facto de o maior significado da homenagem residir no "aprofundamento do estudo que induz melhor conhecimento e potencia derivas interlocutivas de frutificação" (11). A sua leitura da obra nemesiana, sobretudo a poética, incide em alguns *topoi* que ilustram o seu pensamento filosófico, como sejam as fontes e as influências, a reflexão sobre a actividade de "pensar," sobre a "saudade," sobre

Portuguese Literary & Cultural Studies 11 (2007): 489-92.

a condição de *homo viator* ou sobre a temporalidade, entre outros. Joaquim Cerqueira Gonçalves insiste na ligação intrínseca entre poesia e filosofia, uma vez que a poesia se revela, para Nemésio, lugar privilegiado de reflexão e de questionamento e linguagem filosófica por excelência. São, ainda, evidenciadas as ligações do autor açoriano ao pensamento teológico, pela análise da forma como, em muitos dos seus textos, a teologia erudita/culta comunga sem contradições com uma fé simples, com laivos de uma ingenuidade original. Este aspecto é igualmente realçado por Joaquim Carreira das Neves, que destaca, entre outros, o tratamento do tema da "busca da inocência e estatuto de salvação através da *Graça*" (45-46).

J. Lobo Antunes incide a sua análise sobre os elementos científicos presentes na poesia de Nemésio ou sobre o que designa de "poesia inspirada pela ciência" (69), uma vez que, quer a linguagem, quer os próprios conhecimentos científicos são utilizados como referências poéticas no culto da "beleza irradiante do conhecimento científico" (72). Carvalho Rodrigues define mesmo Vitorino Nemésio como "o poeta da ciência moderna" (75), sustentando a sua afirmação através de inúmeros exemplos da colectânea poética *Limite de Idade* (1972) e em *Era do Átomo. Crise do Homem* (1976). Conclusão semelhante é a de Luís Archer, quando afirma que "ao visitar, um a um, todos os recantos gélidos da ciência e da técnica, o Poeta recolheu-os em si como seus, tocou-os com a sua magia, e acendeu, em cada um, a chama quente do verdadeiro nome que ninguém lhes tinha dado" (85). Maria Leonor Pavão, como, aliás, Jorge Buescu, centra o seu estudo na análise da obra *Limite de Idade*, clarificando as metáforas científicas aí presentes, sobre as quais tece várias considerações, concluindo acerca da curiosidade intelectual do autor, do fascínio das "descobertas" realizadas e da sua utilização em contexto literário.

Centrando-se na vertente comunicativa de Vitorino Nemésio, nomeadamente na experiência televisiva, surgem os textos de Jorge Listopad, Henrique Mendes e Cáceres Monteiro, destacando uma faceta do escritor que o tornou conhecido do grande público. Henrique Monteiro destaca a sua colaboração na imprensa e Jorge M. Martins a sua peculiar relação com a figura do editor e o processo de edição.

O conjunto de intervenções agrupadas no "capítulo" Cultura e História é o que integra mais textos e apresenta mais heterogeneidade entre si, desde o testemunho mais pessoal de Rosado Fernandes, onde também se lêem algumas breves reflexões sobre a questão europeia, aos vários textos relativos à ligação de Nemésio ao Brasil.

Margarida Maia Gouveia dá conta da importância de que este país e a sua cultura ocupam na obra de Vitorino Nemésio, fazendo o historial das reflexões do autor sobre esta matéria, enquanto Maria de Fátima Maia Ribeiro se centra na reflexão sobre as relações Portugal/Brasil durante o século XX, com particular incidência nas questões do imaginário da comunidade luso-brasileira, apelando ainda para o diálogo com a reflexão de Eduardo Lourenço. Evelina Hoisel, por seu turno, reflecte sobre a recepção de Vitorino Nemésio no Brasil e sobre a representação deste país na sua produção, não se limitando à leitura de textos literários. Maria Adelina Amorim analisa a produção "historiográfica" de Nemésio no que à História do Brasil diz respeito, com especial incidência em *O Campo de São Paulo* e nas crónicas compiladas em *Segredo do Ouro Preto e Outros Caminhos.*

M. Lourdes Cidrais apresenta uma leitura de duas obras de Nemésio em que é particularmente visível a atenção com que recria duas figuras históricas, a Rainha Santa Isabel e o Infante D. Henrique. Estes dois textos, *Isabel de Aragão, Rainha Santa* (1936) e *Vida e Obra do Infante D. Henrique* (1959), permitirão uma reflexão sobre as fronteiras entre História e Literatura e entre realidade e ficção. Além disso, possibilitam a questionação das fronteiras entre géneros, assim como das interferências entre o registo biográfico e o romance histórico, o que permite trazer a produção nemesiana para um debate muito actual neste campo de estudos preciso.

Os testemunhos dos poetas permitem uma releitura da obra poética de Nemésio, sugerindo, em alguns casos, um reposicionamento da produção deste autor no panorama literário português. Fernando Guimarães, por exemplo, refere o seu "contributo [...] essencial para o desenvolvimento da nossa poesia" (230), enquanto João Rui de Sousa destaca a multiplicidade e a evolução da produção poética nemesiana, desenvolvendo-se entre pólos diferentes, às vezes quase opostos, avessa a catalogações unívocas e à filiação em escolas ou tendências. Vasco Pereira da Costa "percorre" as ilhas açorianas em busca dos seus poetas e das suas figuras de proa num roteiro imaginário que tem os ecos da escrita de Nemésio por mapa orientador.

Este conjunto de comunicações de origem tão diversa e de temática (e até de estruturação) tão heterogénea apela à (re)leitura da vasta obra de Vitorino Nemésio e à reflexão sobre as inúmeras possibilidades de leitura, muitas vezes de âmbito não estritamente literário, que ela revela. Trata-se, no fim de contas, de partilhar com os leitores do poeta e romancista o *saber plural* que caracteriza a sua obra. Aliás, o título da colectânea revela-se, pois, a este nível, paradigmático, incidindo sobre um sujeito com múltiplas facetas e uma obra com inúmeras vertentes para as quais quer chamar a atenção do leitor. As comunicações aqui agrupadas guardam ainda muitas marcas da sua dimensão oral e permitem àqueles que assistiram aos seminários reviver o diálogo e a reflexão partilhada, às vezes de forma quase emocionada. Perdem, desta forma, a frieza e a impessoalidade que em geral caracteriza umas Actas de um qualquer encontro ou jornadas de trabalho, porque encontram o seu sentido na presentificação de um homem através da releitura de uma obra que se quer viva e lida.

Ana Margarida Ramos é Assistente na área de Literatura Portuguesa, no Departamento de Línguas e Culturas da Universidade de Aveiro. Encontra-se a preparar uma tese de Doutoramento sobre Literatura de Cordel Portuguesa. Mais informações em http://www.anaramos.web.pt

"Efeméride nemesiana." *Revista Atlântida*,Vol. XLVI. Angra do Heroísmo: Instituto Açoriano de Cultura, 2001: 287-324.

Lélia Pereira da Silva Nunes

A comovida saudação filial de Manuel Nemésio abre o conjunto de ensaios reunidos sob o título *Efeméride Nemesiana*, publicada na *Revista Atlântida* do Instituto Açoriano de Cultura em comemoração do centenário de nascimento de Vitorino Nemésio (1901-2001).

Os autores Fátima Freitas Morna, António M. B. Machado Pires, Margarida Maia Gouveia, Fernando Cristóvão e Urbano Bettencourt apresentam um perfil de Vitorino Nemésio e de sua alargada obra a que se juntam uma diversidade de gêneros literários.

Com o propósito da homenagem, Fátima Freitas Morna faz uma reflexão sobre o escritor, em seu ensaio "Há Cem Anos Nasceu um Poeta," utilizando como arranque a evocação do artigo que ele escreveu na revista *Panorama* em 1967 quando se celebrava o centenário de nascimento de António Nobre. Morna vai ao encontro da escrita de Nemésio e o surpreende em sua própria eternidade como ele mesmo fez em relação ao poeta do *Só:* os cem anos não cumpridos por Nobre e os cem anos não vividos por Nemésio, ambos perenizados na vasta obra e na memória coletiva de muitas gerações.

A partir da análise de *Nem Toda a Noite a Vida,* publicada por Nemésio em 1952, e que considera como a obra que marca a centralidade da vida e da poesia do escritor, que a esta altura já passara dos cinqüenta anos, deixa fluir sua escrita de intimidade reflexiva, de dentro de si, de auto-indagação, de aproximação e de interação entre o criador, o homem situado, e a criatura—a arte de poetar. Revisita, nessa dimensão, o percurso do criador, do poeta, do indivíduo lírico e o âmago da sua poesia que retrata o perfil do poeta em pose de irrefragável "beatitude lírica," revelando por sua vez, uma poesia enraizada, telúrica, a moldurar elementos figurais de suas Ilhas e de outros lugares, como o Brasil, ou ainda, a falar de dentro de si, de tempos e espaços percorridos.

O estudo chama a atenção para o ano de 1952 e suas marcas na trajetória de Nemésio: ano em que o Poeta visitou o Brasil pela primeira vez. Essa

Portuguese Literary & Cultural Studies 11 (2007): 493-503.

viagem impressionara-o vivamente, despertando-lhe sentimentos de descoberta, de aventura, de (re)encontro com raízes açorianas vincadas em solo brasileiro há mais de dois séculos. Afetos fortes que trouxeram conseqüências indeléveis à sua obra e à sua vida, desde logo encontradas em *Nem Toda a Noite a Vida*, na série de dez poemas *Nove Romances da Bahia,* conjunto de poemas que foram compilados nos *Poemas Brasileiros* (1972) e anteriormente editados em *O Segredo de Ouro Preto e Outros Caminhos (*1954*),* sob o título de *Romanceiro da Baía.* A ensaísta debruça-se sobre esta série de poemas e capta a "emoção do homem situado," profundamente tomado pelo espírito do lugar, por mundos circundantes, pela condição humana com seus conflitos e por sua vivência enunciada pelos anos de vida, centralidade no tempo e espaço representados pelo caminho existencial percorrido. Neste sentido, mostra, por intermédio do poema "Retrato" desse mesmo conjunto, o perfil do sujeito lírico que se situa no verso, que se afirma e que transcende a um outro ser, o próprio poeta, alusão à imagem simbólica de si ali desenhados verso a verso e que configura este Retrato*: Homem sou, homem só*—como a identidade possível. A autora faz, ainda, uma auto-apreensão de que a leitura da poesia de Vitorino Nemésio, no seu conjunto, pode significar a confecção de um retrato e indaga: "Incisões no tempo, desenhar perfis que configurem a condição humana, não será afinal, apenas isso o que pode a poesia?" (294). Deixa ao leitor a tarefa de encontrar a resposta.

António M.B. Machado Pires, que tem se dedicado ao estudo da literatura portuguesa ao longo de sua carreira acadêmica e, muito especialmente, à análise literária da obra de seu ilustre professor e conterrâneo terceirense e uma das vozes públicas lusitanas mais destacadas do século XX, Vitorino Nemésio, é o autor do ensaio "Fontes Experienciais e Literárias de *Corsário das Ilhas.*" Objetiva desvendar aspectos da obra *Corsário das Ilhas* que reúne crônicas de viagens, ensaios ficcionais de Mateus Queimado ou digressões autobiográficas, tendo como base duas viagens afetivas aos Açores (em 1946 e 1955) e um "corso errático" às Canárias, identificando as fontes essenciais da experiência nemesiana ao longo do texto. Mostra que à volta a casa, depois de vinte anos de ausência, provocou uma intensa carga emocional a um Nemésio ausente e desterritorializado ou desterrado na sua própria terra; um (re)encontro com o seu passado; um regressar cheio de saudade de suas Ilhas, reveladas em imagens pinceladas da infância; memórias afetivas de vivências e convivências passadas na Praia da Vitória e em Angra do Heroísmo, na Ilha Terceira. Mas, não só. É uma escrita de coração, de sentimentos fortes de (re)descoberta da terra, de gentes e jeitos esquecidos e agora (re)encontrados. No comentário das viagens, em estilo incomparável, emerge o conteúdo referencial de História, de Sociologia na crítica social de uma sociedade fortemente estratificada, de Geografia Física, numa escrita espacial telúrica, vulcânica em contraste com a paisagem pastoril e com a extensão marítima circundante e de Geografia Humana dos Açores. Exímio manuseador da palavra escrita presa a realidades e conceitos fundamentados no saber de sua própria experiência de vida. Registros literários, memórias, notas autobiográficas e crônicas de viagem, este livro *Corsário das Ilhas*, enfatiza Machado Pires, "merece grande atenção e é talvez sem exagero, a mais açoriana obra de Nemésio." O seu conteúdo de cunho histórico, geográfico e sociológico deixa-se entrelaçar a dois perfis imbricados e identificáveis. De um lado, o cronista por excelência aliado ao ficcionista, em outro o sujeito lírico remetendo à sua criação poética. O ensaísta aponta como exemplo deste caso o capítulo dedicado ao "reencontro" com Angra (Primeiro Corso, 1946, 7 de novembro, "Encontro com Angra") que considera um documento intelectual admirável, onde a erudição dá lugar a palavra do coração, as imagens e trajetórias de tempos idos, da sua adolescência vivida em Angra e aí revisitados. Machado Pires atenta no fato de que muitas destas crônicas em tributo a Angra que foram publicadas no Diário Popular, na secção Leitura Semanal, já vinham pontuadas das vivências pessoais e até com um certo *disfarce teórico,* como o artigo "Roteiro das Ilhas—Angra melancólica" (*Diário Popular*, 7 novembro 1946, citação do ensaísta). No dizer de Machado Pires, a cidade não era melancólica e sim Nemésio é quem estava melancólico, em cal de todas as lembranças, comovido e inquieto nas dobras do manto da longa ausência... É o que escreve o ensaísta: "Essa ausência pungia-o, nela recaía um sentimento de culpa, agora iluminado por sentimento cristão redescoberto" (296). Sem dúvida, esse conjunto de crônicas semanais no *Diário Popular*—todas essas lições de voltar ao passado, cheias da terra e do mar de suas Ilhas, reflexões, cirandas cirandando o tempo e vidas que ele chama de "peregrinação recôndita"—faz de *Corsário das Ilhas* uma obra de cariz ímpar, onde está a singrar, em cada página, "a alma açoriana." Desta maneira, Machado Pires identifica como primeira fonte do Corsário a própria experiência de vida de Nemésio, notadamente a infância e a adolescência; a História e Geografia das nove ilhas dos Açores, que, numa visão mítica, carregada de sentimentos conflitantes, analisou, assinalando as peculiaridades de cada uma: da morfologia geológica aos usos, costumes, os valores, os jeitos de "ser e estar na Ilha." Outra forte influência que poderia ter motivado Nemésio em sua aventura insular, a memorialidade íntima, teria sido *As Ilhas Desconhecidas,* de Raul Brandão, que conhecera pessoalmente e que lhe deixara uma impressão literária e humana forte. Corroborada pela existência de uma cumplicidade (secreta) de olhares com a terra, em Brandão visitante fascinado e em Nemésio no seu mundo açoriano revisitado em viagens ou "corsos," repleto de significados subjetivos da memória sentimental do passado e imagens de dentro de si.

António Machado Pires, com este ensaio sobre o *Corsário das Ilhas* destaca a sua importância como uma obra testamental, um documento precioso para o patrimônio cultural, político e social açoriano. Oferece uma imagem dos Açores em tons, ao mesmo tempo, impressionistas e realistas, fortes e complexos. Um retrato que, se fosse uma pintura, estaria numa tela vastíssima. Nemésio usou da pena, não do pincel, e produziu uma obra de arte literária. Ganhou a literatura. Uma leitura obrigatória para todas as gerações de açorianos quer vivam dentro ou fora das Ilhas. Leitura obrigatória para quem visita os Açores. E por que não, para aqueles açorianos do Sul do Brasil que guardam uma herança cultural insular do século XVIII, cujas raízes diluíram no tempo?

A resposta a essa pergunta remete-nos não apenas ao processo histórico da epopéia açoriana (1748-1756) para o Sul do Brasil, como, também, para outras regiões do Brasil em períodos distintos. No entanto, quando se fala na dinamicidade do processo cultural e na teia de interações tecidas e intensificadas a partir das primeiras décadas do século XX, entre Portugal e Brasil, nosso olhar volta-se aos fundamentos dessa relação simbiótica e reconhece o inegável papel desempenhado por Vitorino Nemésio no desenvolvimento do intercâmbio cultural luso-brasileiro. É o que apresenta o ensaio "Escritos Brasileiros de Vitorino Nemésio em Prol da Brasilidade," da autoria da Margarida Maia Gouveia que realiza vigorosa incursão por seus escritos ao documentar a memória cultural de uma época e revelar o seu fascínio pelo Brasil. Numa breve retrospectiva histórica, conta que os anos 30 marcam a decisão de Vitorino Nemésio de aprofundar os estudos sobre o Brasil, vindo a ser, desde então, um entusiasta, um apaixonado da cultura brasileira. Paixão que se alimenta na fonte da saudade, nas referências afetivas de um passado histórico de suas Ilhas açorianas marcadas profundamente pela emigração e cujo legado cultural perpassou gerações, venceu o tempo e contribuiu, do Norte ao Sul do Brasil, para a formação cultural brasileira, influência visível sob diversos matizes e formas na música, nas artes plásticas, na literatura e, principalmente, no jeito de ser e viver do brasileiro.

O seu interesse pelo Brasil vai além dos limites acadêmicos e manifesta-se no veemente apelo que faz sobre a importância do entendimento, da cooperação mútua entre portugueses e brasileiros. Na crônica "Entendimento," publicada no *Diário de Lisboa* em 29 de agosto de 1930 e na carta que escreve ao escritor José Lins do Rego e que chamou de "Uma República das Letras para Portugal e Brasil" (*in Revista do Brasil*, Ano IV, 3ª fase, nº 55, Set.1943, 22/citação da ensaísta) defende o estabelecimento de uma política cultural de aproximação. Estava na hora de os portugueses conhecerem o Brasil intelectual; de se construir uma República de Letras, mítica, que promovesse o companheirismo literário. Pulsa forte, em seus escritos, um sentimento de verdadeira afinidade com o universo brasileiro, personificado no conhecimento pleno da história, da geografia, do sincretismo religioso, da cultura popular, da literatura e escritores brasileiros e nas muitas experiências vivenciadas no Brasil como professor e como viajante-cronista.

Nemésio trata o Brasil e a sua literatura com relevância, "em tom valorativo que pressupõe paridade cultural" (306), diz Margarida Gouveia. Esta paridade ou igualdade permite a existência de duas identidades, porém mantendo cada uma a sua diversidade. A ensaísta lança o olhar para o Brasil de hoje e o enxerga como uma potência imperial da América do Sul por sua gigantesca territorialidade que abriga em seu seio a identidade brasileira assentada numa imensa diversidade. Uma unidade de língua expressa na sonoridade colorida dos inúmeros sotaques regionais: a língua portuguesa que floresceu e enriqueceu as nossas literaturas, nas duas margens do Atlântico. Nas crônicas integradas no "Jornal de Vitorino Nemésio," *O Segredo de Ouro Preto e Outros Caminhos (1954), Caatinga e Terra Caída* (1968), *Jornal do Observador* (1972) transparece a sensibilidade e a sedução ante a exuberante paisagem tropical, conhecimentos históricos e culturais e uma sentida e vivida luso-brasilidade, numa atitude que vai além da análise etnográfica do viajante embevecido com o país ou da voz a falar de "uma realidade histórica solidária." De espaço em espaço, fascinado pelas revelações e descobertas, "este peregrino ilhéu da América" mergulha profundo no passado, volve o olhar para o futuro e busca o entendimento desvendando arquétipos delineados em tantas imagens e formas míticas e na compreensão de atitudes do povo brasileiro. Ousou e surpreendeu. Tanto é que seu fascínio chegou ao ponto de mimetizar a linguagem brasileira em *Poemas Brasileiros* numa notável homocromia.

Observa Margarida Maia Gouveia, que os anos 50 marcam a maturidade literária e experimental de Nemésio, década que com a sua presença e produção literária mais entregou de si para o Brasil e se deixou cativar irremediavelmente pelo sabor, cores e sons da *"terrae brasilis."* Em os "*Escritos Brasileiros de Vitorino Nemésio Em Prol da Brasilidade*," a autora avança no tempo e busca na década de 70, vinte anos depois da primeira viagem ao Brasil, a confissão da *"saudade revivida"* em forma de crônicas, perfis e apontamentos de viagens, publicadas no Jornal do Observador, de Lisboa, tendo como fonte de inspiração a ficção nordestina. As palavras de despedida de Nemésio: *"Fechar o arco destas saudades"* (de 13/10/72, nota da autora) assinalam o fim de um ciclo, numa revisita ao Brasil. Margarida Gouveia chama atenção para a última *"crônica brasileira,"* datada de Rio/1972, em que se despede com muito afeto retratando como estava ligado ao país, com sentimento de reconhecimento, de carinho e o mesmo sentido de (re)encontro e perturbação semelhante ao que sentiu na *revisita* a Angra de 1946.

Desde o primeiro trabalho de fôlego sobre a cultura brasileira "O Âmago do Brasil" (em *Sob os Signos de Agora*, 1932) até o fim de sua vida Nemésio demonstraria a sua dedicação intelectual irrestrita ao país. Sua aproximação e afetos repartidos com poetas, escritores e ensaístas, elite da intelectualidade brasileira, entre os quais José Lins do Rego, Gilberto Freyre, Jorge de Lima, Graciliano Ramos, João Cabral de Melo Neto, Carlos Drummond de Andrade, Nuno Simões e Cecília Meirelles que lhe encantava com sua prosa e poesia. Fez mais. Descobriu as raízes da brasilidade assentadas na cadência vibrante da literatura de cordel, do som chorado da viola, da farsa dramática do mamulengo, da dança mística do Boi-Bumbá, da religiosidade do reisado à folia do Divino, do ritmo quente do batuque do tambor nos terreiros de candomblé e do ondular sensual da cabrocha no balanço envolvente do samba. Um Brasil brasileiro que despertou a imaginação do poeta, que conquistou o humanista, que o abraçou por inteiro e o cativou para sempre.

Lapidado de forma consistente e com objetividade, o ensaio Nemésio, entre a Narrativa de Viagens Tradicional e a "Nova Literatura de Viagens," de autoria de Fernando Cristóvão, levanta considerações sobre a condição de viajante de Vitorino Nemésio e sobre a emergência de uma Nova Literatura de Viagens. Identifica-o como o viajante moderno, humanista, um espírito inquieto, em contínuo movimento, tanto na sua essencialidade como na expressão de sua vida: "ilhéu, portanto embarcadiço" e "corsário das ilhas" como o próprio Nemésio definia o seu permanente "status" de viajante. Este novo perfil de viajante contemporâneo e a forma de sua escrita ligada à realidade histórica e geográfica e, sobretudo, na descrição da natureza faz de Vitorino Nemésio um representante da "Nova Literatura de Viagens," no dizer de Fernando Cristóvão. Todo o estudo centra-se em torno de uma idéia central: um novo olhar sobre a narrativa de viagem. Argumenta sobre o que poderá se constituir uma "Literatura de Viagens," numa urdidura comparativa da prosa, verso e crônica, em diferentes circunstâncias, mostrando que o escritor-poeta "já participava deste novo ritmo cultural" (315). Na sua análise desdobra-se nos seguintes tipos de viagens: Viagens em Portugal, Viagens ao Brasil e Viagens na Europa, África e Canadá.

Das viagens em Portugal, Nemésio deixou descrições em prosa e verso já dentro desta nova visão cultural, cujo estilo foi inaugurado por Almeida Garrett, no universo lusitano. Assinala Fernando Cristóvão que Garrett, Oliveira Martins e Herculano inspiraram Nemésio contribuindo para aprimorar o seu regionalismo insular, fortalecer o nacionalismo e o forte sentimento de identidade, enquanto Ramalho Ortigão influenciou-o para a vivência na Europa, já estimulada por sua vida acadêmica e por seu interesse pela cultura francesa.

Observa o autor que as crônicas de viagens em *Corsário das Ilhas* e *Viagens ao Pé da Porta*, a mais visual prosa escrita, caracterizam-se por uma narrativa intimista e informativa, devidamente estruturada e delimitada nos seus passos desde o estabelecimento do roteiro da viagem e seu desenrolar, passando pela descrição do lugar, dos personagens reais e ou ficcionais e a contextualização do fato em si. Aponta, à guisa de exemplo, a crônica "Da Graciosa ao Faial" (do *Corsário das Ilhas*) e "Folha de Viagem" (de *Viagens ao Pé da Porta*) onde é visível à seqüência metódica na descrição de ilha a ilha, enriquecida com os olhares de dentro de si, traduzidos em expressões líricas e oníricas, como: "Que impressão é esta de afastamento de alfa e omega da vida... aquiescência final e paz para se ficar mesmo...?" (descrevendo as furnas das Quatro Ribeiras em *Corsário das Ilhas*, cit. do ensaísta, 316).

Quanto às viagens ao Brasil, desde a primeira que fez em 1952, estão assentadas em crônicas e poemas que fazem o registro dessas viagens e dos sentimentos que brotaram na caminhada do viajante. Uma produção literária que pouco difere das viagens portuguesas, a não ser pelo fascínio ante a pujança tropical, pela constante comparação entre o *cá e o lá* e o manifesto desejo do entendimento luso-brasileiro. Como Nemésio bem afirmou em "A identidade e a diferença" de *O Segredo de Ouro Preto e Outros Caminhos*: "viajar pelo Brasil não é só conhecer a maior fundação de Portugal à distância e um país novo e imenso (...) é criar uma nova perspectiva de pátria, no regresso. A afinidade e o paralelo orientam-nos a visão transatlântica de uma realidade histórica solidária" (318).

No que tange às viagens na Europa, África e Canadá, de quase todas deixou relatos singulares em prosa e verso. Enquanto as narrativas africanas, publicadas no *Jornal do Observador*, são em forma de pequenas crônicas, ao estilo das brasileiras, as européias e canadenses são quase todas em verso. A essas últimas, observa o ensaísta, falta a vibração poética. Sua peculiaridade está na fragilidade de sua concepção: registros superficiais, "en passant," clichês turísticos, tão diferentes do estilo quer das viagens de regresso em prosa de Portugal, quer das viagens de descoberta em prosa e em verso do Brasil. Em suma, falta-lhes paixão: "Me marcho al trote turista/ Sin llevar esquila o lana /Mis codos de parda mula /Tuvieran harapos limpios, Y detrás de una ventana /Me quedaran nocherniego" (confissão em Castela, citada pelo autor, 319). Seguem-se outros exemplos de versos em Haia, Bruxelas, Paris, todos tendo como fio unificador à impressão efemêra, frágil, do olhar turístico. No entanto, enfatiza Fernando Cristóvão "no meio de tanto cosmopolitismo e tanta movimentação leve e fútil, a natureza profunda do poeta vem ao de cima para, pontualmente, enunciar pensamentos de um outro tempo e de outro espaço, especialmente os da solidão e da morte" (319), revelados, principalmente, pelo medo que tinha em viajar de avião: "Meus pecados contidos, se explodissem, /Fariam bem pior que eu morto a vôo" (do *Canadá Flight* / cit. 320*)*.

Fernando Cristóvão ao concluir seu ensaio identifica o cruzamento de dois vectores principais no conjunto de textos de viagens de Vitorino Nemésio. De um lado, os relatos em prosa e verso de viagens feitas em Portugal, no Brasil e, de algum modo, em África; em que sobressaem a literatura ficcional e a observação impressionista e realista, presentes na maioria de suas crônicas. Em outro, os textos em verso referentes à Europa e ao Canadá considerados poemas de feições turísticas, perdidos na efemeridade e no superficialismo. Este é o perfil do que poderá representar uma Nova Literatura de Viagem, "fortemente influenciada pelas idéias modernas e processos do turismo 'lato sensu'entendido" (320). Assiste-se a uma mudança de paradigma: a viagem deixa de ser um simples tema literário para constituir o arcabouço de um corpo ímpar do subgênero "Literatura de Viagem." Fernando Cristóvão afirma que as crônicas de viagem de Nemésio integram este processo evolutivo entre a Narrativa de Viagens Tradicional e a Nova Literatura de Viagem. Portanto, seu ensaio constitui um passo à frente no entendimento de um novo movimento literário em curso, um significativo olhar sobre a narrativa de viagem—a "Nova Literatura de Viagem."

A fechar este conjunto de textos reunidos sob o nome de Efeméride Nemesiana apresenta-se o consistente ensaio "Uma Outra Açorianidade—Um Texto Esquecido de Nemésio," da autoria de Urbano Bettencourt, poeta e ensaísta, que desde os anos oitenta participa do discurso cultural insular, como voz forte na defesa da territorialidade de uma literatura açoriana (a que Vamberto Freitas chama de "uma *estética da territorialidade,*" [*A Ilha em Frente,* 1999: 15-29]), comprometida com o processo histórico cultural. O ensaio fala de uma "Açorianidade" pouco conhecida e pretende, além de divulgar um relevante texto do pensamento insular nemesiano, chamar a atenção para a essencialidade desse pensamento: de os açorianos serem considerados, de fato, outra coisa, "uma realidade que não só geograficamente se manifesta, mas que sobretudo é viva numa ética própria, numa vida—em suma—em muitos pontos especializada e diferenciada" ("Os Açorianos e os Açores," 1928). Inicialmente, referencia o texto Açores, Actualidade e Destinos, de 1975 e observa que a importância desse texto reside no fato de revelar, publicamente, as circunstâncias da criação do termo "Açorianidade," a sua abrangência, o seu conteúdo, colocando de lado alguns aspectos simbólicos e também "as imagens e o metaforismo" presente no texto de 1932, publicado na revista *Insula,* de Ponta Delgada (Julho–Agosto 1932), em comemoração ao V centenário do descobrimento dos Açores. Tendo como título "Açorianidade," o texto divulga o termo cunhado e lançado por Nemésio e passa a servir de referência e ponto de partida dos estudos nemesianos sobre o pensamento insular que se instaura e ao mesmo tempo caracteriza a literatura ficcional nemesiana. A "Açorianidade," assim construída, revela uma idiossincrasia própria luso-açoriana: "O nosso modo de afirmação no mundo, a alma que sentimos na forma do corpo que levamos."

Dentro desse viés analítico e bem ao seu gosto de divulgar, Urbano Bettencourt conta da descoberta, por Carlos Cordeiro, "de um outro texto de

Nemésio também intitulado Açorianidade, publicado no *Correio dos Açores* de 6 de Setembro desse mesmo ano de 1932: tratava-se, afinal, de um artigo transcrito do número especial do *Diário de Notícias* comemorativo do V centenário do descobrimento dos Açores!" (321). Este segundo texto leva o ensaísta a traçar considerações sobre o entrelaçamento de conteúdos, trazer à luz aspectos não visíveis no primeiro texto, publicado na Insula e realizar uma abordagem sob prismas diferentes, num instigante cotejo dos textos, assinalando as divergências.

Antes de tudo, Urbano Bettencourt lembra que o uso do mesmo título nos dois textos tem a ver com a "impulsividade afirmativa" expressa por Nemésio em "Açorianidade" (322) em que, no ensejo das comemorações dos quinhentos anos dos Açores, aproveita para debater sobre a realidade da condição insular. Nemésio, atento ao seu universo circundante, a condição arquipelágica, prefere falar da sua "consciência de ilhéu." Como enfatiza Urbano Bettencourt, é preciso compreender "o sentido de pertença a um território," bem como o modo de ver, sentir o mundo e a íntima relação com o estar neste espaço ("e estar é muito mais verbo para ilhéu do que viver," escreveu Nemésio). Vê-se que em "Açorianidade" Nemésio insiste em dizer às pessoas sobre a importância da contribuição da história e da geografia, na formação da mentalidade de um povo, e da sua mundividência, daí a reconhecida afirmação: "a geografia, para nós vale tanto como a história" (322) querendo ressaltar a relevância da geografia, no caso açoriano, quase sempre negligenciado e que tanto o diferencia da sua matriz continental.

No entanto, no segundo texto "Açorianidade [II]," assim identificado pelo ensaísta, a história é o centro do discurso, uma espécie de recado ao leitor continental, chamando atenção para as dificuldades do relacionamento histórico entre os dois pólos: o insular e a península lusitana. Numa linguagem marcada pela essencialidade e o uso econômico das palavras, que tão bem caracteriza o seu estilo, Urbano Bettencourt exprime em três palavras: "Distanciação, Desinteresse e Esquecimento" as vicissitudes e a realidade dessa relação ao longo dos tempos, a sua influência no processo migratório açoriano e o seu papel na formação da sociedade açoriana.

Por último, ao concluir este ensaio, traz à tona uma outra dimensão do texto—o das anotações—em que "Antero volta a ser apresentado como o exemplo da inquietação insular" (322). Urbano Bettencourt alerta de como, através da inquietude, de forma sutil o texto reafirma a íntima ligação entre o homem e o espaço, como um cordão umbilical, tal como acontecera em "O

Açoriano e os Açores" e em "Le Mythe de Monsieur Queimado." No texto esquecido "Açorianidade [II]," no outro texto do mesmo nome e ano, "Açorianidade" e nos demais textos citados, Nemésio elabora o seu pensamento insular, dá corpo à idéia de Açorianidade que ele criara. Se ele dissera, logo ela existia. Assim o exigia o talento atribuído a um homem que era tido incapaz de dizer uma palavra sem conteúdo. O conceito ganhou raízes, e parece que começa a produzir ramos, folhas e frutos. Legitimado já foi, por toda uma geração de açorianos pertencentes há muito ao cânone literário açoriano. Vozes a debater questões culturais açorianas dentro e fora do arquipélago, a dialogar sobre a sua condição humana e de sua gente e a caminhar sempre à procura da sua identidade.

É preciso dizer ao final dessa recensão que em todos os textos aqui reunidos, sob o nome de *Efeméride Nemesiana*, perpassa um fio unificador ligando cada texto e entrelaçando pensamentos e reflexões do escritor e poeta Vitorino Nemésio. Mas deixa, também, fluir o espírito insular de cada autor, num ensaísmo pedagógico, criativo e cheio de emoção por sua história e geografia partilhadas. Vive-se um tempo do pensar plural, de conviver com outras latitudes e gentes, de ser tolerante, de respeitar as diferenças e comungar da diversidade que nos unifica e identifica. Vitorino Nemésio fez a sua parte neste imenso mar de ilhas. Agora, é a nossa vez.

Lélia Pereira da Silva Nunes. Socióloga com formação acadêmica em Ciências Sociais, pós graduada em Sociologia das Organizações e Mestre em Administração Pública. Atuou primordialmente no ensino da Sociologia, no Departamento de Ciências Sociais da Universidade Federal de Santa Catarina, Brasil, onde realizou sua carreira acadêmica. Estudiosa da Cultura Popular de Santa Catarina, tem-se dedicado à pesquisa da Cultura Açoriana e do Patrimônio Imaterial. Suas referências bibliográficas incluem inúmeros artigos, crônicas, ensaios, *papers*, trabalhos publicados em periódicos de circulação nacional e no exterior em sua área de pesquisa, com destaque para as manifestações da cultura popular catarinense de raiz açoriana, como a Festa do Espírito Santo, os saberes e os fazeres / património imaterial. Das publicações recentes cita os artigos: "A presença açoriana na literatura da Ilha de Santa Catarina" (*Suplemento Açoriano de Artes e Letras-SAAL, Revista SABER*, nov. 2003—Ponta Delgada, Açores) e "Ao encontro de Daniel de Sá—ecos de um percurso entre a realidade e a ficção" (*Suplemento Atlântico de Artes e Letras-SAAL, Revista SABER*, out.2004, Ponta Delgada, Açores). É autora do livro *Zumblick, uma história de vida e de arte— biografia e análise da obra do pintor catarinense Willy Alfredo Zumblick*; Co-autora do livro *O Italiano em Santa Catarina*. E-mail: leliapsn@hotmail.com

Lúcia Cechin. *A Imagem Poética em Vitorino Nemésio*. Angra do Heroísmo: Antília-Secretaria Regional da Educação e Cultura, 1983.

Robert H. Moser

A Imagem Poética em Vitorino Nemésio (1983) by Lúcia Cechin constitutes a useful, albeit somewhat outdated, psychoanalytic study of imagery in the poetry of Vitorino Nemésio. Cechin's theoretical framework, not surprisingly, is based on the dual Freudian/Jungian notions of an individual as well as collective unconscious, and presupposes that poetic imagery, in the form of archetypes and myths, frequently originates in these particular spheres of the human psyche. More specifically, Cechin's methodology is guided by French philosopher Gaston Bachelard's consideration of the elements—air, water, earth, and fire—as archetypal keys to unlocking underlying meanings and unifying myths in poetic imagery. According to Bachelard, to "imagine" is, for the poet, a psychic state that transcends mere "perception" and is capable of creating a new reality, one that is ultimately more "real" than the reality stemming from sensory experience: "I dream of the world, therefore, the world exists as I have dreamt it" (46-47).

Building upon Bachelard's understanding of the creative imagination, Cechin traces imagery pertaining to the four elements that has emerged broadly in more than ten works of poetry by Nemésio, including *Canto Matinal* (1916), *Nem Toda a Noite a Vida* (1952), *O Pão e a Culpa* (1955), and *Limite de Idade* (1972), among others. Seemingly disparate expressions of elemental imagery in these works are, at the moment of poetic creation or "poiésis," bound by a common sentiment of "loss." This loss manifests itself on both a temporal and a spatial level for Nemésio, whose imagery, in the poet's own words, stems from a constant "busca do sentido da existência pela representação do passado" (87). For example, Cechin demonstrates how images of the earth, or land, consistently point to Nemésio's birthplace in Praia da Vitória on the island of Terceira, and a family environment portrayed affectionately as both poor and nurturing. Air is linked to time, Cechin suggests, and the predomi-

Portuguese Literary & Cultural Studies 11 (2007): 505-508.

nant sensibility evoked by this element is that of lost youth, an idyllic and carefree time spent as a child in his homeland of Terceira. Images relating to fire correspond to artistic inspiration and the impulse to create poetry. When sparked by *saudades*, or the imaginative reconstruction of his lost youth, the fire burns intensely; however, when confronted with the reality of the present, this element flickers out and becomes a metaphor for diminished artistic passion.

The longest section of Cechin's study addresses the element of water, which she argues constitutes the primordial image *par excellence* in Nemésio's poetry. The ocean forever embracing Terceira is simultaneously the poet's place of origin (as symbolized by the mother figure and the rocking cradle) and a reflection of an idealized earlier self (as symbolized by Narcissus's mirror). Both images stem from Nemésio's childhood years in Terceira, a time the poet longs for as an adult living and working in Lisbon. The ocean is also the poet's final resting place, the desired tomb for a man who wishes to reunite with his true self through death, as in this poem from *Eu, Comovido a Oeste:*

> Quando eu morrer, a terra aberta
> Me beba de um só trago e esqueça.
> [… … … … … … … … …]
> Dizem: "a terra que nos come":
> Eu digo: "a que nos bebe"—e basta.
> Somos só água que se some:
> Choveu e fomos
> na vida gasta. (*Imagem Poética* 215)

The confluence of these elemental images, according to Cechin, takes the form of a unifying grand-archetype in Nemésio's poetry, which she has identified as the "Lost Island." The myth of the "Lost Island" extends far back into Western literature. From the many islands that Odysseus visits in the *Odyssey*, to Plato's submerged Atlantis and Prospero's isle of exile in Shakespeare's *The Tempest*, the lost island has long been associated with utopia in the Western imagination, a sentiment best crystallized in Thomas More's *Utopia*, published in 1516. The Portuguese literary tradition maintains a special place for this particular *topos*, as exemplified by Camões's utopian description of Venus's island of love in canto nine of *Os Lusíadas*, and Fernando Pessoa's treatment, in his modern epic *Mensagem*, of the "Ilhas Afortunadas," that shrouded, misty isle of the imagination where the hidden king D. Sebastião resides, the personification of a latent Portuguese (and human) soul.

Cechin concludes that the sum total of losses evoked by the elemental imagery present in Nemésio's poetry points to Terceira, and more poignantly the poet's childhood, as the utopian "lost island" of his unconscious self. Just as for Jung the island represents a refuge against the assault of the tempestuous unconscious, for the poet it becomes a refuge of the imagination. According to Cechin:

> Vitorino Nemésio é açoriano da Ilha Terceira. A tópica dominante de seus versos é a mágoa que o Poeta extravasa pela sua Ilha natal, que ele abandonou na juventude, para fixar-se no continente. Liricamente, Nemésio revive os seus tempos de menino na Ilha. Geograficamente, a região dos Açores corresponde à lendária Atlântida descrita por Platão... O Mito que subjaz, portanto, às imagens da água, é o mito ou complexo da Ilha Perdida. Se voltado para um direccionamento futuro, a Ilha Perdida, mais do que uma constatação nostálgica, representa uma solução de re-surgimento interior, pelo reconhecimento de ser que co-participa da eternidade de Deus, e que o Poeta aponta ao leitor atento. Nemésio constrói sua utopia, como vimos, nestes dois sentidos: em direcção ao passado, numa tentativa de repensar, tornar consciente e preencher o "temps perdu" de uma vida pregressa; em direcção ao futuro, numa busca de alimento à esperança. (243)

Cechin suggests in chapter one that the number of in-depth studies of Nemésio's work remains relatively scarce, though brief reference is made to previous critical texts by Maria Lúcia Lepecki, João Gaspar Simões, José Martins Garcia, David Mourão-Ferreira, and, notably, Eduardo Lourenço who, in his essay entitled "Vitorino Nemésio ou da livre navegação," establishes a parallel between the ocean as geographic space surrounding Terceira and the ocean as interior space in Nemésio's poetic imagination (30). Given the close links to her own reading of water as elemental imagery in Nemésio's poetry, it is peculiar that Cechin does not extend greater recognition to Lourenço's earlier contribution to this topic. Nevertheless, despite more recent progress made by António Valdemar, Eduardo Ferraz da Rosa, Maria Margarida Maia Gouveia and others to fill the critical lacuna regarding Nemésio's work, Cechin's study still offers readers an insightful window into this particular Azorean writer's poetic recovery of an idealized past.

Robert H. Moser is Assistant Professor of Luso-Brazilian Studies at the University of Georgia; his research interests encompass Brazilian, Portuguese, and Luso-African literature and society. His published articles and reviews have appeared in various journals, including *Portuguese Literary and Cultural Studies, Hispania, Leituras: Revista da Biblioteca Nacional*, as well as the volume *Images of the Corpse.* Much of his work has been focused on the figure of the dead, posthumous narration, and related expressions of haunting and mourning in Luso-Brazilian literature. His most recent research has considered the contribution of Sirio-Lebanese immigrants to Brazilian literature. E-mail: rmoser@uga.edu

Machado Pires, A. M. B., *Vitorino Nemésio: Rouxinol e Mocho.* Praia da Vitória: Câmara Municipal da Praia da Vitória, 1998.

Mário Cabral

Trata-se de um conjunto de pequenos textos circunstanciais, ora artigos, ora comunicações em congressos, ora conferências. Tudo faz crer que, devido à natureza destas peças—na sua maioria para serem ouvidas e não lidas—intencionalmente o autor aligeira na profundidade que o escritor em análise mereceria.

Também por isso os melhores exemplares, aqueles que merecem a atenção literária, são os que foram publicados em revistas da especialidade, dos quais destaco "Língua e Criação Literária em Vitorino Nemésio" (45-56) e "O Mito de Monsieur Queimado—uma Imagem Mítica dos Açores" (57-64).

São, no seu conjunto, textos generalistas e, como tal, pouco analíticos, que podem espicaçar a curiosidade do principiante mas que não ajudam o interessado na ciência literária. A única referência explícita à forma encontra-se na p.86: "[...] *poesia* (de verso contido, metafórico e tenso de carga cultural)." Poucas vezes se disseca a fundo um poema único ou um conto singular.

O pedido de desculpas, por diversas vezes repetido, deixa claro que o Professor tem consciência desta ligeireza académica. Exemplo: na p.39 Machado Pires escreve, acerca de "O Paço do Milhafre" (*O Bicho Harmonioso*): "Um soneto que vale um longo comentário, que os limites deste trabalho não consentem." Haveria maior ganho neste exame limitado do que no sobrevoar de toda a obra.

Ainda devido ao facto de se tratar de uma colectânea, o leitor depara-se com ideias repetidas, sendo as citações exemplificativas quase sempre as mesmas, chegando alguns parágrafos a ser copiados na íntegra. Quando se lê "Da Universalidade de Vitorino Nemésio" (69-75) já só tinha lido antes.

Por tudo isto, conclui-se com a sensação de que o Reitor da Universidade dos Açores, homem demasiado ocupado em muitos afazeres, não teve o

Portuguese Literary & Cultural Studies 11 (2007): 509-14.

tempo que desejaria para levantar o seu mestre às alturas pretendidas pelo amor, embora não pudesse furtar-se aos compromissos e protocolos onde, desta ou daquela forma, o nome de Vitorino Nemésio pudesse ser hasteado, como bandeira de honra açoriana.

Esta razão, compreensível na feitura dos textos, já não é tão válida na autorização dada ao livro, onde não se nota o mínimo cuidado na selecção, alinhamento e arranjo das temáticas. No prefácio faz-se supor que a intenção de publicar foi do autor: "À Câmara da Praia da Vitória (terra da naturalidade de Nemésio e seu constante mundo de referências) um agradecimento especial pela prontidão com que recebeu a ideia de publicar este livro" (8).

Abundam os dados biográficos, e o interesse é mais centrado no homem do que na obra, o que revela, ao mesmo tempo, duas preocupações extrínsecas à Grande Literatura: primeira, o amor e a gratidão—normais e louváveis—do discípulo eternamente reconhecido (Machado Pires foi, como é sabido, assistente de Nemésio); segunda, a vontade política subliminar de erigir Vitorino Nemésio como o estandarte da açorianidade, mote essencial da famigerada literatura açoriana.

Esta é a linha de fundo de todo o livro. Refere-se explicitamente o *homo açorencis* (61). Ela levanta dois paradoxos que não são resolvidos mas que mereciam atenção futura:

1. Por um lado, Machado Pires empenha-se esforçadamente em fazer sobressair a universalidade nemesiana e, para tanto, é impedido de regionalizá-lo; por outro lado, quer fazer de Nemésio o Homero dos Açores e, para tanto, obriga-se a regionalizá-lo. Uma exclui a outra. Vai-se ficando com a ideia (que não interessa) de que o mocho é do mundo (a universalidade do académico), sendo o rouxinol cá das ilhas (a obra do escritor) (73); e, pior ainda, de que o mocho tem mais valor do que o rouxinol (contra a vontade explícita de Machado Pires), de que mais vale a universalidade do que o regionalismo, seja qual for a ideia que dele se faça.

a. O autor descai-se em frases como esta: "É ao longo da densa carga de fala regional, talvez cansativa para o leitor estranho à açorianidade linguística [...]" (54); ou esta: "Um aspecto fundamental na obra de Vitorino Nemésio é o aproveitamento que faz —por vezes em excesso, adiantamos já—dos *falares regionais*" (49; cf. 51).

i. Este argumento não é, em si, válido, dado que, se assim fosse, *O Monte dos Vendavais*, de Emily Brontë—de cuja universalidade ninguém duvida—não seria legível nem pelos falantes da língua inglesa, por causa do linguarejar da narradora; e, para dar mais um exemplo da mesma literatura (embora um tanto diverso) não se leria James Joyce em nenhuma parte do mundo.

ii. Depois, porque há-de a *universalidade* ou o *regionalismo* ser um valor em si no que à Grande Literatura diz respeito? O que é ser *universal*, neste livro? Não se percebe. Ser Português? E o que é ser regionalista? Falar *açoriano*? Não me parece um ponto de partida que leve muito longe. É perfeitamente admissível imaginar-se várias hipóteses:

- Autor genial de temática universalista e estilo regionalista;
- Autor medíocre de temática universalista e estilo regionalista;
- Autor genial de temática regionalista e estilo regionalista;
- Autor medíocre de temática regionalista e estilo regionalista;
- Autor genial de temática regionalista e estilo universalista;
- ... Todas as demais declinações lógicas.

2. Por outro lado, convém distinguir com rigor entre o Nemésio-artista e o Nemésio-ícone. Esclarecendo: interessa estudar com empenho e regra de ciência literária o efectivo valor da obra, a seco e a frio, com luvas de látex, sem o excesso de amor que muitas vezes desrespeita, etimologicamente falando—e separando criteriosamente a erudição do mocho do trinado do rouxinol; e, muitíssimo importante, para nós todos açorianos, há que ter cuidado na confusão entre a ilha mítica nemesiana e a realidade efectiva dos Açores.

a. Vitorino Nemésio saiu muito cedo dos Açores e "vinha esporadicamente à Terceira [...]" (57). A "evocação mítico-simbólica de poeta e de intelectual ávido de "inventar" ou "reinventar" a sua 'Ilha ao Longe'" (64) não pode ser tomada, de ânimo leve, pela essência açoriana. Interessa perguntar: falar de fora e do longe da memória é comparável à expressão existencial concreta?

i. As consequências podem ser catastróficas: a ilha-mito recua para um tempo infantino e paradisíaco, mito das origens que, como toda a religiosidade pagã, conduz à agonia ("É nesse *tempo* de fluir agónico [...] O peso do tempo [...]" 63); ao contrário, a ilha real abre-se ao futuro em vida verdadeira, isto é, em vida que se faz fora da memória.

- Será o texto nemesiano, na sua globalidade, melancólico, angustiante, tormentoso—ao estilo dum Pascoaes, onde o mito das origens é tema forte?
- Sendo, haverá legitimidade na passagem desta atmosfera particular a um autor, que saiu muito jovem da sua terra, num tempo histórico específico, e a terra em si, à qual voltou esporadicamente? A ilha Terceira é conhecida pelo seu temperamento folião...

b. Muitas vezes a obra dum autor sofre drasticamente quando, em vez de ser tomada como obra, e mais nada, é erigida ao estatuto nacionalista, que não pretendeu para si própria. Veja-se o caso de Camões e—outro exemplo bem diverso mas, por isso mesmo, clarificador, Amália Rodrigues, no tempo do Estado Novo. Este é o tipo de paixão que pode destruir para sempre uma obra genial.

i. Por outras palavras: a arte pode até reflectir a realidade; o que jamais poderá acontecer é ser a realidade derivada duma obra de arte. No caso de Vitorino Nemésio, poderá ser estudada, com ganho evidente, a influência açoriana, a todos os níveis, na sua obra; o contrário não é nem ontológica, nem política, nem literariamente legítimo.

Mesmo assim, onde o perfil do *homo açorencis* é melhor esboçado é em "Marcas da Insularidade no *Mau Tempo no Canal*, de Vitorino Nemésio" (21-30). São apresentadas quatro características relevantes para a açorianidade: 1. O modo como o clima dá origem a um traço de carácter, o *azorean torpor*—bem analisado, embora interesse saber se os ilhéus de paragens análogas não sentem o mesmo; 2. O modo como a História (ou, ainda melhor, a ausência dela— cf. " 'O Mito de Monsieur Queimado") define os açorianos—que pena que lhe seja dedicado apenas um parágrafo de "Marcas da Insularidade" e que não seja aprofundado este filão do a-histórico das ilhas longe da metrópole e consequências na visão do mundo![1]; 3. O modo como o estrato social é tratado no romance maior—nada o distingue do resto do mundo (isto é, nenhuma diferença entre *universal* e *regional*); 4. O modo como o estrato psicológico é desenvolvido—e, de novo, é pena ver que a força matricial de Margarida não é investigada como constituindo, ou não, um traço relevante no carácter feminino, não apenas das mulheres açorianas, como da alma açoriana no seu conjunto (proximidade da terra e, portanto, cultura matriarcal das ilhas; estatuto da mulher na obra nemesiana e na sociedade açoriana, explícita e subliminarmente, etc.).

Concluindo: é de todo o interesse procurar a essência do ser açoriano, que de certeza existe, que o Universo é feito de pregas, cores e tonalidades; se o pombo se adaptou às ilhas e deste modo se distingue (59), porque não há-de o ser humano, a criação mais elaborada de todas, evidenciar a sua diferença específica, neste caso a açorianidade? Mas este trabalho terá de ser o do escritor? O Gilberto Freire brasileiro é sociólogo. Parece mais próprio.

Estando a açorianidade presente num escritor, explicá-lo é tarefa para estudos universitários empenhadíssimos, daqueles que não se preocupam com a divulgação apaixonada, tão empenhados que estão no respeito devido a tão sublime demanda. Machado Pires deve sabê-lo muito bem, dada a sua carreira de mérito inquestionável e dada a convicção demonstrada à abundância acerca do interesse profundo da obra do rouxinol Vitorino Nemésio.

A existência, ou não, de literatura açoriana não passa, necessariamente, pela existência desta açorianidade. A literatura francesa não refere o homem francês, exclusivamente. Os portugueses, por exemplo, leram-na e copiaram-na à abundância. Os russos, também; e não só os escritores, basta ler *Guerra e Paz*. E a literatura clássica? Influenciou todo o mundo ocidental!

A exclusividade regional duma literatura (agora entendida em termos temporais) pode ser uma criação teórica de carácter universal, haja em vista movimentos como o surrealismo, o futurismo, etc.

Supondo que ainda não haja literatura açoriana, é possível a um grupo de escritores açorianos (vivos ou ainda por nascer) criar um manifesto no qual definem os princípios motrizes da futura literatura açoriana, da qual poderão participar escritores lisboetas, franceses, ingleses, russos e outros.

Não é a natureza que determina a cultura; é a vontade livre. A natureza pode influenciar o humano, jamais determiná-la, como um *factum*, como a *moira* antiga. Não é o passado que determina a cultura; é a vida que se faz, *que se quer ter*. E a cultura não se restringe à arte e a arte pode muito bem funcionar como ruptura cultural, e muitas vezes assim tem sido.

Tudo isto são questões alheias à análise literária que, procurando o rigor, se deve cingir ao trabalho hermenêutico e linguístico, formal, específico, técnico. O valor de um artista só pode ser encontrado quando a sua obra é estudada a partir duma grelha estrutural, ou método, apresentado à comunidade científica, que o julga.

Notas

[i] Veja-se a seguinte citação, que não é analisada como deveria: "C'était une histoire sans éclat, sans Antiquité, sans Moyen Age, sans Renaissance ni humanisme. Pas de Luther ou de Mirabeau, aucun Napoléon; rien que des hommes guettés par des milans …" (62). Associada à distância geográfica, esta digamos que ausência da História levaria muito longe… levaria, talvez, à ilha-mito, ao Paraíso perdido, onde o carácter do *homo açorencis* sobressairia com outro interesse.

Mário Cabral nasceu na ilha Terceira em 1963. Doutorou-se em Filosofia na Universidade de Lisboa. É poeta, escritor e pintor. Está traduzido para castelhano e inglês. E-mail: casadastramoias@mail.telepac.pt

José Martins Garcia. *Vitorino Nemésio—à luz do Verbo*. Lisboa: Vega, 1988.

Tânia Martuscelli

Vitorino Nemésio—à luz do Verbo é um estudo das diversas facetas do escritor açoriano baseado nos diferentes gêneros literários que constituem a sua obra: "O Narrador," "O Poeta," "O Investigador e o Crítico" e "O Cronista." Como o título indica, José Martins Garcia parte do texto nemesiano para elaborar uma definição do que seria seu modo discursivo (e não propriamente seu "estilo," como esclarece), com base no material linguístico que utiliza, i.e., a sua *linguagem*. Aliás, é já na introdutória "Nota Biográfica" que o leitor adentra num mundo de minucioso trabalho de investigação, que vai moldando-se a partir de seu material primevo—o do "Verbo." Conhece-se Nemésio por ele mesmo, com adendos de suas "Notas Autobiográficas," de livros, de entrevistas e artigos dispersos em jornais, que Garcia, também romancista, poeta e ensaísta, utiliza para delinear o escritor e seu íntimo, suas acções e sentimentos, apresentando-o como um todo "esférico" ou como o personagem principal de um "romance real." De certa forma, Garcia biografa tal e qual o autor açoriano com "um *método de biografar* subjacente ao estilo romanesco" (11), o que torna a leitura mais fluida e prazerosa. Além disso, a "Nota Biográfica" serve como percurso inicial ao estudo da obra nemesiana, uma vez que traz indícios apontados pelo próprio Vitorino Nemésio de algumas das bases que lhe inspiraram personagens e acontecimentos em seus livros, sobretudo em sua obra de maior relevo, *Mau Tempo no Canal*.

O primeiro capítulo é uma reflexão sobre o Narrador. Garcia, ainda com uma linguagem acessível e ainda com certa linguagem romanesca, começa por interpretar *O Paço do Milhafre*, que vinte e cinco anos depois vai ser reeditado com várias modificações feitas por Nemésio sob o título de *O Mistério do Paço do Milhafre*. Garcia dá um tratamento de certo modo psicologizante à primeira edição do livro, relacionando a narrativa com dados biográficos de seu autor. Para tal, argumenta que a criação de alguns dos personagens, como a mendiga surda-muda, é uma extensão do próprio

Portuguese Literary & Cultural Studies 11 (2007): 515-18.

Vitorino Nemésio recém-chegado a Lisboa, angustiado, calado e só, que sofre com a hostilidade da cidade. Vai-se aos poucos delineando a faceta do narrador nemesiano, enquanto Garcia vai cuidadosamente "revisitando" seus livros em prosa. Tal cuidado pode ser visto na análise que faz da *Varanda de Pilatos*, livro que não alcançou êxito na época em que fora impresso. O autor principia apresentando as diferentes críticas feitas ao livro, algumas simplesmente valorativas, e termina por propor uma via intepretativa da linguagem do narrador-protagonista, Venâncio, como sendo erótica (mas velada, e por isso não compreendida), para além de uma explanação de como a *açorianidade* se faz presente no livro, que seria diversa de um regionalismo mais típico ou explícito e mais próxima da oralidade. Ao analisar "Negócio de Pomba," novela d'*A Casa Fechada*, Garcia atenta para a primeira exposição da pequena burguesia açoriana que vai receber maior destaque em *Mau Tempo no Canal*. Aliás, também Zilda, personagem de outra novela de *A Casa Fechada*, "O Tubarão," segundo o autor, é o primeiro esboço de Margarida Clark Dulmo, a heroína daquele romance. É portanto *Mau Tempo no Canal* o livro que vai ser tratado de um modo mais aprofundado e extenso, uma vez que "todas as ficções de Vitorino Nemésio e o remate de toda a idiossincrasia açoriana" (93) estão ali presentes.

O segundo capítulo, que trata da linguagem poética, inicia-se com a discussão acerca de seu primeiro livro de poemas, *La Voyelle Promise*, escrito em francês. Garcia aventa algumas hipóteses acerca da decisão de Nemésio em escrever na língua francesa, com base num prefácio do poeta e num comentário crítico de David-Mourão Ferreira. Dentre algumas hipóteses, vale mencionar a de que Nemésio estaria rompendo com as tendências da poesia portuguesa em 1935, não querendo fazer parte de "movimentos" ou "gerações"; e outra, mais ousada, a de que tal ruptura teria seu cerne no facto de ser o poeta *açoriano*, mas, note-se, um açoriano que não assume a postura de um artista marginal, e sim a de um poeta que está à frente—no sentido de ser independente—de seu tempo. É no entanto *O Bicho Harmonioso*, seu segundo livro de poemas—escrito em português—, o berço temático do que veio a ser sua poesia posterior: a infância na ilha, o isolamento, Deus, o amor, a vida e a morte, etc. *O Bicho Harmonioso* não é, porém, um contraponto de *La Voyelle Promise*. Garcia aponta para uma continuidade que pode ser verificada na temática, no léxico e na própria "angústia" recorrente nos dois livros. É a partir de *Eu, comovido a Oeste* que se dá uma ruptura, ao menos com aquela "angústia criativa" (212), passando para a angústia da busca de

Deus: um Deus que é silencioso. A faceta poética de Nemésio, tal como ocorrera na definição de sua faceta narrativa, vai-se consubstanciando através das análises dos poemas, livro a livro, acrescidas de aspectos biográficos ou da crítica à sua obra, que Garcia habilmente utiliza para sustentar seus argumentos. O capítulo está dividido em grupos temáticos presentes na poesia nemesiana: "A Poesia Prometida," "A Noite e a Luz," "A Renúncia," "O Verbo e a Vida," "O Ritual" e "O homem exerce enquanto vive"; nos quais o autor apresenta um estudo comparativo (e analítico) das diferentes fases da produção poética de Vitorino Nemésio.

Os dois últimos capítulos, "O Investigador e o Crítico" e "O Cronista" são mais breves, mas não menos importantes para o (re)conhecimento de um escritor "multifacetado"(285). Garcia atenta para o facto de Nemésio, como investigador, singularmente reunir num mesmo projecto, questões de história, sociologia e literatura, de modo a serem relatadas sob a pena do pensador, do biógrafo e do romancista (287). Sua dissertação de doutoramento, *A Mocidade de Herculano até à volta do exílio*, é o primeiro exemplo dessa singularidade, em que Alexandre Herculano, vida e obra, além da evolução da literatura inglesa e sua influência em Portugal são discutidas. Nemésio publicou, sempre sob essa "pena do autor multifacetado", estudos biográficos sobre Isabel de Aragão, Infante D. Henrique, Gomes Leal, Bocage, dentre vários outros. Também estudos literários, tais como *Relações Francesas do Romantismo Português*, *Études Portugaises*, *Conhecimento de Poesia*, etc., que Garcia descreve para explicitar o carácter do investigador e do crítico nemesiano. Ao tratar do cronista, é a faceta do viajante que abunda. Nemésio cronista é também historiador, etnógrafo, literato e, sobretudo, ilhéu. E é no Brasil que vai encontrar matéria para várias de suas crónicas e poesia, muitas das quais assumindo um carácter mnemônico, de retorno à infância na ilha. Mas é um cronista angustiado, de acordo com Garcia, consciente de uma "Crise." No entanto, é capaz de enfrentá-la, "O que significa coragem." (329)

Vitorino Nemésio—à luz do Verbo é um excelente passeio pela obra nemesiana, que traz à luz (do Verbo) novas perspectivas de análise e interpretação, para além da constatação de que Vitorino Nemésio é um dos maiores nomes da literatura do século XX em Portugal.

Tania Martuscelli é Leitora de Português na Yale University e doutorada pela Universidade de Massachusetts Amherst. Sua dissertação, *A poesia portuguesa dos anos 30 aos anos 70: Mário Henrique Leiria inédito*, analisa e apresenta a poesia inédita e dispersa de Mário Henrique Leiria, tendo como pano de fundo uma discussão histórica e estética da literatura dos anos 30 aos anos 70 em Portugal. E-mail: tania.martuscelli@yale.edu

Manuel Armando Oliveira e Carlos Teixeira. *Jovens Portugueses e Luso-Descendentes no Canadá.* Oeiras, Portugal: Celta Editora, 2004.

Gilberta Pavão Nunes Rocha

Teórica e metodologicamente bem fundamentado e actualizado, o livro *Jovens Portugueses e Luso-descendentes no Canadá*, é uma referência obrigatória no estudo das migrações, em especial das portuguesas. Todavia, abrange na sua configuração interpretativa um leque bastante alargado de vertentes do conhecimento, tanto de natureza económica, como social e cultural, sobre os Açores e o país no seu conjunto, que ultrapassam, assim, o enfoque mais restrito do conhecimento daquela temática, tanto na sua vertente emigratória como imigratória.

Centrando-se no estudo dos jovens portugueses e luso-descendentes com idades compreendidas entre os 14 e os 34 anos—a segunda geração—no seu perfil sócio-demográfico e nas suas vivências nas cidades de Toronto e Montreal, é enquadrado nas condições económicas e culturais dos seus progenitores à partida, em grande parte dos Açores como sabemos, e à sua chegada ao Canadá. Neste último aspecto, que é fundamental para se perceber a realidade em análise, isto é, os jovens portugueses em terras mais a norte do continente americano, o enfoque pode estender-se a outros destinos da nossa emigração, em especial os EUA, mas também, para os que cá ficaram—nós próprios reflectidos em espelho no imenso mar que nos separa, o que fomos e o que em parte ainda somos.

Mas se o estudo das migrações, e em especial o da emigração, é por si só um tema de enorme relevância, que configura a nossa própria identidade histórica, também os estudos sobre a juventude, ou seja, o nosso futuro, são há já alguns anos sentidos como fundamentais. Temos, assim, uma obra que contempla estes dois enfoques, numa ligação passado futuro que, no presente, exige uma atenção muito particular.

A sua cientificidade torna-o elemento fundamental de trabalho para estudantes e cientistas sociais, como sociólogos, geógrafos, demógrafos,

Portuguese Literary & Cultural Studies 11 (2007): 519-22.

antropólogos, politólogos ou historiadores. Mas, pelas mesmas razões, deverá ser igualmente um instrumento de trabalho para todos aqueles que têm responsabilidades de acção política ou cívica na Região, no País ou nas várias Comunidades.

As questões que têm maior relevância ultrapassam as especificidades insulares e enquadram-se em aspectos mais profundos da nossa evolução histórica e posição na contemporaneidade, cuja modernidade não devemos, uma vez mais, deixar de acompanhar. É, pois, também fundamental para universitários, políticos e público em geral, do Continente, da Madeira, como de outros países, em especial aqueles que nos acolheram.

Todavia, se a qualidade e o rigor científico, do livro "Jovens Portugueses e Luso-descendentes no Canadá," o colocam como obrigatório para o público que acima referimos, tal não significa, bem pelo contrário, que a ele se deva restringir. A sua escrita fundamentada é entusiasmante na revisitação que fazemos de nós próprios, das nossas forças e das nossas fraquezas identificadoras como açorianos e como portugueses.

E neste conhecimento, possibilitado pelo trabalho dos autores, sublinharemos o que entendemos serem as duas vertentes essenciais que, de qualquer modo, não podem ser vistas de uma forma isolada: a problemática migratória, que interessa aos que se debruçam sobre a emigração, mas também aos que se preocupam com a imigração—fenómeno recente mas já da maior importância na sociedade açoriana—e a problemática da juventude, designadamente no que respeita à sua inserção no mundo de hoje, na qual a formação tem um papel determinante.

A mobilidade humana é, como sabemos, uma das questões que melhor caracterizam o sistema das relações internacionais a nível mundial e, como tal, têm repercussões, ainda que distintas, em todos os países, quer os de origem quer os de destino e está presente em todos os aspectos da vida em sociedade. Um deles é, sem dúvida, a vivência dos vários grupos étnicos nos países de acolhimento, mais desenvolvidos, não só os da primeira mas, fundamentalmente, da segunda geração, designadamente os mais jovens, cuja identidade se forma na duplicidade dos valores familiares—do país de origem—e do modo de vida e também dos valores do país de acolhimento. Casa, escola e relações de vizinhança não se interligam, assim, de uma forma coerente. O outro—como identidade distinta—está bem patente na formação dos jovens portugueses no Canadá, facto que se aplica tanto ao meio familiar como ao exterior envolvente, o que os autores muito bem designam por "Estranhos em casa alheia... mas também em casa própria."

A divergência teórica e, consequentemente, política como hoje se entende esta temática, que de uma forma extremada se pode explicitar entre a assimilação e a valorização dos diferentes valores étnicos identitários, tem no Canadá uma acuidade muito particular. E é também neste contexto que os autores problematizam de uma forma muito actualizada o seu estudo sobre os jovens portugueses naquele país.

A outra questão, que está intimamente associada à anterior, prende-se com o futuro dos nossos jovens naquelas paragens, cuja formação está longe de os poder integrar na sociedade actual da "nova economia." Este, diferentemente do que aconteceu com os pais, exige níveis de qualificação cada vez mais elevados e exigentes que não estão a ser atingidos e que podem conduzi-los para uma franja de marginalidade social. Nas palavras conclusivas dos autores:

> O que esta nova situação trás de especialmente preocupante para os jovens portugueses e luso-descendentes, é o facto de, (nova economia) ao atribuir à instrução o papel fundamental na incorporação dos jovens, deixar os de origem portuguesa em situação particularmente vulnerável, dado o fraco desempenho académico que os tem caracterizado. (219)

E mais à frente:

> . . o fraco desempenho académico não é um fenómeno que diga respeito aos jovens portugueses e luso-descendentes no Canadá em particular, mas que, tanto quanto nos foi possível verificar. . . parece afectar aqueles jovens em qualquer país em que se encontrem-incluindo Portugal. (221-222)

Esta é uma característica que também já tivemos oportunidade de apresentar numa conferência sobre o ensino superior em Portugal, comparando as qualificações dos jovens portugueses face às dos jovens dos restantes países da União Europeia. Tão grave como a nossa posição-a de menores qualificações, é a falta de progresso observada nos últimos 10 anos-1991-2001. Aumentou a diferença entre Portugal, por um lado, a Espanha, a Itália ou a Grécia, por outro, sendo que estes países estavam então com uma situação similar à nossa.

Não nos basta, pois, compararmos as nossas melhorias educacionais face a um passado mais recuado porque de facto elas são reais. Mas não deixam de ser tão ou mais insuficientes para atingirmos o sucesso necessário num mundo que se caracteriza por um acelerado progresso técnico e cultural.

E é também esta situação que encontramos devidamente analisada relativamente aos jovens portugueses no Canadá. Mas sabemos, tal como os autores, que é um desafio que toca no mais fundo da nossa cultura, e que dificilmente poderá ser resolvido numa única parte do mundo onde nos encontremos. Exige um conhecimento mais globalizado e interligado da nossa História e das sociedades onde vivemos.

Gilberta Pavão Nunes Rocha. Nasceu em Ponta Delgada, São Miguel. Licenciada em Finanças pelo Instituto Superior de Economia da Universidade Técnica de Lisboa, em 1976, integra o corpo docente do então Instituto Universitário dos Açores, hoje Universidade dos Açores, no início de 1977. É hoje professora catedrática na mesma universidade. Com publicações em revistas da especialidade, é ainda autora e co-autora de alguns livros de temática sócio-demográfica, que abordam designadamente a dinâmica populacional, a emigração, a família, a juventude e ainda problemáticas relativas à terceira idade e às mulheres. E-mail: grocha@notes.uac.pt

José Manuel Oliveira Mendes. *Do ressentimento ao reconhecimento: vozes, identidades e processos políticos nos Açores (1974-1996)*. Porto: Edições Afrontamento, 2003.

Carlos Teixeira

The history of the Azores has been profoundly influenced by the "exodus" of its people overseas and particularly, during the 20th century, to the USA and Canada. From this perspective its history has been determined by its unique geographical location in the Atlantic between two "Worlds"_the "old" (Europe) and the "New" (America). However, "location" can also be defined in a social context, as individuals and groups define themselves in terms of their social, cultural, economic and political contexts. Thus, while identity is a complex concept, it is also a dynamic one whose meaning and interpretation has changed over time. This is particularly the case in our contemporary 21st century world which is being significantly reshaped by the forces of globalization. While the Azores have not been immune to these profound changes to our global social and cultural landscapes over the past three decades_Portugal's entrance to the European Union having had a particularly important impact upon the islands_in many respects we can view the local cultural landscape of the islands as a social space in which cultural identity has been used as a means of buffering the impact of globalization.

It is in this context that this book addresses the dynamic and complex subject of "Azorean Regional Identity." In this work_a revised version of a doctoral dissertation in Sociology (Coimbra University)_the author, himself an Azorean born in the island of Terceira, attempts to understand: "How social actors, located in different islands and socioeconomic contexts, and with social, economic, cultural and symbolic resources differentiated, built and rebuilt their own personal and social identities. . .[and] how these actors incorporated, in their identity discourses, the idea of an imagined regional community" (12).

Apart from an introduction and a conclusion, the book is comprised of six chapters. In Chapter 1 "The Question of Identities" [A Questão das

Portuguese Literary & Cultural Studies 11 (2007): 523-26.

Identidades], the author presents a well-structured critical review of scholarly debates on the issue of "identities." Here the author calls for a dynamic conception of the "problematic of identities" in terms of multiple, diverse identities that are constructed through social narrative.

This approach continues in Chapter 2, "Social Memory, Rituals and Performative Identities" [Memória Social, Rituais e Identidades Performativas], where the author theoretically analyses the public dimension of identities in terms of the social codification, institutionalization, symbolization and monumentalization of events that define communities. In this chapter, attention is also paid to the relationship between space, region and public rituals, especially to the complexity of regional identity in Europe in general, in particular, Portugal. In this regard, chapters 1 and 2 provide a solid theoretical foundation for the book's discussion of the dynamic and complex issue of identities.

In Chapter 3, "The Discourse of Identity in the Newspapers: A Permanent Agonistic Relation Between the Regional and the National Space" [O Discurso Identitário nos Jornais: A Relação Agonística Permanente Entre Espaço Regional e Espaço Nacional], the author provides the reader with an in-depth and insightful discussion of how identity in the discourse was produced and circulated in the Azores via the written press and, in particular, for the period after April 25, 1974. To accomplish this task the author relied on well-known Azorean newspapers_"Açores" (1974-1978)/"Açoriano Oriental" (1979 to 1996) published in S. Miguel and on the "Diário Insular" from Terceira island. In this analysis, three important periods in the "life" of the Azores are considered: a) 1974-1975 _the revolutionary period; b) 1976-1984_the foundation and consolidation of the autonomous regime; and c) 1986-1992_the challenges of Europe and the radicalization of the autonomous discourse.

In Chapter 4, "The Independence of Azores: Personal Positions and Ideological Dilemmas" [A Independência dos Açores: Posicionamentos Pessoais e Dilemas Ideológicos], the author_via extensive in-depth interviews with 48 people from S. Miguel and Terceira-analyses the complex, and thus controversial, issue of the independence of the Azores. While this chapter is long, the excerpts of these interviews are nonetheless interesting, and they are analyzed by the author and presented to the reader in considerable detail. In these responses, two different positions are assumed by the interviewees, with approximately 90% (43 out of 48) against the independence while only 5 respondents favored it. However, the controversial theme of Azorean independence serves in this chapter as a catalyst for a detailed analysis of the cultural and political identities of the 48 interviewees.

This is built upon in Chapter 5, "The Production of Subjective Identity: Traces that Unify and Traces that Divide" [Produção Identitária Subjectiva: Traços que Unem e Traços que Dividem], where the author tries to understand how the interviewees built their own personal identities with their main reference points being the local political and spatial dimensions of the Azores. Particular attention is paid in this chapter to the subtle, yet complex problematic of the presence (or not) of an identity and/or regional unity in the Archipelago. The main key research questions that guide this discussion are: Which factors were pointed out by the interviewees as inhibitors of this regional unity? Which ones bond the different islands? At the cultural level can we argue an Azorean culture? Is the concept of "Açorianidade" a legitimate one? Finally, is Açorianidade linked to the intellectual class? It is evident from the analysis in this chapter, and according to the interviewees as well, that despite the numerous traits that unite us as "Azoreans" there are other forces dividing us. Among these "forces" the author mentions particularly the political processes at work in the islands, as well as the geographical space (location), as important catalysts for change in shaping both intra and inter-island relations and, ultimately, affecting the way Azoreans are building and defining their own identity.

Finally, in Chapter 6, "Feasts as Performative Identities" [As Festas Como Identidades Performativas], the author explores the cultural feasts (profane and religious) that occur on the island of Terceira "As Sanjoaninhas" (Angra do Heroísmo) and "As Festas do Concelho" (Praia da Vitória) and on the island of S. Miguel "As Festas do Senhor Santo Cristo" (Ponta Delgada) and "As Cavalhadas do S. Pedro" (Ribeira Grande). The author approaches these as public rituals as well as privileged means for seizing the process in which the identity is formed and/or reconstituted. Some important questions addressed in this chapter include: How these feasts act as catalysts and as resources in the process of identity construction? Which symbols are consensual? How are personal and social identities articulated?

This last chapter is particularly interesting for its discussion of the role played by the important number of Azorean immigrants from USA and Canada in these cultural feasts. According to the author, for these Azoreans who had migrated overseas and return to visit the islands, these feasts function as significant vehicles for the reaffirmation of their Azorean identity. These feasts give a "status" and visibility to their identity within the emigration space of the Azorean "diáspora." As the author notes: "Todos os anos os emigrantes marcam a sua presença, a sua disponibilidade de estreitamento dos laços familiares e afectivos, e em caso de crise na relação económica com a União Europeia, constituirão sempre uma fonte alternativa de identificação e de apoio, sob a protecção mítica de grande potência mundial. As festas...são momentos de negociação e renegociação identitária, de gestão geo-estratégica e geo-emocional de um arquipélago entre dois mundos, tecendo os milhares de fios invisíveis dos fluxos económicos, comerciais e dos fluxos afectivos e familaires" (345).

In sum, this is a well-written and informative work which should be "recommended reading" for both scholars in sociology as well as lay people interested in the subject of "regional identities" in an era of globalization. As the author notes in his Conclusion, the processes of identity construction in the Azorean cultural and social space remain problematic and not fully understood. From this perspective, while this book fills a major gap in the Portuguese scholarly literature dealing with the Azores and its complex identity(ies), it should be seen not as the "final word" but rather as an opening to further comparative research inter and intra-islands on the ideological and symbolic construction of the Azorean regional identity(ies).

Carlos Teixeira was born in Ribeira Grande, São Miguel, Azores. He earned a B. S. and an M.S. from York University, and a PhD in Geography at the same institution. He has taught at York University and at the University of Toronto. At this moment he teaches at Okanagan University College, British Columbia, Canada, where he is also a research fellow with the Centre for Human Rights, Diversity and Identity (CHRDI). As a scholar, Carlos Teixeira has focused on, among other topics, social geography, community and neighborhood change, housing, ethnic entrepreneurship, and the social structure of Canadian cities. Another big research interest of his is the Portuguese in Canada. Teixeira is the author of four books and of numerous papers published in specialized reviews, such as *The Canadian Geographer, The Professional Geographer, Urban Studies*, among others.

Portuguese Literary & Cultural Studies

www.plcs.umassd.edu

Portuguese Literary & Cultural Studies 1
Fronteiras/Borders.

Portuguese Literary & Cultural Studies 2
Lídia Jorge in other words / por outras palavras.
Guest Editor: Cláudia Pazos Alonso, Oxford University

Portuguese Literary & Cultural Studies 3
Pessoa's Alberto Caeiro.

Portuguese Literary & Cultural Studies 4/5
Brazil 2001. A Revisionary History of Brazilian Literature and Culture.
Guest Editor: João Cezar de Castro Rocha, Universidade do Estado do Rio de Janeiro

Portuguese Literary & Cultural Studies 6
On Saramago.
Guest Editor: Anna Klobucka, University of Georgia

Portuguese Literary & Cultural Studies 8
Cape Verde: Language, Literature & Music.
Guest Editor: Ana Mafalda Leite, Universidade de Lisboa

Portuguese Literary & Cultural Studies 9
Post-Imperial Camões.
Guest Editor: João Ricardo Figueiredo, Universidade de Lisboa

Portuguese Literary & Cultural Studies 10
Reevaluating Mozambique.
Guest Editor: Phillip Rothwell, Rutgers University, New Brunswick

Portuguese Literary & Cultural Studies 11
Vitorino Nemésio and the Azores.
Guest Editor: Francisco Cota Fagundes, University of Massachusetts Amherst

Portuguese Literary & Cultural Studies 13/14
The Author as Plagiarist — The Case of Machado de Assis.
Guest Editor: João Cezar de Castro Rocha, Universidade do Estado do Rio de Janeiro

Forthcoming

Portuguese Literary & Cultural Studies 7
A Repertoire of Contemporary Portuguese Poetry.

Portuguese Literary & Cultural Studies 12
Facts and Fictions of António Lobo Antunes.

Portuguese Literary & Cultural Studies 15
Remembering Angola.
Guest Editor: Phillip Rothwell, Rutgers University, New Brunswick

Portuguese Literary & Cultural Studies 16
The Other Nineteenth Century.
Guest Editor: Kathryn Bishop-Sanchez, University of Wisconsin, Madison

Portuguese Literary & Cultural Studies 17
Economies of Relation: Money and Personalism in the Lusophone World.
Guest editor: Roger Sansi-Roca, King's College, London

Portuguese Literary & Cultural Studies 18
Visual Culture.
Guest editors: Memory Holloway and Ruth Rosengarten

Portuguese Literary & Cultural Studies 19
Parts of Asia: Goa, Macao, and East-Timor.
Guest Editor: Cristiana Bastos, ICS, University of Lisbon

Portuguese Literary & Cultural Studies 20 (10th anniversary edition)
Controversies in and about Luso-Afro-Brazilian Studies.

Adamastor Book Series

www.plcs.umassd.edu

Eduardo Lourenço. *Chaos and Splendor and Other Essays.*
Edited by Carlos Veloso, New York University
ISBN: 0-9722561-1-3

Forthcoming

Producing Presences.
Edited by Hans Ulrich Gumbrecht, Stanford University

Transdisciplinary Readings of Garrett's Travels in My Homeland.
Edited by Victor J. Mendes, University of Massachusetts Dartmouth

Luís de Camões. *Sonnets and Other Poems.*
Selection João R. Figueiredo, University of Lisbon
Translated by Richard Zenith
Preface by Helen Vendler, Harvard University

The Traveling Eye: Retrospection, Vision, and Prophecy in the Portuguese Renaissance.
Fernando Gil, EHESS, Paris and Helder Macedo, King's College, London.

The Later Eça Revisited.
Edited by Frank F. Sousa, University of Massachusetts Dartmouth

Eça de Queirós. *The Relic.*
Trans. Aubrey F. G. Bell.
Preface by Harold Bloom, Yale University

Uprooted from One's Own Land: An Anthology of the Brazilian Essay.
Edited by João Cezar de Castro Rocha, Universidade do Estado do Rio de Janeiro

António Lobo Antunes. The Art of the Novel.
Maria Alzira Seixo, Universidade de Lisboa

Portuguese Language Textbook Series

Francisco Cota Fagundes. *Um Passo Mais no Português Moderno: Gramática Avançada, Leituras, Composição e Conversação.*

Portuguese in the Americas Series

Portuguese-Americans and Contemporary Civic Culture in Massachusetts.
Edited by Clyde Barrow, Center for Policy Analysis,
University of Massachusetts Dartmouth
ISBN: 0-9722561-0-5

Through a Portagee Gate.
Charles Reis Felix
ISBN: 0-9722561-4-8

In Pursuit of Their Dreams: A History of Azorean Immigration to the United States.
Jerry R. Williams
ISBN: 0-9722561-6-4

Sixty Acres and a Barn: A Novel.
Alfred Lewis
ISBN: 0-9722561-5-6

Da Gama, Cary Grant, and the Election of 1934.
Charles Reis Felix
ISBN: 0-9722561-8-0

Forthcoming

Distant Music
Julian Silva

The Representation of the Portuguese in American Literature
Reinaldo Silva

The Complete Short Stories of Alfred Lewis
Alfred Lewis

Being "Azorean": Identity Politics in the United States and Brazil
João Leal

So Ends This Day: Portuguese and Cape Verdeans in the American Whaling Industry
Donald Warrin

The Complete Poetry of Alfred Lewis
Alfred Lewis

Fashioning Ethnic Culture: Portuguese-American Communities along the Eastern Seaboard
Edited by Kimberly da Costa Holton, Rutgers University, Newark and Andrea Klimt, University of Massachusetts Dartmouth

The University of Massachusetts Dartmouth

Center for Portuguese Studies and Culture

Founded in 1996 by a group of faculty from four different colleges, the University of Massachusetts Dartmouth Center for Portuguese Studies and Culture is a multidisciplinary international studies and outreach unit dedicated to the study of the language, literatures and cultures of the Portuguese-speaking world. The center is designed to be the liaison between the University of Massachusetts Dartmouth and other institutions involved in Portuguese studies both in the United States and abroad. The center aims to develop pedagogical materials to aid in teaching and learning Portuguese language and cultures, and supports the development and dissemination of knowledge regarding the Portuguese-speaking communities in the United States.

The center publishes the semiannual scholarly journal *Portuguese Literary & Cultural Studies*, which has been positively reviewed in the *Times Literary Supplement* and the *Washington Post*. The center also publishes the Adamastor Book Series, the Portuguese in the Americas Series, and the Portuguese Language Textbook Series. The center further sponsors and organizes colloquia, concerts, art exhibitions, dance performances and theatrical productions, in addition to visits by distinguished authors and critics.

Recently, the center led the effort to found the Affonso "Ferreira Mendes" Ferreira Portuguese-American Archives Endowment. In 2001, the center developed the Hélio and Amélia Pedroso/Luso-American Development Foundation Endowed Chair in Portuguese Studies. In 2000, the center played a leading role in the creation of the Department of Portuguese.

The varied activities of the Center for Portuguese Studies and Culture, including the Summer Program in Portuguese, which was begun in 1994, are made possible by the commitment and generosity of many individual and institutional supporters, including the Luso-American Foundation of Lisbon, the Foreign Ministry of the Government of Portugal, and the Portuguese-American legislative caucus in the Massachusetts State House.

For more information, visit www.portstudies.umassd.edu.